D. Daniel Gralath

Beriucheiner Geschichte Danzigs

D. Daniel Gralath

Beriucheiner Geschichte Danzigs

ISBN/EAN: 9783742872975

Manufactured in Europe, USA, Canada, Australia, Japa

Cover: Foto ©ninafisch / pixelio.de

Manufactured and distributed by brebook publishing software (www.brebook.com)

D. Daniel Gralath

Beriucheiner Geschichte Danzigs

Versuch einer Geschichte Danzigs

aus

zuverläßigen Quellen und Handschriften.

Von

D. Daniel Gralath.

Zweyter Band.

───────────────

Königsberg, 1790.
bey Gottlieb Leberecht Hartung.

Nachtrag.
zum Verzeichnis der Pränumeranten und Subscribenten.

In Berlin.

Herr Ober-Consistorialrath D. Ant. Fried. Büsching.

In Danzig.

Herr J. F. Alberti.
Fräul. Fl. Ch. von Bagge.
Hr. J. Benzmann, Burgermeister.
— J. G. Boschke.
— J. C. L. Busch.
— C. G. von Cedernstolpe.
— Ed. Fr. von Conradi, ältester Burgermeister und Protoscholarch.
— E. F. Döring.
— Pet. Dodenhof, Rathsherr der Rechten Stadt.
— J. G. Eberhard.
Die verwittw. Madame Engelke.
Die verwittw. Frau Rathsherrin von Ferber.
Hr. Dan. Feyerabend.
— S. J. Fischer.
— F. H. Gerhard, Quartiermeister im Hohen Quartier.
Hr. J. C. Hein.
— D. Jon. Heller, E. Ehrw. Minist. Senior und Erster Pastor an der Ober-Pfarrkirche zu St. Marien.
— J. C. Hermann.
— Jac. Kabrun jun.
— Ch. Karth.
— C. W. G. Kaufmann, Gerichtsherr der Altenstadt.
— J. G. Krieger, Prediger in Reichenberg.
— E. Kiß.
— KK. von Lindenowski, Sr. Königl. Maj. von Preussen accreditirter Resident in Danzig.
— Ephr. Lindner, Prediger in der Festung Weichselmünde.
— C. C. Mackensen.
— S. L. Majewski, Pastor zu St. Peter und Paul.

Hr. J. Ch. Manski.
— J. H. Martens, Rathsherr der R. St.
— J. G. Matthiack.
— N. Momber.
— B. Müller.
— D. F. Rosenmeyer.
— C. F. Schaper.
— C. Scheer.
— S. C. Schmidt, Org. in Tiegenort.
— S. S. Schneider, Stud.
— O. L. Schönbeck.
— C. H. Schultz.
— M. Skepsgard, Capitain der Artillerie.
— C. Soermanns.
— Sim. von Sokolowski, Ruß. Kayserl. Collegienrath, und in Danzig accreditirter Chargé d'Affaires.
Hr. A. B. Skusa, E. E. Min. Cand. und Oberlehrer an der teutschen St. Barbara Schule.
— Al. Steiff.
— J. B. Störmer.
— B. G. Taubert.
— Aug. Texier.
— J. Turowski.
— G. A. Wagenfeld.
— A. B. Wichers, Quartiermeister im Fischer Quartier.
— S. G. Wolf, Gerichtsherr der Rechten Stadt.

Auf Stolzenberg und Neu-Fahrwasser bey Danzig.

Hr. Licentrath Grünhagen.
— Generaldirector Krüger.
Hr. Geo. Fr. Rose.
— Postsecretair Rogoll.
— Licentinspector Zander.

Bey Mietau in Groß Zezen.

Hr. Fr. Freyherr von Sacken.

In Warschau.

Hr. J. P. von Holzhaußer, Königl. Medailleur.

———

Vorbericht.

Zur Fortsetzung der Danziger Geschichte, enthält gegenwärtiger Band wieder zwey Abschnitte, in deren ersterem, unter innerlichen Staatsrevolutionen, und im zweyten während den Schwedischen Kriegen, Danzig in so interessanten Situationen erscheinet, daß der aufmerksame Leser, mit Betrachtung aller darin verwebten Conjuncturen, überzeugt werden wird, wie sehr diese berühmte See = und Handelsstadt, in den Augen Europens, jederzeit als ein erheblicher Gegenstand politischer Theilnahme sey angesehen worden.

Vorbericht.

Ueber den Hauptplan meines Versuches habe ich mich in dem Vorbericht zum ersten Bande zur Genüge erkläret, und ich werde im Verfolg desselben keine wesentliche Veränderung machen. Die günstigen Urtheile, welche davon in dem acht und achtzigsten Bande der allgemeinen deutschen Bibliothek, und in dem 35sten Stück der neuen wöchentlichen Nachrichten des Herrn D. Canzler in Göttingen 1789, sind gefällt worden, haben mir zur Fortsetzung Muth eingesprochen; und wenn ich gleich die gefällige Aufnahme des Ersten Theiles, insbesondre in meiner Vaterstadt, mehr einem dankwehrten Wolwollen gegen die Person des Verfassers, als der Bonität des Buchs beyzumessen geneigt bin, so glaube ich doch immer des lohnreichen Endzwecks nicht zu verfehlen, den ich mit Erweckung einer concentrirten Kenntnis der merkwürdigsten Geschichtsscenen des Vaterlandes, unter meinen Mitbürgern zu befördern mir schmeichle.

Bey der Erzählung der Schwedischen Kriegshändel, werden Wißkundige unfehlbar die dazwischen eingetretene und wichtige Veränderung der Landesmünzen vermissen, die in den Zustand Danzigs allerdings einen bedeutenden Einfluß gehabt hat. Ich wollte aber die Vorfälle über dieses Object nicht von einander trennen, und da die Materialien zum vierten Abschnitt sich schon zu sehr gehäuft hatten, so werde ich nächst den übrigen Folgen des Olivischen Friedens, die merkwürdigsten Ereignungen der Polnisch-Preussischen Münzgeschichte, in dem fünften Abschnitt meines historischen Versuches, in Verbindung darstellen, womit ich zugleich ein Verzeichnis aller in Danzig geschlagenen

Medaillen und Schaumünzen zu verknüpfen, mir vorbehalte.

Wegen mancher sich oft und unvermuthet entgegensetzender Hinderungen, wage ich es nicht mehr, die Zeit zur Herausgabe des dritten Bandes genau zu bestimmen. Indessen verspreche ich mit der Ausarbeitung desselben keinesweges zu säumen, und da ich hoffen kann, von dem Zufluß authentischer Quellen, deren ich zur Ausführung meiner zuweilen noch unvollständigen Collectaneen bedarf, nicht verlassen zu werden, so bleibe ich dem Vorsatz getreu, wenn anders Seelen- und Leibeskräfte solches verstatten werden, auch die neuesten Merkwürdigkeiten der Danziger Geschichte in meinen Entwurf aufnehmen zu wollen.

Der Verfasser.

Inhalt

des

Zweyten Bandes

Dritter Abschnitt.

1526 — 1585.

Erstes Capitel.

                                               Seite

Danzig arrangirt sich in seiner erneuerten Civilverfassung — ist bey der neuen Münzverordnung im Lande mitinteressirt — muß den Verfall einiger alten Besitzungsrechte erdulden — bringt aber das Fischamt Scharpau käuflich an sich.   4 — 34

Zweytes Capitel.

Danzig wird in Streitigkeiten im Lande und in die Kriegshändel der Nordischen Mächte verwickelt — nimmt auch Theil an den Landesprojecten zur Verbesserung der Schulen — und des Justizwesens.   34 — 61

Drittes Capitel.

Die Danziger Schiffahrt leidet noch während dem Nordischen Kriege — Danzig wird in Preussen und in Polen, mit Argwohn und Mißgunst verfolget.   61 — 77

Inhalt

Viertes Capitel.

Danzig nimmt Anstand dem Könige zu huldigen — des Königs Gegenwart in Danzig läßt einen beſſern Ausgang der Stadtangelegenheiten hoffen — die Proteſtantiſche Kirchenreformation wird in Danzig zur Ausführung gebracht. , , ,   Seite 78 — 109

Fünftes Capitel.

Danzig bekommt ein academiſches Gymnaſium — und verbeſſerte Schulanſtalten — leidet aber unter dem bevorſtehenden Umſturz der Preuſſiſchen Provinzialfreyheit — und wird durch äußere Kriegsgefahren in Unruhe und Geldaufwand geſetzt. , , 109 — 140

Sechstes Capitel.

Neue Störungen der Danziger Seehandlung — Danzig ſoll ſich einer Polniſchen Unterſuchungscommiſſion unterziehen — gegen die Commiſſarien werden die Stadtthore geſchloſſen — und Danzig will ſolches mit einer Geſandtſchaft an den König entſchuldigen. , , , , 141 — 171

Siebentes Capitel.

Das Decret zu Lublin befeſtigt die Union der Provinz Preuſſen mit dem Polniſchen Reichskörper — die Danziger Abgeordneten werden in die Gefangenſchaft geführet — und eine neue Commiſſion nach Danzig geſchicket — der Reichstag ratificirt, die in Danzig vermöge der Karnkowiſchen Conſtitutionen gemachte Reforme — eine Deputation aus Danzig muß öffentlich Abbitte thun — beſſre Ausrichtung eines neuen Abgeſchickten aus Danzig — Danzig hält feſt an der Verweigerung der neuen Reforme. , , , , 172 — 199

Achtes Capitel.

Danzig leidet Seeſchaden von Dänemark — Sigism. Auguſts Privilegien und wohlthätige Verfügungen

in Danzig — Kirchenhändel und Zwiste unter den
lutherischen Predigern in Danzig.   200 — 216

Neuntes Capitel.

Danzig vergleicht sich mit der Krone Dänemark —
in Polen erfolgen zwey unruhige Zwischenregierungen auf einander — Danzig protestirt gegen die
Unterwerfung der Provinz Preussen an den König
Stephan Batori.   217 — 236

Zehntes Capitel.

Innere Mißhelligkeiten in Danzig vergrößern das Ungemach wegen der zwiespaltigen Königswahl —
Danzig versagt die Huldigung — wofür der König ein Achtsdecret absprechen läßt, und in die Stadtländereyen einrücket — ein obhandener Vergleich
wird zernichtet — die Danziger Abgeordneten bekommen harten Arrest — doch werden noch Unterhandlungen gepflogen.   237 — 258

Eilftes Capitel.

Kriegerische Vertheydigungsanstalten — starke Erklärung des Königs — und letzte Resolution in
Danzig — das Achtsdecret wird publiciret, und
die Feindseligkeiten nehmen den Anfang — Danziger Niederlage bey Lübeschau — Wiedereröffnung
der Friedensconferenzen — fruchtloser Ausgang
derselben.   259 — 286

Zwölftes Capitel.

König Stephan belagert die Stadt Danzig — und
noch heftiger die Festung Weichselmünde — woselbst ein hitziges Gefechte vorfällt — die Danziger
versenken mit Dänischer Hülfe den Elbinger Hafen — neue Versuche zur Friedensvermittelung —
welche endlich durch deutsche Fürstengesandschaften
zum Ziel kommt — Danzig thut feyerlich Abbitte — und erhält günstige Vergleichspunkte.   287 — 307

Dreyzehntes Capitel.

Danzig huldigt dem Könige — die Commissionssache
bleibt ausgestellt — Danzig sucht sich der Hinde-

rungen seiner Commerzfreyheit zu entschlagen — Finanz- und Policeyeinrichtungen in Danzig — die Commissionssache wird durch den Pfalgeldstractat ausgeglichen. 310 — 336

Vierter Abschnitt.
1585 — 1660.

Erstes Capitel.

Erste Kirchenstreitigkeiten zwischen den Lutheranern und Reformirten in Danzig — Sigismund der Erbprinz von Schweden, kommt als neugewählter König von Polen, nach Danzig. 341 — 358

Zweytes Capitel.

Zwistvolle Ansprüche der Preussischen Bischöfe auf die Pfarrkirchen der Großen Städte — Unglücklicher Volkstumult in Danzig während der Anwesenheit des Königs — Erneuerter Streit der Protestantischen Kirchengemeinden 359 — 376

Drittes Capitel.

Danzigs Betragen beym Verfall der Hanseatischen Commerzfreyheit in England — das Danziger Besatzungsrecht wird bestätiget — erster Ausbruch des Schwedischen Krieges mit Polen — Eintrachtsband der Großen Städte in Preussen. 377 — 398

Viertes Capitel.

Wieder ausgebrochene Mißhelligkeiten in Danzig mit den Reformirten Glaubensgenossen — Streit mit dem Cujavischen Bischofe wegen des Brigittiner Nonnenklosters — Päpstliches Privilegium der Danziger — Danzigs Vergleich mit der Englischen Handlungsgesellschaft. 399 — 412

Fünftes Capitel.

Unterhandlungen Danzigs mit dem Könige von Schweden Gustav Adolph — Schwedischer Krieg in

des zweyten Bandes.

Preussen — Danzig wird im Schwedischen Lager für feindlich erkläret — Schwedischer Waffenstillstand mit Polen — Danzigs Separatvergleich mit der Krone Schweden. . . . 413 — 440

Sechstes Capitel.

Danzigs nachtheilige Lage während dem Stillstande — innere Verfassung des Civil- und Kirchenwesens — öffentliche Gebäude und Stiftungen in Danzig. . . . . . 441 — 453

Siebentes Capitel.

Uneinigkeit zwischen dem Preussischen Adel und den Städten — eröfnete Friedensvermittelung mit Schweden — verlängerter Stillstand zu Stumsdorf — der König von Polen legt Preussische Seezölle an — wogegen Danzig Widerstand leistet — und mit Beystand Dänischer Kriegsschiffe seinen Hafen befreyet. . . . . 454 — 479

Achtes Capitel.

Im Streit wegen des Seezolls werden Danzigs Rechte angefochten — und einige Magistratspersonen des Hochverraths beschuldigt — anstatt des Seezolls wird die Danziger Zulage in Anspruch genommen — Danzigs Vergleich mit einer Königlichen Commission — der auf dem Reichstage nicht genehmiget wird — erneuerte Zwistigkeiten der Grossen Städte mit dem Adel und unter einander. 479 — 502

Neuntes Capitel.

Die Bischöfliche Kirchenansprüche in Preussen werden fortgesetzet — Danzigs schwerer Proceß mit den Jesuiten — Seitenblick auf das Religionsgespräch zu Thorn — widrige Folgen desselben — Hauptumstände des Janikowskischen Privilegienhandels. . . . . . 502 — 516

Zehntes Capitel.

Friedensgeschäfte mit Schweden — verrätherische Anschläge des Commendanten in Danzig — nochmals ausgebrochener Unfrieden zwischen den Kirchengemeinden in Danzig — Complanation am Königlichen Hofe — Policeyverbesserungen — aufgehobene Hofhaltung im Artushofe. . . 517 — 540

Eilftes Capitel.

Friedensbruch unter Carl Gustav dem neuen Könige von Schweden — Schwedische Kriegsprogressen in Preussen — feindliche Versuche wider Danzig und Ueberwältigung der Weichselschanzen — Danziger Negociation wegen Holländischer Kriegshülfe — Holländische und Dänische Flotten beschützen die Danziger Seehandlung — Danzig nimmt einen Schwedischen Feldmarschall gefangen — vortheilhafte Veränderung des Krieges für den König von Polen — Streiferepen und Scharmützel im Lande. 541 — 580

Zwölftes Capitel.

Des Königs Johann Casimir Willfährigkeit gegen Danzig auf den Reichstagen — Schwedische Kriegs-Operationen und Brandschatzung in den Danziger Ländereyen — Abnahme der Schwedischen Progressen — Danzig erobert die Schanze am Weichselhaupt — hofnungsvolle Erneuerung der Friedensgeschäfte — Olivischer Friedensschluß — Abreise des Königs nach Warschau. . . 580 — 608

Der Geschichte Danzigs Dritter Abschnitt.

Danzig unter der Herrschaft der Könige von Polen, in Verknüpfung mit der Provinz Preussen,

seit

den neuen Statuten unter Sigismund I, bis auf den errichteten Pfahlgelds-Tractat unter Stephan Batori.

1526 bis 1585.

Schriften so zur Geschichte dieses Zeitraums vorzüglich genutzt worden.

Gedruckte Bücher:

D. Gottfr. Lengnich Geschichte der Preußischen Lande Königl. Polnischen Antheils, I. II. und IIIter Band von 1526 bis 1586. Danzig 1722—1724.

Dav. Chytraus Continuation der Schützischen Beschreibung der Lande Preussen; oder der Chronick 11. 12. und 13tes Buch, nebst George Knoffs Beschreibung des Danziger Krieges vom J. 1577. Eisleben 1599.

Wahrhaftiger Beschreibungen der Preußischen Geschichte 2tes Buch vom Königl. Instigator Mich. Friedewald. Krakau 1578.

Nic. Schulz defensio contra calumnias Fridewaldi. Magdeb. 1593.

Jo. Lasitii Danziger Niederlage 1577. verteutscht durch Leonh. Thurneyser. Königsb. 1579.

Jura seu Privilegia municipalia terrarum Prussiae. Dant. 1578.

Dav. Braun Bericht vom Polnischen und Preußischen Münzwesen. Elbing 1722.

Gedanken vom Münzwesen, unter den Kreuzrittern in Preußen (von Daniel Husland.) Danz. 1768.

Chr. Hartknoch Preußische Kirchenhistorie 2c.

Historischer Auszug von Veränderung der Religion in Danzig 1651.

Joan. de Temporibus (Adr. Engelke) Erläuterung des historischen Auszugs. 1652.

R. Curicke Beschreibung der Stadt Danzig 2c.

(M. C. Hanov) von der Preußischen Münze unter den Kreuzherren (in der Preußischen Sammlung II. und IIItem Bande.)

M. C. Hanovii merita Protoscholarcharum et Protobibliothecariorum Gymnasii Gedanensis (in Actis Jubilaei de A. 1758.)

Ephr. Praetorii Athenae Gedanenses. Lips. 1713.

Ej. Danziger Lehrer Gedächtniß. Danzig und Leipzig 1760.

Sam. Fr. Willenberg Diss. de unionis, qua Poloniae jungitur Prussia, indole. Ged. 1727.

Declaratio ordinum civitatis Gedanensis, quibus de causis cum Rege Stephano in controversiam protracti sint. Ged. 1577 cum Appendice dictae Declarationis.

Dieselbe Declaration in teutscher Sprache.

Dritter Abschnitt.

Joach. Guil. Weickhmann gratulatio ad Patruum, qua simul disquiritur, utrum sanctiones Karnkovianae unquam Gedani vim legis habuerint. Wittemb. 1762.

Description abrégée de la Ville de Thorn dans le Calendrier politique de Varsovie pour l'année 1782.

Stan. Orichovii Annalium Libb. VI. ap. Dlugossum ex edit. Lips.

Sal. Neugebaueri historiae rerum Polonicarum Libb. IX. Han. 1618.

Bernh. Vapovii Fragmentum, Cromero in Edit. Colon. adjectum.

Jo. Dem. Sulicovii Comment. rerum Polonicarum a morte Sig. Aug. Dant. 1647.

Ej. Vita Sigism. Augusti ap. H. Kirchnerum in curriculis Impp.

Epistolae Virorum illustrium Tom. II. edit. Lips. Dlug. adjectae.

Sigism. Augusti Pol. Reg. Epistolae, legat. & responsa ex rec. *Menckenii*. Lips. 1703.

Joach. Pastorii Florus Polonicus. 1679.

Ej. Hist. Polona plenior. Dant. 1685.

Reink. Heidenstein Rerum Polonicarum ab excessu Sigism. Aug. Lib. XII. Francof. 1672.

A. M. Fredro Gesta populi Poloni sub Henrico Valesio. Dant. 1652.

Tractatus Portorii cum Commentario Lengnichiano.

D. E. Wagner Geschichte von Polen, it. von Preussen, it. von Dänemark, it. von Schweden; nach Guthrie und Gray Weltgeschichte.

J. P. Willebrandt Hansische Chronick. Lübeck 1748.

J. A. Thuani hist. sui temporis Lib. XLIV. ad a. 1568 s.

Handschriften:

J. E. von der Linde Jus Publicum Gedanense.

El. Const. v. Trewen Schroeder R. P., Secr. Jus Publ. Dantiscanum.

4 Danzigs Geschichte.

Aug. Willenbrock Auszug etlicher Geschichten aus der Danziger Chronica bis 1578.
Mich. Behme von Behmenfeld (Cos. Ged.) Tractat vom Münzwesen in Polen und Preussen. 1672.
J. C. Fischers Zeitbuch der Stadt Danzig. 1674.
Stenz. Bornbach geheime Schriften und Recesse von 1561 bis 1578.
Jac. Westhof Excerpta ex Recessibus Ordd. Civit. Gedan. 1545—1670.
Casp. Schützii de Commiss. Gedan. negotio Libb. III. 1578.
Ej. Dialogus de bello Gedan. cum R. Stephano. 1577.

Erstes Capitel.

Neue Repartitionen in der bürgerlichen Verfassung Danzigs — Danzig sieht seine Ansprüche auf Lauenburg und Bütow verfallen — das Thorner Stapelrecht wird aufgehoben — Danzigs Besitzungsrecht eines Grundstücks auf Schonen wird streitig gemacht — Danzigs Theilnahme an den zwistigen Geschäften wegen der Landesmünze — Danzig bemühet sich fruchtlos, das Putziger Gebiet an sich zu bringen — erkauft aber das Eigenthum über die Scharpau.

Die statutarischen Vorschriften, womit König Sigismund die kirchlichen und bürgerlichen Zwistigkeiten in Danzig auseinandergesetzt hatte, können in vieler Absicht zugleich als eine Richtschnur erneuerter Regiments- und Policeyverfassung hieselbst angesehen werden. Nächst dem Rath, und dem Rechtstädtschen Schöppengerichte [a], welches

---

[a] Die Rechtstädtschen Gerichtsherren sind anfänglich Delegirte des Raths gewesen, und der erste unter diesen Rathsherren, der das Directorium geführt hat, ist Schultheiß

Dritter Abschnitt. Erstes Capitel.

als ein urſprünglich ausgegangenes Mitglied des Raths, von jeher an den öffentlichen Berathſchlagungen Antheil gehabt hatte, war nunmehr aus einer beſtimmten Anzahl Bürger noch eine dritte Ordnung feſtgeſetzt worden, um in den Angelegenheiten der Stadt geſetzmäßig und mit unwandelbarem Rechte zu den gemeinen Rathſchlägen hinzugezogen zu werden. Die Einwählung der hundert hiezu berechtigten Perſonen aus der Bürgerſchaft, (welche deshalb auch Hundertmänner genannt werden,) bezog ſich zugleich auf eine neue Eintheilung der Rechten Stadt in vier Quartiere, die unter dem Namen des Roggen-Quartiers, des Hohen-Quartiers, des Breiten- und des Fiſcher-Quartiers bekannt wurden, und welche unfehlbar von einigen Thören als Scheidungsplätzen dieſer Stadt-Diſtrikte dergeſtalt ſind benannt worden. Aus jedem gedachter Quartiere ſollte der Rath eine gleiche Anzahl Bürger, nebſt den Aelterleuten der vier

---

oder Richter genannt worden, wie ſolches auch nach Lübiſchen Rechten und Gewohnheiten üblich iſt. Seit Ablauf des vierzehnten Jahrhunderts hat man eigengeſeſſene Schöppen oder Gerichtsherren erwählet, deren Anzahl vorerſt klein und ungleich geweſen, bis ſie zuletzt auf ein Collegium von zwölf Perſonen iſt gebracht worden. Indeſſen iſt der Richter, d. i. derjenige Rathsherr, welcher das richterliche Amt führet, noch immer Chef von dieſem Gerichtscollegium; denn er hat die exequirende Macht, und bringt alle deſſen Rechtsurtheile zur Vollziehung. Auch bey den gewöhnlichen Gerichtsſitzungen, wo der Richter zwar nie gegenwärtig iſt, wird dennoch ſeine Perſon in allen vorkommenden Rechtsgeſchäften vom Conſenior des Gerichts repräſentiret. von der Linde Jus publ. Gedan. Part. I. Sect. II.

Hauptgewerke zu erwählen befugt seyn *b*), und jegliches derselben bekam vier ernannte Quartiermeister, denen das Directorium und die innere Aufsicht über ein ruhiges und regelmäßiges Verfahren bey den Zusammenkünften zu Rathhause zukommen sollte. Noch aber blieb dem Aeltermann des Schöppengerichts das von Alters her eingeführte Recht vorbehalten, im Namen der beyden unteren Ordnungen und der gesammten Bürgerschaft, vor dem Rathscollegium das Wort zu führen, indem

b) In den Curialreceſſen späterer Zeiten geschieht nicht selten eines Anspruchs der Hauptgewerke auf den fünften Tisch, oder auf die fünfte Stimme, wie es genannt worden, Erwähnung. Die Meinungen hievon sind nie einstimmig gewesen, und wenigstens ists schwer, darin zu entscheiden. Es wird damit gesagt, „daß den Gewerken, neben den „vier Quartieren der Bürgerschaft, ein eignes Collegial- „Votum zukomme, wie es vor Alters gewesen." Daß die Gewerke zwar unter des Ordens Regierung und noch später, in Angelegenheiten der Stadt eigene Stimmen gehabt haben, ist nicht zu leugnen. Aber damals hat die Eintheilung der Bürgerschaft in Quartiere noch nicht Statt gefunden. Der Inhalt der Statuten vom J. 1526, worin gedachte Eintheilung mit der neuen Regierungsreforme allererst bestimmt wird, macht keinen klaren Unterschied eines fünften Quartiers oder Tisches der Gewerke; nur in der Königlichen Erklärung auf die 48ste Bürgerbitte vom J. 1552 und in den Verordnungen vom J. 1570 wird namentlich darauf hingezielet. Indessen läßt sich kein bezweifelter und constitutionsmäßiger Gebrauch davon erweislich machen. Oefters sind durch den Präsidenten oder durch Deputirte des Raths, die Hauptgewerke zur gemeinschaftlichen Mitstimmung beleitet worden; nur in unruhigen Zeiten findet man die Trennungen und das Bestreben nach dem fünften Tische erneuert; mit spätern Verfügungen aber ist noch dienlicher allen daraus besorglichen Differenzen gesteuert worden.

es erst späterhin üblich geworden ist, die von den Quartiermeistern schriftlich abgefaßten Vorträge, in Gegenwart sämmtlicher drey Ordnungen, dem Rath einzubringen, und durch einen Secretair der Stadt öffentlich vorlesen zu lassen. Aus einem hievon unterschiedenen und mehr aufs Policeywesen abzweckenden Grunde, scheinet um dieselbe Zeit auch eine andre Eintheilung der gesammten Bürger und Einwohner Danzigs, nach bestimmten Rotten aufgekommen zu seyn: vermuthlich hat man damit eine genauere Notiz von der Anzahl und den Wohnungen der ansäßigen Einwohner so wohl, als von dem Aufenthalt der Fremden und neuen Aufkömmlinge in der Stadt, zu erlangen gesucht; und gleichwie sich von den Rottmeistern, die bey jeder Rotte angesetzt wurden, die Verzeichnisse der städtischen Einsassen nach ihren Wohnungsquartieren nun viel bequemer haben aufnehmen lassen; so ist auch die Abforderung und Ansage der Scharwerken, der Real- und Personalabgaben, und anderer bürgerlichen Verpflichtungen, dadurch nicht wenig erleichtert worden. In einiger Verbindung hiemit stehet noch eine dritte und zwar militairische Repartition der Bürgerschaft Danzigs. Zwar sind schon, laut historischen Nachrichten früherer Zeiten, bey äußerer Kriegsgefahr so wohl als wenn ausserordentliche Vorfälle solches nothwendig gemacht haben, die Danziger Bürger in Wachen und Waffen gesetzt worden; es war solches auch den teutschen Stadteinrichtungen vollkommen gemäß, und unter der Regierung des Ordens hatten die Hochmeister mehr denn eine gesetzliche Veranstaltung zur Waffenübung der Bürger getroffen: aber nichts destoweniger scheinet die diesjährige Reforme in der Stadtregierung eine sich näher darauf beziehende Veränderung hierin veranlasset zu haben, wobey man schon jetzt oder erst späterhin auf die obige Abtheilung der vier Quartiere in der Stadt sein Augenmerk gerichtet hat. Jedes derselben ist nemlich als ein eignes Bürgerregiment, mit darin begriffenen zwölf Compagnien oder Bürgerfahnen betrachtet, und nach einer bestimmten Differenz der Fahnenfarbe, dem Koggen-Quartier der Namen des rothen Regiments, dem Hohen-Quartier des weißen, dem Breiten-Quartier des blauen, und dem Fischer-Quartier des orangegelben Regiments zuertheilt worden. Zu den Chargen der Hauptleute und der übrigen Subaltern-Officiers bey den acht und vierzig solchergestalt errichteten Compagnien hat man immer die erfahrensten Bürger, größtentheils aus den Mitgliedern der dritten Ordnung, zu ernennen gesucht; vier Herren des Raths, die sonst auch für die Policeyeinrichtung der Stadt Quartierherren genannt werden, sind gedachten Regimentern als Obersten vorgesetzet, und eben so viele aus den Mitteln des Gerichts oder der zweyten Ordnung vertreten die Stelle der Obristlieutenants; das Oberdirectorium aber über den gesammten bürgerlichen Kriegsetat wird einem der Herren Bürgermeister unter dem Namen des Oberwachherrn übertragen. Das wesentliche dieser Einrichtung ist frühen Ursprungs im

Dritter Abschnitt. Erstes Capitel.

16ten Jahrhundert, hat aber mit verschiedenen darin erfolgten Veränderungen, bis auf gegenwärtige Zeit, seine Fortdauer; denn späterhin gemachte Revisionen haben die Wachordnung der Stadt Danzig nur genauer auseinander gesetzet, und durch neue den Umständen der Zeit nach veränderte Reglements, mit mehreren Zusätzen erweitert. Indessen würde es uns von unserm Endzweck zu weit ableiten, wenn wir theils die Vorschriften zur innern Kriegsdisciplin, theils die Versammlungs= oder Paradeplätze der Danziger Bürgerschaft, theils auch die Art der Verknüpfung, nach welcher die Altstädtschen Bürger sowol als auch alle innerhalb den Mauern wohnhafte Einsassen der Vorstädte, unter obgedachten vier Regimentern mit begriffen sind, umständlicher beschreiben wollten. Es läßt sich nur noch mit wenigem hier anmerken, daß neuerer Zeiten auch in den Aussenwerken, oder aus den Einsassen die zwischen den Stadtmauern und den äußern Thören der Stadt wohnen, einige Bürgerfahnen unter dem Namen eines grünen Regiments sind errichtet worden; daß sich ferner in der Stadt selbst ein formirtes Corps von Bürger=Artilleristen oder Schützen befindet, und daß endlich, wenn Noth und Umstände solches erfordern, noch eine junge Mannschaft von Handlungsbeflissenen so wol als von Handwerksgesellen zusammen gebracht wird, deren aber bey ruhigen Zeiten gewöhnlich nur drey Compagnien von Handlungsgesellen geführt werden, und wobey man die Officiersstellen mit einigen der angesehensten Bürger aus der Kaufmannschaft, unter der Aufsicht zweyer dazu verordneten Rathsherren, besetzet.

Eine genauere Erörterung in unserer Stadtgeschichte verdienen allerdings die merkwürdigen Folgen der Staatsgeschäfte, welche König Sigismund bey seiner diesjährigen Anwesenheit in Danzig, in Bezug auf die Landesverknüpfung abgemacht hatte. Die engen Verwandschaftsbande und das Einverständniß mit den Herzogen George und Barnim von Pommern als Königlichen Schwestersöhnen, brachten einen Lehnsvergleich über die Herrschaften Lauenburg und Bütow zu Stande, der keine Hoffnung zurück ließ, Danzigs darauf gegründeten Ansprüchen jemals wieder gerecht zu werden. Oft genung hatte man zwar seit Beendigung des großen Krieges, von Seiten der Stadt und der Landesstände, die Forderungen deshalb wiederholet; allein schon im J. 1505, als König Alexander den versprochenen Brautschatz seiner Schwester, der Prinzessin Anna, zurückbehielt, glaubte ihr neuer Gemahl, Herzog Bogislav, dafür seinen Besitz in gedachten Pommerellischen Herrschaften befestigen zu können; und als nunmehr dessen Söhne sich ihrer Ansprüche auf die mütterliche Mitgabe von 14000 Ducaten gänzlich begaben, so wurde, ohne näheres Ansuchen in Preussen, ein Vertragsgeschäfte vollzogen, kraft dessen K. Sigismund die Herrschaften Lauenburg und Bütow den Herzogen von Pommern vollends als erbliche Mannlehne von Polen verliehe. In

1526. 3. May.

der That ist mit Absonderung dieser Pommerellischen Landesstücke ein Hauptartikel des Uebergabevergleichs, nemlich das Land Preussen in seinen alten Grenzen zu erhalten, verletzt worden, aber auch Danzig insbesondre hat dadurch den Ausfall einer vielfältig erneuerten Königlichen Zusage erlitten. Späterhin zwar sind nach Abgang des Herzogl. Pommerschen Mannsstammes im J. 1637 diese ursprünglich zu Pommerellen gehörige Herrschaften an die Krone Polen zurück gefallen; allein nur zwanzig Jahre darauf hat man sie aufs neue dem Churhause Brandenburg als ein freyes Lehn übertragen, und sie sind endlich gleichsam durch Consolidation, vermöge des Warschauer Tractats vom J. 1773, dem Könige von Preussen mit völliger Souverainität und Unabhängigkeit abgetreten worden.

Ein weites Feld zu Streitigkeiten und Widersprüchen hatte ferner die in Danzig abgefaßte Landesordnung eröfnet. Man hielt dieselbe schon deshalb der Staatsverfassung entgegen, weil ohne Zuziehung der Städte, bloß der Adel die Publication der darin enthaltenen Verfügungen genehmigt hatte; aber was noch bedeutender war, so wurden die Gerechtsamen der Städte und ihrer Bürger, durch einige darin befindliche Artikel, ausdrücklich verletzet. Ob nun gleich ohne Widerrede auch unterschiedene Punkte auf die Wohlfahrt des Landes abzweckten, und heilsame Vorschriften enthielten, wodurch manche bisher vernachläßigte Staatsmaterien in Ordnung gebracht wurden; so haben sich die großen Städte doch nicht eher darüber zufrieden gegeben, bis die controversen Artikel dieser Landesverordnung eilf Jahre später eine mit den Rechten und Prärogativen der Städte näher übereinstimmende Abänderung oder Erläuterung bekommen haben. Bis dahin aber sind noch viele Landtage gehalten, ehe man sich über die Art und Weise einer solchen Revision hat einigen können, und es traten auch mehrere Landesgeschäfte dazwischen, welche selten ruhig auseinander gesetzet, sondern größtentheils unter differenten Meinungen von einer Zeit zur andern sind ausgestellt worden.

Die Thorner Stapelgerechtigkeit ward als eine der nächsten Streitsachen weiter in Bewegung gebracht. Danzig hatte sich schon ehedem deutlich darüber erkläret, und was die Einsassen der Krone Polen betraf, so hielten dieselben es für ausgemacht, zu einer ungehemmten Fahrt mit ihren Produkten auf der Weichsel berechtigt zu seyn. Würklich hatte König Sigismund das im J. 1505 zu Radom darinnen abgesprochene Urtheil durch ein in Danzig gegebenes Decret aufs neue bekräftiget, und dem Polnischen Adel sowol als der Geistlichkeit die Befugniß verliehen, ihre Naturalgüter, die Weichsel herunter, ungehindert bis nach Danzig zu schiffen; nur was die Kaufmannsgüter und die Waaren der Städte betraf, so sollte wegen verlangter genauern Untersuchung der Sache, die Entscheidung darüber erst auf dem nächsten Reichstage erfolgen. Allein auch

Dritter Abschnitt. Erstes Capitel. 13

dieser brachte für die Thorner nichts beruhigendes mit sich: weder ihre Beziehung auf die erworbenen Privilegien, und auf die Illegalität der auswärtigen Rechtssprüche, noch auch die beypflichtenden Vorstellungen der Preussischen Landstände, konnten ein abermals zu Krakau abgesprochenes Decret 1527. abwenden, wodurch vielmehr nicht der Adel und die Geistlichkeit allein, sondern nun auch die Polnischen Städte die Freyheit bekamen, ihre Güter ungehindert die Weichsel herab nach Danzig zu führen. Dergestalt blieb der Stadt Thorn nichts weiter übrig, als das Andenken ihrer Gerechtsame durch eine Protestation zu bewahren, und so viel es sich thun ließe, den ferneren Beystand des Rechts im Vaterlande zu erheischen. Solches geschahe sogleich auf dem nächsten Landtage zu Elbing; die Stände zogen auch das Ansuchen der Thorner in nähere Erwägung, und es wurde ein Schluß abgefasset, den König schriftlich um ihre Restitution zur ungestörten Ausübung der Niederlagegerechtigkeit anzutreten. Nur die Danziger Abgeordneten hatten hierin einzuwilligen, von ihren Mitobern keine Befehle, und unerachtet man von Danziger Seite, den Thornern eine anderweitige Vergütung auszuwürken willfährig bereit war, so stritt doch ihr prätendirtes Stapelrecht gar zu sehr mit den Vortheilen der Danziger Handlung, es ward auch mindestens nicht allgemein dem Nutzen des Landes erspriesslich gehalten, daß also die Danziger dagegen den König noch insbesondre ersuchten, es beym endlichen Bescheide des Krakauer Decrets darin bewenden zu laßen. In späteren Jahren ist doch einigermaaßen für eine Schadloshaltung der Stadt Thorn gesorgt worden: sie hat im J. 1532 ein Königliches Decret erhalten, kraft deßen alle die Weichsel hinaufgehende Kaufmannswaaren daselbst anlegen sollten; im J. 1543 ist ihr ein Privilegium ertheilt, und öffentlich im Lande bekannt gemacht worden, daß alle von Danzig und andern Oertern der Provinz Preußen nach Groß-Polen reisende Fuhrleute, ihren Weg über Thorn zu nehmen, gehalten seyn sollten; auch im J. 1552 hat König Sigismund August das Versprechen zu einem Freyheitsrechte erneuert, daß alle zwischen Polen und Preußen auf- oder abwärts geführten Commerzgüter, drey Tage lang in Thorn zum Stapel aufgelegt werden sollten; weil aber dieses Privilegium keine Bestätigung auf dem Reichstage hat bekommen können, so ist auch niemals ein legaler Gebrauch davon gemacht worden. Indeßen hat Thorn unter mancherley Begünstigungen des nachbarlichen Getreidehandels, und durch den Gebrauch des Danziger Seehafens, noch geraume Zeit hindurch eines vortheilhaften Commerzverkehrs zu genießen gehabt.

Ein anderer Rechtsstreit, der aus Hanseatischen Verbindungen herrührte, und wegen der Besitzung eines Landesbezirks oder einer Vitte bey Falsterbo auf Schonen gelegen, mit der Stadt Lübeck entstanden war, sollte in dieser Zeit von Danzig für sich und im Namen mehrerer Preußsischen Hansestädte ausgeführt werden. In alten Zeiten hatte, laut den darüber befindlichen Urkunden c) vom J. 1370, Danzig nebst den Preussischen Hansestädten Culm, Thorn, Elbing, Königsberg und Braunsberg, gedachte Vitte vom Könige Waldemar III. für fünfhundert Angrische Gulden an sich gekauft, auch alle damit verknüpfte Gerechtsamen erlanget, welche den Eignern nach Hanseatischem Bundesrechte insbesondre die nicht geringen Freyheiten gaben, ihre Vögte und eigne Gerichte daselbst zu bestellen, Packkammern und Kramläden zu errichten, Handwerker und Professionisten anzusetzen, auch Waarenverkauf und Gewerbe nach Gefallen daselbst zu reguliren. Anderthalbhundert Jahre lang hatten die Preussischen Städte, vornehmlich Danzig, einen ruhigen Besitz darauf ausgeübet, als Lübeck, welches ebendaselbst einen angrenzenden Landesbezirk in Possession hatte, einen Grenzstreit erregte, und

---

c) In Lengnichs Preussischer Geschichte, 1stem Bande, Doc. 12. 13. zur Erhaltung des Landes sowol, als des Compagniehauses auf Schonen, hat Danzig bis in die neueren Zeiten, theils Grenzstellungen und Reparaturen gemacht, theils auch für Untervögte und Prediger bey der dortigen Kirche gesorget, und noch im J. 1652 findet man, daß zu einer Grenzberichtigung sowol als zur Freyheit der Heringsfischerey sehr fleißige Anstalten sind getroffen worden. Das Danziger Grenzland hat in der Länge 1650 Schuh und in der Breite 410 Schuh gehalten; das Compagniehaus ist 70 Schuh lang und 30 Schuh breit gewesen, und über der Hausthür hat das Danziger Wapen im weissen Stein ausgehauen gestanden. Auch auf Seeland beym Dorfe Dracken hat Danzig ein solches Compagniehaus gehabt, welches aber schon viel früher eingegangen ist.

mit Ansprüchen auf einen großen Theil der Preuſſiſchen Witte hervorrückte. Drey Jahre nacheinander hatte man ſeit 1524 fruchtloſe Unterhandlungen darüber gepflogen, ohnerachtet König Chriſtian II. von Dänemark den Preuſſen ſchon einmal als Vermittler das Recht zugeſprochen hatte,
auch ſein Nachfolger Friedrich alle Mühe anwandte, die Differenz in der Güte beyzulegen.

1527. Letzterer aber wurde nunmehr von beyden Theilen
förmlich zum Schiedsrichter erbethen, und König
Sigismund von Polen empfahl es ihm inſtändigſt, das Recht ſeiner Preuſſiſchen Unterthanen
zu ſchützen. Indeſſen ſind nicht nur die Termine
zur Zuſammenkunft noch eine Zeitlang verlegt worden, ſondern man hat auch in der Folge verſchie-
dene Zweifel der Privilegien wegen, und noch andere Einwendungen aufzuwerfen gewußt, worauf
es zwar endlich durch Däniſche Commiſſarien zu
einem Ausſpruch gekommen iſt, daß die ſtreitige
Witte zwiſchen Lübeck und den Preuſſiſchen Städten durch eine Grenzlinie getheilt bleiben ſollte;
allein die Danziger Abgeordneten, welche der
Schöppe Overam mit dem Secretair Fürſten-
berger, auch der Vogt zu Falſterbo und noch zwey
Danziger Bürger geweſen, haben es hiebey nicht
beruhen laſſen, ſondern ſind noch mit einer Appellation an den König von Dänemark ſelbſt gegangen, der denn die Streitſache zwar auf dem nächſ-
ſten Däniſchen Reichstage vorzunehmen verſprochen gehabt, nachher aber derſelben nicht einmal
hat Erwähnung thun laſſen. Ohnfehlbar iſt deren
Erneye-

Erneuerung unter den nachherigen Irrungen und Kriegshändeln mit der Krone Dänemark noch mehr vergessen worden, und die fernerhin erfolgten Veränderungen der Handlungsrechte des Bundes, mögen auch für Danzig nur das Andenken des gedachten Besitzes übrig gelassen haben.

Im Lande Preussen war schon viele Jahre lang, über convenable Vorschläge zur Verbesserung der Landesmünze gerathschlaget worden, doch hatte man diese Angelegenheit unter mancherley Verhinderungen immer von einem Landtage zum andern aufschieben müssen; nunmehr aber war das Interesse der Polnischen Nation allmählig näher darin verwebt worden, und nach des Königs Willen enthielt die neuerlich zu Danzig abgefaßte Landesverordnung im dreißigsten Artikel die ausdrückliche Satzung in sich: „daß die alte Münze „in Preussen aufgehoben, und an deren Stelle „eine dreyfache neue, nemlich Groschen, Schil„linge und Pfennige, mit des Königs und der „Lande Preussen Wapen geschlagen werden, und „diese Münze der Polnischen, die gleichfalls neu „würde geschlagen werden, an Schrot, Korn „und Werth völlig gleich kommen sollte." Das Münzwesen wurde demnach auf den Preussischen Landtagen mit ernstlicherm Eyfer betrieben, und es ist nach Ueberwindung vieler Schwierigkeiten, im ganzen Lande, zu neuen ob zwar nicht immer vortheilhaft zu nennenden Veränderungen der Geldsorten gekommen. Ob nun gleich die Schranken unserer Stadtgeschichte eine ausführliche Auseinanderſetzung dieſes Landesgeſchäftes nicht zulaſſen, ſo befiehlt doch die Wichtigkeit deſſelben, das Weſentlichſte davon in Beziehung auf Danzig ins Licht zu ſtellen, und zwar um ſo viel mehr, da dieſe Stadt durch ſpecielle Privilegien das Regalrecht beſitzet, „Münzen in Gold und Silber, mit „des Königs Bild und Namen, zu ewigen Zeiten, „ohne einige Störung und Hinderniß ſchlagen „zu können, entweder nach dem ſchon gewöhnli„chen Schrot und Korn, oder wie ſolches vom „Könige und den Räthen der Lande und Städte „Preuſſen beliebet ſeyn würde."

Unter der Regierung des Teutſchen Ordens, hatten bereits vor errichtetem Landesrath in Preuſſen, einige Städte, und inſonderheit Thorn und Danzig, an der Einrichtung des Münzweſens Antheil gehabt, nicht nur, daß ihre Bürger zu Zeiten die Münze in Pacht nahmen, ſondern daß auch die Städte ſelbſt, von den Hochmeiſtern zur Ausmünzung des Geldes ſind aufgefordert worden. Was das Reglement der Landesmünze betraf, ſo war in der Culmiſchen Handfeſte die einfache Verfügung enthalten: „daß nur eine Münze „durchs ganze Land ſtatt finden, und zwar Pfen„nige von reinem Silber gemacht werden ſollten; „ſechs ſolcher Pfennige ſollten einen Schilling be„tragen, und ſechszig Schillinge ſollten einer Mark „feines Silbers an Gewicht gleich ſeyn" d). Frühe

---

d) Es war auch dabey verordnet, daß alle zehn Jahre das Geld ſollte umgemünzt werden, und alsdann ſollte man für 14 alte und abgenutzte Pfennige nur 12 neue bekommen,

genug aber ist man von dieser vortreflichen Münzordnung abgewichen. Schon im J. 1309 klagt
Siegfried von Feuchtwangen über den Mangel an eigner Münze im Lande; die Prager oder
Böhmischen Groschen waren deswegen vor andern
gangbar geworden, und statt der alten Preussischen
Pfennige, deren sechs einen Schilling betragen
sollten, gingen nun vier auf einen Schilling, und
man nannte sie Culmsche Vierchen; auch der Böhmischen Groschen wurden 30 auf eine Mark festgesetzt, und galt jeglicher also zwey Preuß. Schillinge, da sie im J. 1233. kaum den Werth eines
Schillings gehabt hatten. Im J. 1335 ließ der
Hochmeister Dietrich Graf von Oldenburg
durch einen Thorner Bürger die ersten Preussischen
Schillinge schlagen; sie waren nicht aus reinem
Silber, sondern dreyzehnlöthig, und aus einer
Mark feine wurden 120 Schillinge oder 2 Mark
an Gelde geschlagen. Heinrich Dusener von
Arfberg ließ ums J. 1346 breite Groschen in
Preussen verfertigen; über Schrot und Korn der-
selben ist man nicht einerley Meinung, am wahr-
scheinlichsten werden sie den Böhmischen Groschen
gleich gehalten, und jeglicher hat etwa zwey Schil-

damit allezeit wichtiges Geld im Umlaufe bliebe. Was die
Verhältniß des Silbers gegen Gold anlanget, so galten da-
mals fünf Ungrische Gulden so viel als eine Mark fein Silber-
geld, und ein Ungrischer Gulden betrug also 12 Preußische
Schillinge oder 4 Groschen. Diese Proportion hat auch
noch im J. 1528 statt gefunden, indem man eine Mark fein
Silber mit fünf Ducaten gekauft hat. M. Böhme, vom
Münzwesen. Cap. IX.

finge gegolten. Zu Winrichs von Kniprode Zeiten kam im J. 1370 eine neue Münze unter dem Namen der Scoter hervor; sie waren dreyzehnlöthig und jeder sollte 15 Pfennige gelten, daß also vier und zwanzig derselben auf eine Mark gingen. Aber nach dem J. 1404 gerieth der Orden allmählig in eine Geldnoth, die ihn zu den äußersten Rettungsmitteln vermochte. Das Land selbst wurde mit schweren Schatzungen beleget, und die Silbermünze immer geringer geschlagen; zuletzt ward die Ausmünzung an den berufenen Danziger Burgermeister Bened. Pfennig verpachtet, und dieser machte so schlechte Münze, daß drey- oder vierlöthige Schillinge anstatt der dreyzehnlöthigen in Umlauf kamen, es ging schon so weit, daß acht bis zehen Mark Geldes aus einer Mark Silbers geprägt wurden, und im J. 1416 unter dem Hochmeister von Sternberg fing das Land unwillig an, auf die Verbesserung der Münzen zu bringen. Zwey Jahre darauf kam auch ein Landesschluß zum Stande, daß wieder dreyzehnlöthige Schillinge gemünzt werden sollten; und in dieser Zeit hat man wol die Mark neuen Geldes, eine Gute Mark, die Mark des schlechten zwischen 1410 und 1416 geschlagenen Geldes aber, Geringe Mark zu benennen angefangen. Doch haben in der Folge diese Benennungen eine andre Bedeutung bekommen; denn weil die Münzen in Preussen von Zeit zu Zeit immer geringer geworden, daß man schon im ersten Viertel des sechszehnten Jahrhunderts 12 Mark Geldes aus der

Dritter Abschnitt. Erstes Capitel.

Mark fein Silber ausgebracht hat, so ist diese Münze auf die Uralte Mark referiret und der Ausdruck üblich geworden: „die Mark mit 12 Mark „neuer Münze zu lösen." Ja nachdem späterhin wol 24 Mark Geldes und mehr, aus der Silbermark sind fabriciret worden, so hat man endlich zwey solcher gemeinen oder geringen Mark für eine gute Mark gerechnet, und dergestalt mit 12 guten oder doppelten Marken die Alte Mark redimiret e). In der That aber haben in noch neueren Zeiten nicht 3 bis 4 geringe Mark Geldes, den Werth einer solchen Guten Mark ausbringen mögen.

Im J. 1425 beklagte sich der Hochmeister seiner Unvermögenheit, die Münze weiter fortzusetzen, und hierauf bekamen die Städte Thorn und Danzig auf einem Landtage den Auftrag, eine zeitlang zu münzen; in jeder Stadt wurde ein Raths-

---

e) In der Landesgeschichte findet man, daß eine zwiefache Differenz der Preußischen Geldmark sey eingeführt worden. Denn erstens, ist unter obgedachten Ereignissen, die Gute Mark von der Gemeinen oder Geringen Mark unterschieden gewesen: und hieraus läßt sich der in den Erb- oder Grundbüchern, wie auch anderwärts vorkommende Ausdruck: redimendo marcam per 12 marcas novae, oder bonae monetae erklären. Böhme. Cap. IX. Zweytens ist ein Unterschied zwischen der Großen und Kleinen Mark üblich geworden. Dazu haben die ins Land gebrachten fremden, insbesondere die Schweidnitzer Groschenstücke, Anlaß gegeben; denn als die Landesmünze schon schlechter gewesen, hat man 15 solcher Groschen mit 20 Preuß. Groschen verglichen, mit dem Lauf der Zeit aber sind beyder Art Groschen mit einander vermischt worden, und man hat der Preuß. Mark überhaupt den Gehalt von 15 Groschen gegeben. Lengnich P. P. Gesch. B. I. S. 62.

herr zum Münzmeister bestellet, und die Hälfte des Gewinns von der Münze dem Hochmeister vorbehalten. Es kam auch eine Münzordnung heraus, und nach selbiger wurden neunlöthige Schillinge gepräget. Zehn Jahre darauf aber wollte der Hochmeister Zweydrittel vom Gewinn an sich ziehen, dem widersetzten sich die Städte, und nun übernahm der Orden von neuem die Münze. Nach einem Vorschlage des Hochmeisters von Rußdorf im J. 1439 sollte das Geld nun achtlöthig ausgemünzt werden, aber der Widerspruch der Städte ließ es nicht dazu kommen. Im J. 1454 trat Preussen unter die Krone Polen, und darauf wurde zwar in den vier Städten, Thorn, Danzig, Elbing und Königsberg, eigentlich aber den Preussischen Landesständen auf ihre Kosten, das Münzrecht überlassen; indessen da diese solches nicht ausübten, so gab der König im J. 1457 zuerst der Stadt Danzig, nachher auch den Städten Thorn und Elbing, ausdrückliche Privilegien, für ihre Rechnung gangbare Münzen im Lande zu schlagen. Allein erst nach dem Frieden konnte man gegen vielen während des Krieges entstandenen Schaden, auf eine beßre Münzeinrichtung bedacht seyn. Demnach ward im J. 1467 zu Elbing beschlossen, daß die Münze des Ordens den Münzen der Städte gleich seyn sollte, das Geld selbst aber wurde würklich nicht besser bestimmet, indem es zum Beschluß kam, aus der Mark feine acht Mark Geldes zu prägen, da doch Danzig nach der Verordnung von 1426 fast neunlöthige Münzen, und nur sieben

Mark Geldes aus der Mark feine ausgemünzt hatte. Auch die Vorwürfe, welche Copernicus im J. 1521 auf dem Landtage zu Graudenz den Städten gemacht hat, als ob sie seit der Einverleibung mit Polen, die Münzen immer mehr deteriorirt hätten, haben sich durch sichre Gegenbeweise vernichten lassen, und fallen vielmehr auf die Kreuzherren zurück, welche nach Waissels bestätigtem Zeugnisse 12, 13 und mehrere Mark Geldes aus der Silbermark ausgebracht, und (nächst dem durch Einführung fremder Münzen verursachten Schaden) zu den Geldirrungen im Lande, und den darüber erregten Polnischen Beschwerden, nicht wenig beygetragen haben.

Unter solchen Ereignissen ward nach vielen fruchtlosen Berathschlagungen endlich auf dem Landtage zu Marienburg eine würksamere Münzberedung gehalten, wozu sich auch die Gesandten des neuen Herzogs in Preussen mit einfanden. Hieselbst kam nun ein Münzabschied heraus, dessen Hauptartikel die von der Krone Polen bisher nicht zugemuthete Forderung enthielt, daß die Polnischen und Preussischen Münzen völlig gleich gemacht werden, und in beyden Landen auf gleiche Art gangbar seyn sollten; auch sollte man hinfort im Münzwesen nach der Krakauschen Mark die Gewichte berechnen *f*). Uebrigens blieb die Preus- 1528.

---

f) Der Hochmeister Paul von Rußdorf hatte das Münzgewicht in Preussen auf die Cöllnische Mark fundiret, und es wäre besser gewesen, wie Böhme von Böhmenfeld bezeuget, wenn man sie immer im Münzwesen und zum

sische Geldmark auf zwanzig Groschen oder sechzig Schillinge festgesetzt, und jeder Schilling zu sechs Pfennigen gerechnet. Auch das äußere Gepräge wurde bestimmet, und zum Unterschied von den Königlichen und Herzoglichen, sollten die städtischen Münzen auf einer Seite das Bildniß des Königs, und auf der andern das Wapen der Stadt vorstellen. Unter dem cursirenden schlechten Gelde wurden, was kleine Münze betraf, die Schweidnitzer und die neuen Herzoglich-Preussischen Groschen heruntergesetzt, die Tippelgroschen nebst den neuen Danziger Schillingen und Pfennigen gänzlich verboten ε), und obgleich die Schweidnitzer halben Groschen noch zur Zeit im Gange blieben, so sollten doch diese und alle ausländischen Münzen, sobald ein hinlänglicher Vorrath des neuen Geldes vorhanden seyn würde, ganz

Einkauf des Silbers gebraucht hätte. Gegen die Cöllnische Mark, welche 152 Englis wieget, hält die Krakauer Mark nur 128 Englis 17 As im Gewicht, und 16 Preussische Silbermark werden nach einem Münzbedenken vom J. 1439 auf 13 Cöllnische Mark gerechnet. Die Krakausche Mark fein Silber hat man im J. 1528 für 5 Ducaten, oder 7 Gulden 15 Groschen gekaufet; denn der Ducaten galt 45 Groschen und ein Reichsthaler 30 Groschen, daher auch bis gegen Ablauf des sechszehnten Jahrhunderts die Preussischen Gulden mit den Reichsthalern einerley Werth gehabt haben.

ε) Die Schweidnitzer waren Schlesische Groschenstücke, so von der Stadt Schweidnitz den Namen führten. Die Preussischen Schillinge hatten nach dem großen Kriege den Namen der Groschen bekommen, waren aber unter den Herzogen, gleichwie die Tippel- oder Doppelgroschen, an ihrem ehemaligen Gehalt unsäglich verringert worden.

untersagt werden. Von größerer Münze ward insbesondre einer dreyfachen Art Horngulden gedacht, die nach ihrem wahren Werth gegen die neue Münze geschätzt werden sollten. Endlich war auch für gut befunden, Dreygroschen- und Sechsgroschenstücke außer den kleinen Münzsorten schlagen zu lassen; deren die Mark 14 Loth feines Silbers enthalten sollte. Bey allen diesen Vorschriften, die noch durch einige spätere Edicte erläutert oder vermehrt wurden, äußerte es sich dennoch in kurzem, daß es leichter sey, im Münzwesen neue Gesetze zu geben, als dieselben ohne Nachtheil des Ganzen zur Vollziehung zu bringen. Von allen Seiten zeigten sich Hinderungen und Einwürfe, die theils die Aufhebung der alten Münzen, theils das Fortkommen der neuen rückgängig machten, und der Herzog in Preussen, wie auch die Polnisch-Preussischen Handelsstädte hatten die wichtigsten Gründe, sich allen Störungen entgegen zu setzen, die durch die neuen Münzedicte sowol dem Commerzwesen nachtheilig seyn, als auch im Einkauf der Lebensmittel und der gemeinen Bedürfnisse, imgleichen bey Leistung der bürgerlichen Abgaben, der Accisen und anderer Gebühren, gefährliche Differenzen nach sich ziehen konnten. Hiezu kam noch, daß von Seiten des Polnischen Hofes bald anfangs Miene gemacht wurde, die Münzprivilegien der großen Städte zu kränken; der König selbst legte eine eigne Münze zu Thorn an, und ließ durch seinen daselbst bestellten Münzmeister, Jobst Ludwig Decins, Preussisches Geld ausmünzen; die dringend verlangte Gleichheit der Landesmünze mit der Polnischen, gab zu ungleichen Urtheilen über die darauf gegründeten Absichten Anlaß, und der spätere Erfolg hat mit trauriger Erfahrung gelehret, daß die jetzt bestimmte Abänderung im Münzwesen nicht nur dem Lande keinesweges zuträglich geworden, sondern auch der Handlung und dem Gewerbe der großen Städte in Preussen vielfältigen Abbruch gethan, ja was das Uebel vermehrte, diese und insonderheit die Stadt Danzig in vieljährige Irrüngen und Streitigkeiten mit dem Könige und der Republik Polen verwickelt hat.

Danzig hat sich bald nach Einführung der neuen Münzen einem zwiefachen Kampf aussetzen müssen. Der erste entstand wegen des fremden Geldes, so unter dem Namen der Schweidnitzer im Lande gangbar war, und am häufigsten vom gemeinen Mann in den Städten gebraucht wurde. Diese Groschenstücke waren von ihrem bisherigen Werth herunter gesetzt, und sollten in kurzem gar nicht cursiren; ein jeder suchte demnach sich derselben zu entledigen, sie wurden bey allen Geldgeschäften angebracht, und obgleich der Rath zu Danzig sie noch von seinen Bürgern eine Zeitlang für vollgültig annahm, so litten doch die öffentlichen Cassen zu sehr dabey, daß man sie also vorerst von 12 auf 10 Pfennige herabsetzte, und nachher durch öffentliche Edicte ganz zu verbieten suchte: allein die gänzliche Tilgung derselben verursachte so viele Stöhrungen, und zuletzt einen Tumult unter dem Volke, daß der Rath sich bald wieder genöthigt sahe, den Schlesischen Münzen ihren Umlauf zu lassen, und sie nur auf den Werth von 8 Pfennigen zu setzen. Auch hiemit zwar ward das Murren unter dem gemeinen Mann nicht gestillet, nächst den Schweidnitzern erweckte die Herabwürdigung der alten Pfennige gleichen Verdruß, es wurden aufrührerische Schriften deshalb verbreitet, man fand auch die neuen Königlichen Münzen öffentlich zur Schau hingehangen, und ein Papier daneben, worauf Schwerd, Galgen und Rad von Bley befestiget gewesen. Indessen ward nichts mit dergleichen schmähsüchtigem Spotte verbessert; vielmehr hat die Stadt wegen dieser zur Verkleinerung des Königlichen Ansehens gedeuteten Schandthat beschwerliche Anfechtungen erlitten, und so wenig die Obrigkeit es unterlassen hat, sich zur Auskundschaftung des Thäters alle Mühe zu geben, so sind ihr doch auf den Landtagen sowol als vom Königlichen Hofe, manche unverschuldete Vorwürfe deswegen gemacht worden. Einen eben so nachtheiligen Zwist mußte insonderheit für Danzig die plötzliche Abschaffung der bisher im Gange gewesenen Kleinen Mark nach sich ziehen. Man war an selbige so sehr gewöhnet, daß im Handkauf sowol als im größern Gewerbe, Verwirrungen und Unordnungen durch ausdrückliche Festsetzung der Preußischen Geldmark auf zwanzig Groschen entstanden. Jedermann wollte in der Einnahme die Mark für 20 Groschen gerechnet wissen, in der Ausgabe hingegen den alten Werth von 15 Groschen behaupten; selbst der Preiß verkäuflicher Waaren ward nicht dadurch geändert, und was man vorher mit funfzehn Groschen bezahlt hatte, mußte jetzt mit zwanzig bezahlt werden; der fremde Kaufmann litt ebenfalls in der Verhältniß gegen die Goldmünzen, denn anstatt drey Mark Silbermünze bekam er jetzt zwey Mark und fünf Groschen für den Ducaten, ohne dafür einen bessern Einkauf der Waaren machen zu können. Zu wiederholten Malen suchte Danzig insbesondre die nachtheilige Seite dieses Unterschieds der Marken bey den Landesberathschlagungen deutlich zu machen; allein des Königs Wille wurde darin befolget, der Herzog sowol als die Polnischpreussischen Stände wollten beym alleinigen Gebrauch der Großen Mark bleiben, und in den Städten war man genöthigt, sich damit zu helfen, daß vorerst im Kaufhandel und gemeinen Gewerbe, auch in Verhältniß des Goldes, die Kleine Mark noch zu funfzehn Groschen gebraucht worden, Zinsen und Renten hingegen, auch Arbeitslohn und andre Zahlungen, nach der Großen Mark zu zwanzig Groschen gerechnet werden mußten. Späterhin aber hat man die Rechnung nach Marken aus guter Absicht gänzlich verlassen, und im Handel und Wandel ist es, die Zahlungen nach Gulden zu bestimmen, in Gewohnheit gebracht worden.

Selbst die Freyheit zu münzen hat man den Städten unter dieser Regierung mehr denn einmal streitig gemacht. Schon im J. 1531 soll das Land zureichenden Vorrath an Schillingen und

Pfennigen gehabt haben, und Elbing sowol als Danzig haben deshalb auf Königlichen Befehl dergleichen nicht weiter ausmünzen sollen. Dieses Verboth ist noch öfter wiederholt worden, auch der Preussische Landesrath ist dem Könige darin beygetreten, und die Städte haben sich zwar mit Vorbehalt ihrer Rechte demselben zu gehorsamen bequemet (nachdem Thorn vorher schon aus eigener Bewegung den Gebrauch seines Münzrechts sistirt hatte); nur sollten, ihren Vorstellungen nach, der König sowol als der Herzog ebenfalls den Münzhammer niederlegen. Solches aber hat Schwierigkeiten gefunden, der König hörte zwar auf in Thorn zu münzen, allein der Herzog hat sich nicht dazu verstanden: endlich haben Elbing und Danzig dennoch im J. 1537 ihre Münzen geschlossen. Sehr bald aber hielten es die Danziger für nöthig, von neuem zu münzen, und die Preussischen Landesräthe selbst waren ihnen behülflich, dazu die Königliche Erlaubniß zu erbitten; allein der eigenmächtig erneuerte Gebrauch des Münzhammers in Danzig, und das darin befolgte Beyspiel in Elbing, haben so großen Anstoß gegeben, daß der König im J. 1539 sämmtliche drey großen Städte mit Ungnade auf den Reichstag hat ausladen lassen, um sie daselbst zur Verantwortung zu ziehen. Durch einstimmige Vorstellung der Landesräthe sind zwar die Polnischen Citationen entkräftet, und die Münzsache an den Preussischen Landtag zurückgebracht worden, auch Elbing hat man wegen abgewarteter Königlichen Erlaubniß zu münzen, entschuldigt gehalten; hingegen die Stadt Danzig ist nicht nur wegen ihres zwar strafbaren aber nothgedrungenen Ungehorsams gegen den König, den harten Vorwürfen der Landstände ausgesetzt geblieben, sondern sie hat sich auch zur ungesäumten Schliessung ihrer Münze verstehen müssen. Noch einige Zeit später im J. 1543, ist des Königliche Mandat zu gänzlicher Niederlegung des Münzhammers an die Preussischen Städte sowol, als an den Herzog in Preussen erneuert worden; doch haben die fernerhin entstandenen auswärtigen Kriegshändel die Debatten wegen der Münzangelegenheit eine Zeitlang zur Ruhe gebracht. Indessen kann die Republik Polen sich ihrer Uneigennützigkeit, oder eines dem Staatsinteresse vortheilhaften Verfahrens dabey nicht rühmen, da es sich vielmehr durch klare Zeugnisse aus diesem Zeitalter bestätigen läßt, daß die Polnischen Münzen, in Vergleichung mit den Preußischen, einen noch weit schlechteren Gehalt gehabt haben.

Indem noch wegen dieses weitläuftigen Münzgeschäftes die ersten Unterhandlungen betrieben wurden, war man in Danzig mit Vorsicht darauf bedacht, über mehrere Gegenstände, die einen Streit mit Polen besorgen liessen, und Schmälerungen der Rechte nach sich ziehen konnten, in Zeiten ein friedliches Uebereinkommen zu treffen. Den Besitz des Putziger Gebiets hatte man längst für eine dem guten Vernehmen mit dem Königlichen Hofe gefährliche Klippe gehalten: Danzig besaß zwar sichere Beweise seines darauf erneuerten

Dritter Abschnitt. Erstes Capitel.

Pfandrechts; die Verschreibungen Königs Casimir vom J. 1491 über die Summe von 5000 Ungrischen Gulden, und Königs Alexander vom J. 1502 über 1000 Ungrische Gulden, lauteten zu deutlich, als daß sie hätten bestritten werden können, aber die daraus herfließenden Rechte waren doch immerfort einer schwankenden Erklärung unterworfen geblieben. Mit der oft angedeuteten Auslösung kam es auch zu keiner Gewißheit, und weil deshalb die erforderlichen Unkosten auf die Erhaltung der Grundstücke nicht verwandt wurden, so konnten die jährlich abnehmenden Einkünfte kaum zur Abwerfung der Interessen mehr hinreichend seyn. Für Danzig schien es demnach rathsam, das Pfandrecht in ein Eigenthum zu verwandeln, man gab sich alle Mühe, hiezu die Genehmigung des Königs zu erlangen, die Bevollmächtigten der Stadt bekamen auch mehr denn einmal den Auftrag, den Zuschuß einer nahmhaften Summe Geldes dafür zu bieten; allein die ganze Sache fand bey Hofe noch keinen Ingreß, die Anträge darüber wurden mit Stillschweigen oder mit kalten Verzögerungsgründen erwiedert, und man konnte den König nicht einmal dahin vermögen, daß er in die nothwendige Baureparatur des Putziger Schlosses einwilligte, wozu man die Kosten bey künftiger Auslösung einzuziehen gedachte. Glücklicher war 1529. Danzig in einem andern Zueignungsgeschäfte, welches den neben der Nehring gelegenen Bezirk des Fischams Scharpau betraf. Die vielfältigen Grenzstreitigkeiten zwischen diesen beyden Landdistrikten, nebst den häufigen Wasserergießungen, welchen die Nehring ausgesetzt war, weil die Dämme in der Scharpau nicht mit gehöriger Sorgfalt unterhalten wurden, brachten die Stadt zu dem Entschluß, sich in die freye Disposition eines Grundstücks zu setzen, aus dessen schlechter Verwaltung ihren Ländereyen jährlich ein unvermeidlicher Schaden erwuchs. Der Besitz desselben war zeither mannigfaltigen Veränderungen unterworfen gewesen. Schon im J. 1457 hatten einige Danziger Bürger durch einen Vorschuß von 7000 Ungrischen Gulden auf die Scharpau, nebst sechszig Kautelschiffen, eine Pfandsgerechtigkeit erhalten, die späterhin durch Vergleiche oder Vererbungen an die Ferbersche Familie gekommen war, König Alexander aber hatte im J. 1505 das Fischamt selbst, wie solches zu den Königlichen Schloßgebieten gehörte, zum Heil seiner Seele an die Kirche zu Frauenburg verschenket, und seine Donation auf einem öffentlichen Reichstage zu Radom mit der Clausul bestätigen lassen, daß die darauf vorgeschossene Summe vom Bischofe abgezahlt werden sollte. Ohnerachtet nun der Bischof Lucas Weisselrod solches nachher nicht leistete, so ward doch durch ein Commissorialdecret das Eigenthum an die Scharpau der Ermländischen Kirche zugesprochen, die Fruchtnießung aber blieb den Pfandsinhabern so lange vorbehalten, bis die Zahlung völlig abgemacht seyn würde. Weil nun unter solchen Umständen, da niemand sich der Sorge für das Land gehörig annehmen wollte, von Zeit zu Zeit

Zeit immer neue Streitigkeiten entstanden, wobey auch die Vortheile der Kirche nicht bestehen konnten, die Danziger Grenzgüter aber am mehresten litten; so erbot sich der Rath in Danzig, diese versehrliche Pfandschuld zu tilgen, wenn zugleich mit dem Bischofe Moritz Ferber ein endlicher Vergleich wegen der Scharpau getroffen werden könnte. Es kam also im folgenden Jahre ein förmlicher 1510. Kaufcontract zu Stande, in dessen ausgefertigter Verschreibung der Bischof ausdrücklich bekennet, daß er zum Nutzen seiner Kirche, mit reifem Rath, Wissen und Bewilligung des Ermländischen Capitels, nicht weniger mit Zulaß Sr. Königlichen Majestät, das Fischamt Scharpau nebst dem dazu gehörigen Gebiete und allen Nutzungen der Stadt Danzig, für funfzehn tausend kleine Mark Preussisch verkäuflich überlassen habe. Hienächst ist die Pfandsumme mit 7000 Ducaten an die Ferberschen Erben entrichtet, der Bischof und das Capitel völlig befriediget, der Stadt hingegen auch die Schenkungsacte Königs Alexander an die Ermländsche Kirche im Original zugestellt worden. Es dürfte schwer seyn, unter obgedachten Verhältnissen zu glauben, daß Danzig noch Schwierigkeiten wegen des Eigenthums der Scharpau fernerhin haben gemacht werden können: aber nichts desto weniger sind nicht nur schon unter den ersten Nachfolgern des Königs Sigismund rechtliche und gewaltdrohende Händel darüber entstanden, sondern auch bis in die neuesten Zeiten hinein hat man der Stadt ihre theuer daran erworbenen Rechte streitig zu machen gesucht, ja wenn dieselben schon in Kayserlichen und Königlichen Cabinetten bewähret befunden gewesen, so hat man noch hie und da in Privatschriften neuen Zunder zu Zwistigkeiten darin anlegen wollen.

Zweytes Capitel.

Ausserordentliche Königswahl Sigismund Augusts — zwistige Landesgeschäfte — Danzig bekommt Streit mit den Herzoglich Preussischen Einsassen — die Nordischen Kriegshändel stöhren die Danziger Seehandlung — Zwistigkeiten mit Lübeck — Vergleich mit Dänemark — Danzigs Mishelligkeiten mit Schweden — werden gehoben — endliche Revision der Danziger Landessatzungen zu Thorn — Danzig wird im Lande mit Feindschaft verfolget — und leidet aufs neue der Religion wegen — Projecte zur Schulenverbesserung im Lande — Anstalten zur Revision des Culmischen Rechts.

In der Polnischen Geschichte zeichnet es sich als ein einzelnes Beyspiel aus, daß der letzte männliche Erbe des Jagellonischen Hauses noch bey Lebzeiten seines regierenden Vaters im zehnten Jahre seines Alters zum Könige erwählt und gekrönt wurde; aber auch für die Provinz Preussen brachte diese 1530. Wahl Sigismund Augusts die ungesetzliche Neuerung mit sich, daß die Preussischen Stände nicht einmal dazu eingeladen wurden. Die nachher bekannt gewordene Bedingung, unter welcher die Polen sich einem so ungewöhnlichen Wahlgeschäfte unterzogen hatten, verbreitete zwar mehreres Licht über den Grund dieser Unterlassung, denn König

Sigismund hatte seiner Nation die Zusage geleistet, daß sein Sohn bey künftiger Uebernahme der Regierung, Litthauen sowol als Preussen, nach Aufhebung aller ihrer speciellen Rechte, völlig mit dem Königreich Polen vereinigen sollte; allein die Preussischen Stände konnten in keinem Fall ihre Zurücksetzung bey der Erwählungsceremonie mit Stillschweigen übergehen. Sie waren auch nicht mit einer bloßen Entschuldigung von Seiten des Bischofs von Krakau zufrieden, sondern sie brachten es dahin, daß ihnen vor dem Krönungsreichstage, in einer besondern Audienz beym Könige, die Wahl seines Prinzen namentlich zu bewerkstelligen, verstattet werden mußte, und sie erhielten noch eine schriftliche Versicherung, daß die jetzt unterlassene Einladung künftighin niemals zu einer Folge gezogen werden sollte. Dessen ungeachtet hat sich bald unter der folgenden Regierung das unwiderstehliche Bestreben in Polen geäussert, wodurch die Provinz Preussen einen großen Theil ihrer Vorrechte aus der ursprünglichen Staatsverfassung hat aufgeben müssen; auch noch unter dem Scepter Sigismunds des Ersten sind mancherley Versuche gemacht worden, einzelne Prärogativen des Landes zu kränken, oder wenigstens dieselben in zweifelhafte Auslegung zu ziehen. Das Einzöglingsrecht, um dessen Beobachtung die Stände den König bey jeder Gelegenheit erledigter Würden und Landesbedienungen ersuchten, blieb doch nicht mit allen Eingriffen verschonet, und in Polen widersprach man immerfort der Erklärung desselben, daß keine andre als in Preussen gebohrne und daselbst mit Gütern angesessene, ausserhalb der Provinz aber weder mit Gütern noch mit Bedienungen versehene Personen, unter Einzöglingen verstanden werden müßten. Nicht geringe Klagen veranlasseten von einer Zeit zur andern die in Masuren und Litthauen neu angelegten Zölle, womit insonderheit die Preussischen Städte in ihrem Handlungsverkehr gestöhret, und nicht selten die zunächst gemachten Verträge überschritten wurden. Der Contributionen im Lande konnte man sich um so viel weniger gänzlich entschlagen, weil unter Sigismunds Regierung theils die Furcht vor einem Türkenkriege zunahm, theils von Seiten des Teutschen Reichs, und anderer dem Teutschen Orden günstigen Mächte, gefährliche Anfälle auf Preussen besorgt wurden. Man war nur bemühet, der regelmäßigen Verwendung der Contributionsgelder zur Nothdurft des Landes nichts zu vergeben, und mit gleicher Thätigkeit setzte man sich in Bereitschaft, jeder einbrechenden Gewalt eines Feindes Widerstand zu leisten, ohne daß man nach dem Ansinnen der Polen, in Preussen zusammengebrachte Truppen mit der Polnischen Armee zu vereinigen und gegen einen auswärtigen Feind ausrücken zu lassen, sich anheischig machte. Wir übergehen noch vielerley ähnliche Zumuthungen, womit allmählig die ersten Schritte gethan wurden, dem Lande Preussen den Gebrauch seiner Gerechtsamen zu schmälern, und dasselbe in eine genaue Verbindung mit der Krone zu ziehen, indem die Stände mindestens noch neun und dreyßig Jahre lang einer solchen Staatsveränderung ausgewichen sind, die durch das Siegel der Gesetze wäre bekräftiget worden.

Gleichwie nun Danzig an allen diesen öfters beschwerlichen Landesangelegenheiten Theil nehmen mußte, so ward diese Stadt auch durch Hanseatische Verbindungen sowol, als um ihres eigenen Interesse willen in auswärtige Staatshändel verflochten, die wenigstens nicht allemal einen glücklichen und ruhigen Ausgang für sie gewannen. Mit dem Herzoge von Preussen entsponn sich ein Grenzstreit in der Nehring, indem die Einsassen der im Herzoglichen Antheil gelegenen Dorffschaften einen Holzungs- und Wiesenzins zu entrichten verweigerten, den Danzig, den Verträgen nach, abzufordern berechtiget gewesen. Es wurden dieser Streitsache wegen von beyder Theile Commissarien, etliche Jahre nacheinander Conferenzen gehalten; man hat sich aber zum völligen Vergleich nicht miteinander einigen können, sondern die Sache hat müssen bis auf eine bequemere Zeit beygelegt werden. Noch unangenehmere Folgen liessen sich aus einer andern Differenz befürchten, welche die Herzoglichen Unterthanen durch einen Eingriff in die Danziger Handlungsgesetze veranlasset hatten. Einige Königsberger Kaufleute nemlich hatten eine Parthey zu Thorn gekauftes Korn in Danzig aufschütten lassen, um selbiges bey bequemer Fahrt nach Königsberg zu verschiffen: weil nun wegen der ungewöhnlichen Getreydetheurung in dieser Zeit 1531. der Rath zu Danzig, auf Anrathen des Königs und der Polnisch-Preußischen Stände, auch mit Genehmhaltung der Bürgerschaft, eine Verordnung gemacht hatte, kraft welcher ein jeder Kornhändler die zehnte Last zur Nothdurft des gemeinen Vorraths liegen laßen mußte; so wurde ein gleiches von den Königsberger Kaufleuten nächst einer für die inländische Consumtion zu leistenden Versicherung gefordert. Diese aber wollten daraus eine Stöhrung ihrer Handlungsfreyheit erpressen, und stellten die Sache ihrem Landesfürsten von einer so widrigen Seite vor, daß Herzog Albrecht dagegen alle für Danziger Rechnung aus Litthauen kommende Güter, ohne vorgängige Warnung oder Erklärung, in seinem Gebiet mit Arrest belegte, und die Ursache solcher Repressalien nur den Ständen der Provinz Preussen durch den Bischof von Ermland bekannt machen ließ. In der That hatte Danzig mit den besten Absichten damals nicht nur nöthig, durch dergleichen Mittel einem besorglichen Brodmangel vorzubeugen, sondern auch mehrere Unterschleife die ihrem Hafenrecht entgegen waren, mußten diese Vorsicht rechtfertigen, weil die fremden Kaufleute nicht selten unter dem Namen der Landesbedürfnisse aus Danzig geholtes Getreyde nachher durch andre Seehäfen in auswärtige Länder verschickten. Herzog Albrecht aber ließ sich nicht gleich durch rechtmäßige Gründe bewegen, er war der Stadt Danzig ausserdem abgeneigt, weil er sie wegen einer spröden Verkleinerung seiner Person in Verdacht hatte, und sie sogar bey den Ständen darüber verklagte, daß die gegen ihn ergangenen Kayserlichen Mandate in dieser Stadt gedruckt, verkauft und mit Vergnügen wären gelesen worden. Inzwischen haben sich die Preußischen Stände auf dem nächsten Landtage, Danzigs mit Nachdruck angenommen, es ward auch der Pommerellische Unterkämmerer Achaz von Zehmen deshalb an den Herzoglichen Hof geschicket, der es denn nach einigen Unterhandlungen dahin brachte, daß die beschlagenen Danziger Güter frey gegeben wurden, obgleich der Herzog noch ferner darauf bestand, den Streit der Danziger mit seinen Unterthanen, wegen freyer Abführung ihrer Commerzgüter, vom Könige von Polen selbst entscheiden zu lassen.

In den obschwebenden Zwistigkeiten mit Holland, die noch aus alten Verletzungen und Forderungen, insbesondre wegen mancher Entschädigung während dem Dänischen Kriege herrührten, wurde mindestens einem öffentlichen Ausbruch des Unfriedens ausgewichen, indem Danzig selbst von Zeit zu Zeit den Waffenstillstand mit Holland zu verlängern bemüht war; doch ließen sich nicht alle Irrungen vermeiden, die neuerdings durch den Einfluß der Nordischen Staatshändel, zuweilen auch Holland und die übrigen Niederlande betroffen haben. Jene Feindseligkeiten des Dänischen Königs Friedrich mit seinem flüchtig gewordenen Krongegner Christian II hatten noch nicht ihre Endschaft erreichet. Christian hatte mit Kayserlicher Hülfe eine Landung auf Norwegen 1531. gewaget, indem die Religionsveränderung in den

Dänischen Staaten ihm einigen Anhang unter den Römischcatholischen Einwohnern versprach. Ohnerachtet er nun wieder unvorsichtig genug war, sich durch die Hofparthey, unter Zusage eines Vergleichs, nach Kopenhagen locken zu lassen, von wo man ihn, statt eines freyen Geleits, gefänglich auf das Schloß Sanderburg abführte; so schien 1533. doch die bald darauf durch Friedrichs Absterben erfolgte Zwischenregierung ihm aufs neue günstige Aussichten zu öfnen. Gleich zu Anfang dieser Nordischen Unruhen wurde der Danziger Seehandel gestöhret, weshalb auch eine Gesandschaft der Stadt nach Kopenhagen geschickt wurde, die aber wenig ausgewürkt hätte, wenn König Friedrich sich nicht der Person seines Gegners hätte bemächtigen können. Hiezu kam noch, daß Danzig dabey mit den Lübeckern in ein Mißverständniß gerieth: denn diese suchten zu Friedrichs Beystand die Danziger in ein Kriegsbündniß zu ziehen, und weil den Holländern Schuld gegeben ward, die Landung Christians befördert zu haben, so sollte zugleich das gute Vernehmen mit Holland getrennt werden; Danzig aber hielt diesen Schritt zu neuen Feindseligkeiten nicht rathsam, und ließ vielmehr den Getreydehandel auf Holland, selbst mit Abbruch der Lübecker Versorgung, ungehindert seinen Fortgang behalten. Dafür nun rächten sich die Lübecker durch offenbare Hemmung der Danziger Seefahrt, insbesondre an sieben auf Seeland mit reicher Ladung befrachteten Schiffen, die sie insgesammt als gute Prisen bey sich aufbrachten. Es wurde zwar ein Stadtsecretair deshalb nach Lübeck geschickt, und um die Befreyung der Schiffe sehr dringend angehalten; die Antwort aber war nicht befriedigend, die Schiffe ließ man nur mit Ballast beladen nach Danzig zurückkehren, allein die Güter mußten theils mit Verlust, theils mit großen Kosten, über Hamburg an neutrale Oerter zum Verkauf geführt werden. Der Danziger Secretair hatte hienächst den Auftrag, auch einige vorjährige Ansprüche in Lübeck rege zu machen, weil schon vom verwichenen Herbste her, etliche im Lübecker Hafen überwinterte Schiffe mit Arrest belegt waren, und zum großen Schaden der Danziger Kaufmannschaft ihre Freyheit nicht erhalten konnten. Jedoch wurde hierin eben so wenig gefuget, weil Danzig sich nicht gegen die Niederlande feindlich erklären wollte. Endlich würkte der Secretair zwar eine Versicherung aus, daß die Danziger Schiffahrt auf Frankreich, Portugall und auf die Brittannischen Insuln nicht gestöhrt werden sollte, wenn die Schiffer beglaubigte Certificate von dem Rath der Stadt vorzuzeigen haben würden; aber das Handlungsverkehr mit Holland wurde auch auf eine wiederholte Sendung von Danzig abgeschlagen; nur erst einige Monate später brachte eine Gesandschaft von zwey Danziger Rathsherren den Vergleich mit Lübeck zu Stande, wodurch die Loslassung der Commerzgüter verstattet, und überhaupt wieder eine freye Seefahrt ausgewürkt wurde.

Mitlerweile war in Dänemark eine Zwischenregierung der Reichsräthe entstanden, weil sich die getheilten Partheyen über die Königswahl nicht einigen konnten. Die römischgesinnte Clerisey arbeitete dem ältesten Prinzen Christian, Herzoge von Hollstein, als einem eifrigen Lutheraner, entgegen; mehreren Beyfall schien der jüngere Prinz Johann zu erhalten, aber eine noch größere Parthey erklärte sich für den gefangenen Christiern, dem viele unter den Bürgerschaften und vornehmlich die Bauern zugethan waren. Die hieraus entstandenen Unruhen vermehrte wider Vermuthen ein Graf Christoph von Oldenburg, der sich als ein Anverwandter des gefangenen Königs zu dessen Vertheydigung aufwarf. Lübeck, welches bisher stets gegen gedachten Christiern oder Christian den Zweyten feindlich agirt hatte, ergriff eben so unerwartet dessen Parthey, und verband sich dazu öffentlich mit dem Oldenburgischen Grafen. Eine Bürgerrevolte in Lübeck, wobey ein paar ehrgeizige und unruhige Köpfe h) das ganze Staatsru-

---

h) Selbige waren der Stadthauptmann Marcus Meier und der Bürgermeister George Wollenweber: beyde zogen sich durch widerrechtliche mit Herrschsucht und Grausamkeit verknüpfte Handlungen einen gewaltsamen Tod zu. Ersterer fiel 1536 den Dänen in die Hände, wurde enthauptet, und sein Körper nachher geviertheilt und aufs Rad geflochten; letzterer erlitt das Jahr darauf, nach der entsetzlichsten Folter zum Geständniß seiner Verbrechen, eine gleiche Strafe zu Wolfenbüttel, auf Befehl Herzogs Heinrich von Braunschweig, bey dem ihn der Dänische Hof sowol als der wieder eingesetzte Rath von Lübeck angeklagt hätten. s. Willebrand Hansische Chronick, Gebhardi Geschichte von Dänemark, und Wagner XVI. B. 3te Abth. S. 127.

Dritter Abschnitt. Zweytes Capitel. 43

der an sich zogen, brachte diese schnelle Veränderung hervor; die Stadt bekam unter einem gewaltthätig usurpirten Regiment das Ansehen, als ob sie mit weitaussehenden Anschlägen gegen die Nordischen Reiche, gegen Hollstein und gegen die Niederlande, ja selbst mit Unterdrückung einiger ihr durch den Bund mitverwandten Städte, sich zu einer ausserordentlichen Größe erheben wollte; sie half mit Geld und Mannschaft einen kriegerischen Einfall in Hollstein befördern, zog unterschiedene Städte in Dänemark an sich, bemächtigte sich, mit Hülfe einiger benachbarten Reichsgrafen, der mehresten Dänischen Inseln, ließ sogar dem Könige Heinrich dem Achten von England die Dänische Krone anbieten, und gab zu dem Gerüchte Anlaß, als ob der Teutsche Orden mit ihrer Hülfe die Lande Preussen wieder erobern wollte. Letzteres wurde 1534. würklich als eine so wichtige Kriegsnachricht in Preussen aufgenommen, daß die Stände der Provinz deshalb eignes Geschäftes beliebten, den Danziger Burgermeister, Johann von Werden, an den König von Polen nach Wilna zu schicken, und ihn um frühere Ansetzung des gewöhnlichen Landtages zur näheren Kriegsberathschlagung ersuchen zu lassen. Inzwischen aber bekamen die Nordischen Kriegshändel eine andre Gestalt: denn als die bedrängten Jütländer den Herzog Christian zum Könige ausriefen, und dieser sich näher mit Schweden verband, so wurden schon viele Maasregeln der Lübecker vereitelt, unter Mediation einiger Hansestädte trafen sie einen vierjährigen Waffenstillstand

mit Holland, wobey Danzig die Unterhandlungen am eifrigsten durchsetzte, und bald darnach mußten sie sich zu einem Particularfrieden über die Hollsteinschen Lande verstehen. Das Jahr darauf wur-
1535. de ein Hanseconvent zu Lüneburg gehalten, den auch Danzig mit zwey Rathsherren beschickte, und von Lübeck nicht nur wegen wieder aufgebrachter Schiffe eine Schadenvergütung fordern, sondern auch die Erklärung thun ließ, daß, wenn man mit den Lübeckern wegen ihrer unordentlichen Regierung nicht receßmäßig verfahren würde, keine Deputirte von Danzig neben dieser Stadt ferner in den Rath geschickt werden sollten. Hauptsächlich hatte man auf dieser Versammlung die Absicht, den Frieden zwischen den Nordischen Reichen und Lübeck völlig wieder herzustellen; allein der König von Dänemark wollte in die vorgeschlagenen Bedingungen der Lübecker nicht einwilligen, und obgleich die Conferenzen von Zeit zu Zeit erneuert, auch zuletzt ins Kloster Rheinfeld, ohnweit Lübeck, verlegt waren, so wurden sie doch wieder abgebrochen, und man mußte die Fortsetzung des Krieges geschehen lassen. Neu hinzu gekommene Vorfälle beförderten dennoch die baldige Aussöhnung mit Lübeck. Einestheils schon machten die Zurüstungen des Pfalzgrafen Friedrich, der sich mit des gefangenen Christian ältesten Prinzessin vermählte, und nun die Dänische Krone begehrte, den König Christian geneigt, den Lübeckern mehr zuzugestehen, hauptsächlich aber brachte die in Lübeck wieder hergestellte Regierung der vorigen Magistratspersonen

zuwege, daß man sich auch hier nach einem festen Friedensschluß sehnte. Derselbe kam demnach in Hamburg glücklich zu Stande, und bald darauf geriethen die fernern Unternehmungen des Pfalzgrafen in Stecken, daher man auch in Preussen nicht weiter nöthig hatte, auf eine thätige Unterstützung des Königs von Dänemark bedacht zu seyn, wozu zwar König Sigismund die Stände aufgefordert hatte, Danzig aber solches insonderheit von sich hatte ablehnen müssen, weil sonst zu befürchten gewesen, daß ihre in den Niederländischen Seehäfen liegende Schiffe mit allen Gütern als feindlich wären eingezogen worden. Dennoch kam man aus Preussen dem Könige von Dänemark mit Geldlieferungen zu Hülfe, und weil sich noch ferner die Vermuthung verbreitete, daß das Oesterreichisch-Burgundische Haus selbst, auf die Nordischen Staaten Absichten hatte, und sich des Sundes bemächtigen wollte, so wurden nicht nur vom Könige von Polen, in Preussen sorgfältige Maasregeln dagegen genommen, sondern der König von Dänemark ließ auch den Sund schließen, allen Handel auf die Niederländischen Provinzen verbieten, und die von dorther kommenden Schiffe zu Kopenhagen ohne Unterschied anhalten. Danzig fand hiebey wieder für nöthig, durch einen an den Dänischen Hof abgesandten Secretair, um die freye Fahrt und die Losgebung ihrer aufgebrachten Schiffe ansuchen zu lassen; letzteres wurde auch unter einigen Bedingungen bewilligt, die Schiffahrt selbst aber nur mit ausdrücklichem Ausschluß der Niederländischen See-

1536.
Februar.

häfen verstattet. Ohnerachtet nun die Burgundischen Zwistigkeiten mit Dänemark noch nicht völlig ihr Ende erreichten, und König Christian III noch immer des Kaysers wegen besorgt bleiben mußte, so konnte er sich doch, nach Uebergabe der Residenzstadt Kopenhagen, einer besser gesicherten Regierung erfreuen, wonächst er sich aufs neue mit Schweden und mit dem Schmalkaldischen Bunde enger verband, auch späterhin ein Vertheydigungs-Bündniß mit Frankreich errichtet hat. Er konnte nunmehr auch in Ruhe seine und seiner Gemahlin

1537. Krönung feyerlich vollziehen lassen, welcher, nebst vielen auswärtigen Fürsten und Herren, der Herzog von Preussen beywohnte, und wozu auch Danzig, auf vorhergegangene Einladung, zwey Rathsherren abschickte, die bey dieser Gelegenheit eine Bestätigung aller Vorrechte und Freyheiten erhielten, deren die Stadt von alters her in den Dänischen Staaten genossen hatte.

Durch Veranlassung der Lübecker Feindseligkeiten war Danzig auch mit dem Könige von Schweden in eine Uneinigkeit verfallen, die beym nähern Vernehmen mit Dänemark, noch nicht völlig gehoben werden konnte. König Gustav hatte freylich schon früher einige Unzufriedenheit mit Danzig geäussert, die zum Theil von speciellen Handlungsstreitigkeiten Schwedischer Unterthanen herrührte, größtentheils aber sich auf einen Verdacht gründete, worin die Stadt Danzig zur Zeit der Schwedischen Kirchenreformation gerathen war, als ob sie die widerspenstigen Bischöfe bey sich geschützt und der Königlichen Bestrafung vorenthalten hätte, da doch der Aufenthalt, den insbesondre nur der Bischof von Lincöping in Danzig gehabt hatte, bloß unter dem Geleit und auf Vorstellung des Königs von Polen war begünstiget gewesen. Allein es kamen in der Folge erheblichere Umstände hinzu, wodurch die Freundschaft mit dem Schwedischen Reiche gebrochen wurde. Allerdings schien die Politik Danzigs einen zweifelhaften Erfolg zu versprechen, als man bey Lübecks ausgebrochenem Kriege gegen die Nordischen Reiche, mit einer strengen Neutralität zugleich eine überall freye Handlung und Schiffahrt zu verknüpfen gedachte. Danzig wurde vielmehr einem zwiefachen Schaden dadurch unterworfen; denn die Lübische Parthey verwehrte die Fahrt auf Schweden, und die Schwedischen Schiffe banden sich eben so wenig an Freundschaftsrechte, um nicht gelegentlich die neutrale Handlung zu stören. So hatte im J. 1534 der Schwedische Admiral Flemming um ein sicheres Geleit nach Danzig anhalten lassen, er hatte sich hieselbst mit allen Nothwendigkeiten versorget, und zugleich die Versicherung gethan, weder im Hafen noch in der Nähe der Stadt, einige Feindseligkeit zu unternehmen; nichtsdestoweniger überfiel er nachher bey Hela eine ziemliche Anzahl in den Danziger Hafen seegelnder Kauffardeyschiffe, und führte vierzehn derselben mit voller Ladung mit sich zurück. Nun brauchten die Danziger, gleich bey offner Fahrt, im folgenden Jahre Repressalien, sie hielten alle Schwe-

dischen Schiffe an, und es gelang ihnen sogar, den Admiral selbst gefangen zu nehmen. Dadurch ward König Gustav zum Nachgeben bewogen, er ließ die von Danzig aufgebrachten Schiffe und Güter, so viel deren noch vorhanden waren, sogleich losgeben, compromittirte aber, der Schadenvergütung halber, auf den Preussischen Landesrath und auf den Herzog in Preussen. Zu Danzig wurden ebenfalls der gefangene Admiral sowol als die beschlagenen Schiffe in Freyheit gesetzt, und man wünschte mit noch mehr Sehnsucht, eine völlige Ausgleichung zu Stande zu bringen. Es hat sich damit aber noch einige Jahre verzogen, und obwol
1537. auf einem Landtage zu Thorn zwey Schwedische Gesandten, Holger Carlson und Christoph Anderson, persönlich den Vortrag machten, um unter Vermittelung der Stände und der Herzoglich-Preussischen Bothschafter, die Rechte ihres Herrn sowol zu vertheydigen, als eine geziemende Genugthuung zu erhalten; so wollte doch Danzig sich zu der verlangten Erstattung keinesweges verstehen, um so viel mehr, da man dieselbe mit gültigen Gegenforderungen aufheben zu können überzeugt war. Daher ist es im J. 1541 bey einer persönlichen Zusammenkunft der Könige von Dänemark und von Schweden zu Brömsebroo dahin gediehen, daß die Stadt Danzig unter vorher erbetener Königl. Dänischer Vermittelung, mit der Krone Schweden ist ausgesöhnt worden. Beyderseits Anforderungen und Ansprüche in dieser Sache sind dabey gänzlich getilget, und das gegenseitige Versprechen geleistet worden,

worden, dieselben in ewige Vergessenheit gestellt seyn zu lassen.

Ein wichtiges Geschäfte im Lande Preussen, das in dieser Zeit zum Ende gebracht wurde, verdienet hier seine Stelle, vorzüglich weil einige Prärogativen der Städte darauf beruheten. Es ist nemlich oben der Danziger Landesordnung vom J. 1526 gedacht worden, daß selbige unterschiedene Artikel enthielt, welche den Rechten der Städte zuwider waren, und dem Adel dagegen ungebührliche Freyheiten ertheilten. Hierüber nun hatte man seit etlichen Jahren auf den Landtagen gestritten, es war desfalls zu einem förmlichen Rechtsprocesse gekommen, und der diesjährige Landtag 1537. sollte die letzte Entscheidung desselben mit sich bringen. Eigentlich waren wohl drey Polnische Senatoren als Königliche Commissarien auf den Thorner Landtag geschickt worden, um mit dem Preussischen Landesrath gemeinschaftlich die Ritterschaft und die Städte zur Eintracht zu bringen; allein man hielt es der Staatsverfassung für angemessener, ohne Beytritt der Commissarien das Vereinigungsgeschäfte zu schliessen. Solches erfolgte auch zur Zufriedenheit beyder Theile, indem die streitigen Satzungen eine rechtmäßige Abänderung oder Aufhebung bekommen; und diese getroffene Moderation hat man nachher den Königlichen Commissarien vorgelesen und communiciret.

Was die abgeänderten Artikel selbst betrift, so zeichnen wir hier zweckmäßig nur die erheblichsten aus, gleichwie auch einige derselben aus der ersten

Constitution, in der erneuerten gänzlich sind weggelassen worden. Merkwürdig ist in dieser Verordnung das Versprechen des Königs, im Lande Preussen zu keiner Sache Commissarien oder besonders ernannte Richter zu bestellen, ausgenommen in Grenzsachen Königlicher Güter, oder wenn an den König rechtskräftig wäre appellirt worden; auch sollten in einer Sache nicht zweymal dieselben Commissarien ernannt werden. Ein neuer Zusatz wurde darin gemacht, daß die Preussischen Consiliarien vom Adel sowol als aus den Städten, den Sitzungen der kleinen Landtage nicht beywohnen dürften; in Ansehung der Gerichtscompetenz wurde beygefüget, daß in Verbrechen sowol als in frischgemachten Contracten, die Thäter und die Paciscenten an dem Ort, wo das Verbrechen begangen oder der Contract geschlossen wäre, dingstellig gemacht, gerichtet und verurtheilet werden sollten. Ferner wurde die unbestimmt gelassene Freyheit der Fahrt und der Fischereyen auf den Preussischen Strömen und Flüssen durch die Clausul erläutert, daß solches mit Vorbehalt der Königlichen Güter und Rechte, auch keinen Privilegien und lang hergebrachter Gewohnheit zuwider geschehen sollte; gleichergestalt bekam die Einschränkung der Fischereyen in den Königlichen Landseen den bestimmtern Zusatz, daß daraus den Inhabern Königlicher Güter kein Nachtheil entstehen, und den Besitzern eigner Landseen keine Gewalt zugefüget werden sollte, als ob sie sich ihrer alten Rechte und Privilegien nicht zu bedienen hätten. Endlich wurde eine Satzung, welche den Bürgerstand und unadeliche Personen vom Ankauf der Landgüter ausschloß, ausdrücklich dergestalt abgeändert, daß es den Bürgerlichen freystehen sollte, Landgüter, und den Adelichen, Stadtgüter zu kaufen, doch also, daß sie von beyden Theilen gleiche Last zu übernehmen verbunden wären; daß nemlich die Bürger, in Ansehung der Landgüter, alle Pflichten des Adels, und die Edelleute, wegen der Stadtgüter, alle bürgerliche Beschwerungen auf gleiche Art tragen müßten. Unter den weggelassenen Artikeln fiel vornehmlich das Strafgesetz weg, welches gegen die Ausschliessung der Polnischen Nationalen von den Handwerken in den Städten gemacht war; imgleichen die Satzungen vom freyen Bierbrauen und Tonnenverkauf des Adels sowol, als der adelichen und auf geistlichen Gründen wohnenden Krüger, als womit insbesondre in die Privilegien der kleinen Städte viele Eingriffe waren verursachet worden. Nunmehr ließ sich mindestens hoffen, daß die friedliche Ausgleichung über diese bisher zwistig gewesenen Provinzialsatzungen, zwischen dem Adel und den Städten im Lande ein besseres Uebereinkommen bewürken, und zugleich einen günstigen Einfluß auf die Behandlung aller übrigen Staatsgeschäfte mit sich führen würde. Nur wider Danzig lagen noch einige specielle Beschwerden im Wege, die in dem bisher mit dem Adel geführten Proceß ganz genau waren verwebt worden; und auch dieserwegen wurde von der jetzigen Landesversammlung ein Abschied ertheilet, mit welchem die Gegenparthey beruhiget werden konnte. Danzig wurde damit verpflichtet, den Seehafen niemals ohne gemeinsamen Beschluß der Preußischen Räthe zu schließen; das Recht Accisen anzusetzen, wurde dieser Stadt, laut ihren Privilegien, als unstreitig zuerkannt, man hatte aber ihre Angelobung erhalten, auf freundschaftliches Ansuchen und nach Beschaffenheit der Umstände, freye Roggen- und Malzausfuhr zu verstatten, auch die Mehlaccise niemand als ihre eingesessenen Bäcker tragen zu lassen. Verschiedene Klagepunkte der Ritterschaft waren jetzt niedergeschlagen worden, und so hatte man sich auch der Invectiven gegen den Danziger Burgermeister Johann von Werden enthalten, der vorher mit großem Unrecht, versehrlicher Ausdrücke gegen die Königlichen Befehle, und gewaltsamer Unternehmungen gegen die adelichen Güter war beschuldiget worden, ohnfehlbar weil er seiner adelichen Würden und der Starostey Neuburg wegen beneidet, auch wegen der Hoffnung zu mehreren Königlichen Gnadenbezeigungen im Lande angefeindet wurde.

Nichts desto minder ereigneten sich bald neue Veranlassungen, das Misverständniß zwischen dem Preußischen Adel und den Städten wieder rege zu machen, auch noch mehr den Unwillen der Polnischen Nation und des Königs selbst damit zu erwecken. Danzig hatte die unangenehmen Folgen davon größtentheils am nächsten zu fühlen. Die Differenzen, welche das Münzwesen hervorbrachte, waren jetzt aufs höchste gestiegen: die Nothwendigkeit, worin die Stadt sich befand, nicht nur ihre Münzfreyheit zu behaupten, sondern sie auch eigner Bedürfniß wegen auszuüben, hatte ihr längst die Vorwürfe einer unleidbaren Widersetzlichkeit zugezogen. Ihr durch den Druck ausserordentlicher Abgaben an den König, gerechtfertigtes Bestreben, sich der Landescontributionen entledigt zu halten, wurde für ein gesetzwidriges Betragen im Lande, und für eine Verkleinerung des Königlichen Ansehens erkläret. Ihre Vorstellungen, womit sie es unternahm, vielen unstatthaften Neuerungen entgegen zu treten, als die geforderte Eydesleistung der Großen Städte im Landesrath abzulehnen, der gemeinschaftlichen Berathschlagung mit den Polnischen Senatoren auszuweichen, und mehrere den Rechten oder den Umständen nach fruchtlose Vorschläge zu entkräften, wurden für eben so viele Beweise eines unverträglichen Eigenwillens gehalten. Hieraus erwuchs eine Abneigung, die der Stadt viele Feindseligkeiten zuzog, und sie von ihren Gegnern nichts geringeres befürchten ließ, als durch fortgesetzte Verläumbungen ganz und gar in die Ungnade des Königs zu fallen.

Dabey ward die Religion aufs neue ein Gegenstand, womit man die Mishelligkeiten in Lande vermehrte. Die unterschiedenen Meynungen in Kirchensachen, welche sich in Polen sowol als im Lande äusserten, liessen die großen Städte in Preussen der scharfen Censur hierin nicht entgehen, die noch in Verknüpfung mit einigen zum Theil gut gemeinten Verbesserungen des Schulwesens und der Gesetzgebung in desto größere Bewegung gesetzt wurde. Im Herzogthum Preussen war das System der Lutherischen Kirche befestiget, auch in Pommern sowol als in andre benachbarte Länder war die Evangelische Lehre mit Beyfall eingeführt worden. Polen selbst hatte angesehene Familien, die derselben schon heimlich zugethan waren, der bejahrte König schien gegen das Ende seines Lebens, von der Strenge gegen die sogenannten Ketzer nachzulassen, von dem jungen Könige konnte man sich noch mehr Toleranz versprechen, und obgleich die hohe Clerisey nach den eifrigen Grundsätzen des Erzbischofs von Gnesen, Andreas Krzycki, noch immer mit äusserster Heftigkeit den Religionszwang zu behaupten bemüht war, so fand man doch in Polen sowol als in der Provinz Preussen, einige Bischöfe, die mit Glimpf und Schonung die Abweichungen von der Päpstlichen Lehre und von den äussern Kirchengebräuchen beurtheilten. Hierin zeichneten sich insbesondre die beyden Bischöfe von Ermland und Culm, Johannes Dantiscus und Tiedemann Giese, durch Einsicht und Gelehrsamkeit aus: mit einer reiferen Kenntniß der Wissenschaften verknüpften sie ein helleres Licht in Religions-Wahrheiten, wodurch die Ungleichheit der Meinungen einen milderen Einfluß gewann, und wenn sie gleich für das Bekenntniß ihrer Religion reden mußten, so liessen sie doch im Gewissenszwang behutsamere Maasregeln statt finden. Unter solchen Umständen nahm sich in den drey grossen Städten der Anhang der Lutherischen Lehre im Stillen immer mehr auf; die Lehrbücher des Evangelischen Christenthums wurden eifrig gelesen, die Predigten unvermerkt mit verändertem Vortrage gehalten; in einigen Kirchen schon Psalmen und lutherische Lieder gesungen; nur in den Kirchenceremonien wollten die Obrigkeiten noch keine Veränderung zulassen, so sehr sie auch stillschweigend den Wachsthum und die Aufnahme der lutherischen Reformation zu begünstigen bereit waren. Hiebey konnte es nicht fehlen, daß mit einer geschwächten Zuneigung zur Römischkatholischen Geistlichkeit auch das Ansehen und die Einkünfte derselben abnahmen, daß die Messen wenig besucht wurden, und die Klöster allmählig in Verfall und Armuth geriethen, wovon ein auffallendes Beyspiel im J. 1537 sich zeigte, indem eine Synode zu Leslau von den Klosterorden aus Danzig nicht besucht wurde, weil der größte Theil der Mönche krank und abgelebt war, die übrigen aber sich in so kümmerlichen Umständen befanden, daß sie die Reisekosten nicht aufbringen konnten.

Ein näherer Schritt zur öffentlichen Kirchenveränderung wurde dennoch, obwol nicht ohne Behutsamkeit, von Pancratius Klein, einem Dominicanermönch, in Danzig gemacht: derselbe hatte schon einige Jahre vorher mit seinen Predigten eine ungemeine Aufmerksamkeit erwecket; weil er aber bey allem durch seine Beredsamkeit erworbenen Beyfall, eine sanfte Bescheidenheit und einen untadelhaften Wandel behauptete, auch seine Mönchskleidung beybehielt, in den Kirchencere-

1537.

monien keine Neuerungen zuließ, und mit seinen Ordensverwandten verträglich und freundschaftlich umging, so hatte der unausbleibliche Nachdruck seiner Lehre bisher keinen Anstoß verursachet, ja als er einst vom Bischofe darüber zur Rede gesetzt worden, hatte dieser selbst ihn für schuldfrey erkläret, und aufs neue im Predigtamte bestätiget. Nunmehr aber wurde er vom Rath zum ordentlichen Prediger in der Pfarrkirche zu St. Marien bestellet, worauf er in kurzem nicht nur die Mönchskappe abwarf, sondern auch seinen Beytritt zur Evangelischen Religion nach der lutherschen Lehre öffentlich und ohne Zurückhaltung an den Tag legte. Schon einmal stand ihm deswegen eine harte Prüfung bevor, wenn nicht der Bischof unterweges auf seiner Reise nach Danzig Todes verblichen wäre; allein wenige Zeit nachher kamen zu einer abermaligen Kirchenvisitation drey Bischöfe in Danzig zusammen, unter denen ausser dem Cujavischen Bischofe Nicolaus Dzierzgowski, und dem Bischofe von Culm, Tiedemann Giese, sich auch der eifrige Bischof von Plocżk, Samuel Maciejowski, befand. Pancratius mußte sich nun der wider ihn angebrachten Beschuldigungen wegen, zur Verantwortung stellen, und es war würklich darauf angelegt, ihn gefänglich aus der Stadt führen zu lassen; allein die Bürger hatten sich bewehrt auf dem Markte vor dem Wohnungsquartier des Bischofs von Cujavien versammelt, auch die Ausfahrt in der Hundegasse dergestalt besetzet, daß ihr Prediger ihnen nicht heimlich entführt werden konnte.

Ohnfehlbar aber ward gedachtem Bischofe für Thätlichkeiten am mehresten bange, denn er kam selbst heraus, führte den Pancratius bey der Hand, und überlieferte ihn den Bürgern, mit den Worten: "Seht, da habt ihr euren Abgott, man wird aber "euch und ihn wieder zu finden wissen." Indessen mag auch die Gegenwart des Ploczker Bischofes viel zu den Ausdrücken beygetragen haben, womit der Bischof von Cujavien seinen Widerwillen bezeigte: denn in der Folge hat er seine Geneigtheit der Stadt Danzig, als Erzbischof von Gnesen, bey keiner Gelegenheit entzogen, und auch jetzt, nach der Abreise des Bischofs von Ploczk, bestätigte er gutwillig den Prediger Klein in seinem Amte, ohne ihn weiter zur Rechenschaft fordern zu lassen, obgleich es nicht eben glaublich ist, was in einigen Chroniken erzählt wird, daß der Bischof ihn mit dem Segenswunsche entlassen habe, "den Wein- "berg des Herrn mit Fleiß zu warten und ferner "also zu bauen."

In Polen veranlaßte der veränderte Religionszustand in den Preussischen Städten eine weit größere Bewegung. Man verknüpfte damit, durch Angeber aus der Provinz, unaufhörliche Klagen über die Magistraturen, wollte dem Rath in Danzig alle Schuld beymessen, daß die Bürgerschaft von der alten Religionslehre abtrünnig würde, schwärzte auch namentlich einige Obrigkeitliche Personen an, so daß in Gegenwart eines Königlichen Abgesandten, auf dem Landtage einige Preussische Räthe es billig fanden, sich mit den Abgeordneten der Städte zur Entschuldigung des Danziger Magistrats zu vereinigen, und mit richtiger Vorstellung der Sache zu zeigen, daß es unmöglich sey, dem einschleichenden Aufkommen der Lutherischen Lehre zu steuren, indem der tägliche Umgang mit ankommenden Fremden solches unvermeidlich machte, und ein innerlicher Aufruhr zu befürchten stünde, wenn man den Hang des gemeinen Mannes zur Kirchenreforme mit offenbarer Gewalt tilgen wollte. In eben dieser Zeit war ein Edict auf dem Reichstage erschienen, worin allen Königlichen Unterthanen anbefohlen ward, ihre studierende Jugend auf keine der Ketzerey wegen verdächtige Universitäten zu schicken, und die sich an solchen Oertern befänden, unverzüglich zurück kommen zu lassen. Dieses Edict gab auf dem Preussischen Landtage Gelegenheit, das Elbinger Gymnasium anzugreifen, welches seit 1536 angelegt war, und einen gelehrten Rector, Wilhelm Gnaphens, hatte, der aber der Religion wegen aus den Niederlanden weichhaft geworden, und nun auch hieselbst Ketzerey halber verschrieen wurde. Danzig und mehrere Oerter im Lande, welche einen Mangel an guten Schuleinrichtungen hatten, hielten es für vortheilhaft und bequem, ihre Kinder dahin schicken zu können, sie gaben sich auch alle Mühe, den beliebten Rector im Amt zu erhalten; allein nur wenige Jahre später hat er der Verfolgung weichen und seine Zuflucht nach Königsberg nehmen müssen. Ueberhaupt entstand hieraus ein allgemeines Begehren nach einer Schulenverbesserung im Lande.

1539.

1540.

Elbing zwar suchte sein Gymnasium, gleichwie der Culmsche Bischof sein neu angelegtes Lyceum in Culm zu erhalten, der aufgeklärtere Theil der Preußischen Einwohner sahe auch sehr wohl ein, wie nachtheilig die Einschränkung sey, der auswärtigen Universitäten gänzlich entbehren zu müssen; nichtsdestoweniger wünschte man, regelmäßigere Unterrichtsanstalten zu haben, und hauptsächlich eine größere Landesschule, wo die Studierenden der Anführung zu höhern Wissenschaften genießen könnten. Es wurden hiezu verschiedene Mittel in Vorschlag gebracht, man wandte sich vornehmlich an die angesehensten Klösterconvente, und glaubte aus einer Beysteuer von ihren Einkünften einen reichlichen Zuschub zu bekommen; allein diese schützten ihre Dürftigkeit vor, brauchten auch zum Theil nichtige Ausflüchte, und man mußte, nach vielen andern fruchtlos angewandten Bemühungen, das ganze Project fahren lassen, welches einer glücklichern Periode bedurfte, um zur Ausführung gebracht werden zu können.

Zu dieser Sorgfalt für Kirchen- und Schulwesen, gesellte sich noch das sehnliche Verlangen im Lande, nach einer bessern Ordnung und Gewißheit der Gesetze und der darauf gegründeten Justizpflege. Auch hiezu hatte die oft erwähnte Danziger Landes-Ordnung die erste Bahn zu brechen gesucht. Das Culmische Recht, dessen man sich vornehmlich in Preußen bediente, war mehr dem Namen nach, als in einer festen und bündigen Abfassung, für ein Gesetzbuch des Landes zu halten. Es war demnach ernstlich verfüget worden, dasselbe mit Fleiß und Einsicht in Ordnung zu bringen, und es dergestalt abzufassen, daß es durch den Druck gemein gemacht und öffentlich bestätiget werden könnte. Hierauf nun gründeten sich die ersten Fortschritte, die man darinnen machte, und wozu der König selbst den Herzog in Preussen sowol als die Stände der Provinz zu mehreren malen anmahnen ließ. Den Anfang dazu hatte schon der Herzogliche Gesandte, Hofrath und D. Johann Reinecke, im J. 1534 gemacht, indem er auf dem Landtage zu Neumarkt eine Abschrift des Alten Culms zur Grundlage der künftigen Revision überreichte: es war auch anbem, daß ihm und dem damaligen Domherrn, Tiedemann Giese, die Einrichtung anvertrauet werden sollte; weil aber die großen Städte zu dieser Sache nicht befehliget waren, so verzog sich das Geschäfte

1540. und wurde einige Jahre später dem Woywoden von Marienburg übertragen, unter dessen Aufsicht es auch mit Hülfe einiger gelehrten Mitarbeiter eine Zeitlang wohl von statten ging. Seine nachherige Krankheit aber und die Verschickung seines fleißigsten Mitarbeiters des Danziger Syndicus, D. Conrad Lagus, in eignen Angelegenheiten der Stadt, haben einen neuen Aufschub verursachet, und obwol der Culmische Bischof, Tiedemann Giese, sich anfangs der Fortsetzung dieser Arbeit unterziehen wollte, so hat er doch einige Jahre später (1545) dieselbe ganz von sich abzulehnen gewußt. Dergestalt ist unter der Regierung Sigismunds des Ersten noch nichts darin zu Stande gekommen, und obgleich man sich gewissermaaßen der Kosten wegen geeiniget hatte, auch fast auf jedem Landtage ernstlich dieser Sache ist erwähnet worden, so hat man doch großentheils die Schuld der Verzögerung dem Preussischen Adel zuschreiben wollen, weil selbiger sich vorbehalten gehabt, in einigen Rechtsmaterien gewisse Satzungen zu Papier zu bringen, worauf er aber die Landesversammlung viele Jahre hindurch vergeblich hat warten lassen.

Drittes Capitel.

Naturschäden im Lande — mit Fortsetzung des Nordischen Krieges wird Danzigs Schiffahrt von neuem gestöhret — die Stadt Danzig wird durch Argwohn und Mißgunst, im Lande sowol als in Polen, verhaßt — wobey sie den Besitz des Putziger Gebiets einbüßet. — Abgewandte Kriegsgefahren aus Teutschland — Tod des bejahrten Königs Sigismund des Ersten.

Die Beschwerlichkeiten, welchen Danzig in politischer Hinsicht ausgesetzt war, wurden nicht selten von natürlichen Unfällen begleitet. Epidemische Krankheiten hatten seit (1529) und noch einige Zeit länger, eine große Menge nützlicher Einwohner verzehret. Im J. 1538 war wieder eine Pest-Krankheit entstanden, die zwar bald nachließ, oder mindestens in Danzig nicht überhand nahm, aber nur zehn Jahre später ist sie hier aufs neue ausgebrochen, und hat im J. 1549 dergestalt gewütet, daß wöchentlich etliche hundert Personen zu Grabe gebracht, und vorzüglich Jünglinge und Jungfern in großer Anzahl sind weggerafft worden. Hiezu kam seit dem J. 1540 eine ungewöhnliche Theurung der Lebensmittel, die einige Jahre lang fortgewähret hat, und nächst natürlichem Mißwachs, durch Eigennuß der Menschen, elend und sträflich genug ist vermehrt worden. Ueberaus großes Unglück aber brachte der verderbliche Weichselbruch in 1540. eben demselben Jahre mit sich. Am Sonntage vor Matthias zur Abendzeit, brach die Weichsel bey Käsemark im Danziger Werder mit solchem Ungestüm aus, daß siebenzehn Dörfer bis an die Dächer der niedrigen Gebäude unter Wasser gesetzt wurden. Die Rettung der Menschen, welche auf die Häuser und bis oben in die Kirchen hinan stiegen, um mit angemachtem Feuer nach Hülfe zu schreyen, konnte nur langsam und mit Mühe geschehen: eine Menge vortrefliches Vieh mußte ersaufen, und ganze Familien wohlhabenden Landvolks wurden zu Bettlern gemacht. Auch die Stadt blieb nicht völlig dabey verschonet: das Wasser floß so stark auf Langgarten über, daß man sich der Kähne und Böte bediente; es stieg auch aus der Motlau in einige Speicherräume, und verzehrte eine beträchtliche Parthey Salz. Großen Schaden hatten an vielen Orten die Werderschen Dämme bekommen; zur Wiederherstellung derselben mußte nothwendig im Danziger Gebiet eine Geldschatzung auferlegt werden, und obgleich der Rath mit allem Recht eine Landessache daraus machte, die auch auf vielen Landtagen ernstlich genug ventilirt wurde, so ging es doch mit dem bestimmten Geldbeytrage sowol, als mit der nachbarlichen Menschenhülfe zur Ausbesserung der Dämme, so schwierig und langsam zu, daß Danzig mehrentheils auf eigne Kosten die Ergänzung der Dammrisse hat bewerkstelligen müssen. Zwey Jahre darauf kamen abermalige Ueberschwemmungen im Werder hinzu, die neuen Arbeiten wurden dadurch zum Theil zerstöhret, die Kosten vermehrten sich, und Danzig ward genöthigt, den König sowol als das Land um Beystand zu ersuchen. Hieraus läßt sichs erklären, woher noch viele Jahre hindurch die Reparatur der Werderschen Dämme ein wichtiger Gegenstand der Landesberathschlagungen geblieben ist.

Die Wendung, welche die Nordischen Kriegshändel genommen hatten, befreyeten Danzig noch nicht von allen Stöhrungen der Schiffahrt und Handlung. Glücklich genug kam ein Vergleich mit Lübeck zum Stande, kraft dessen Danzig für die oft von den Lübeckern erlittenen Seeschäden eine Erstattung bekam, daß nemlich 8000 Mark Lübisch in zehn Jahren, und zwar jährlich auf Pfingsten 800 Mark gezahlt werden sollten; allein von Dänemark wurden die jüngst gegebenen Versicherungen nicht fest gehalten. Nach Ablauf des Waffenstillstandes mit dem Kayser, wurde zwar der Niederlande wegen an einem Frieden gearbeitet, aber die erste Zusammenkunft zu Bremen zerschlug sich, ja es verbreitete sich sogar ein Gerüchte, daß der König gegen die Burgundischen Erblande des Kaysers noch weiter um sich greifen würde, indem

Frankreich, Schweden und die Herzoge von Geldern und Cleve gemeinschaftlich mit Dänemark daran Theil nehmen wollten. Würklich blieben die Niederländischen Schiffe im Danziger Hafen liegen, und hatten Befehl, sich nicht durch den Sund zu wagen; auch der König von Dänemark schrieb an Danzig, daß er aufs neue den Sund schließen müßte, und daß den Danziger Schiffen nur die Fahrt auf neutrale Oerter freystehen sollte. Danzig that alles, und hatte darin die Preussischen Stände zur Seite, um durch Intercession des Königs von Polen sich eine freye Fahrt zu verschaffen. Man konnte um so viel sicherer den König Sigismund um seine Vermittelung, ja selbst um eine Friedensstiftung ansprechen, weil er durch die Vermählung des jungen Königs in eine nähere Verwandschaft mit dem Oesterreichischen Hause getreten war, weil auch die Regentin der Niederlande jüngst einen freundschaftlichen Brief an ihn geschrieben hatte, und weil der Herzog von Preussen, als ein vielgeltender Freund von Dänemark, die Person seines Lehnsherrn annehmlich genug daselbst empfehlen konnte. Allein von Dänischer Seite schien man zur Vermittelung des Königs von Polen kein völliges Zutrauen zu haben, und obgleich der Kayser und die Regentin besser davon dachten, so gab doch letztere den Danzigern ebenfalls die Warnung, sich aller Handlung auf die Dänischen Provinzen, bey Verlust ihrer Schiffe und Güter, zu enthalten. Die Nothwendigkeit erforderte es, dieserwegen aufs neue Geschäftsträger abgehen zu lassen.

laſſen. König Sigismund ſchickte einen Edelmann, Chriſtoph Konarski, an die Regentin, ließ die Freyheit der Danziger Seehandlung bey ihr auswürken, und trug zugleich ſeine Friedens-Vermittelung an, die ſie, mit Genehmigung des Kaysers, ihrer ſeits annahm. Kurz vorher war ein Danziger Secretair an den König von Dänemark abgegangen, der aber auf ſeiner Seereiſe verſchlagen wurde, und ſpäterhin unverrichteter Sachen zurückkam. Dagegen war ſchriftlich mit dem Könige Chriſtian tractirt worden; man hatte alle beſtätigten Rechte und Privilegien vorgeſtellet, kraft deren Danzig befugt war, ſelbſt mit den Feinden der Krone Dänemark ungehindert Schiffahrt zu treiben, wenn ihnen nur keine Kriegsbedürfniſſe zugeführt würden, und man bezog ſich zugleich auf die Zulaſſung der Fahrt in die Burgundiſchen Lande, womit andre neutrale Nationen und Seeſtädte, während dieſem Kriege, begünſtiget wurden. Stettin, Hamburg, Bremen und mehrere Städte, konnten zum Beyſpiel angeführt werden, und wiewol der König von Dänemark ſolches zum Theil ignoriren, zum Theil auch entſchuldigen wollte, ſo ließ ſich doch nicht alle Hintanſetzung der Danziger Freyheitsrechte darin ableugnen. Weil indeſſen mit dieſem Briefwechſel nichts ausgerichtet wurde, ſo entſchloß man ſich aufs neue, der Sache wegen einen Rathsherrn nach Kopenhagen zu ſchicken. Selbiger wurde auch bald zur Audienz gelaſſen, und konnte nun mit mehr Nachdruck die äußerſt nachtheilige Lage vorſtellen, in welche das Commerz der Krone Polen und insbesondere der Stadt Danzig, durch das Königliche Verbot gegen die kräftigsten Versprechungen wäre gesetzt worden: er wiederholte noch mit stärkerem Gewicht alle Gründe, die man zur Behauptung der freyen Schiffahrt schon schriftlich dargelegt hatte, er beantwortete auch alle Einwendungen und Vorwürfe, die man Dänischer seits machte, unter andern, daß die Danziger zum Schein sollten Holländische Schiffe gekauft haben, um sie den Eignern sicher durch den Sund zurückführen zu können, und daß mit eignen Schiffen, wider den Inhalt der vorgezeigten Certificate, contrebande Güter den Burgundischen Staaten wären zugeführt worden. Ersteres zwar wurde als eine falsche Beschuldigung erwiesen, und wegen des letztern versprach der Abgesandte im Namen des Raths von Danzig, daß die treulos befundenen Schiffer mit scharfer Strafe belegt werden sollten. Die letzte Resolution des Königes von Dänemark brachte doch nur die Erklärung mit sich, daß so gerne er der Stadt Danzig einen freyen Seehandel verstatten wollte, die jetzigen Conjuncturen solches doch noch nicht zuliessen: man sollte sich demnach bis zum Austrag der nächsten Zusammenkunft in Münster gedulden; bis dahin würde er, nach Inhalt der Privilegien, die Danziger Schiffe zwar den Sund ungehindert hin und her passiren lassen, aber keine Zufuhr, insbesondre von Getreyde, sollte weder auf die Burgundischen Lande, noch auf andre die mit selbigen in Commerzverkehr stünden, gemacht werden.

Dritter Abschnitt. Drittes Capitel.

Die Friedensconferenzen wurden in der That 1543 wieder eröffnet, nur die Zusammenkunft ward von Münster nach Campen in Ober-Yssel verleget; aber auch diese hatte einen fruchtlosen Ausgang. Vielmehr bekam Danzig ein Forderungsschreiben vom Dänischen Hofe, daß weil der Krieg seinen Fortgang behielte, die Stadt ihre Fahrt durch den Sund gänzlich einstellen sollte; ihre in den Dänischen Staaten handelnden und ausreisenden Bürger, es sey zu Wasser oder zu Lande, sollten Certificate mitbringen, daß sie nirgends als in Danzig zu Hause gehörten, auch sich verendigen, die in Dänischen Landen gekauften Güter und Waaren an keinen Ort als nach Danzig zurück zu führen; endlich sollte die Stadt sich erklären, was für eines Betragens und Beystandes sich der König im Nothfalle von ihr zu versichern hätte. Danziger seits erschöpfte man sich hierauf mit Vorstellungen und Ueberzeugungsgründen, daß die Zumuthungen des Königs von Dänemark allen bisherigen Verträgen und Zusagen zuwider wären, und daß die neu hinzugefügten Forderungen, so sehr sie nicht nur ihren Privilegien, sondern auch dem Völkerrecht selbst entgegen wären, die Wohlfahrt der Stadt gänzlich aufheben mußten: aber nichtsdestoweniger blieb der Sund geschlossen, und Danzig hatte ausserdem noch das Unglück, daß ihre Kaufmannsgüter in Amsterdam mit Arrest belegt wurden. Ein neuer Friedens-Congreß, den man zu Hamburg angesetzt hatte, wurde ebenfalls rückgängig gemacht; dennoch aber schienen alle kriegführende Mächte der fruchtlosen Feindseligkeiten überdrüssig zu seyn, und das

1544. Jahr darauf bot der Kayser die Hand, einen endlichen Frieden zu schliessen. Derselbe kam auf dem Reichstage zu Speyer zu Stande: Preussen und die Stadt Danzig zogen davon den Vortheil, daß sie sich der freyen Fahrt durch den Sund, und des Handels auf die Niederlande wieder bedienen konnten, indem der König von Dänemark nicht nur diese Gerechtigkeit wiederfahren ließ, sondern auch drey Jahre später, als einige Hanseestädte ihn wieder zur Sperrung des Sundes haben veranlassen wollen, der Stadt Danzig die Versicherung bestätiget hat, daß er ihres freyen Commerz halber, nicht anders als in den dringendsten Umständen, und nach geschehener Anzeige davon, den Sund schliessen würde.

Mitlerweile war im Lande das Mißvergnügen mit Danzig genähret worden; die Anfeindungen in der Provinz Preussen und die Verläumdungen am Königlich Polnischen Hofe hatten sich dermaßen gegen die Stadt gehäufet, daß schon im vorhergehenden Jahre zwey Burgermeister, Bartholomäus Brandt und Tiedemann Giese, auf den Reichstag nach Krakau waren ausgeladen worden. Die Citation war um so viel bedenklicher, weil keine Ursache davon angegeben, und kein Verbrechen sich darin ausgedrückt fand; man wußte wol, daß die im J. 1532 von Danzig geschehene Verweigerung der Contribution, imgleichen das abgedrungene Verfahren in der streitvollen Münzsache, zu Zeiten den Zorn des Königs erweckt hatten; aber nun hieß es, daß die Ausgeladenen erst auf den angesetzten Termin, vom Reichs-Instigator mit ihren Verbrechen bekannt gemacht werden sollten. Die Ausladung selbst trat auch der Rechtsgewohnheit so sehr entgegen, daß die Stadt mit Grunde bemühet seyn durfte, die persönliche Vorforderung ihrer Magistratspersonen abzulenken, und sie höchstens nur durch Bevollmächtigte erscheinen zu lassen. Die Landesräthe von Preussen selbst ließen Intercessionsschreiben deswegen an den König ergehen, und beym Beylager des jungen Königs wurde der alte Herr mündlich gebethen, die Sache der Danziger Burgermeister, den Grundgesetzen gemäß, in die Provinz zu verweisen. Allein dieses alles ist von keiner Würkung gewesen; die beyden Burgermeister mußten sich einige Monate später persönlich auf den Reichstag zu Peterkau einstellen, und sie schlugen zwar kräftige Mittel ein, um mit Fürbitte der Kronsenatoren und Landesräthe ein ferneres Verfahren von sich abzuwenden, sie wurden auch in Gnaden vom Könige erlassen; allein es läßt sich leicht urtheilen, daß nächst den Reisekosten noch ein viel größerer Aufwand damit habe müssen verknüpft werden. Uebrigens hatten die Feinde der Stadt doch ihren Hauptendzweck erreicht; man erfuhr auch fernerhin, daß ausser den oben zum Theil angezeigten Fällen, worin man den Rath von Danzig eines strafbaren Ungehorsams und Widerstrebens in Staatsangelegenheiten hat bezüchtigen wollen, die Geistlichkeit hiebey

E 3

ihre Beschwerden in Religionssachen angebracht hatte, und daß einige Bischöfe selbst personelle Anklagen, so unbedeutend sie auch gewesen, damit verknüpft hatten. So war es als eine Verachtung der Religion angesehn worden, daß die beyden Burgermeister sich am nächsten Frohnleichnamstage dem Mitgehen bey der Procession entzogen hätten, und daß der Burgermeister Giese beym Begräbniß seiner ersten Ehegattin sowol, als bey seiner Verbindung mit der zweyten, die ächten Kirchengebräuche nicht sollte beobachtet haben; ja wie sich gemeiniglich der Verfolgungsgeist in den Religionseyfer einkleidet, so suchte man Schwachheitsfehler und in den Aemtern begangene Versehen, zu großen Verbrechen gegen den Staat und die Kirche zu machen.

Was noch hinzu kam, so mußte gerade in dieser Zeit, da Danzig den Haß vieler Feinde gegen sich hatte, eine Angelegenheit, die bisher immer bey Hofe war liegen geblieben, zum Nachtheil der Stadt in Bewegung gebracht werden. Danzig hatte von Zeit zu Zeit vortheilhafte Erbietungen gemacht, um das Putziger Amt eigenthümlich an sich zu bringen, es war aber nie eine categorische Erklärung darauf erfolget; nur jetzo bestellte der König eine Commission von drey Preussischen Landesräthen, nebst dem Probst des Ermländischen Stifts, welche das Recht untersuchen sollten, kraft dessen Danzig das Amt Putzig nebst dem dazu gehörigen Gebiete besäße. Zur ersten Einleitung des Geschäftes wurde zugleich folgender

Entwurf den Commiſſarien mitgetheilet: es ſollte nemlich in den Urkunden und Verſchreibungen genau nachgeſehen werden, für was für eine Geldſumme Putzig den jetzigen Inhabern verpfändet wäre, ob ſelbige ſich aus den Einkünften des Amts bezahlt machen müßten, oder ob eine Summe ausgedrückt ſtände, die der König bey der Einlöſung zu erlegen hätte; wenn nun letzteres ſtatt fände, ſo ſollte der Landſchatzmeiſter gehalten ſeyn, die Summe Geldes im Namen des Königs zu zahlen, wäre aber das erſtere ſtipulirt worden, ſo ſollten die Commiſſarien einen Ueberſchlag machen, ob Danzig nicht ſchon ſo viel genoſſen hätte, als die ganze Schuldſumme betrüge; in dieſem Falle nun würde der Landſchatzmeiſtet den Diſtrict Putzig, ohne weitere Einrede, in Beſitz zu nehmen haben; ſollte Danzig aber noch zu einer rückſtändigen Forderung berechtigt ſeyn, ſo würde auch dieſe aus dem Königlichen Schatz müſſen gutgethan werden.

Die Stadt Danzig erhielt nunmehr ein Königliches Mandat, den ernannten Commiſſarien Folge zu leiſten, und bald darauf gingen die Ladungen von der Commiſſion ein, daß die Stadt ihre Bevollmächtigten nebſt allen den Putziger Beſitz angehenden Urkunden, nach Marienburg abfertigen ſollte. Solches geſchah in ſo weit, daß die Danziger Deputirten zwar nur Abſchriften von den Originalurkunden mitnahmen, doch aber darauf inſtruirt waren, daß wenn die Originale verlangt würden, man durch eine von der Commiſſion abgeſchickte und autoriſirte Perſon, die Copien mit den

1544. Jul.

Originalschriften wollte conferiren lassen. Allein die Commissarien schickten ohne Erwiederung die Abschriften an den Königlichen Hof, und von dort kam ein neues Mandat herunter, daß man sich mit den Originalurkunden einfinden sollte, und im Fall solches nicht geschähe, dennoch in der Sache, was Recht ist, ergehen würde. Diesem Befehl des Königs wurde gehorsamet, und wenige Tage darauf sprachen die Commissarien ihre Sentenz ab: daß Danzig gehalten seyn sollte, die Stadt und das Amt Putzig mit allem was dazu gehörig, bey Strafe von zehntausend Gulden zu räumen, und die Besitznehmung davon an den Marienburgschen Unterkämmerer zu überlassen, der ferner das Putziger Gebiet dem Castellan von Elbing abliefern würde. Bevor aber solches geschähe, sollten der Castellan von Elbing mit dem Landschatzmeister viertausend Gulden, jeden zu 30 Groschen gerechnet, und eintausend Ungrische Gulden, im Namen des Königs, aus dem Königlichen Schatz an die Stadt bezahlen; falls sich hingegen nachgehends fände, daß die Stadt gedachte Summe schon empfangen hätte, oder eine Gegenschuld rückständig wäre, so sollte der König das gezahlte Geld wieder zu fordern befugt seyn. Von diesem Ausspruch appellirten die Danziger Abgeordneten sogleich an den König, unerachtet die Commissarien solches nicht nachgeben wollten, sondern der Elbingsche Castellan Kostka vielmehr Anstalten machte, das Geld an die Stadt zu zahlen. Die Zahlung wurde aber nicht angenommen, und man brachte das Geld deshalb aufs Marienburgische Rathhaus, wo es bis zum Austrag der Sache gerichtlich niedergelegt bleiben sollte. Hienächst verweigerten die Commissarien die Zurückgabe der eingelieferten Originalurkunden, und setzten sich ungesäumt in Bereitschaft, die Besitznehmung des Putziger Gebiets, nach dem Inhalt der Sentenz, durch den Unterkämmerer von Marienburg zur Vollziehung zu bringen. Dagegen aber wurden von Danziger Seite die erforderlichen Anstalten getroffen, man machte sich gefaßt, den Besitz des Putziger Gebiets nicht nur rechtlich zu behaupten, sondern auch gegen alle Gewalt zu vertheidigen. Es wurde zu dem Ende ein Corps bewaffneter Mannschaft nach Putzig abgefertiget, und als der Unterkämmerer mit seinem Commando zur Execution ankam, mußte er bald der Vertheidigung weichen, und vom ganzen Vorhaben abstehen.

Damit aber dieses Verfahren keinen widrigen Eindruck am Königlichen Hofe verursachen möchte, so schickte man ungesäumt einen Secretair dahin ab, dem wenige Wochen später der Syndicus Conrad Lagus nachfolgte, und durch dessen unermüdetes Bestreben ward mindestens die Appellation für gültig erkannt, und die Stadt nur gewöhnlicherweise zur Justification derselben ausgeladen. Zwey Herren des Raths, Burgermeister von Werden und Johann Brandes, wurden nunmehr nach Krakau abgeschickt, um die Stadt noch ferner hierin zu vertreten; die Unpäßlichkeit des Königs verzögerte zwar die Audienz, allein die

Deputirten bekamen schon die Versicherung, daß der König alle Billigkeit in ihrer Sache zu beobachten geneigt wäre; sie hatten auch die Ehre, ein geneigtes Gehör bey der vielvermögenden Königin Bona zu erhalten, und derselben persönlich die Justificationsschrift mit verknüpfter Bitte um ihre Fürsprache zu überreichen. Die Audienz beym Könige selbst bestätigte die Hofnung eines guten Ausganges. Man hatte in der Rechtfertigungsschrift nicht nur die wahre Beschaffenheit des Putziger Besitzungsrechts auseinander gesetzt, sondern auch die großen Geldsummen, die Danzig darauf verwandt hatte, documentiret, und hienächst erwiesen, daß auch eine der angegebenen Pfandsummen von 4000 Gulden, nicht in Preussischem Gelde, sondern in Ungrischem Golde, der Verschreibung nach entrichtet werden müßte. Bey allem günstigen Anschein aber mußte die Stadt dennoch, in Gegenwart des Königs und vieler Senatoren, vom Reichs-Instigator eine Anklage des Verbrechens der beleidigten Majestät über sich ergehen lassen. In der Lage, worin sich die Deputirten von Danzig in Polen befanden, hatten sie freylich die äußersten Schritte von ihrer Gegenparthey zu befürchten, weil sie aber keine Ursachen hatten, an den geneigten Gesinnungen des Königlichen Hauses selbst zu zweifeln, so unterließen sie nicht mit den kräftigsten Vorstellungen die hiedurch erlittene Schmach von sich abzuwenden, sie beriefen sich auch auf das Recht und ihre Bestimmung, sich keinesweges mit Sr. Königlichen Majestät in

1545. 9. März.

einen Proceß einzulaſſen, am wenigſten ſich dem Richterſtuhl der Polniſchen Senatoren zu unterwerfen, ſondern wenn ein Erkenntniß über ein Verbrechen ſtatt finden müßte, vor dem Preuſſiſchen Rath von Land und Städten gerichtet zu werden. Hiedurch wurde denn zwar der Endzweck erreichet, daß die Stadt von allen Beſchuldigungen der beleidigten Majeſtät frey erklärt wurde; dagegen aber nahm es der König an ſich, in der Putziger Sache ein Decret abzuſprechen, welchem ohne Widerrede ein Genüge geſchehen ſollte. Kraft deſſelben erklärte ſich der König wegen Putzig zu einer Schuld an die Stadt Danzig von 6000 Ungriſchen und 2000 Preuſſiſchen Gulden; inzwiſchen ſollte die Stadt vor Empfang dieſer Geldſummen, dem Königlichen Bevollmächtigten das Putziger Gebiet ohne Verzug einräumen, nach Verlauf eines Jahres aber ſollte ihr frey ſtehen, ſich wieder zu melden, und alsdann würde der König die Wahl haben, entweder das Amt Putzig vergleichsweiſe an Danzig abzutreten, oder die nahmhaft gemachte Summe zu erlegen. Dieſem Ausſpruch zufolge weigerte man ſich in Danzig nicht weiter, dem Caſtellan Koſtka, der mitlerweile die Caſtellaney Culm bekommen hatte, Putzig mit allem dazu gehörigen Lande, laut Königlicher Vollmacht, einzuräumen, und ſich des Beſitzes daran zu begeben. Nicht nur im nächſtfolgenden Jahre, ſondern auch fernerhin hat man zwar von Zeit zu Zeit die Verſuche wiederholet, das Amt Putzig eigenthümlich an die Stadt zu bringen, allein bevor spätere Conjuncturen eine Veränderung veranlasset haben, hat man keinen erwünschten Erfolg davon zu gewarten gehabt.

In den ersten Regierungsjahren Sigismund des Ersten, wurden Danzig und ganz Preussen noch mit äußern Kriegsgefahren von Seiten des Teutschen Reiches bedrohet. Der Bischof von Ermland wollte die gewisse Nachricht haben, daß 1547. der Kayser nach dem Siege über die Schmalkaldischen Bundesgenossen ernstlich entschlossen wäre, den Teutschmeister in Preussen einzusetzen, und seine besondre Absicht auf die Stadt Danzig auszuführen, woran ihm seiner Burgundischen Erblande wegen viel gelegen seyn müßte. Die Vorstellungen, so man dem Könige dieserwegen machte, brachten es zuwege, daß er einen eignen Gesandten auf den Reichstag zu Augsburg abfertigte; und weil Danzig und Elbing von Zeit zu Zeit noch immer vom Kayser und Reich die Aufforderung bekommen hatten, sich als angebliche Städte des Obersächsischen Kreises, zu Abtragung der Römermonate und Kammerzieler, imgleichen zu Kriegssteuern und andern Abgaben, im Teutschen Reich, zu bequemen, so wurde, nächst Tilgung der Reichsacht gegen den Herzog von Preussen, es zum Hauptgeschäfte der Gesandtschaft gemacht, in diesen Angelegenheiten eine befriedigende Erklärung zurück zu bringen. Unerachtet nun die Antwort nicht vollkommen nach dem Sinne des Königs von Polen, und nach dem Wunsch der Preussischen Stände ausfiel, so wurde doch am Kayserlichen

Hofe selbst, die Kriegsanstalt aus andern Gründen zurückgehalten, und dem Teutschen Orden großentheils nur mit leeren Versprechungen geschmeichelt. Indessen hielt Sigismund sich auf alle Fälle bereit, seinen oft gegebenen Versicherungen nach, das Land Preussen aus allen Kräften zu vertheidigen und zu beschützen, und es gereichet ihm zu Königlicher Ehre, hierin, wie in allen seinen Unternehmungen, den grossen Namen des Jagellonischen Hauses behauptet zu haben; weil aber sein hohes Alter ihn täglich erinnerte, sich die Regierungslast möglichst leichter zu machen, so übertrug er nun auch, wie schon wenige Jahre vorher mit Litthauen geschehen war, die Regierung und alle Einkünfte von Preussen feyerlich an dem jungen König Sigismund August, bey welcher Solennität die Abgeordneten der Preussischen Stände, die übertriebene Demuth bezeigten, die Abschriften der Landesprivilegien zu den Füßen des alten Königs zu legen, und fast sclavisch um die Bestätigung derselben ihn und den neuen König zu bitten. Die Folge der Zeit hat gelehret, wie weit man dennoch vom Ziel der genommenen Maasregeln sey zurückgesetzt worden, und wie bald, nach dem Tode Sigismunds des Ersten, der im 82sten Jahre seines Lebens entschlief, das Land Preussen einer merkwürdigen Staatsveränderung näher gerückt sey.

1548.
6. Jan

1. April.

Viertes Capitel.

Danzig entzieht sich der Huldigung an Sigismund August — erste Versuche, die Provinz Preussen in Polnische Verfassung zu ziehen — Ursachen zur Ankunft des Königs in Danzig — unangenehme Vorfälle bey derselben — Anstalten zur Beylegung vermeintlicher Mishelligkeiten in der Stadt — Des Königs Abreise — Danzig schickt der Handlung wegen, Gesandten nach Dänemark und England — Danzigs Handlung wird durch den neuen Weichselgraben in Gefahr gesetzet — Neue Unternehmungen zur Kirchenreformation in Danzig — selbige wird ruhig zur Ausführung gebracht, und durch Freyheitsrechte bestätigt.

Die Thronbesteigung Sigismund Augusts erweckte in Polen ein ungeduldiges Verlangen, das Versprechen erfüllt zu sehen, welches sein Herr Vater, in Absicht der genauen Einverbindung der Polnischen Nebenländer mit der Krone, gegeben hatte. Dawider suchte nun die Provinz Preussen überhaupt ihre Maasregeln zu nehmen, allein der Adel sowol als die Städte hatten auch einseitige Besorgnisse, ihre Vorrechte verlustig zu gehen, und darum mußte jeder Theil, nach Verhältniß der Umstände, auf die Rettung derselben bedacht seyn. Danzig wählte das Mittel, mit der Huldigung so lange zu zögern, bis der König die Privilegien des Landes sowol als die Freyheitsrechte der Stadt würde sicher hergestellt haben. Die 1549. zur Huldigung abgefertigten Commissarien konnten ihr Geschäfte hier nicht ausrichten, und uneracht et sich die unangenehmen Folgen davon sehr leicht voraussehen liessen, so glaubte die Stadt doch

Gründe genug zu haben, um den Unwillen des Königs damit zu besänftigen. Man hielt es schon für verkleinernd, daß nächst dem Woywoden von Marienburg, nur noch ein Commissarius, und zwar ein Königlicher Secretair, der damalige Krakausche Canonicus Martin Cromer sich einfand, da doch sonst dergleichen Commissionen an die großen Städte, drey und mehreren der ersten Bischöfe und Reichsräthe pflegten übertragen zu werden; noch mehr aber wurden die schriftlich an den König übergebene Beschwerdepunkte für kräftig genug angesehen, die Stadt zu rechtfertigen und zu entschuldigen. Die Münz- und Contributionssachen, die Zollneuerungen, die Störungen des Handels, auch die Vorenthaltung des Putziger Gebiets, und die willkührliche Ausladung der Magistratepersonen, waren einige der beträchtlichsten Gegenstände, worin man über Eingriffe in die Vorrechte der Stadt zu klagen sich berechtigt hielt; die vielfältigen Landesgebrechen aber waren schon längst, so wie noch auf dem nächst vorhergehenden Reichstage ausführlich vorgestellet, und auch jetzt von neuem wiederholt worden. Es wurde aber dieses Verfahren am Königlichen Hofe sehr ungnädig aufgenommen, der König ließ erklären, daß er den von der Stadt Danzig einzig und allein bewiesenen Ungehorsam von den Räthen der Krone und des Landes wollte beurtheilen und richten lassen; er gab auch sein Befremden darüber so stark zu erkennen, daß er selbst an der Einstimmung der ganzen Bürgerschaft darin zweifelte, und es nur für das

Anstiften einiger widerspenstigen Einwohner hieselbst halten wollte. Die Sache wurde kurz nachher auf dem Preussischen Landtage erörtert; die Danziger Abgeordneten vertheidigten dieselbe mit aller Wärme für eine patriotische Absicht, sie vermaßen sich, daß weder Zwietracht noch Eigennuß, und noch vielweniger treulose Widersetzlichkeit dazu mitgewürkt hätten, und sie lagen den Landesräthen inständig an, ihre dem Könige deshalb gemachte Vorstellung zu unterstützen. Dieses Ansuchen blieb nicht ohne Würkung; die Preussischen Stände vereinigten sich, dem Könige einen umständlichen Aufschluß von Danzigs Betragen zu geben; sie stellten es Sr. Majestät zwar anheim, eine nähere Untersuchung anzubefehlen, ob Störer der innerlichen Ruhe, zu Beförderung ihrer Privatabsichten, sich in der Stadt aufhielten, in dieser Sache aber, welche die versagte Huldigung anging, gaben sie ihre Ueberzeugung zu erkennen, daß Danzig keine sträfliche Absicht, sondern nur die einstimmige Sorgfalt damit verknüpft hatte, dem Vaterlande in seiner Bedrückung zu helfen, den Nutzen des Königs selbst zu befördern, und ihre eignen Gerechtsamen und Privilegien aufrecht zu erhalten. Um diese und mehrere Fürsprachen in Sachen der Stadt, durch Wachsamkeit und Aufmerksamkeit zu befördern, fertigte Danzig einen Secretair an den Königlichen Hof ab; selbiger aber drang zu nahe in das Geschäft ein, die Unschuld der Stadt vertheidigen zu wollen, und bekam darüber den Bescheid, daß die Sache zu wichtig sey, um mit ihm behandelt

delt zu werden, vielmehr hätten seine Obern jemand aus ihren Mitteln zu schicken, mit dem man darüber in Unterhandlung zu treten sich würde geneigt finden lassen. Unerachtet nun letzteres nicht lange darauf würklich geschehen ist, so hat sich doch die Beendigung dieser Negotiation über zwey Jahre verzogen; endlich aber hat die Stadt mit Hülfe des Kron-Großkanzlers die erwünschte Abfertigung erhalten, daß der König ihren Deputirten in einer geheimen Audienz persönlich die Versicherung gab, alle wegen der aufgeschobenen Eydesleistung gefaßte Ungnade fallen zu lassen; daß er auch die Huldigung selbst nicht weiter verlangte, sondern mit dem Eyde, den sie seinem Herrn Vater geschworen, zufrieden zu seyn sich erklärte.

In Polen wurden während dieser Zeit allmälig die Ketten geschmiedet, womit das Land Preussen seiner Freyheit beraubt werden sollte. Auf dem Reichstage zu Peterkau wurden die deputirten Landesräthe zu einer öffentlichen Audienz in Beyseyn des ganzen Reichssenats gezogen, man legte ihnen schon das Vereinigungsproject ganz eigentlich vor, man machte unstatthafte Auslegungen des Indigenatrechts, und hätte wol alle Bestätigung der Preussischen Privilegien verhindert, wenn nicht der König selbst sich zu einer Versicherungsschrift erklärt hätte, daß er in seinem zu Krakau geleisteten Krönungseyde, die Privilegien des Landes Preussen habe mit begriffen seyn lassen. Bey der dem Herzoge in Preussen ertheilten Lehnsernennung zu Krakau wurden die Preussi- 1550.

Gesch. Danz. 2ter Th. F

schen Räthe noch dringender in den Polnischen Senat gefordert, sie mußten Sitz nehmen und mitstimmen, und der König selbst kam ihren Weigerungen zuvor, indem er sie verbindlich anredete: „Warum wollet ihr Preussen mir nicht rathen und „eure Stimmen geben, da ihr mir doch als Räthe „geschworen habet?" So verflossen noch mehrere Jahre unter fortgesetzten Aufforderungen und Ermahnungen, sich freywillig die Veränderung mit der Krone gefallen zu lassen; noch immer aber suchte man Preussischer Seits entweder einen Aufschub zu gewinnen, oder es wurden Zweifel und Einwürfe entgegen gesetzt, die erst aus dem Wege geräumt werden mußten, ehe man sich entschließen wollte, eine feste Erklärung zu geben. Aeußere Kriegsunruhen, die den Gang der innern Staatsangelegenheiten dann und wann aufzielten, haben gleichfalls dazu beygetragen, daß die Beschleunigung des Unionswerks nicht nach dem Wunsch der Polen hat durchgesetzt werden können; ja es mußte sich zuletzt noch eine andre Staatsmaterie damit vereinigen, die, wenn sie gleich den Reichsmagnaten nicht vollkommen genehm gewesen, doch von dem größern Theil der Nation sehr angelegentlich ist betrieben worden, und die fernerhin unter dem Namen der Executionssache, in gemeinschaftlichem Andringen es zur Vollziehung gebracht hat, daß die Staatsverfassung der Provinz Preussen geschmälert, und dieses Land, so viel möglich, der Polnischen Regierungsform und Polnischen Gesetzen ist gleich und unterwürfig gemacht worden.

Die obengedachte Aussöhnung des Königs mit der Stadt Danzig hatte demselben noch nicht allen Argwohn benommen, daß sich hier mißvergnügte Einwohner befänden, die gegen Pflicht und Treue, eine ungehorsame Widersetzlichkeit gegen die Königlichen Befehle unter der Bürgerschaft anzuhetzen suchten. Er entschloß sich demnach persönlich nach Preussen zu reisen, und insbesondre in Danzig auf einige Zeit seinen Aufenthalt zu nehmen. Zum mindesten war dieses mit Grunde für eine Hauptursache seiner Reise zu halten, theils um sich mit der Regierung im Lande anschaulich bekannt zu machen, theils auch die Verwaltung des Stadtregiments in Danzig näher zu prüfen, zumal da man dem Könige vorgebracht hatte, daß zwischen dem Rath und der Bürgerschaft Mißverständnisse schwebten, und daß sich selbst ungleiche Gesinnungen über die Polnische Regierung hier äußerten. Hiemit läßt sich auch gewissermaaßen die Meinung berichtigen, welche der Canonicus Orzechowski angiebt [i]), als ob es der vornehmste Bewegungsgrund zur Königlichen Reise nach Danzig gewesen sey, die Stadt im Gehorsam zu erhalten, und dem Entschluß vorzubeugen, den man hieselbst gefaßt hätte, sich einem neuen Oberherrn, oder dem Kayser zu unterwerfen. Die nähere Veranlassung hiezu will gedachter Schriftsteller aus einer Furcht für die Rache des Römisch-teutschen Reichs herleiten, welche wegen der unab-

---

[i]) Orichovius Annal. V.

läßig in Danzig verschmäheten Ausladungen ans Reichskammergericht, damals bevorstehen sollte. Unerachtet es nun mit einer leeren Furcht so weit nicht gekommen seyn möchte, so ist doch nicht zu leugnen, daß Danzig so wol als Elbing vor Anfang dieser Regierung mit dergleichen Ausladungen wieder waren beunruhigt worden. Der neue Churfürst Moritz von Sachsen hatte sie im Januar 1549 zum Obersächsischen Kreißtag nach Jüterbock rufen lassen, und nach oft wiederholten Ansagen zu Reichsanlagen und Kriegssteuern, war im J. 1551 ein geschärftes Executorial-Mandat vom Reichskammergericht an Danzig gekommen, worauf noch fernerhin verschiedene Monitorialbriefe erfolgten; auch ist die Stadt im J. 1553 auf den Reichstag nach Ulm eingeladen worden, und man hat sich der Fortsetzung von dergleichen Zunöthigungen nie völlig entschlagen können. Indessen ist ausser der eignen Beschwerlichkeit mit dieser Art Geschäften, kein weiteres Ungemach daraus entstanden; der Bischof 1551. von Ermland hat auch, da er einmal hauptsächlich dieser Ansprüche wegen, als Abgesandter an den Kayserlichen Hof war geschickt worden, vom Reichskanzler die Erklärung erhalten: daß die Städte solches nicht befremden müßte, weil das Kammergericht mit dem Ausschreiben an Elbing und Danzig, nur den gewöhnlich gewordenen Canzelleygebrauch zu beobachten suchte. Am wenigsten aber läßt es sich aus zuverläßigen Nachrichten erweislich machen, daß Danzig aus Furcht oder Schrecken über die Reichs-Executionsmandate den

Dritter Abschnitt. Viertes Capitel.

schnöden Entschluß sollte gefaßt haben, die Treue gegen die Krone Polen zu verletzen, und nach einer neuen Oberherrschaft zu streben.

So wenig nun auch Sigismund August Danzig in Ruhe anzutreffen glaubte, so ward er doch bald vom Gegentheil überzeuget, weil weder rebellische oder verrätherische Anschläge auch nur dem Schein nach entdeckt wurden, noch Klagen oder Beschwerden der Bürger über ihre Obrigkeit hervor kamen, bis vom Könige selbst Antrag und Aufforderung dazu gemacht worden, daß ein jeder Bürger, der sich womit gedrückt und belästigt zu seyn glaubte, die Erlaubniß hätte solches beym Könige anzubringen, und sich Erleichterung davon zu verschaffen. Nichtsdestoweniger ereigneten sich unmittelbar, nach Ankunft des Königs, einige widrige Zufälle, die, wenn sie gleich nur dem kleinmüthigen Aberglauben als böse Vorbedeutungen gelten konnten, doch mindestens beym Könige und seiner Hofstatt für die ersten Tage ihres Aufenthalts eine üble Laune erweckten. Gleich beym Einzuge des Königs, fiel im hohen Thore, ohnfehlbar von der Erschütterung, die das Schießen aus den Kanonen verursachte, ein großer Dachstein hart vor dem Pferde, worauf der König ritte, herunter, that zwar keinen Schaden, ließ aber dennoch ein nicht geringes Schrecken zurück. Drey Tage darauf entstand ein nächtlicher Tumult, den ursprünglich nur die ungesittete Aufführung des Königlichen Hofgesindes, und Zänkereyen mit ihren Wirthen, wo sie einquartiert waren, verursachten; er nahm

1552.
8. Jul.

aber dermaßen überhand, daß etliche Polen dabey ums Leben kamen, und als deren Brüder sich dagegen an der Stadtwache vergriffen, so wurde das Handgemenge immer größer, daß auch die besser gesinnten Bürger es fürs gerathenste hielten, sich an den Marschall des Königs zu wenden, und durch dessen persönliche Vermittelung den Frieden zu stiften. Obgleich nun dieser die Parthey seiner Landsleute keinesweges verließ, so wurde doch der Lerm in kurzem gestillet; von Seiten der Stadt gab man sich nachher alle Mühe, die wahren Urheber der Zusammenrottung auszuforschen, und diese sowol als die am Tode der Polen schuldigen Thäter zu bestrafen; aber auch der König hielt ordentlich Rath mit seinem Hofe, wie den fernern Ausbrüchen solcher Tumulte zu steuern wäre, und es gefiel den Polnischen Herren nicht allerdings wol, daß es beschlossen wurde, sie selbst die Wachen versehen, und die Patroullen in der Stadt reiten zu lassen, damit allem Unfug desto besser vorgebeugt würde. Bey dieser Gelegenheit erzählet Curicke aus den Parallelen des Warszewicz, daß unter andern ein geringer Burgermeister, Namens Hans Fürst, den Königlichen Hofmarschall hart und frey angeredet habe, worauf ihn dieser gefraget, wie er hieße. Als nun Hans Fürst seinen Namen genannt hatte, fragte ihn der Marschall, ob er denn ein Fürst wäre. Nein, antwortete dieser, es sey nur sein Geschlechtsname. Hierauf ist das Gespräch fortgesetzt worden, und der Marschall hat den Bürger gefraget, woher es käme daß die

Teutschen sich mit den Polen nicht einigen könnten; wie nun Hans Fürst die Antwort gegeben hat, „Gnädiger Herr, der Erdboden des Landes kann „es nicht leiden, daß die Polen über die Preussen „herrschen und Gewalt an ihnen ausüben", so ist der Marschall darüber entrüstet geworden, hat es dem Könige geklaget, und Hans Fürst hat deswegen ins Gefängniß gehen müssen. Inzwischen ist er bald wieder in Freyheit gesetzt worden, da vermuthlich der König mehr seiner Freymüthigkeit hat zu gut halten, als seine Unbescheidenheit ahnden wollen. Ohne Grund aber wird aus diesem Umstande, wie einige es zu thun wagen, die übereilte Folgerung hergezogen, daß die von Hans Fürst gegebene Erklärung damals die Stimme der gesammten Danziger Bürgerschaft gewesen seyn sollte.

Der fernere Aufenthalt des Hofes in Danzig ist nicht nur in ungestörter Ruhe zugebracht worden, sondern der König hat sich auch mancherley Vergnügungen während demselben gemacht, und insbesondre seinen Geburtstag mit öffentlich angestellten Lustbarkeiten gefeyert. Nächst vielen Kron-Magnaten und den Preussischen Landesräthen, die sich in seinem Gefolge befanden, war auch der Herzog in Preussen zum Besuch hergekommen, bald darauf ward die Ankunft des Herzogs Barnim von Pommern gemeldet, und gegen die Abreise des Hofes ist noch ein Tatarischer Gesandter hier eingetroffen. Am Geburtstage des Königs wurden große Turnierspiele auf dem freyen Platz am Hagelsberge bey der Schießstange gehalten; er

1. Aug.

ließ auch andre Leibesübungen mit Ringen und Klopfechten zum Schauspiel seiner Ritterschaft anstellen, und nahm persönlich Theil an vielen Lust- und Wasserfahrten, die in dieser Zeit zum Vergnügen des Hofes veranstaltet wurden. Hienächst aber wurde das wichtigere Geschäfte nicht ausgelassen, welches auf eine Untersuchung und vorgenommene Verbesserung des Stadtregiments abzielen sollte. Es mußte bedenklich genug anscheinen, daß der König es in den versammelten Rath seiner Senatoren sowol als der Preussischen Consiliarien nahm, über eine öffentliche Zusammenberufung der gesammten Zünfte und ganzen Gemeine in Danzig votiren zu lassen. Die Preussischen Bischöfe widerriethen solches bedächtig, und die deputirten Räthe der Stadt fielen deren darin geäußerten Besorglichkeit bey, sie beriefen sich auch auf ältere Beyspiele, daß unter solchen Umständen öfters ein Aufruhr wäre erregt worden; allein der König sahe es als ein Mittel an, Wohlstand und Ruhe unter der Bürgerschaft zu befördern, und ließ sich von seinem Vorsatz nicht abbringen. Es ward ein Tag angesetzet, an welchem sich der König mit seiner Begleitung aufs Rathhaus verfügte, und sämmtlichen Zünften und Gewerken war vorher angesagt worden, daß ihnen frey stände, sich durch Abgeschickte mit ihren Beschwerden zu melden, wenn sie sich irgend womit belästiget hielten. Nun fehlte es zwar, wie gewöhnlich, nicht an Querelen und Klagen, womit diese oder jene Genossenschaft ihre Unzufriedenheit über das Obrig-

Dritter Abschnitt. Viertes Capitel.

keitliche Regiment bezeigte; doch aber blieben die angebrachten Beschwerdepunkte weit unter der Erwartung des Königlichen Hofes. Schon im J. 1545 hatte auf geäußertes Verlangen der gemeinen Bürgerschaft, die dritte Ordnung dem Rath eine Vorstellung in 54 Punkten überreichet, womit theils um die Abstellung eingeschlichener Fehler und Mißbräuche in Justiz- und Policensachen war angesucht worden, theils auch bessere Einrichtungen zum Aufnehmen der Handlung und des Gewerbes, das gemeinsame Wohl der Stadt betreffend, verlangt waren. Unfehlbar aber war der darauf willfärig vom Rath gegebenen Erklärung noch kein Genüge geschehen, oder man hatte mindestens nicht allen billigen Anforderungen in so kurzer Zeit gerecht werden können; daher ist diese Vorstellung jetzo größtentheils zur Grundlage genommen, worauf man unter dem Namen einiger Bitten an den König, 49 Artikel zu Papier brachte, um selbige zur Wandelung aller Staatsgebrechen und Mißbräuche, womit die Bürgerschaft in Danzig gedrückt würde, Sr. Majestät zu überreichen und zu empfehlen.

Was hiebey zuvörderst als ausserordentlich vorfiel, war eine neue Auswahl der Bürgerschaft, welche unter Königlicher Autorität anstatt der Mitglieder der dritten Ordnung gemacht wurde k);

---

k) Die Bürgerschaft wurde diesesmal durch die ganze Stadt in vier Theile abgesondert, die sich im Schießgarten am Hohen Thor, im Schützengarten am Breiten Thor, auf dem Dominikaner Klosterhofe und auf dem Grauen Mön-

obgleich aber die dergestalt neuerkohrnen Repräsentanten der Bürger in einem Artikel ihrer übergebenen Bittschrift nachher auch ausdrücklich baten, nicht nur zeitlebens zu bleiben, sondern auch die durch den Tod oder sonst erledigten Stellen unter sich selbst wieder besetzen zu können, so hat doch der König den genauen Bescheid darauf ertheilet, daß die Wahl der Hundertmänner, nach dem Statut Sigismund des Ersten, dem Rath zukäme, und daß auch ihre jetzt gewählten nicht länger bleiben sollten, als der König sich in der Stadt aufhalten würde. Unter den übrigens angebrachten Artikeln befanden sich viele, so auf eine wahre Correction der bürgerlichen Verfassung abzielten: die Aufschüttung eines öffentlichen Getreydevorraths, die Wiederherstellung der Münzfreyheit, die regelmäßige Verwaltung der Pfundkammer, die beßre Repartition der Scharwerken, die Festsetzung der Zusammenkünfte der dritten Ordnung, die Ersparung der Unkosten bey öffentlichen Sendschaften und Reisen, die Ausschliessung der Stadtbelehnten vom Kaufhandel mit der ihnen anvertrauten Waare, die Anordnung gemeiner Fischereyen und Jagdten, und mehrere dieser Art neue oder nur in Vorfall gewesene Verfügungen, waren längst zur Wiederherstellung dienlich erkannt, und nur unter Zwischenkunft anderer Geschäfte, oder durch Inconvenienz der dazu gewählten Mittel,

---

chen Hofe versammelt haben. Sie bekamen die Freyheit, ihre Repräsentanten zu wählen, und durch selbige ihre Beschwerden und Ansuchen an den König zu bringen.

noch nicht zum Stande gebracht worden. Es gesellten sich hiezu auch einige Klagen über Versäumnisse und Mängel in der Justitzpflege, über Anstöße in den Obrigkeitlichen Aemtern, über Einwahl naher Blutsverwandten in die Regierungs-Collegien, über Schmälerung der Stadteinkünfte und den Druck der Accisen; aber fast noch näher wurde es dem Könige selbst geleget, wie vielen Eingriffen in ihre Rechte, die Bürger der Stadt, von den Königlichen Hofgerichten und Instigatoren, insbesondre in Appellations- und fiscalischen Sachen ausgesetzt wären, wie sehr auch durch Vervortheilungen der Polnischen Zollwächter, imgleichen unter Vernachläßigung der Landesgesetze, durch unbefugte Kaufleute und Landfahrer, die Handlung der Danziger Bürgerschaft geschwächet und zurückgesetzt würde. Vorzüglich mußte es dem Könige noch auffallen, daß er gleich in dem ersten Hauptartikel dieser Bittschrift inständigst ersucht wurde, der Stadt eine freye und uneingeschränkte Ausübung des Protestantischen Gottesdienstes zu verleihen. Die darauf vom Könige gegebene Erklärungen waren größtentheils zur Zufriedenheit der Supplicanten abgefasset, doch ließ sich, wo es die Bewahrung der Königlichen Rechte betraf, sehr wol dabey wahrnehmen, daß schon weniger die Preußische Provinzialverfassung, als ein engeres Band mit dem Polnischen Reichskörper zum Grunde gelegt wurde. Der innern sowol als auswärtigen Handlung wegen, wurde fast die thätigste Sorgfalt bewiesen; der König versprach auf den 45sten Artifel ausdrücklich, die nachtheilig gewordene Commerzlage der Danziger, in Dänemark, England und Schottland, durch eigne Fürschreiben zu verbessern, und sie, wo möglich, wieder in den ehemaligen Flor zu versetzen. Auch die Zunft der Kramer in Danzig erhielt auf ihre Vorstellungen ein eigenes Privilegium, zur Bestätigung und Vermehrung ihrer älteren Rechte, gegen alle ungebührliche Handelschaft der Juden, Schotten und fremden Landfahrer oder herumziehenden Paudelkrämer im Lande, und hauptsächlich auf dem Gebiete der Stadt. Ein sehr andringliches Begehren aber ward noch insbesondre von der Corporation der Brauer beym Könige anhängig gemacht. Diese hatten sich schon ehedem wegen einer Abgabe des sechszehnten Theils vom Malze, oder der so genannten Metze beschweret gefunden, und nächst Aufhebung derselben, verlangten sie jetzo zugleich die uneingeschränkte Befugniß, ohne Zuziehung des Raths, ihre freyen Zusammenkünfte in Betref des Brauwesens zu halten. In der That wurde ihnen vom Könige darüber ein Privilegium mit einigen Modificationen gegeben; der Rath aber hielt es für rechtmäßig, sich an die Statuten des vorigen Königs zu halten, worin theils die Autorität des Raths in Zunftsachen der Brauer bestimmet, theils auch die willkührlichen Zusammenkünfte der bürgerlichen Genossenschaften ernstlich waren untersagt worden. Es entstand hieraus, selbst des ertheilten Privilegiums halber, ein langwieriger Streit, der nachgehends auf mancherley rechtlichen Wegen ist fortgesetzt, zuweilen gestillet, noch öfter aber von neuem rege gemacht, und mit mehreren darin verwebten Forderungen und Ansprüchen verknüpft worden, bis endlich unter einem glücklichern Gestirn, im J. 1592 ein Vertrag zu Stande gebracht ist, worin sich der Rath mit den Brauern völlig geeinigt hat, und womit selbst das Andenken der vorgefallenen Mißhelligkeiten in Vergessenheit hat begraben werden sollen.

Was den Punkt der Religion betraf, so wollte der König, so demüthig er auch darum war ersucht worden, bey seiner Anwesenheit in Danzig keine offenbare Neuerung darin verstatten. Er nahm zwar eigentlich von Kirchensachen hieselbst keine Notiz, wenn ihm gleich der stillschweigende Wachsthum der lutherischen Lehre nicht unbekannt seyn konnte, aber er verwieß die Bürgerschaft mit aller Güte auf die Statuten seines Vaters, gab ihr auch zu verstehen, daß die Amtsrechte des Pommerellischen Bischofes nicht verletzt werden dürften, und ließ es also bey den Verordnungen der Bischöfe bleiben, die auch während dem Aufenthalt des Königs dafür sorgten, daß die lutherischgesinnten Prediger sich des Kanzelvortrags enthalten mußten, und daß keine Abweichung von den päpstlichen Kirchengebräuchen gemacht wurde. Der Aufbruch des Königlichen Hofes erfolgte nach einer Zeit von acht Wochen, die in Danzig waren zugebracht worden. Die Reise ging nun nach Marienburg, woselbst ein Preußischer Landtag angesetzt war; und zu gleicher Zeit ernannte der König theils

1552.
1. Sept.

eine Commission, welche die innerlichen Zwistigkeiten in Thorn entscheiden und beylegen sollte, theils nahm er sich vor, zur Auseinandersetzung der Irrungen zwischen dem Rath und der Bürgerschaft in Elbing, ebenfalls Commissarien zu ernennen.

Der auswärtigen Handlung wegen, zu deren Aufrechthaltung Danzig den König inständigst um seine Intercession ersucht hatte, wurden nun, so bald als möglich, in Gesellschaft der übrigen Hansestädte, von hieraus Abgeordnete nach Dänemark 1553. sowol als nach England geschicket. Im erstern Reiche zwar, wohin sämtliche Hansestädte die Abschriften ihrer Freyheitsrechte zur Bestätigung hatten gelangen lassen, kam der Danziger Secretair so wenig als die übrigen Abgeschickten mit ihren Geschäften zu Ende; sie waren nicht mit zureichenden Vollmachten versehen, und noch aus mehreren Ursachen wurde die Bestätigung verschoben; erst das Jahr darauf ist die Unterhandlung zu Odensee fortgesetzt, und was Handlungsfreyheit betraf, eine etwas vergnüglichere Antwort ertheilt worden. In England hatte die Bewerbung, dem ersten Ansehen nach, einen bessern Erfolg. Nachdem König Eduard der Sechste, welcher den Hansestädten ihre Freyheiten entzogen hatte, mit Tode abgegangen war, so versammelten sich die Gesandten der Städte zu Brügge, bis sie erfuhren, daß die neue Königin Maria ihre Reise genehmhalten würde. Hierauf setzten sie nach England über, und wurden zu London mit Königlicher Gnade empfangen. Nebst den Gesandten von Lübeck, Cöln, Bremen

Dritter Abschnitt. Viertes Capitel.

und Hamburg, waren aus Danzig der Burgermeister und Ritter von Werden, mit dem damaligen Syndicus Kleefeld, zu diesem Geschäfte abgefertiget worden: sie kamen mit den dazu verordneten Englischen Commissarien fleißig zusammen, und erhielten, nach sechsmonatlichen Unterhandlungen, zuletzt die Versicherung, daß sie im Genuß ihrer hergebrachten Freyheiten erhalten werden sollten. Nicht geringe Schwierigkeiten aber hatten sich hiebey geäussert, indem man den Bundesgenossen schuld gab, daß ihre Handlung je länger je mehr, zum Nachtheil des Englischen Reichs gefuhrt würde. Die Fahrt der Hansischen mit ihren eigenen Schiffen, hieß es, verursachte, daß die Eingebohrnen in England fast keine Schiffahrt mehr hätten; den Engländern würde in- und ausserhalb Landes ihr Handel durch sie verdorben, weil einer ihrer Factoren für viele Kaufleute handelte, wie ein einzelner Mensch aber wenig verzehrte, auch weniger Abgaben trüge, als der Eingesessene mit seiner Familie, und daher die Waaren in den Niederlanden weit bessern Kaufs geben könnte: über Preussen aber wäre am mehresten zu klagen, weil den Engländern dort so viele Verdrüßlichkeiten gemacht würden, daß sie gar keine Handlung mehr treiben könnten. Würklich sind die Zwistigkeiten der Hanse mit England bald nachher von neuem ausgebrochen, und kurz vor dem Tode der Königin Maria ist der König von Polen nochmals vom gesammten Bunde ersucht worden, sich der Hanseatischen Handlungs-Rechte in England anzunehmen, wiewol unter der

Regierung der Königin Elisabeth die Ursachen, sich zu beklagen, noch weniger sind aus dem Wege geräumt worden.

Selbst im Lande Preussen ward um diese Zeit ein Project zur Ausführung gebracht, woraus Danzigs Polnischer Handlung unausbleibliche Hindernisse bevorstunden. Elbing und Marienburg hatten dem Könige, zu ihrem Vortheil, die Vorstellung gethan, daß durch Anlegung eines neuen Grabens, eine große Quantität Wassers aus der Weichsel in den Nogathfluß geleitet werden könnte; der König hatte sich auch diesen Vorschlag gefallen lassen, und den Rathsverwandten gedachter Städte, nebst den Teichgeschwornen des großen Werders befohlen, einen hiezu gelegenen Ort auszusuchen. Weil aber verschiedene dabey interessirte Städte und Dorfschaften, auch einige der umliegenden Gegend und der Sachen kundige Personen, die Gegenvorstellung machten, daß durch eine solche Wasserleitung nicht geringer Schaden für die Weichsel-Dämme zu besorgen wäre, so hatte der König eine Commission vom Landesrath beordert, die mit Zuziehung der Elbinger und Marienburger aufs genaueste untersuchen sollte, ob durch Führung eines solchen Grabens, die Weichseldämme würklich einer Gefahr ausgesetzt würden. Es kam also dazu, daß unter andern die beyden Woywoden von Culm und Marienburg zu Commissarien ernannt wurden, 1554. allein die Besichtigung selbst wurde ganz unterlassen. Nichtsdestoweniger ging die Arbeit vor sich, und der Woywode von Culm, als Landschatzmeister und

und Schaffner von Marienburg, suchte mit großem Eifer den Fortgang derselben zu beschleunigen. Dagegen nun mußte Danzig mit Ernst auf die Bewahrung des Weichselstroms bedacht seyn, weil ihrem eignen Commerzverkehr, und selbst der Krone Polen, äusserst daran gelegen war, denselben vollkommen schiffbar zu erhalten, und einer Ableitung vorzubeugen, die, ausser andern Schäden, natürlich einen großen Theil Wassers entziehen würde. Danzig ließ also durch Abgeordnete dem Woywoden Kostka zu Marienburg die dringendsten Vorstellungen thun, daß er eine Sache unternähme, die dem ganzen Reiche einen unersetzlichen Schaden zufügen, und wohl gar den Untergang ihrer Stadt nach sich ziehen könnte. Man gab ihm um so viel mehr sein Unrecht zu verstehen, da die vom Könige anbefohlne Besichtigung nicht vor sich gegangen war; allein der Woywod wollte sich dieses Befehls gar nicht erinnern, und bezog sich bloß auf ein Königliches Mandat, worin ihm die Verfertigung des Grabens war aufgetragen worden. Der Rath von Marienburg hingegen, an den Danzig ebenfalls Anmahnungen thun ließ, hatte gültige Gründe, sich zu entschuldigen, und bezeugte gewissenhaft, gar nicht auf die Ziehung des Grabens bestanden, noch von einem Königlichen Geheiß dazu gewußt zu haben: zu der schon unternommenen Umgrabung aber waren die Marienburgischen Einsassen bloß vom Woywoden mit Zwang angehalten worden. Die Abgeordneten von Danzig legten hierauf vor dem sitzenden Rath zu Marienburg eine förmliche Proteſtation ein; was die Elbinger betraf, ſo hatten dieſe ſich auf Danzigs Anſuchen auch ſchon erboten, mit der Arbeit einhalten zu laſſen: nichtsdeſtoweniger blieb der Culmiſche Wojwod bey ſeinem Vorſatz', und ließ ſogar im großen Werder den dritten Mann aufbieten, um das Werk nur ſchleunig zu Ende zu bringen. Indeſſen würkte der Danziger Secretair am Königlichen Hofe ein Interdict aus, welches vor Ablauf des Jahres bekannt gemacht wurde, und worin der König ſeine Meinung dergeſtalt erklärte, daß es ſein Wille nicht geweſen, die Weichſel einen andern Gang, als ſie von alters her gehabt hätte, führen zu laſſen, ſondern nur anzubefehlen, daß die Zugänge des Nogats geſäubert und für aller Verſtopfung geſchützt würden, damit inſonderheit zur Sommerszeit auch dieſem Strom das nöthige Waſſer nicht fehlen möchte. Hiernächſt wurde eine Commiſſion an den Biſchof von Ermland ausgefertiget, ſich ohne Verzug mit einigen dazu ernannten Mitcommiſſarien an den Ort des neuen Grabens zu verfügen, daſelbſt alles genau in Augenſchein zu nehmen, und gründlichen Bericht davon abzuſtatten. Allein auch dieſe Beſichtigung ward nicht ausgeführet; dagegen gaben das Jahr darauf einige Polniſche Herren, die den Sommer über in ihren Geſchäften, die Weichſel hinuntergeſchiffet waren, dem Könige einen getreuen Bericht, daß die neue Waſſerleitung nicht nur die Werder gefährlichen Ueberſchwemmungen ausſetzte, ſondern auch der Defluitation nachtheilig wäre, und ſelbſt den Danziger

Hafen allmählig könnte eingehen machen. Der König hat sich dadurch bewogen gefunden, noch zweymal starke Mandate deswegen ergehen zu lassen, damit aufs sorgfältigste geprüfet und untersucht würde, ob die vorhandene Gefahr es nicht vielmehr nothwendig machte, die neue Wasserleitung wieder zu hemmen, und dem Schaden, den die Werder sowol als das Schloß zu Marienburg und die Stadt Danzig davon zu befürchten hätten, in Zeiten Einhalt zu thun. Die Sache ist auch auf dem Landtage zu Marienburg 1556 weitläuftig in Betrachtung gezogen, ferner aber nichts darin entschieden worden, ja sie ist hernach, vermuthlich der differenten Meinungen und Debatten wegen, viele Jahre in Ruhe gelassen, bis mit der Zeit der schon augenscheinlich daraus entstandene Schaden, sie unter des Königs Stephan Regierung aufs neue zu einem wichtigen Gegenstande der Landesberathschlagungen gemacht hat.

Es fehlete nicht an mehreren Hindernissen, die der Handlungsfreyheit der Provinz Preussen, zum Theil auch durch neue und ungewohnte Verfügungen des Polnischen Staats, in den Weg gelegt wurden; hier ist aber noch nicht Zeit, der eigentlichen Ausbrüche derselben Erwähnung zu thun. Näher liegt uns die merkwürdige Kirchenveränderung, welche endlich auch in Danzig das oft gescheiterte Reformationswerk zum Schluß brachte. Gleich nach der Abreise des Königs, hatte der Bischof von Cujavien alle hieselbst der lutherischen Lehre wegen bekannte Prediger zu sich rufen lassen, er hatte ein Gespräch mit ihnen gehalten und sie zum reinen Vortrag der Religion ermahnet, hatte sie aber insgesammt in Frieden wieder von sich gelassen, ausser einem Namens Jacob Dalmann oder von Dalen, dem er gäuzlich die Kanzel untersagte. Es wurde von ihm ferner die Absingung der teutschen Psalmen, und jede Abweichung von der päpstlichen Liturgie verboten; doch ist mit keiner Strenge darin verfahren, so sehr auch der eifrige Bischof von Ermland, Stanislaus Hosius, dazu gerathen hat, indem dieser gerne den König sowol als den Pommerellisch-Cujavischen Bischof von friedfertigen Maasregeln abgeleitet hätte.

Als die Bischöfe selbst nicht mehr gegenwärtig waren, wurden auch ihre Anordnungen mit minderer Genauigkeit gehalten: selbst einige päpstliche Priester veränderten die Religion, oder sie legten ihre Aemter nieder, die lutherischen Kirchengebräuche kamen wieder empor, die evangelischlehrenden Prediger wurden fleißiger besucht, und die römische Geistlichkeit sowol als ihre Kirchengemeinen 1554. und Klöster, geriethen von Tage zu Tage mehr in Abnahme. Drey von der hohen Clerisey ausgewürkte Königliche Mandate, die kurz nacheinander dagegen einliefen, und vom Bischöflichen Official dem Rath der Stadt überreicht wurden, vermochten nichts wider die schon mächtig gewordenen neuen Religionsgebräuche, und von Obrigkeitlicher Seite wurden nur gute Versprechungen zu deren Abänderungen geleistet. Unter solchen Umständen kam der Bischof von Cujavien aufs neue hieher, und wollte

Dritter Abschnitt. Viertes Capitel.

auf dem Bischofsberge eine allgemeine Prüfung mit den Danziger Predigern anstellen. Eben damals war in Großpolen die bekannte Vereinigung zu Kosnim, zum Vortheil der Böhmischen Brüder gestiftet worden, und auf dem Reichstage zu Peterkau drangen die Landboten auf eine Nationalkirchenversammlung. Die Danziger Prediger wollten auch die geistliche Gerichtsbarkeit des Bischofs Drojewski ausserhalb der Stadt nicht erkennen; er kam also in die Stadt und bewerkstelligte auf dem Rathhause die angesagte Untersuchung. Ein Prediger, Johann Hallbrod, nahm es für die übrigen auf, das Wort zu führen; er mag aber zu heftig gewesen seyn, so daß der Bischof ihm das Stillschweigen gebot, und die Sache mit dem Rath abzumachen erklärte. Letzteres geschahe durch einen Vergleich, worin insbesondere wegen der Pfarrgebühren an den Official eine Einrichtung getroffen wurde. Uebrigens blieb das Religionswesen in dem vorigen Verhältniß. Am Frohnleichnamstage dieses Jahres unterblieb zum erstenmale die öffentliche Procession in der Stadt, und die Evangelischen Gemeinden lagen ihren Predigern schon inständigst an, die Communion unter beyderley Gestalt einzuführen. Diese thaten darum beym Rath ordentlich Ansuchung, selbiger aber hielt es nicht rathsam, eine öffentliche Erlaubniß dazu zu ertheilen, insonderheit da man das Beyspiel vor sich hatte, daß selbst in Polen die protestantischgesinnten Reichs-Räthe und Landboten in diesem Punkt nichts hatten erhalten können; die Prediger wurden demnach mit

1555.

G 3

ihrem Begehren auf einen bequemeren Zeitpunkt vertröstet, worüber aber der mit teutschem Religionseifer hergekommene Hallbrod einen solchen Verdruß empfand, daß er bald darauf seinen Abschied gesuchet und die Stadt verlassen hat, um sein Amt nicht, wie er gesagt hat, unter so verkleinernden Einschränkungen zu führen.

1556. Auf den neuen Preussischen Landtagen wurde die Religionssache vielseitig in Betrachtung gezogen. Ein eben überreichtes Königliches Mandat gegen die Wiedertäufer, Piccarder und andre Ketzer in Preussen, gab die nächste Veranlassung, den grossen Städten wegen ihrer Neuerungen heftige Vorwürfe zu machen. Der Bischof von Ermland, an den sich die Städte doch selbst nachher wandten, um ihnen durch Vermittelung beym päpstlichen Nuntius, zum freyen Gebrauch des Sacraments zu verhelfen, redete eifrig gegen die neuen Glaubensbekenner, als Anhänger des fünften Evangeliums, das er teufelisch nannte; er legte auch den Städten zur Last, daß sie unter einem Vorwand, womit der König selbst verketzert würde, sich mit einer erdichteten Religionsfreyheit schmeichelten. Indessen wurde es, nach vielen Debatten, auf dem Stanis-

May laus-Landtage noch dahin gebracht, daß durch eine fast allgemeine Beystimmung der Stände, die Religionssache im Lande bis nach dem Polnischen Reichstage verschoben werden sollte, wozu man auch die Bischöfe zu bewegen bemüht war. Der

Oct. nächstfolgende Landtag zu Graudenz hatte keinen bessern Erfolg. Der Bischof von Ermland entzog sich aller Fürsprache am Päpstlichen Hofe, und wies alle Nachsicht im Lande von sich, warum man ihn doch mit den kräftigsten Ueberredungsmitteln ersuchte; er vertröstete die großen Städte nur noch aufs Concilium zu Tridenc, welches er selbst beziehen wollte, und wo er sich ihres Begehrens anzunehmen versprach, insoferne sie allen übrigen Vorschriften der Römischkatholischen Kirche treu bleiben würden. Es ließ sich also leicht absehen, daß die Kirchenreformation im Lande keinen gesetzlichen Beyfall zu erwarten hätte: dessen ohngeachtet machte man in Danzig mit derselben immer weitere Fortschritte. Ein evangelischer Prediger, Namens Greg. Wagner zu St Catharinen, verfertigte ein allgemeines Kirchengebet, welches öffentlich gedruckt wurde, völlig nach Lutherischen Grundsätzen eingerichtet war, und das sehnliche Verlangen nach dem rechten Gebrauch des Abendmahls an den Tag legte. Man beschäftigte sich ohne Zurückhaltung mit Abschaffung aller überflüssigen Satzungen und Gebräuche der römischen Kirche; schon mit Ablauf des vorigen Jahres hatten die beyden zuletzt übriggebliebenen Mönche des Franciscaner-Klosters auf der Vorstadt (die sonst auch die Neustadt hieß) ihr ganzes Kloster dem Rath aufgetragen, und sich nur die Verpflegung ihrer Personen dabey ausbedungen; mehrere Geistlichen und Mönche folgten diesem Beyspiele, und gewannen dadurch bessern Unterhalt und Unterstützung. Mit wenigem alles gesagt: der Uebergang zur evangelischen Kirche war allmählig und mit Ruhe schon so weil in Danzig ausgeführt worden, daß der vornehmste und größte Theil der Bürger und Einwohner sich laut dazu bekannte, und nur noch eine gesetzliche Bestätigung fehlte, um die öffentliche Behandlung der Sacramente, nach den Lehrsätzen gedachter Kirche, keinem Hinderniß weiter ausgesetzt seyn zu lassen.

Ohnstreitig hatte die gelinde und gutmüthige Denkungsart des Cujavischen Bischofs, Johann Drojewski, hierin einen nicht geringen Einfluß; er war nicht einmal der verlangten Abänderung des Abendmahls abgeneigt: allein er sowol als der Rath in Danzig mochten es besser einsehen, daß es rathsam wäre, sich damit nicht zu übereilen, sondern vielmehr mit Geduld eine glückliche Vollendung der Religionsfreyheit abzuwarten. Ganz anders hingegen dachten hierin die Prediger mit dem größten Theil ihrer Gemeinden; diese beschlossen, nach vielen mit einander gepflogenen Berathschlagungen, dem Rath nicht weiter mit Bitten beschwerlich zu fallen, sondern die Communion unter beyderley Gestalt stillschweigend einzuführen, und es hernach der Zeit und den Umständen zu überlassen, wie man solches am besten würde entschuldigen können. Indessen ward doch aus Vorsicht zum Anfang die Hospitalskirche zu St. Jacob gewählet, wo man das wenigste Aufsehen besorgte, und würklich ohne Stöhrung die Ausspendung des Abendmahls dergestalt vollzog, daß zuerst die Prediger, und nach ihnen auch andere weltliche Personen, zum zwiefachen Genuß desselben hinzutraten. Einige Wochen darnach geschahe dasselbe ohne Geräusch auch in der Kirche zu St. Elisabeth, und auf Langgarten zu St. Barbara, obwol die Anzahl der Communicanten, aus untadelhafter Besorgniß, nur immer noch klein blieb. Endlich aber trat man freyer damit heraus, und Personen beyderley Geschlechts, verheyrathet und unverheyrathet, wurden dazu gelassen, ja man enthielt sich nicht weiter, in den größern Kirchen die Communion in beyder Gestalt zu administriren. Nun aber wurde ein allgemeines Aufsehen dadurch zuwege gebracht, und nächst den Warnungen behutsam denkender Bürger, fanden sich viele Päpstlichgesinnte, die den Eifer der römischen Clerisey erweckten, und die Berichte davon an den Bischof gelangen liessen. Sehr bald bekamen die Prediger ein bischöfliches Verbot, und dem Rath wurden, seiner Nachsicht wegen, unangenehme Vorwürfe gemacht. Letzterer ließ hierauf sämtliche Prediger aufs Rathhaus fordern, ihr eigenmächtiges Verfahren wurde ihnen verwiesen, und sie konnten nicht leugnen, daß dadurch ein unglücklicher Tumult hätte entstehen können. Inzwischen entschuldigten sie sich mit der Sache der Religion, und mit einem gewissenhaften Betragen, nach ihrer Erkenntniß gehandelt zu haben; sie baten auch, daß der Rath selbst das angenommene Ritual bey der Communion zu erhalten bemühet seyn möchte. Die Umstände aber machten es nöthig, dasselbe annoch zu untersagen, und der Rath setzte nur die Versicherung hinzu, daß er die Lehre des Evangeliums zu befördern, sich angelegen seyn lassen würde.

Ein demüthiges Schreiben an den König, worin der Rath den Zustand der Kirchen, nach den herrschenden Meinungen der Bürgerschaft in Danzig, freymüthig darstellte, that noch nicht zur Erlangung einer bessern Religionsfreyheit die gewünschte Würkung: weit mehr aber erlangte eine bald darauf an den Hof abgefertigte Deputation, mit der auch die Abgeschickten der übrigen Großen Städte ein gemeinschaftliches Gewerbe machten. Der Kron-Großkanzler erklärte sich gegen dieselben mit vieler Präcision, daß es zwar unstatthaft wäre, den König um die öffentliche Concession einer Sache zu bitten, die ihn theils mit dem päpstlichen Stuhl entzweyen, theils auch den Kayser und andre Potentaten der Christenheit gegen ihn aufbieten müßte; indessen wollte er für sich als ein Freund ihnen rathen und dafür gut sagen, daß wenn sie mit Klugheit darin verführen, sie ohne ferneres Ansuchen, den Kirchendienst nach eigener Erkenntniß ungestört verändern könnten: sie hätten auch weder den Bannstrahl noch bischöfliche Mandate zu fürchten, weil der König nichts von dem allen ausdrücklich zulassen, sondern ihnen vielmehr öffentlich in der Religion nachsehen würde. Die Danziger Abgeschickten bekamen vom Kanzler noch insbesondere die Abfertigung, daß es mit geheimem Consens des Königs ihnen freystehen sollte, evangelische Prediger zu halten, und die Sacramente in beyden Gestalten zu reichen; nur sollten sie die übrigen Ritualien nicht mit Gewalt aufheben, auch die Bilder in den Kirchen unverrückt laſſen, ſonſt aber verſichert ſeyn, daß der König mit dem Biſchofe von Cujavien ſprechen und ſie in ihrer Freyheit ſchützen würde. Die Abſchiedsaudienz beym Könige ſelbſt, beſtätigte dieſes Verſprechen, die Deputirten wurden nur nochmals dabey erinnert, vorſichtig zu handeln, und die alten Ceremonien nicht auf einmal abzuſtellen. Sie wurden auch für allen Misbrauch der zugeſtandenen Freyheit gewarnet, damit nicht Aufruhr und Spaltungen daraus entſtünden; insbeſondere aber ſollte man des Königlichen Namens noch ſchonen, damit es nicht hieſſe, als ob ſie ausdrückliche Aufträge und Befehle, von Warſchau aus, zu dieſen Kirchenneuerungen erhalten hätten.

Eine ſo günſtige Erklärung brachten nun die Danziger Herren, nemlich der Burgermeiſter Johann Brandes und Rathsherr Johann von der Linde, an ihre Mitobern zurück. Vorher hatten ſie ſich noch mit den Thorner und Elbinger Deputirten beſprochen, wie die neue Kirchenordnung am füglichſten ins Werk gerichtet werden könnte, und man war überein gekommen, daß ſolches nicht zu gleicher Zeit geſchehen, ſondern Danzig um die Faſtenzeit den Anfang machen, und alsdann Thorn und Elbing allmählig nachfolgen ſollten. Eine neue Kirchenagende war ſchon nach dem Breslauſchen Formular verfertiget worden; man nahm dieſelbe in den Danziger Kirchen auf, welche, auſſer denen beym Dominikaner- Carmeliter- und Brigittenkloſter insgeſammt ſchon evangeliſch ge-

1557.

wesen seyn sollen. Indessen wurde die Lateinische Sprache beym Meßamt noch eine Zeitlang beybehalten; die Einführung des Abendmahls unter beyder Gestalt ward auch nur in den kleinern Kirchen wieder angefangen, und man war sorgfältig bedacht, zu keinem tumultuarischen Aufsehen Anlaß zu geben. Ein allgemeines Bestreben zielete nur sehnlicher dahin ab, über die mündlich erlangte Religionsfreyheit eine schriftliche Confirmation auszuwürken. Danzig wandte sich deswegen, zu höherer Unterstützung, an den Herzog von Preussen, und dessen Fürsprache sowol als die Bemühungen des ihr jederzeit getreu und freundschaftlich gewesenen Woywoden von Marienburg, Achaz von Zehmen, nebst der unermüdeten Wachsamkeit des Danziger Syndicus, D. George Kleefeld, haben so viel Gewicht gehabt, daß der König, so ungerne er sich sonst in Religionssachen eine Entscheidung erlaubte, dennoch ein Rescript ausfertigen ließ, worin der Stadt Danzig die öffentliche Befugniß ertheilt wurde, sich bis zum nächsten Reichstage des Sacraments im Abendmahl auf solche Art zu bedienen, wie es im Römischteutschen Reiche unter beyderley Gestalt ausgespendet wurde. Seit dieser Zeit ist der freyere Gebrauch des Abendmahls in gedachter Art eingeführt worden, und da man schon den ersten Versuch damit in der Oberpfarrkirche zu St. Marien auf dem Nicolaus- oder Brauer-Altar gemacht hatte, so sind forthin auch in den übrigen Kirchen keine Zweifel oder Irrungen darüber entstanden. Die Erklärung des Königs,

4. Jul.

diese Freyheit nur bis zum nächsten Reichstage verliehen zu haben, hat ebenfalls keine Schwierigkeiten verursachet, und theils die willfährigen Erbietungen, welche Danzig dem Könige zur Erleichterung des Liefländischen Krieges gemacht hat, theils auch die späteren Conjuncturen, welche sich immer mehr zum Besten der protestantischen Religionsverwandten in den Polnischen Staaten entwickelt haben, sind zugleich Stützen gewesen, um das Reformationswerk in den Preußischen Städten für die Folge der Zeit zu befestigen.

Fünftes Capitel.

Verbesserungen des Schulwesens im Lande — In Danzig wird ein Gymnasium errichtet — Dasselbe wird zum academischen Gymnasium erhoben — Wachsthum der Schulen hieselbst — Im Justizwesen kommt keine einstimmige Aufnahme des verbesserten Culms zu Stande — Danzig wird durch den Liefländischen Krieg in Unkosten gesetzet — der Russische Krieg zieht eine Neuerung in den Polnischen Finanzen nach sich — das Alexandrinische Statut wird mit dem Polnischen Unionsplan verknüpfet — Danzig nimmt Theil an dem bevorstehenden Verfall der Preußischen Provinzialfreyheit — der dazu bestimmte Reichstag wird durch die Russische Eroberung von Poloczk gehemmet — Danzig setzt wegen äusserer Kriegsgefahr seine Festungswerke in Stand — Herzog Erich von Braunschweig kommt ungerufen ins Land, und bietet Auxiliartruppen an — er verursachet der Stadt Danzig unnütze Besorgniß und großen Geldaufwand.

Hatte bisher der Zustand der christlichen Kirche, in Polen sowol als in der Provinz Preussen, unter merklich freyeren Gesinnungen des größten Theils der Nation, mit Connivenz der regierenden Macht, ein besseres Ansehen bekommen; so war man insonderheit in Preussen auch auf Mittel bedacht, durch wohleingerichtete Schulinstitute die Aufklärung der Erkenntniß überhaupt fortzupflanzen, und mit Einführung einer durch den Geist der Philosophie und der schönen Wissenschaften geläuterten Lehrart, die armselige Trockenheit des Klosterunterrichts entbehrlich zu machen. Die Anstalten, welche einige Jahre früher zur Einrichtung größerer Schulen in Elbing und in Culm waren gemacht worden, hatten freylich durch den Verfolgungsgeist der Bischöfe gegen alles was mit dem Lutherthum in einiger Connexion stand, zu viel gelitten, als daß sie hätten aufblühen und sich erhalten können. Unter dem Vorwand unleidbarer Ketzerey, hatte der Culmsche Bischof, Lubodziewski, den berühmten Professor Johann Hoppe aus Königsberg, einen gelehrten Mann, den der Rath zu Culm im J. 1554 zum Rector des dortigen Lycäums bestellt hatte, kurz nach angetretenem Amte eigenmächtig wieder entsetzet. Dieses sein Verfahren hatte zwar auf dem damaligen Michaels-Landtage zu Graudenz nicht geringe Bewegung verursachet, die kraftvolle Rede, welche der Woywod von Marienburg, Achaz von Zehmen, deswegen gehalten hat, giebt ein Zeugniß von der vortreflichen Denkungsart dieses Herrn sowol, als von den fast durchgehends damit übereinstimmenden Gesinnungen der weltlichen Landesräthe in Preussen, ja von der Culmschen Ritterschaft war dem Woywoden für die Vertheidigung des Rectors öffentlich Dank abgestattet worden; aber nichtsdestoweniger hat sich der Bischof von seinem Entschluß nicht abwendig machen lassen, und der Professor Hoppe war kurz darauf das Culmsche Gebiete gänzlich zu räumen genöthiget gewesen. Inzwischen hatte man sich mit der Hoffnung beruhigt, diesen im Lande sehr geschätzten Mann nicht nur in Elbing aufs neue versorgen zu können, sondern auch durch ihn den Wachsthum des aufblühenden Gymnasiums daselbst befördert zu sehen; allein auch hier war er kaum im J. 1555 als Rector angestellt worden, so lehnte sich der Bischof von Ermland, Stanislaus Hosius, nach seinem strengen Religionseyfer, gegen ihn auf. Dieser nahm noch weniger Vertheidigung an, und ließ keine Vorstellungen gelten, daß Hoppe weder als Prediger, noch als Lehrer der Theologie verdächtig seyn könnte, weil er, vermöge seines Berufs, nur die Phylosophie und die darin einschlagenden Wissenschaften zu lehren hätte. Der Bischof hat vielmehr nichts unterlassen, den Rector in seiner Amtsführung zu Elbing unabläßig zu beunruhigen, den Königlichen Hof seiner Vertreibung wegen zu bestürmen, und selbst durch den Ruf eines andern Professors aus Wien, seine Entsetzung vom Amte zu erleichtern. Dieser neuen Kränkung aber ist von Danzig aus eine beßre Vocation an den Rector 1558. Hoppe zuvorgekommen, indem er zu dem ehrenvollen Geschäfte berufen wurde, das hier neu angelegte Gymnasium gründen und einrichten zu helfen; denn obgleich es nicht unwahrscheinlich ist, wie Hartknoch anführet, daß man seine Bestallung anfangs unter dem Namen eines Secretariats der Stadt habe kund werden lassen, so hat doch seine unmittelbare Bestimmung es anders erwiesen; und ersteres mag man vorsichtig zum Schein gebraucht haben, um den Anfällen der hohen Geistlichkeit desto sicherer ausweichen zu können.

Aus dem Grauen Mönchen- oder Franciscaner-Kloster, welches, wie oben erwähnt ist, für Armuth und Mangel an Subsistenz, fast gänzlich ausgestorben oder verlassen, und schon drey Jahre vorher, vom Custos und den zwey übriggebliebenen Mönchen, mit allen seinen Privilegien und Gerechtigkeiten dem Rath in Danzig rechtsfeyerlich war übergeben worden, wurde jeßo, nach einem Beschluß des Raths, ein Gymnasium zum öffentlichen Unterricht in philosophischen und philologischen sowol als in andern schönen Wissenschaften zum Stande gebracht. Der Custos Johann Rollau hatte mit den beyden übrigen Minoriten schon vorher von dem Wohlwollen des Magistrats Erkundigung eingezogen, theils für ihre Personen zeitlebens versorget, und in einigen Zellen des Klosters unterhalten zu werden, theils auch, daß ihr Kloster durch keinen profanen Gebrauch entweihet werden sollte. In dem der Uebergabe wegen aufgerichteten Vergleich wurde es deshalb ausdrücklich zur lobenswürdigen Bedingung gemacht, daß dieses dem Rath in Besiß gegebene Klostergebäude auf immerwährende Zeiten einem nüßlichen Schulinstitut gewidmet seyn sollte.

Die

Die Herren des Raths fanden gewiß auch hiemit ihre längst gehegten Wünsche übertroffen; die Sehnungen nach größern wissenschaftlichen Schulen im Lande, waren von Tage zu Tage dringender geworden; die häufigen Stöhrungen, von Seiten des Clerus, ließen in andern Städten nur schwache Hoffnungen dazu aufkommen, hier aber hätte man schon eine freyere Bahn vor sich, in Sachen, die die Grenze des Religionswesens berührten, ohne furchtsame Zurückhaltung Veränderungen machen zu können. Mit rühmlicher Aemsigkeit hatten sich demnach schon eine Zeitlang der damalige Burgermeister Constantin Ferber und der Rathsherr Augustin Wilner der ersten Einrichtung zu diesem Institut angenommen, und nun trat ihnen noch der neu gewählte Burgermeister George Kleefeld zur Seite. Der weisen Anordnung dieser verdienstvollen Männer hat man nicht nur die Abtheilung der Hörsäle und der Classen, die erste Verfügung wegen der Lectionen und zum Unterricht angewiesene Disciplinen, wie auch die ältesten Vorschriften zum Betragen der studierenden Jugend zu danken; sondern sie haben auch bald anfangs zur Unterstützung und zum Unterhalt des Gymnasiums und der dabey angestellten Lehrer, Veranstaltungen getroffen, gleichwie sie es sich zum Hauptgeschäfte machten, dasselbe mit fleißigen und durch Erudition berühmten Männern zu versehen.

Ohnstreitig war der Name des Professor Hoppe im Lande genugsam berühmt, seine Schicksale aber waren auch bisher so unsicher gewesen, daß man aus beyden Ursachen nicht zweifeln konnte, in ihm des brauchbaren Mannes theilhaftig zu werden, der das Rectorat bey diesem in einer ruhigern Lage befindlichen Musensitze annehmen, und zur allgemeinen Zufriedenheit führen würde. Er hat dieses Amt auch, so viel man weiß, willfärig angetreten, und die Lehrstunden im neuen Gymnasium, nach seiner solennen Einführung, mit einer Einweihungsrede und der ersten Vorlesung eröfnet, doch soll er, ohne daß man die eigentlichen Ursachen davon angezeigt findet, nach Verlauf von zwey Jahren sich wieder nach Culm begeben haben [1]). Ihm, als vermuthlich angestellt gewesenen Professor der Philosophie und Beredsamkeit, sind gleich anfangs noch drey andre Lehrer zugestellet worden, unter denen M. Michael Retellius, der als Corrector aufgeführt wird, die Poesie nebst der Griechischen Sprache gelehret; M. Achaz Scherer, (sonst auch Cureus genannt) in der Lateinischen Sprache und in der Moral Unterricht gegeben hat, und zuletzt noch einer mit Namen Johann Tiedemann als College, oder wie man ihn bisweilen titulirt findet, als Gymnasiarch angesetzt ward. Indessen sind alle diese Lehrer an den obern Classen unsers neu errichteten Gymnasiums, wenige

1558.
13. Jun.

---

1) Laut einigen Nachrichten, war Hoppe kurz vor seiner Berufung nach Danzig zum Rathsverwandten in Culm erwählt worden, und hatte zur Danziger Professur auf zwey Jahre Urlaub genommen, nach deren Verlauf er sein Amt in Culm angetreten, und noch bis 1565 gelebt haben soll. Praet. Ath. Ged. p. 23.

Jahre später, schon insgesammt Professoren genannt worden.

Eine den damaligen Zeiten ganz angemessene Vorsicht war es hiebey, daß man sich nicht gleich das Ansehen geben wollte, das neue Gymnasium mit Professoren in den sogenannten höhern Facultäten zu besetzen. Ohnfehlbar mußte hauptsächlich der Theologie wegen, diese Behutsamkeit im Fortschreiten beobachtet werden, und das Danziger Gymnasium blieb noch einige Jahre lang, blos eine Unterrichtsschule in den philosophischen und Humanitäts-Wissenschaften. Erst in den bessern Zeiten, nachdem die unglücklichen Kriegsscenen mit dem Könige Stephan geschlossen gewesen, finden wir, daß dieses Institut in Danzig sich den glänzendern Namen eines academischen Gymnasiums (Gymnasii academici seu illustris) hat zueignen mögen. Und auch diese Erhebung desselben ist man noch der unermüdeten Sorgfalt und der vorzüglichen Begünstigung des verdienstvollen Bürgermeisters Constantin Ferber schuldig, der als erster Protoscholarch, nebst den Scholarchen und Rathsherren Daniel Czirenberg, und dem bald darüber verstorbenen Albrecht Giese, dieses rühmliche Werk befördert und im J. 1580 dadurch zur Vollendung gebracht hat, daß in einer jeden der drey höhern Facultäten ein graduirter Lehrer vor den übrigen Professoren ist angestellt worden. In eben diese Zeit ist ferner die regelmäßige Einrichtung der übrigen Trivial-Schulen zu setzen, welche man bey den Hauptkirchen in Danzig unter Obrigkeitlichem Schutze öffentlich veranstaltet findet. Die seit dem J. 1540 nur schwankend bestandene protestantische Hauptschule zu St. Marien, hat im J. 1581 eine erneuerte Verfassung bekommen, welche zur Fortdauer ihres Ansehens die Grundlage gemacht hat. Die Schule zu St. Johann, der schon seit dem J. 1552 Erwähnung geschiehet, ist im J. 1571, in Absicht des gereinigten Unterrichts, verbessert, und im J. 1577 ein neues Gebäude dazu feierlich eingeweihet worden. Für die St. Catharinenschule ist aller Wahrscheinlichkeit nach das J. 1572 als ein neues Stiftungs- oder Verbesserungsjahr anzunehmen; die Schulen zu St. Bartholomäi und zu St. Barbara haben wol erst im nächstfolgenden Jahrhundert, an den äußern Gebäuden sowol, als in Betref des Unterrichts, eine glücklichere Reforme bekommen; die Schule zu St. Peter und Paul aber hat schon im J. 1564, nach Einführung des protestantischen Gottesdienstes, ein neu errichtetes Gebäude erhalten, und ist von ihrer ersten Fundation her, mit gelehrten und berühmten Schullehrern versehen gewesen. Hienächst hat Danzigs Beyspiel eine gleich lebhafte Beförderung des Schulwesens, in den übrigen großen Städten sowol, als auch in verschiedenen kleineren im Lande nach sich gezogen, und nachdem das protestantische Religionsexercitium hinfort immer mehr Freyheit erlangt hat, so hat auch für die Bedürfnisse des Unterrichts und der Erziehung, den Bürgerschaften eine desto leichtere Befriedigung, ohne Einspruch der Klöster, verschafft werden können. Das Thorner Gymnasium, der frühern Anlagen desselben hier nicht zu gedenken, hat im J. 1584 erst seine wohleingerichtete Verfassung bekommen, und das Gymnasium zu Elbing, welches seit seiner Fundation viele Stöhrungen und Widerwärtigkeiten hat ausstehen müssen, kann seine eigentliche Wiederherstellung nur vom J. 1588 herschreiben: Marienburg, Graudenz, Konitz, und noch einige andre Städte in der Provinz Preussen, stehen ebenfalls in der Reihe derjenigen, die sich, kraft des reinen Lichts der christlichen Religion, zur Ausbreitung eines beßren Schul- und Erziehungswesens, durch fruchtbare Beyspiele haben erwecken lassen.

Es ist nie eine weite Entfernung gewesen, von Kirchen- und Schulanstalten, auf die Lage der Gesetzgebung, und eine Reforme des Justizwesens zu kommen. So waren auch die Sände von Preussen, unter den Geschäften, die das auswärtige Interesse sowol als den inneren Wohlstand des Staats betrafen, stets dahin bemühet, die schon oft in ihre Rathschläge gebrachte Revision des Culmischen Rechts nicht aus der Acht zu lassen, sondern vielmehr über diesen eine Verbesserung sehr bedürftigen Gegenstand endlich einmal zum erwünschten Schlusse zu kommen. Nach den Verzögerungen, die sich unter der vorigen Regierung dafür in den Weg gelegt hatten, war es im J. 1554 mit der Arbeit doch so weit gekommen, daß der Bischof von Ermland, nach seinem schon das Jahr zuvor gegebenen Versprechen, auf dem Landtage zu Marienburg, eine vollständige Revision des Culmschen Rechts vorlegen konnte, die unter seiner Aufsicht zu Heilsberg war ausgearbeitet worden. Man hatte dieselbe, bis zur nähern Erklärung darüber, dankbarlich aufgenommen, und zugleich eine Uebersetzung davon in die Lateinische Sprache zu veranstalten bewilligt. Nichtsdestoweniger ist die Betreibung dieses Geschäftes, unter mehreren sich häufenden Staatsmaterien, wieder einige Jahre lang mit minderem Eyfer fortgesetzt worden, und 1558. als im J. 1558 eine von den Ständen eigentlich dazu veranstaltete Zusammenkunft gehalten wurde, so waren die Abgeordneten des Adels von den Deputirten der Städte, über die Verfügungen in einigen Rechtsmaterien, mit ihren Meinungen so sehr unterschieden, daß man zuletzt übereinkommen mußte, jeden Theil seine Erinnerungen und Einwendungen gegen das revidirte Gesetzbuch insbesondre verfertigen zu lassen, um ferner durch Gegeneinanderhaltung der Sätze, das Ganze in Ordnung bringen zu können. Hiemit aber wurde das Geschäfte noch mehr in die Länge gezogen. Auf dem nächsten Landtage 1559 äußerte sich schon ein wichtiger Streit mit dem Adel, weil selbiger in Successionssachen Neuerungen verlangte, welche die Städte als Abweichungen vom Culmischen Rechtsbrauch nicht eingehen konnten; ja der Adel selbst war über diesen Artikel von Erbfällen nicht unter sich einig. Man verschob demnach die ganze Sache bis zur nächsten Versammlung; aber auch diese wurde nicht glücklicher beendigt, nur kam es dahin, daß man dem Danziger Burgermeister Kleefeld gemeinschaftlich den Auftrag machte, noch die letzte Hand an eine Revision des Culms zu legen, und nach seiner Einsicht die zwistigen Materien ins Reine zu bringen. Diese Verbesserung ist auch unter dem Namen der Zweyten Heilsbergschen zu Stande gekommen, obgleich der Burgermeister sie wegen seiner übrigen Geschäfte, und vielfältigen Verhinderungen, erst im J. 1566 bis auf einige Artikel vollständig hat überreichen können, nachdem ihm vorher noch der Bischof von Ermland und der Herzogliche Hofrath D. Jonas waren zur Hülfe gegeben worden. Die Folge der Zeit aber hat dennoch gelehret, daß weder diese, noch einige fernerhin in Arbeit genommene Revisionen eine einmüthige Aufnahme des Culmischen Rechts haben bewürken können.

Im Allgemeinen betrachtet, hing auch der Ausgang wichtiger Landesgeschäfte in dieser Zeit schon merklich von den Maasregeln ab, nach welchen Land und Städte sich entweder zu den Polnischen Staatsmaximen bequemten, oder aber davon abzuweichen und ihre Provinzialfreyheit zu behaupten bemüht waren. Die auswärtigen Kriegshändel hielten nur noch eine Zeitlang den Vereinigungsplan auf, womit man die Separatverfassung der Provinz Preussen gänzlich aufheben wollte. Im J. 1556 hatte sich der Ordenskrieg in Liefland gegen den Erzbischof von Riga, einen Bruder des Herzogs in Preussen, entsponnen; König Sigismund August war demselben, in Gemeinschaft mit dem Herzoge, zu Hülfe gezogen, und hatte schon damals an Danzig die Zumuthung gethan, Kriegsschiffe zum Dienst des Königs auszurüsten, und alle Ausführung des Getreydes auf Liefland und die mit dem Heermeister in Verbindung stehenden Teutschen Provinzen abzuschneiden, auch die von auswärts angekommenen Schiffe mit Arrest zu belegen. Danzig aber hatte dagegen Vorstellungen gemacht, daß der Ausbruch öffentlicher Feindseligkeiten von Seiten des Teutschen Reichs sowol als von Dänemark darauf stände, und daß Danzig sich, vermöge dieses Befehls, ausser der Störung des Handels, einer zwiefachen Kriegsgefahr aussetzen müßte. Diese Vorstellungen hatten größtentheils Eingang gefunden, die Seefahrt war frey geblieben, nur war Danzig verpflichtet worden, die Ausfuhr auf Liefland soviel möglich zu hemmen, und funfzehn ausgerüstete Schiffe für den König in Bereitschaft zu halten. Das Jahr darauf aber war der Liefländische Zwist, durch Vermittelung des Römischen Königs, friedlich beygelegt worden, und eben damals ward zu Paswald das merkwürdige Bündniß zwischen Litthauen und Liefland, gegen Rußland geschlossen, welches bald nachher einen langen und kostspieligen Krieg mit diesem Reiche veranlasset hat.

1558. Der Czar Iwan Wasiliewitsch eröfnete den Krieg gegen Liefland, mit Ansprüchen auf einen Tribut, den er sogleich mit Eroberungen im Dörptischen Stifte erpreßte; Sigismund August war geneigt, die, dem Paswaldschen Vergleich nach, vom Heermeister gesuchte Hülfe zu leisten; allein er hatte sich mit den vorigen Zurüstungen zu sehr erschöpfet, und es fehlte ihm an baaren Geldmitteln, zu deren Bewilligung die Polnischen Stände schwer zu bewegen waren, so dringend auch der König die Noth und die Gefahr für seine eignen Reichslande, ihnen vorstellte. In Litthauen zwar wurde sein Antrag zur Hülfsleistung besser aufgenommen; die Litthauer bewilligten eine Kriegssteuer, bestätigten auch zu Wilna das Bündniß 1559. mit Liefland durch eine nähere Vereinigung; doch suchte der König selbst die erste Thätlichkeit der Litthauer gegen Moskau zu entschuldigen, und wünschte, wegen des glücklichen Fortgangs der feindlichen Waffen, sich durch einen Vergleich, des Krieges gar entledigen zu können. Die Provinz Preussen hatte mitlerweile die stärksten Aufforderungen bekommen, sich durch Anlagen im Lande dem Könige dienstfertig zu erweisen; und was die Stadt Danzig insbesondre betraf, so mußte selbige, ausser den Landescontributionen, noch mehrere Beyträge zur Geldhülfe auf sich nehmen. Unlängst waren dem Könige 70000 Gulden in Vorschuß gegeben und 30000 zum Geschenk überreicht worden; man gründete auch darauf sowol, als auf den schlechten Zustand der Stadtcassen, wegen der großen Kosten zur jährlichen Unterhaltung des Seehafens, und zu andern ausserordentlichen Staatsabgaben, die billige Bitte, von der im Lande bewilligten Malzaccise befreyet zu bleiben; allein dieselbe war fruchtlos, vielmehr wurden kurz darauf noch 100000 Thaler vom Könige begehret, welche Danzig entweder selbst vorschießen, oder Bürgschaft dafür leisten sollte. Jedoch wurde dabey eine Sicherheit für Capital und Zinsen bestellet, indem die vier Pommerellischen Klöster Oliva, Sarnowitz, Suckau und Carthause, auf fünf Jahre sich der Stadt als Selbstschuldner für die Hauptsumme verschrieben, auch den Rath zu Danzig während dieser Zeit zum Oberaufseher ihrer Einkünfte annahmen, obgleich die von Danzig eigentlich verlangte Verwaltung ihrer Güter, nachher nicht damit verknüpft wurde. Zur Sicherheit der Interessen wurde der Stadt der Cauensche Zoll in Litthauen angewiesen, doch also, daß die Rechnung davon jährlich dem Könige vorgeleget, und der Ueberschuß der Einnahme an seinen Schatz gezahlt werden sollte; übrigens aber ward auch auf den Fall der verminderten oder gar entzogenen Zolleinnahme der Stadt, eine anderweitige Schadloshaltung versichert. Diesen Pfandsvergleich haben die Litthauischen Räthe genehmiget, und die abgeschickten Einnehmer von Danzig, selbst in die Zollbude zu Cauen einweisen lassen. Nichtsdestoweniger hat diese Zolleinnahme den Bestand der jährlichen Interessen nicht ausgetragen, und anderthalb Jahre darauf findet man schon gegen den König darüber geführte Klagen, womit zugleich ein aufs neue verlangter Vorschuß von 100000 Thalern ist abgelehnt worden, um so viel mehr, da man des gedachten Rückstands wegen, vergebens bey der Königlichen Schatzkammer Ansuchung gethan hatte.

Unter der Zeit hatten die Angelegenheiten in Liefland eine ganz veränderte Lage bekommen. Die Herrschaft der Teutschen Ritter neigte sich in diesem Lande völlig zum Ende. Herzog Magnus von Hollstein, ein Bruder des Königs von Dänemark, hatte mit dem Bischofe von Oesel einen Cassionsvergleich seines Stifts wegen gemacht; aber er äußerte bald durch weiter getriebene Ansprüche, daß er eine größere Ausdehnung seiner Herrschaft im Plan hätte. König Gustav von Schweden schien gegen die Dänischen Prätensionen, Liefland beschützen zu wollen; aber sein Sohn und Nachfolger Erich XIV. rückte mit ganz andern Absichten heraus; er nahm eigenmächtig Reval und andre benachbarte Plätze in Besitz, und machte fast Miene, Liefland als eine herrenlose Provinz zu behandeln. Rußland hatte unterdessen schon einen beträchtlichen Theil des Landes, auch das Stift Dörpt bis an das Erzbisthum Riga erobert; und was den König von Polen betraf, so war selbiger genöthiget, nun Rußland sowol als Schweden für Feinde zu halten, indem er seinen Beystand den Liefländern zugesagt hatte. In dieser Bedrängniß, worin sich Liefland befand, und welche die schlechten Vertheidigungsumstände noch mißlicher machten, faßten der Erzbischof von Riga, der Heermeister mit den Ordensgebietigern, und die Abgeordneten von Land und Städten, den Entschluß nach Wilna zu gehen, sich für ihre Personen in den Schutz des Königs von Polen zu geben, und zugleich ihr ganzes Land, unter gewissen Bedingungen, seiner Herrschaft zu unterwerfen. Diese Erbietung wurde auch vom Könige, als Großherzoge von Litthauen, angenommen, und es ward ein Vergleich geschlossen, kraft dessen der Heermeister, Gotthard von Kettler, alles Recht auf Liefland, so jenseits der Düna liegt, abtrat, und das diesseitige Antheil, unter dem Titel der Herzogthümer Curland und Semgallen, als ein erbliches Mannlehn empfing.

1561.

Als eine Folge dieses wichtigen Tractats, ließ es sich leicht absehen, daß der Czar nunmehr förmlich gegen den König von Polen die Waffen ergreifen würde. Diese Kriegserklärung blieb auch nicht lange aus: sie zog aber, wegen des großen Geldmangels, eine Neuerung in den Finanzmitteln des Reichs nach sich, die der Provinz Preussen um so viel unvergeßlicher bleibet, weil damit der Weg zur Vertilgung ihrer ursprünglichen Landesfreyheiten mehr und mehr ist gebahnt worden. Schon öfters hatten die Unterstände des Reichs dem Könige zu verstehen gegeben, daß er nicht nöthig hätte, neue Contributionen aufzulegen, wenn er nur, den Gesetzen nach, die von seinen Vorfahren unbillig verschenkten Güter und Einkünfte der Krone einziehen möchte. Dieses Begehren zielete gänzlich auf die Vollziehung des Alexandrinischen Statuts ab, vermöge dessen im J. 1504 ein Gesetz war gemacht worden, daß die Königlichen Güter hinfort weder verpfändet, noch verschenket, oder auf irgend eine

Art veräussert werden sollten. Man hatte dasselbe unter Sigismunds Augusts Regierung schon mehrmals, obwol vergebens, in Ausübung zu bringen gesucht; der jetzige Reichstag zu Peterkau aber war eifrigst mit dieser Staatsmaterie beschäftigt. Die Polnischen Magnaten zwar, welche eines vortheilhaften Genusses dadurch verlustig giengen, konnten ihre Unzufriedenheit damit nicht allerdings verbergen; allein desto heftiger drang die Landbotenstube darauf, und der König mußte endlich sein oft wiederholtes Versprechen vollziehen, welches die gegenwärtigen Geldbedürfnisse zum bevorstehenden Kriege, für ihn selbst noch nothwendiger machten. Man hat dieses Staatsgeschäfte in Polen, die Execution der Gesetze, genannt, weil alle nach dieser ältern Satzung von der Krone abwendig gemachte Güter und Grundstücke, als unrechtmäßig veräussert angesehen, und gesetzlich eingezogen werden sollten. Es hat auch dabey so wenig Moderation und Einschränkung statt gefunden, daß man die Execution sogar auf die Provinz Preussen ausgedehnet, und zuweilen gewaltsame Mittel gebraucht hat, nach der Strenge damit zu verfahren. So wenig nun Preussen sich verpflichtet halten konnte, den Polnischen Kronsatzungen unterworfen zu seyn, und deshalb alle Maasregeln ergriffen hat, sich mit seinen Freyheitsrechten dagegen zu vertheidigen; so nahe ist doch, eben zum Umsturz dieser Separatfreyheit, gedachte Executionssache mit dem großen Vereinigungsgeschäfte verknüpft worden, um keinen Ausweg offen zu

1562.

laſſen, worauf die Preuſſiſchen Einſaſſen die Verbindlichkeit gegen die Reichsſtatuten von ſich ablehnen könnten.

Der Peterkauer Reichstag war beſtimmt, dieſes zwiefache Vorhaben gegen Preuſſen zur Ausführung zu bringen. Er mußte, unter angedroheter Strafe des Ungehorſams, und mit Warnung, daß auch, im Fall der Abweſenheit, gültig und rechtskräftig verfahren werden ſollte, durch Abgeordnete aus Preuſſen beſchickt werden. Dieſe wurden zwar in einer Privataudienz beym Könige huldreich empfangen, allein aus einigen Worten des Beſcheides ließ ſich ſchon mit Sicherheit ſchlieſſen, daß man ihnen unter den Polniſchen Ständen einen Platz anzeigen würde. Es trug allerdings viel zur Erleichterung der Polniſchen Abſichten bey, daß die Geſandten aus Preuſſen unter ſich ſelbſt nicht vollkommen einſtimmig waren: einige Conſiliarien lieſſen ſich durch den Glanz der Senatorwürden verblenden, die Landboten ſtanden, nicht ohne Grund, in Verdacht, bedingte Aufträge zum Beytritt an die Krone zu haben, die kleinen Städte ſchwankten noch, ohne einen feſten Entſchluß faſſen zu können, und nur die großen Städte, nebſt einigen patriotiſchgeſinnten Räthen, blieben unwandelbar entſchloſſen, nach den Rechten des Landes und ihrer Inſtruction, die Preuſſiſche Staatsfreyheit in allen vorkommenden Fällen ſtandhaft zu vertheidigen und zu behaupten. Inzwiſchen ward auf dem Reichstage wegen der Execution ein Decret abgefaſſet, worunter auch Preuſſen begriffen ſeyn ſollte; es kam ferner zu einem Reichsrathsschlusse, kraft dessen den Preussischen Woywoden und Castellanen ihre Stellen im Polnischen Senat bestimmt wurden; und den Preussischen Räthen, auch sämtlichen Abgeordneten von Land und Städten, ward angedeutet, daß sie sich zur neuen Vereinigung sowol als zur Execution, unwidersetzlich erklären sollten. So gut man nun unterrichtet war, daß der König, in Betref der Conjunctionssache, ganz milde und der Preussischen Freyheit günstige Gesinnungen hegte, so standen doch die hievon untrennbaren Vortheile ihm entgegen, die er mit der Executionssache hätte aufgeben müssen. Auf der andern Seite war man zwar überzeugt, daß die Großen im Reiche die Vollziehung des Alexandrinischen Statuts durchgehends nicht wünschten, auch zum Theil die Widerstrebung der Preussen selbst anfeuerten, wenn gleich das Unionswerk darüber vereitelt werden sollte; allein die größere Menge des Polnischen Adels hatte auf beyde Gegenstäude ihr Augenmerk gerichtet, und ließ nicht nach, mit Heftigkeit auf die Vollendung derselben zu bringen. Eine Anrede des Großkanzlers an die Preußischeu Städte, erläuterte fast alles, was die damalige Denkungsart der Nation in dieser Angelegenheit mit sich führte; aber die darauf von den Städten freymüthig ertheilte Antwort gab der Sache keine glücklichere Wendung; vielmehr meinte der Kanzler, daß die Prärogativen des Landes Preussen gegen die Reichsschlüsse keinen Effect machen würden; man gab sogar einigen in den Privilegien befindlichen Worten eine ganz fremde und unsichre Deutung; und obgleich die Preussischen Gesandten persönlich beym Könige und beym Senat ihr Anliegen auch bittweise und inständigst vortrugen, so schienen doch diese unablässigen Vorstellungen keinen Eindruck zu machen. Nur der König wollte noch einmal von den Preußischen Ständen selbst umständlich belehret seyn, in wie ferne sie einige Befugniß hätten, sich der Vereinigung sowol, als der decretirten Execution zu entziehen. Diese Darstellung der Provinzialrechte wurde von den Landesgesandten, dem Danziger Burgermeister Kleefeld einmüthig übertragen, und er führte sie mit derjenigen Gründlichkeit aus, welche man von seiner alles umfassenden Kenntniß des Preussischen Staatsrechts erwarten konnte. Sie wurde im öffentlichen Reichsrath verlesen, und es sollte weiter darüber gerathschlaget werden; allein auch dieser letzte Versuch zur Rettung der Landesgerechtsamen schlug fehl. Vorerst unterbrachen die Landboten und die kleinen Städte aus Preussen diese Session durch den Vortrag einiger ihrer Particularanliegen, wobey sie zugleich ihre Meynung äußerten, daß wenn der König nicht, kraft des Alexandrinischen Statuts, sondern aus fiscalischem Rechte, die Gütereinziehung vor sich gehen liesse, sie solches gefällig annehmen würden. Ferner wurden vom Kanzler alle Gründe der Preussischen Vertheidigung im Namen des Königs entkräftet, die Preußischen Räthe mußten förmlich im Reichssenate Sitz nehmen, und ohnerachtet sie solches nur mit Protestation thaten, so bezeigten

zeigten doch die Landboten aus Preussen in so weit
darüber ihre Zufriedenheit, als zum Besten ihres
Landes mit dem Könige wegen der fiscalischen Einziehung deliberirt werden sollte. Nach dem Sinn
der Polnischen Stände hingegen blieb es dabey,
daß man die Execution den Preussen aufdringen
wollte; es wurden schon alle Anstalten dazu getroffen, und die Preussen bekamen nur noch einen
Termin von vierzehn Tagen, um ihre Verschreibungen aufzeigen zu können, mitlerweile man den
Entschluß faßte, mit der Execution in den Polnischen Woywodschaften den Anfang zu machen.
Aber eben in dieser Zeit traf die unglückliche Nachricht von der Russischen Eroberung der festen Stadt 1563.
Poloczk in Litthauen ein; Schrecken und Betrübniß
darüber hemmten den Fortgang des Reichstags,
der König selbst begab sich unverzüglich nach Litthauen, und dergestalt entging das Land Preussen
noch diesesmal dem gänzlichen Fall seiner Grundverfassung, und der Vollziehung fremder und nie
bey sich erkannter Gesetze.

Ein kurzer Waffenstillstand setzte den König
einigermaßen wieder in Ruhe; dessen ungeachtet
fand er für nöthig, sich in immer beßre Kriegsverfassung zu setzen. Danzig bekam hiebey aufs neue
die Anforderung, einen Geldvorschuß mit 100000
Thalern zu machen; zugleich wurde dieser Stadt
zugemuthet, eine Revenüen- oder Vermögensteuer,
zum Behuf des Königs, bey sich anzusetzen, einen
Königlichen Zoll auf alle Getreydeausfuhr anzunehmen, und einen vom Könige privilegirten Frey-

Gesch. Danz. 2ter Th.   J

beuterchef, Namens Scharping, nicht nur mit Kriegs- und Mundprovisionen behülflich zu seyn, sondern auch zu dessen Dienste zehn Caperschiffe auszurüsten, und alle auf Rußland und Schweden seegelnde Schiffe aufbringen zu helfen. Die Stadt hatte Entschuldigungsgründe genug, sich aller Verbindlichkeiten entledigt zu halten, die theils die Ansetzung eines neuen Zolles, gegen die Landesprivilegien betrafen, theils mit Schweden einen Krieg voraussetzten, der weder erklärt war, noch der Stadt zur Regulirung ihrer Commerzangelegenheiten mit Schweden war angezeigt worden. Was Rußland betraf, so hielt man sich verpflichtet, einem offenbaren Feinde des Königs in keiner Art behülflich zu seyn, sondern vielmehr die Königlichen Freybeuter gegen denselben zu unterstützen. In Ansehung der Geldhülfe aber konnte keine Bewilligung statt finden; Danzig befriedigte den König nachher mit zweyhundert Centner Pulver, wovon die Hälfte geschenkt wurde, und konnte übrigens den großen Aufwand kühnlich darthun, der während den neuern Kriegsanstalten, für den Seehafen sowol als zur Stadtfortification, hatte müssen gemacht werden, womit auch die Cassen erschöpft waren, und die Auflagen unter der Bürgerschaft sich jährlich vermehrt hatten. Seit dem J. 1535 war die Fortificationsarbeit mit Fleiß wieder vorgenommen; aber in den letztern zehn Jahren, bis 1564 und noch späterhin, ist sie fast unabläßig fortgesetzt worden. Die Vertiefung des Grabens hinter dem Grauen-Mönchenkloster, hat viele Mühe und Kosten verursachet; weshalb auch eine eigene Auflage auf alle Buden und Häuser geleget gewesen; man hat im J. 1538 erst die Mauer hinter dem Kloster, wo jetzo der Wall lieget, abgebrochen und in den Graben geworfen, hernach aber Steine und Schutt mit Karren wieder herausführen müssen. Darauf ist ferner der Wall nach dem Neuen oder (Legen) Thor, vom Karren Rundel an geschüttet worden; welches man eben daselbst kurz zuvor in der Gegend des Karrenthors m) verfertiget hatte. Zu dieser neuen Wallarbeit hat damals der Rathsherr George Schewecke, einen geschickten Ingenieur, der Wilhelm von Dutken genannt wird, und der Stadt als Hauptmann gedient hat, von Lüneburg mit sich gebracht, wo er im J. 1537 auf eine Tagefahrt des Hanseebundes war hingeschicket gewesen; im J. 1548 ist eine allgemeine Schatzung ergangen, zur Setzung des Walles beym heil. Leichnamsthore; derselbe ist von dort bis ans Jacobsthor aufgesetzt, und einige Zeit später auch die Brücke vor dem heil. Leichnamsthor fertig geworden. Im J. 1559 hat man auf der jetzt genannten Vorstadt eine Mauer längst dem Graben gezogen, und ist selbige vom Karrenthor bis an die Ankerschmiedbrücke über den ganzen Weg gemacht worden. Auch die Gewölbe unter den Wällen ha-

m) Das Karrenthor ist im J. 1563, da der Herzog Erich mit unsichern Absichten in die Nähe der Stadt gerückt ist, ganz und gar zugeschüttet, auch nicht wieder hergestellt worden.

ben unsäglich viel Zeit und Arbeit erfordert, insonderheit das Große Gewölbe, so beym hohen Thore durchgehet, und welches man im J. 1563 zu errichten angefangen hat; wie denn auch unweit davon, einige Jahre später, die Riedewand über den Stadtgraben gemacht ist, wo die Radaune in die Alte Stadt einfließet. Man müßte der Nachrichten zu viel auszeichnen, um sich eine vollständige Idee vom Umfang der Arbeiten machen zu können, die von unsern Vorfahren, nebst großen Summen Geldes, auf die Befestigung der Stadt sind verwandt worden: und doch ist auf spätere Zeiten noch immer viel zu verbessern und zu erneuern übrig geblieben, nachdem insonderheit Bereicherung der Kunst und Wachsthum der Wissenschaft, im Fortificationsbau andre Plane hervorgebracht, und veränderte Einrichtungen nothwendig gemacht haben.

Jetzt dienten diese Unkosten und Geldbedürfnisse, der Stadt zu einem gültigen Grunde, die Ablehnung des Königlichen Ansuchens zu entschuldigen. Der König wandte sich hierauf an Land und Städte, und es wurden ihm auch einige Contributionen bewilligt; nichtsdestoweniger kam bald darauf eine erneuerte Geldforderung an Danzig. Vorläufig wurde dazu die Einleitung gemacht, daß der König sich unumgänglich genöthigt sähe, mit Schweden zu brechen. In zweyen deshalb abgelassenen Schreiben, ermahnte er die Danziger, ihr Commerzverkehr mit Schweden aufzuheben, die Schwedischen Schiffe feindlich zu behandeln, sich selbst aber in guten Vertheidigungsstand zu setzen, weil aller Anschein wäre, daß der König von Schweden sich der Herrschaft über die Ostsee anmaaßen wollte. Letzteres aber ließ sich Danzig nicht wol überreden, und was den Defensionszustand betraf, so hatte man dafür in Zeiten gesorget, arbeitete auch noch immer an den Werken der Stadt sowol, als an dem Blockhause zur Beschützung des Hafens, nahm Kriegsleute in Sold, und zog versuchte Befehlshaber an sich. Nur war Danzig unter solchen Verhältnissen nicht im Stande, dem Könige mit Ammunition und Geschütze, nebst einer Summe von 100000 Thalern zu dienen, welches alles jetzt als ein freywilliges Geschenk verlangt wurde.

Hiezu kam noch ein Umstand, welcher die Stadt nicht nur in plötzliche Besorgniß setzte, sondern ihr auch nachher eben so unnütze als unerwartete Kosten verursachet hat. Herzog Erich der Jüngere von Braunschweig, ein Schwager Herzogs Albrecht in Preussen, hatte vor einiger Zeit im Niedersächsischen Kreyse ein Kriegskorps von 12000 Mann Fußvolk und 2000 Mann Reuterey angeworben, in Absicht, dem Könige von Schweden damit gegen Dänemark Hülfe zu leisten n). Der König von Dänemark aber, um

---

n) Einige Ursachen zur feindseligen Gesinnung Herzogs Erich gegen Dänemark, lagen in einer herrschaftlichen Privatfehde damaliger Zeit. Herzog Magnus nehmlich befand sich im J. 1562 bey seinem Besuch zu Königsberg in Preussen, auf einem Fürstlichen Tanzball, mochte sich aber im Trunke übernommen haben, und warf im Tanze, der

Hollstein keiner Gefahr auszusetzen, und die Westphälischen und Niedersächsischen Kreißstände, um der Sicherheit ihrer Lande willen, drangen einstimmig darauf, daß Herzog Erich sein Kriegsvolk sollte auseinandergehen lassen; ja es zogen sich Kreißtruppen zusammen, um solches mit Gewalt zu erzwingen. Hierauf veränderte Erich sein Project und brauchte den Vorwand, daß er sein angeworbenes Corps dem Könige von Polen zuführen müßte; er erlangte auch hiemit einen freyen Durchzug durch Mecklenburg, die Brandenburgsche Mark und Pommern, und kam bis an die Preussische Grenze. Als er nun noch im Anzuge war, hatte er einen Geschäftsträger vorausgeschickt, um dem Könige von Polen seine Ankunft zu melden, und ihn zugleich bitten zu lassen, seine Truppen gegen Rußland in Sold zu nehmen, und ihm selbst einen persönlichen Besuch bey Hofe zu verstatten. Durch einen andern Abgeordneten ließ er auch der Stadt Danzig seinen Anmarsch bekannt machen, nebst dem Ansuchen, daß seinem Kriegs-

Herzogin, Erichs Schwester, ihren Hauptputz vom Kopfe. Nun wollten zwar die Herren aus der ganzen Sache einen Spaß machen; allein die Herzogin hielt sich dadurch aufs äusserste beleidigt, und hat mit allem Ernst ihren Bruder nach damaligem Gebrauch, zum Ritter erwählet, um diese Schmach am Herzoge Magnus zu rächen. Dieser glaubte das hiezu gegebene Versprechen jetzt am bequemsten erfüllen zu können; und hatte zugleich die Hofnung, seine Kosten dafür bezahlt zu erhalten. Bock, Leben Markgraf Albrechts. S. 380 f. Wagner, Geschichte von Ostpreussen, und daselbst citirte Schriftsteller.

volk alle Nothwendigkeiten an Proviant zugeführet, ein freyer Durchzug durch die Stadt oder neben derselben bewilliget, wegen der abgerissenen Kleidung seiner Soldaten 20000 Gulden, oder Tuch, nebst dem übrigen Zubehör zu Kleidungsstücken gereichet, und ein paar ausgesuchte Reitpferde in den Herzoglichen Stall geliefert werden möchten. Von Danzig aus hatte man sich schon in Bereitschaft gesetzet, dem Herzoge eine Deputation entgegen zu schicken, sobald er die Pommerellische Grenze betreten würde. Diese wurde nun aus allen Ordnungen abgefertiget, und an ihrer Spitze befanden sich der Burgermeister Constantin Ferber nebst dem Rathsherrn Matthias Zimmermann; der Herzog hatte unweit Lauenburg ein Lager aufgeschlagen, wo die Deputirten unter einem Gezelt zur Audienz kamen. Sie hatte den Auftrag, sich zu erkundigen, ob der Herzog als Freund oder als Feind käme, und wenner auf Verlangen des Königs von Polen seinen Zug machte, sich davon die schriftliche Einladung vorzeigen zu lassen; übrigens aber zu bitten, daß der Marsch nicht fortgesetzt würde, bis man in Danzig von der Willensmeinung des Königlichen Hofes näher unterrichtet seyn würde. Der Herzog genehmigte solches, und versprach für sein Kriegsheer die Ordre aus Polen abzuwarten, wobey er nur seine der Stadt insinuirte Forderungen, bestens zu empfehlen bemüht war.

Mitlerweile war man in Danzig beschäftigt, sich gegen alle feindliche Ueberfälle zu rüsten; die

Nachrichten und Meinungen von den Absichten des Herzogs, waren so zweifelhaft und unsicher, daß man in jedem Fall auf seiner Hut seyn mußte. Ausser den Miethsoldaten, die man schon in der Stadt hatte, und welche mit erfahrnen Befehlshabern versorgt waren, wurde auch die Bürgerschaft, nach einem ordentlichen Kriegsreglement, in Waffen gesetzt, man zählte 156 Rotten º) aus der Rechten-Altkn- und Vorstadt, die auf ihre Sammelplätze wohlgerüstet zur Musterung kamen, unerachtet diese Bürgerrotten, mit den Einwohnern gerechnet, vier auch sechsmal stärker die Wachen bezogen haben. Für Verschanzungen und Schütze nebst zureichender Ammunition, hatte m. schon in frühern Zeiten Sorge getragen, und es hlte nur an dem Ausschlag, den die Sache des Herzogs durch einen Bescheid vom Königlichen Hofe ekommen sollte, um aller äußern Gewalt gewach‍n zu seyn. Dieser nun lief dem Vorhaben Erths gänzlich entgegen. Sigismund August ließ ihm nicht nur die ganz ungelegene Zeit seines Auzuges während dem Waffenstillstand mit Rußland vorstellen, sondern er ließ auch seine Assistenz gänzlich verbitten, indem er nie daran gedacht hätte, und derselben auch gar nicht benöthigt seyn wollte. Vielmehr wurde das ausdrückliche Verlangen des Königs hinzugefüget, daß Herzog Erich seine Truppen ohne Verweilung aus den Königlichen Landen wegschaffen sollte, widrigenfalls kein

---

º) Die Bürgerrotten sind dazumal zwischen 30 und 50 Personen angenommen gewesen.

Anstand würde genommen werden, solches mit gewaffneter Hand zu bewürken. Doch bot der König dem Herzoge für seine Dienstfertigkeit eine jährliche Pension von 2000 Thalern an, und wollte es sich auch gefallen lassen, wenn ihm vom Lande Preussen oder von der Stadt Danzig ein Geschenk an Gelde gemacht würde. Inzwischen aber ließ Sigismund August es nicht blos bey einer mündlichen Erklärung seines Gegenwillens bewenden, sondern er ließ auch Universalien an den General von Großpolen ausfertigen, und hieselbst sowol als in Preussen die Ritterschaft aufbieten, um auf die erste Ordre zur Anrückung gegen die Braunschweigschen Truppen sich fertig zu halten. Dem Herzoge in Preussen ließ er eine wachsame Sorgfalt für seine Staaten empfehlen, gleichwie dieser Herr aus eigner Bewegung keinen Anstand nahm, dem räthselhaften Vorhaben seines Schwagers, mit einigen unverzüglich ins Feld gestellten Kriegsvölkern entgegen zu kommen. Elbing und Danzig blieben immer beschäftigt, nicht nur sich selbst in guter Verfassung zu halten, sondern auch die Einsassen ihrer Ländereyen mit Gewehr und Kriegsgeräth zu versehen, und der König gab Hoffnung, im Fall der Noth 10000 Mann Hülfstruppen nach Preussen zu schicken, auch wol in Person sich hieher zu verfügen.

Dem Herzoge Erich fing es an, vorzüglich an Geld, zu Bezahlung seiner Soldaten, zu fehlen, er machte deshalb einen neuen Antrag an Danzig, ihm gegen eine schriftliche Versicherung einen Vorschuß von 20. oder 30000 Thalern zu machen. Man entschuldigte sich aber, ohne Beytritt der Preussischen Stände kein Darlehn zustehn zu können, und befriedigte den Herzog mit einer Proviantlieferung, und einigen zur Erfrischung geschenkten Mundbedürfnissen. Er selbst glaubte noch immer vom Könige eine beßre Aufnahme zu erhalten, er zog demnach auf Oliva und Heil. Brunn, in aller Stille über die Berge bey Danzig vorbey, und schlug sein Lager zu Dirschau auf, wo er mit dem Königlichen Gevollmächtigten, George von Baysen, aufs neue ein Vernehmen hatte, auch das angebotene Jahrgehalt annahm p), und sich zu einem baldigen Abzug erklärte, in so ferne er nur ein ansehnliches Darlehn auf sechs Monate vom Lande erhalten würde. Inzwischen war der Herzog von Preussen mit seinen Truppen näher gegen die Weichsel gerückt, und weil er aus Erichs Belagerung bey Dirschau, wie auch aus seinen spröden Antworten, noch immer einen Verdacht schöpfen mußte, so blieben beyde Kriegsheere gegen einander im Felde, ohne daß einige Feindseligkeit ausgeübt wurde. Man hat diesen Feldzug den Preussischen Nußkrieg genennet, weil gerade die Nüsse reif waren, und beyder Theile Soldaten sich die Zeit mit Nußknacken verkürzt haben. Endlich schien es doch dem Herzoge Al-

---

p) Mit dem Jahrgelde ist es dennoch nicht zum Schluß gekommen, weil der Herzog das Versprechen nicht geleistet hat, unter welchem der König ihm daßelbe ausgemacht hatte.

brecht sowol als den Ständen der Provinz das rathsamste zu seyn, den Abmarsch der Braunschweigschen Truppen zu befördern, und sich mit dem Herzoge eines Vorschusses wegen zu einigen. Die verlangte Summe wurde, nach einigen Unterhandlungen, auf 12000 Thaler heruntergeschlagen, wie es aber zur Zahlung kam, mußte Danzig die Vollmacht beyder Lande Preussen übernehmen, um gedachte Summe Geldes an den Herzog auszuzahlen, mit der Bedingung, daß er nach sechs Monaten das Capital und viertehalb von hundert Interessen, zu Lübeck wieder erstatten würde. Der Abzug der Braunschweigschen Völker erfolgte nun würklich, aber das vom Herzoge hinzugefügte Versprechen, eine gute Mannszucht zu halten, wurde so wenig in Ausübung gebracht, daß die fremden Soldaten vielmehr durch ganz Pommerellen Spuren der Frechheit und des Muthwillens zurück ließen, so, daß es dem Könige selbst leid gethan hat, sie nicht als lieblose Feinde behandelt zu haben. Die Stadt Danzig hat noch den größten Verlust davon getragen. Ausser den Unkosten, die sie gelegentlich dabey gehabt hat, ist der Schaden auf ihre Ländereyen an 50000 Gulden werth zu schätzen gewesen, und die Wiedererstattung der vorgeschossenen Summe hat sie viele Jahre lang, aber allezeit fruchtlos gefordert, der Widerwärtigkeiten zu geschweigen, denen sie sich selbst von ihren Mitständen dabey hat ausgesetzt sehen müssen. Das Jahr darauf verlangte der Herzog sogar, daß Danzig ihm die geliehene Summe schenken sollte; und als die gesammten

Stände Preussens ihm solches abschlugen, so hat er das Gerücht aussprengen lassen, als ob er von neuem mit einem größern Kriegsheer in Preussen einrücken würde, auch bereits beym Herzoge in Pommern um den freyen Durchzug angesucht hätte. Man wurde aber in kurzem belehret, daß, wenn er auch würklich die Absicht dazu gehabt hätte, er bey diesem Feldzug doch zuviel Schwierigkeiten würde gefunden haben; es verlor sich also die ungegründete Furcht, die man schon im Lande deswegen gefaßt hatte, und Danzig hatte mindestens in den ersten Jahren noch die Genugthuung, daß ihr die Räthe der Provinz für ihren Beystand, zur Rettung der Lande Preussen, öffentlich Dank gesagt haben.

Sechstes Capitel.

Die Danziger Seehandlung leidet während dem neu ausgebrochenen nordischen Kriege — Pest in Danzig -- Stöhrungen der Commerz- und Zollfreyheit im Lande — letzte Vertheidigung der Preussischen Separatrechte auf dem Reichstage zu Warschau — die großen Städte sollen sich der Inquisition Polnischer Commissionen unterwerfen — grundloses Vorgeben eines Bürgeraufruhrs in Danzig — Danziger Beschwerden über die Misbräuche der Capereyen — und der Königlichen Geleitsbriefe — Danzig wird mit der Execution in den Ländereyen bedrohet — eine Polnische Commission soll von Elbing nach Danzig kommen - böse Vermuthungen von ihren Geschäften - Danzig läßt den König dagegen informiren — Der Commission werden die Thore der Stadt geschlossen — sie zieht ab, und Danzig schickt eine Gesandschaft an den König.

Der Krieg des Königs von Polen mit Rußland hatte nicht so viel Beziehung auf die Preussischen Staaten, als die Feindseligkeiten, welche mit Schweden zum öffentlichen Ausbruch kamen. Sigismund August verband sich mit dem Könige Friedrich den Zweyten von Dänemark durch eine Allianz zu Stettin, als letzterer eben der Krone Schweden den Krieg angekündigt hatte, und beyde Könige kamen nun überein, keinen Frieden mit Schweden zu schließen, bevor sie beyderseits für ihre Ansprüche befriedigt seyn würden. Die Danziger Seehandlung wurde dadurch, nächst andern daraus entsprossenen Widerwärtigkeiten, vornehmlich gestöhret. Der König von Dänemark hatte zwar durch eine eigne Gesandschaft in Danzig versichern lassen, daß er den Preussischen Schiffen eine

1563.
5. Okt.

freye Fahrt durch den Sund verstatten würde; allein das Gegentheil zeigte sich in kurzem, indem alle sowol abgehende als zurückommende Danziger Schiffe, bey Helsingör angehalten, und zu Kopenhagen einzulaufen gezwungen wurden. Zur Ursache dieses Verfahrens wurde angegeben, daß man von der Schwedischen Kriegsmacht in der Ostsee besorgen müßte, sie würde selbst die Danziger Schiffe aufbringen und gegen Dänemark brauchen. Durch mühsames Anhalten eines Secretairs, der nach Kopenhagen abgeschickt ward, erlangte man zuletzt, daß die Danziger Schiffe frey gemacht wurden, bis auf drey, deren sich König Friedrich zum Transport seiner Truppen nach Schonen, gegen Bezahlung und Schadloshaltung, bediente. Mit einer andern Gefahr drohten die umherlaufenden Nachrichten von einer Schwedischen Landung auf der Preussischen Küste, und der Herzog von Preussen warnete insbesondre sehr bringend, daß man im Danziger Hafen sowol, als auf der Nehrung und im Putziger Winkel auf wachsamer Hut seyn sollte. Diese Furcht ward soviel größer, weil Schweden den Dänen im Seekriege überlegen zu seyn schien, der König von Polen seine größte Macht in Litthauen brauchte, und eine Friedensberedung zu Rostock sich durch Schwedische Ausflüchte zerschlagen hatte. Bald darauf kam abermals ein Schreiben vom Dänischen Hofe nach Danzig, daß die Noth es erforderlich machte, den Preussischen Schiffen den Sund zu schließen, weil man sichre Beweise davon hätte, daß die Schiffer,

Dritter Abschnitt. Sechstes Capitel. 143

gegen ihre abgelegten Eyde, den Schweden alle nöthigen Bedürfnisse zugeführt hätten, wogegen auch kein anderes Mittel wäre, als solches mit Sperrung der Fahrt zu verhindern. Die Danziger hatten nicht nur auf die erste Nachricht hievon, einen Secretair nach Kopenhagen geschickt, sondern sie gaben sich auch am Polnischen Hofe die äußerste Mühe, für ihre Schiffahrt den Sund frey zu erhalten. Hier aber hatte man ein neues Project: der König von Polen schien nicht ungeneigt, die Schließung des Sundes zu genehmigen, er verknüpfte aber damit den Vorschlag, seine Unterthanen mit Polnischen Seepässen zu versehen, wenn sie einer freyen Fahrt sicher seyn wollten. Diese Neuerung mußte der Stadt überaus beschwerlich vorkommen, und sie sahe wol die nachtheiligen Folgen davon ein, wenn erst Polnische Seepässe in Gebrauch gebracht würden; es wurde solches demnach von so großer Wichtigkeit angesehen, daß in möglichster Eile der damalige Burggraf und Burgermeister Kleefeld deswegen an den Königlichen Hof abgefertiget wurde.

Das ganze Land nahm sich des Preußischen Seehandels an, und auf einem ausserordentlichen Landtage zu Lessen, ließen die Stände an den König sehr kräftige Vorstellungen machen, theils gegen des Königs von Dänemark Vorhaben, den Sund zu schließen, theils gegen die Königlich Polnischer Seits geäußerte Meinung, dasselbe unter gewissen Bedingungen genehm zu halten. Der Danziger Burgermeister hatte eine noch nähere In-

1565.

struction, die Polnischen Seepässe durchaus zu verbitten, und vielmehr inständigst anzuhalten, daß der König bey seinem Bundesgenossen, für das Preussische Seecommerz, eine völlig freye Fahrt auswürken möchte. Es kostete nicht wenig Mühe, die vortheilhaft gefaßte Idee von den Seepässen, am Königlichen Hofe wieder auszulöschen; zuletzt aber ernannte der König eine eigne Gesandtschaft, die aus dem Marienburgschen Unterkämmerer Franz von Selislau, und dem Danziger Rathsherrn Albrecht Giese bestand q), um beym Könige von Dänemark eine unbedingte freye Fahrt der Danziger Schiffe zuwege zu bringen, doch mit vorbehaltener Beeydigung der Schiffer, daß sie bey Verlust des Lebens, des Schiffs und der Güter, in keiner Gemeinschaft mit Schwedischem Commerz zu stehen, auch die Fahrt in solchem guten Glauben unternommen zu haben, versichern könnten. Der Sund war schon geschlossen, als die Gesandten ihre Reise antraten, indessen waren sie in ihrem Geschäfte so glücklich, daß König Friedrich ihre Anwerbung geneigt aufnahm, und nach einigen darüber gepflogenen Unterhandlungen, die freye Fahrt wieder herstellte. Nichtsdestoweniger ist gleich zu Anfang des folgenden Jahres, der Sund aufs neue geschlossen worden; Danzig hat wiederholte Vorstellungen, und Polnische Fürsprache dazu erbitten müssen; die Eröfnung desselben ist
auch

q) Der Burgermeister Kleefeld hatte die Mitsendung, welche ihm angetragen ward, aus andern Ursachen verbeten.

auch endlich, obwol zum Schaden der Handlung, erst spät im Jahr wieder erfolget, und der König von Dänemark hat zur Entschuldigung angegeben, daß er seine Kriegsflotte allererst hätte müssen auslaufen lassen.

Dergleichen der Seehandlung nachtheilige Vorfälle, mußten freylich als unvermeidliche Folgen des Nordischen Krieges angesehn werden; man fühlte aber den Druck derselben um soviel schwerer, weil Danzig in dieser Zeit von vielen Seiten mit Unglücksfällen bedrängt wurde, und einen Mangel des Erwerbs und der Nahrung empfand, der nur durch den ungestöhrten Fortlauf des auswärtigen Commerzverkehrs, überstanden werden konnte. Im vorhergehenden Jahre hatte eine wütende Pest-Krankheit um sich gegriffen, von der man, was Danzig betrift, Zeugnisse findet, daß Staatsangelegenheiten sowol als bürgerliche Geschäfte dadurch eine Zeitlang in Stockung gerathen seyn müssen; und der Menschenverlust, unter den Danziger Einsassen, wird in einigen Chroniken auf die Zahl von 24000 gebracht, in andern aber werden sogar über 33000 angegeben. Die politischen Wolken, welche sich von Polen her zusammen zogen, droheten dem ganzen Lande noch immer mit einer trüben Staatsveränderung, bey welcher Danzig schon als ein Glied der Provinz nicht gleichgültig seyn, aber auch in speciellen Verhältnissen manche ungewohnte Abhängigkeit dadurch voraussehen konnte. Es waren bereits Beyspiele solcher Einschränkungen obhanden, aus welchen sich auf mehrere Folgen schließen ließ, die das bevorstehende Vereinigungswerk nach sich ziehen würde. Von Seiten der Krone Polen war im Uebergabevergleich vom J. 1454, den Preussischen Kaufleuten aufs Bündigste die Freyheit zugesagt worden, ihre Waaren in alle Lande des Polnischen Reichs einzuführen, sie zu verkaufen oder aufzuschütten, oder auch in angrenzende Staaten zu verschicken, blos mit Erlegung der von Alters üblichen Zölle. Man hatte aber von Zeit zu Zeit, nicht nur die Polnischen und Littauischen Zölle, wider die alten Gewohnheiten und Verträge, erhöhet, sondern auch Thorn, Elbing und andern Städten, die freye Einfuhr einiger Waaren, insonderheit des überseeischen Salzes, nebst der Verkaufung und Aufschüttung desselben in den Königlichen Landen, gänzlich verboten. Schon seit dem J. 1548 findet man die Klagen darüber oft wiederholet; im J. 1561 machte auch der Herzog von Preussen deshalb nicht geringe Bewegungen, und in der Provinz bezog sich der Landesrath auf die richtige Bemerkung, daß mit diesem Eingriff in die Vorrechte des Landes, der Danziger Seehandel geschwächt, die mit fremdem Salz beladenen Schiffe abgewiesen, und selbst zum Nachtheil der Polen, die Ausfuhr des sonst mitgenommenen Getreydes vermindert würde. Ohngeachtet dessen, war im folgenden Jahre das Königliche Verbot, wegen Einführung des fremden Salzes in Polen, unter den härtesten Strafen geschärft worden; ja bald darauf kam es so weit, daß ein Freyheitsrecht, welches den Preussischen

Städten mit willkührlicher Macht entzogen war, aus eben so arbitrairer Begünstigung, an einen Polnischen Hofbedienten verliehen wurde. Ein gewisser Grajewski bekam vom Könige das Privilegium, 22000 Last überseeisches Salz in Danzig und Königsberg auffkaufen, und in alle zu Polen gehörige Lande einführen zu können, womit selbst ins Land Preussen einem jeden die Einfuhr versagt ward, bis Grajewski seine Quantität Salz abgesetzt haben würde. Ueber diese unerhörte 1565. Neuerung wurde auf dem Landtage zu Lessen mit großer Besorgniß gerathschlaget, man mußte natürlich die schädlichsten Folgen im gesammten Commerz davon befürchten, und man ließ an den König die inständigste Bitte ergehen, daß er gedachtes Pribilegium zurücknehmen, und das Land mit Monopolien verschonen möchte. Allerdings erfuhr man unter den übrigen Zumuthungen, auch hiemit schmerzhaft genug, daß die Absichten des Königs sich weit von den Prärogativen des Landes entfernten, und die Betrübniß darüber wurde ausnehmend vermehret, als der Woywod von Zehmen, einer der wärmsten und herzhaftesten Patrioten in Preussen, eben bey einer Session dieses Landtages vom Schlage gerührt wurde, und starb. Der Peterkauer Reichstag machte doch, auf dringendes Ansuchen der Preussischen Stände, mit dem Salzmonopol einige Veränderung: die Verpachtung wurde aufgehoben, und nun erhielten Groß-Polen und Masuren die Freyheit, gegen eine Abgabe an den Königlichen Schatz, das fremde Salz sich selbst aus Preussen zu holen. Bey dem allen ist hiemit den Stöhrungen in dieser Commerzsache nicht völlig abgeholfen worden; und wenn nicht auf Königliche Befehle, so haben doch die Polnischen Aufseher eigenmächtig zuweilen die Einfuhr des Salzes zu verhindern gesucht. Zwey Jahre später ist auch ein Versuch zur Verpachtung des Wachshandels gemacht worden, allein der Danziger Syndicus D. Kleophas Mey hat, kraft eines Auftrages der Preussischen Stände, so ämsig dagegen gearbeitet, bis endlich der König sich hat bewegen lassen, auch diesem Monopol wieder sein Daseyn zu nehmen.

Die Zollfreyheit in Preussen war bis hieher noch nicht offenbar gekränkt worden; es kam aber der Zeitpunkt heran, daß auch hierin der Landesgerechtsamen wegen gestritten werden mußte. Auf

1567. Königlichen Befehl wurde der Leslausche Zoll aus Cujavien nach Graudenz verleget, und von allem Weichseltransport sollte eine Abgabe in die neue Zollkammer hieselbst entrichtet werden. Die Stadt Graudenz, welche nebst dem Starosten das Königliche Mandat dazu bekommen hatte, gab davon den Preussischen Consiliarien Notiz, und diese machten eine allgemeine Landessache daraus, liessen aber auch nicht eher nach, bis der König gegen Ausgang des folgenden Jahres den Befehl ertheilt hat, die Zollkammer in Graudenz wieder zu schliessen. Das Hauptgeschäfte in dieser schweren Sache ist ebenfalls dem obgedachten Syndicus anvertrauet gewesen; die Stadt Graudenz hat dabey, ihrer Widersetzung halber gegen die Zolleinnehmer, einen harten Stand von der Ungnade des Königs zu fürchten gehabt; allein der Landesrath hat sich ihrer mit aller Treue angenommen, auch die Vorstellungen des Herzogs von Preussen zur Vertheidigung der Landesprivilegien, haben ein starkes Gewicht gegeben; und obgleich man von Seiten des Königlichen Hofes die Erklärung gebraucht hat, daß hiemit kein neuer Zoll errichtet, sondern nur ein alter Zoll von einem Orte an einen andern verlegt wäre, so hat doch die gegründetere Auslegung das Uebergewicht behalten, kraft deren in Preussen keine vorher unbekannte Zollabgabe statt finden konnte. Mehrere dieser Art Eingriffe und Verletzungen der ehemaligen Verfassung, waren als unverkennbare Winke zu betrachten, wie zuverläßig man es schon dafür ansahe, daß die Provinz Preussen sich unter Polnische Gesetze schmiegen, und eine Staatseinrichtung würde annehmen müssen, welche unter einer mit Polen fast gleichförmigen Regierung, nur den Schatten ihrer alten Constitution übriglassen würde.

Die Zeit rückte heran, da das Project der genauen Einverbindung der Polnischen Provinzen mit dem Reichskörper, zur endlichen Ausführung ist gebracht worden. Auf dem Warschauer Reichstage hatten die Abgeordneten Räthe von Preussen noch ihre letzten Kräfte verschwendet, um sich bey der Landesfreyheit zu schützen: es schienen auch dann und wann einige Strahlen guter Hofnung hervor, allein die moderate Denkungsart des Königs wurde durch das ungestüme Anhalten des größten Theils der Polnischen Stände unterdrücket. Doch hatten die Preussen gegen ihre Einziehung in die jüngste Reichsconstitution protestiret; sie hatten noch jetzt, ohngeachtet ihres Sitzes im Senat, sich aller Stimmung über Polnische Angelegenheiten enthalten, sie hatten auch ihre gemessene Instruction aus dem Lande, öffentlich auf dem Reichstage vorlesen lassen; diese war aber so versehrlich aufgenommen worden, daß die Kronsenatoren zweymal aufgestanden waren, den König zu bitten, daß die Preussen als Verbrecher der beleidigten Majestät möchten bestraft werden. Nichtsdestoweniger waren der Woywod von Marienburg und der Danziger Burgermeister Kleefeld herzhaft genug geblieben, zur Vertheidigung des Vaterlandes eindrucksvolle Reden zu halten, und sich über den bittern Haß der Verfolger ihrer Freyheit zu beschweren. Eine Verzögerung von Seiten des Königs hatte der Sache nochmals einen bessern Anschein gegeben; allein der Kaltsinn einiger Preussischen Landesräthe, und die strafbaren Privatabsichten der Pommerellischen Landboten hatten alles wieder verdorben: ja der Unwillen des Königs ward noch mehr gereizet, als ihm die Preussischen Gesandten die Bewilligung einer verlangten Geldsumme, mit Vorschützung der Noth im Lande, und aus Mangel einer Vollmacht, nicht zustehen konnten. Dafür war mit der Execution in Preussen würklich der Anfang gemacht worden, und mit Mühe hatten nur die Großen Städte mündlich eine abermalige Versicherung bekommen, daß sie im ruhigen Besitz ihrer Güter gelassen werden sollten. Endlich hatte, vor Endigung des Reichstages 1564, der Woywod von Culm noch eine Rede gehalten, worin er die Protestationen gegen alle Eingriffe in die Rechte des Landes wiederholet, und den König nochmals wehmüthig ersucht hatte, die Staatsverfassung der Provinz Preussen ungekränkt zu erhalten. Aber auch dieser Vortrag war dem Könige mißfällig gewesen; die Senatoren hingegen hatten darauf Anlaß genommen, den Preussischen Räthen mit Vorstellung einer völligen Gleichheit der Würden zu schmeicheln, und Eintracht und Versöhnung, des vorgefallenen Zwists wegen, ihnen anzubieten.

In solcher Lage befand sich die Provinz Preussen, als am Polnischen Hofe von Tage zu Tage mehrere Maasregeln gewählt wurden, ihren Gerechtsamen Abbruch zu thun, und mit einer unbegrenzten Macht darin zu gebieten. Dergestalt wurde, wie oben gedacht ist, die Handlungsgerechtigkeit durch Verpachtungen gekränket, der Zollfreyheit des Landes entgegen getreten, die Einziehung der Güter durch Polnische Revisoren betrieben, und der freyen Schiffahrt ein Hinderniß nach dem andern geleget. Hiebey war der älteste und getreueste Patriot im Lande mit Tode abgegangen, andre weltliche Räthe wurden furchtsam und nachgebend, und die hohe Clerisey ließ die Vaterlandsliebe dem Religionshaß unterliegen. Selbst der Tod des Markgrafen Albrecht, ersten Herzogs in 1568.

Preussen, entzog den Ständen der Provinz einen wohlgesinnten Nachbar und einen treuen Freund, der nicht selten die gemeinschaftlichen Freyheiten des Landes vertreten hatte. Nur allein die großen Städte blieben noch bey der festen Entschlossenheit, sich der Zerrüttung der Landesconstitution so viel als möglich zu widersetzen, und ihre eignen Privilegien bis aufs Blut zu verfechten. Sie standen auch schon im Ruf dieses vermeintlich hartnäckigen Vorsatzes, und ihre Gegner schmiedeten Anschläge genug, die rechtmäßigsten Unternehmungen dafür lieblos zu vereiteln. Es fand kein bequemeres Mittel dazu statt, als den Städten eine Beschäftigung aufzubürden, womit sie in sich selbst in Furcht und Verantwortung gesetzt und zugleich kraftlos gemacht würden, zur Wohlfahrt des ganzen Landes Rath zu ertheilen, und in den Reichsversammlungen eine Activität zu behalten. Sehr glaublich haben die geheimen Absichten der Polnischen Commissionen hierauf abgezielet, welche unter Königlicher Autorität nach Elbing und nach Danzig sind abgeschickt worden, obgleich öffentlich der bessere Vorwand gebraucht ward, daß allen eingerissenen Uebeln der innern Verfassung damit abgeholfen, und Ruhe und Ordnung in den Städten wieder hergestellt werden sollte. Thorn zwar wurde den Umständen nach, damit übersehen, in Elbing aber bot sich eine Gelegenheit zum Commissionsgeschäfte von selbst dar; denn es waren bürgerliche Unruhen mit dem Magistrat ausgebrochen, um derentwillen auch ein gewisser Michael Friedewald die

Stadt hatte räumen müssen, weil er mit rebellischen Anschlägen die Bürgerschaft gegen den Rath aufgehetzt hatte. Eben dieser rachsüchtige Mann aber half das Unglück seiner Vaterstadt sowol, als die Verfolgungen gegen Danzig vermehren. Er erwarb sich bey den damaligen Conjuncturen mit leichter Mühe die Gunst des Bischofs von Cujavien und des Castellans von Danzig, er wurde auch vom Königlichen Hofe mit sicherm Geleite geschützet, als Königlicher Instigator bey den Commissionen angestellet, und in Elbing sowol als in Danzig, zu allen mit diesem Amte verknüpften Aufträgen gebrauchet. Selbst in der Wahl der Commissarien schien man absichtlich auf erklärte Gegner der Städte gesehen zu haben. Der Bischof von Cujavien, Stanislaus Karnkowski, war das Haupt derselben, und er und alle Uebrigen hatten mehrentheils schon ihre Abneigung gegen die Magistratspersonen der Großen Städte in Preußen bewiesen. In Elbing wurde durch 23 vom Königlichen Instigator angebrachte Klagepuncte, der ganze Rath des Verbrechens der beleibigten Majestät beschuldigt, zwey Burgermeister wurden würklich, bis zur Verantwortung dagegen, von ihrem Amte suspendiret; die Commission machte auch mit den Repräsentanten der Bürgerschaft eine Veränderung, und ließ gewisse Satzungen zur Richtschnur des künftigen Stadtregiments publiciren. Es findet hier die Untersuchung nicht eigentlich statt, ob die Commission dergleichen Verfügungen mit Recht habe treffen können, und aus was für einem Grunde der regierenden Macht, der König selbst eine solche Commission in Preussen habe anordnen mögen. Was aber in diesem Zeitraum geschehen ist, und was die Geschichte als Thatsachen nicht auslassen kann, überschreitet größtentheils die Grenzen der in Preussen fest gestellt gewesenen Regierungsform. Sigismund der Erste hatte noch ausdrücklich die Versicherung für sich und seine Nachfolger gegeben, keine Commissarien um Staatssachen willen ins Land zu schicken, als wegen Grenzberichtigung der Königlichen Güter, und in Privatsachen, bey streitigen Erbfällen zwischen Geschwistern und anderen Verwandten. Dieses zuerkannte Vorrecht hat die Provinz Preussen weder verloren noch aufgegeben, und auf alle Folge der Zeiten haben die Könige von Polen sich zur Beobachtung desselben verstanden. Es konnte demnach nichts rechtmäßiger seyn, als daß Danzig den Besuch einer Commission ablehnte, von der man schon durch die Beendigung der Angelegenheiten in Elbing, einen Beweis hatte, wie sehr von derselben in die Freyheitsrechte von Land und Städten ein Eingriff gethan wurde.

Die Recesse Danzigs geben kein Zeugniß, daß ausgebrochne Streithändel zwischen der Obrigkeit und den Bürgern, in dieser Zeit sich hervorgethan hätten. Eine Differenz der Meinungen, die bey den Rathschlägen aller Ordnungen selten ganz zu vermeiden gewesen, konnte doch keine Bürgerunruhe genannt werden, und Forderungen der Zünfte oder der Gewerke, womit weder der Rath noch sämmtliche Ordnungen einstimmig waren, blieben noch immer von einem innerlichen Aufruhr entfernet. So hatten die Gerichte sowol als die Dritte Ordnung schon im J. 1565, dem Rath aufs neue sechszig Punkte vortragen lassen, die sich hauptsächlich auf die Verbesserung des Commerz- und Polizeywesens bezogen, und womit man verlangte, daß allen schon oft und früher erwähnten Beschwerden abgeholfen werden, und keine Vernachläßigung der Stadtgesetze künftighin statt finden sollte. Der Rath hatte sich hierauf größtentheils zufrieden erkläret, nur in einigen Artikeln die Unvermögenheit seiner Disposition mit Zeit und Umständen entschuldiget, in andern auch die Inconvenienz des Begehrens mit Gegengründen zu erweisen gesucht. Ausserdem schwebten noch einige Streitigkeiten mit den Innungen oder Gewerken, und neue Widersprüche dieser Art wurden nach und nach in Bewegung gebracht. Die Brauersache hatte einen so weiten Umfang lästiger Anträge bekommen, daß sämmtliche Ordnungen bemühet seyn mußten, die Rechte des Raths und den Gehorsam gegen die Obrigkeit zu unterstützen. Die Fleischer hielten sich durch die Talchtaxe beschweret, und waren bestrebt, das Recht dazu dem Rath zu entziehen; sie stützten sich zugleich auf Freyheitsrechte, das Talch auszuschiffen, Ochsen aus dem Stall zu verkaufen, sich das Fleisch nicht pfundweise setzen zu lassen, und unter sich selbst Verordnungen zu machen. Die Bäcker hatten ebenfalls ihre Klagen, sie weigerten sich, das Korn aus dem Stadtvorrath zu kaufen, und setzten Drohungen hinzu, wenn ihnen nicht gefugt würde, kein Brod mehr zu backen. Der breite Rath unterließ nicht, gütliche Mittel und Vorstellungen dagegen zu brauchen; man suchte insonderheit den Berichten und Citationen nach Hofe entgegen zu kommen, und mit Beystand der beyden übrigen Ordnungen, wurde zu mehrerenmalen das Ansehen des Raths durch Complanation mit den schwierigen Gewerken erhalten. Den ferneren Klagen derselben Einhalt zu thun, wurde einstimmig beschlossen, von allem Getränke, so eine halbe Meile weit gebrauet und in die Stadt geführt ward, die doppelte Accise zu nehmen, auf den Dörfern Stadtbier zu verschenken, fremd Bier nur einem jeden zu seiner Consumtion zu verstatten, die Beschwerden bey den Morgensprachen abzuschaffen, Krämer und Kaufleute im Rosenthal Neugarten und andern Vorstädten nicht zu dulden, den Mennoniten die Wohnungen zu untersagen, ausser den Jahrmärkten auf Dominik und Martini, allen Waarenverkauf aus dem Schottlande bey Verlust des Guts zu verbieten, keine Mascopey mit Aussenhansischen zu verstatten, und die Duldung der Bönhasen abzustellen. Wenn nun gleich nicht alle und jede Irrungen auf einmal dadurch ein Ende erreichten, so wurde doch den Pflichten hiemit ein Genüge gethan, welche man zum Wohl der Stadt beobachten mußte, um dem Ausbruch öffentlicher Feindseligkeiten zu steuern.

Mit weit erheblichern Beschwerden wurde die Stadt, theils unter den Veranstaltungen des Königs während dem Nordischen Kriege gedrücket, theils auch durch anderweitige Ansprüche, und von ihrer Gegenparthey in Polen hervorgesuchte Intentate beängstiget. Die Königlichen Freybeuter, so Sigismund August gegen die Russische und Schwedische Schiffahrt im Baltischen Meere privilegirt hatte, und welche ihrem Auftrage nach, die offene See halten sollten, mißbrauchten ihrer Bestallung, und legten sich vor dem Danziger Hafen, wo sie ohne Scheu an neutralen Schiffen Gewaltthätigkeiten ausübten. Oft genug hatte Danzig dem Könige willfährig versichert, kein aus feindlichen Orten kommendes Schiff bey sich einlaufen zu lassen, noch aus ihrem Hafen auf verbotene Pläße die Fahrt zu verstatten; allein man konnte die Exorbitanzen der Polnischen Caperschiffe, mit guten Vorstellungen nicht hemmen. Die Stadt selbst gerieth dadurch bey fremden Potenzen in Verdacht, die Caperey zu beschützen, die Klagen häuften sich, und es erfolgten sogar Drohungen, sich an Danziger Schiffen und Gütern durch Repressalien zu rächen. Man schlug endlich den Weg ein, den König um gänzliche Einstellung der Capereyen zu bitten. Es waren Gründe genug dazu vorhanden, weil würklich dem Feinde damit kein Abbruch geschahe, indem die Polnischen Freybeuter sich immerfort zu nahe bey Danzig aufhielten; weil auch Dänemark und Lübeck Seepässe auf die Russischen Häfen ausgaben, und sogar ein Dänischer Commissarius deshalb in Narva gehalten wurde; weil endlich die Herzoge von Pommern ihren Unterthanen einen freyen Handel auf Schweden erlaubten, und es also beyderseits feindlichen Mächten weder an überseeischer Zufuhr, noch an Mitteln fehlte, sich der gegen sie committirten Caperey gänzlich entledigt zu halten. Die Hofnung aber, welche der König dann und wann zur gänzlichen Abschaffung der Freybeuter gegeben hatte, war noch immer unerfüllt geblieben; und so sehr auch die Vorstellungen Danzigs vom Preussischen Landesrath unterstützt wurden, so war höchstens nur ein Königlicher Befehl ausgewürkt worden, daß die Caperschiffe die Gegend des Danziger Hafens meiden sollten. Hiemit nun wurde dem Uebel nicht abgeholfen; die Freybeuter fanden doch Vorwand, oder sie waren verwegen genug, ihren Raub weiter zu treiben, und weder Französische, Englische und Niederländische, noch Dänische und Lübische Schiffe blieben dafür sicher, als Prisen von ihnen genommen und bey Danzig aufgebracht zu werden. Zuletzt ging ihre Frechheit so weit, daß sie mit ihren Schiffen gar anlegten, und auf der öffentlichen Landstraße schändlichen Muthwillen und Straßenraub ausübten. Dergleichen Freveltaten nun durfte Danzig nicht übersehen, und weil die Königlichen Pässe keinen Schutz dafür verleyhen konnten, so wurden eilf solcher Straßenräuber, auf Veranstaltung der Danziger Obrigkeit, ergriffen, und öffentlich mit dem Leben bestrafet. Erst nach geendigtem Kriege

Dritter Abschnitt. Sechstes Capitel.

mit Schweden, da Erich XIV. entsetzt worden, und König Johann der Zweyte nach seiner Thronbesteigung 1569 sich mit dem Könige von Polen verglichen, auch bald darauf mit Dänemark den Stettiner Frieden geschlossen hat (1570), haben die Capereyen hieselbst allmälig aufhören müssen, und Danzig hat das nachbarliche Vernehmen mit den Nordischen Potenzen, zum Besten der Handlung, in die vorige Verhältniß wieder herstellen können.

Die erwähnte Bestrafung des Straßenraubs an den Polnischen Freybeutern, ist nachher dem Danziger Magistrat verfänglich genug, zur offenbaren Beleidigung des Königs ausgelegt worden, und man hat mehrere absichtlich erfundene Mittel in Bereitschaft gehabt, den Königlichen Hof immer ärger gegen diese Stadt zu erbittern. Es ist nie eine Zeit gewesen, wo so viele Misbräuche von den Königlichen Geleiten sind gemacht worden, als eben in diesen Jahren, da man die Landesfreyheit und die Gerechtsamen der Städte aufheben wollte. Oft hat sich der König mit vieler Geneigtheit in eignen Rescripten an Danzig erkläret, wie er selbst seine Geleitsbriefe (literas publicae fidei, salvos conductus) ohne Abbruch der Rechte wollte verstanden haben; aber die Gegner der Stadt haben größtentheils Auswege gefunden, auch solche Personen damit zu beschützen, welche nur als Störer der Ruhe, als offenbare Feinde, ja gar als Verräther Danzigs angesehn werden konnten. Eine gleich fruchtbare Quelle, die ungelegensten

Ansprüche an die Stadt zu vermehren, gab die auf Preussen ausgedehnte Vollziehung des Alexandrinischen Statuts. Mit genugsamer Präcision hatte zwar der König bey unterschiedenen Gelegenheiten erkläret, daß die Geistlichkeit und die Städte der Execution wegen nichts zu befürchten hätten; ja selbst im J. 1563, als schon das Peterkauer Decret die Provinz Preussen derselben mit unterworfen hatte, war der König, in Gegenwart der Danziger Gesandten und nahmentlich gegen den Syndicus Kleefeld sehr huldreich gewesen, hatte sich an die Brust geschlagen; und mit Zusage eines Privilegiums darüber versichert: „Wenn auch die Execu„tion in Preussen ihren Fortgang gewönne, so „sollten doch Thorn, Elbing und Danzig davon exi„mirt bleiben." Allein gegen alle diese Königlichen Versicherungen kam schon frühe genug ein

1562. Bevollmächtigter vom Hofe nach Danzig, und
Februar. forderte die Scharpau, oder die drey darin liegenden Dörfer, Jankendorf, Brunan und Tiegenort zum Königlichen Tische; ja was noch hinzugefügt ward, so sollten Hela und die Nehring zurückgegeben werden, weil man daselbst des Börnsteins und der Jagd gemißbrauchet hätte; auch im Werder sollten einige bey Grebin gelegene Wiesen geräumt werden, weil sie zur Königlichen Tafel gehörten. Der Canonicus Radagoski, der mit diesem Auftrage hergesandt war, gab sehr zu verstehen, daß diese Forderungen hauptsächlich dadurch wären veranlasset worden, weil die Stadt sich geweigert hatte, ihre Verschreibungen und Privilegien

auf

auf dem Reichstage vorlegen zu laſſen. Es hat aber in den folgenden Jahren viel Mühe gekoſtet, in dieſer Angelegenheit, durch Bitten und Ent-ſchuldigungen, mit Briefen und Geſandtſchaften, vorerſt nur einen Aufſchub zu erhalten, bis die klaren Rechtsbeweiſe der Stadt einigen Ingreß ge-funden haben, und wenigſtens das Verfahren ſelbſt nicht bis auf das äuſſerſte iſt durchgeſetzt worden. Doch iſt es im J. 1570 mit der Execu-tion in der Scharpau bis dahin gediehen, daß der Woywod von Marienburg Fabian von Zehmen, laut einem Königl. Decret, den Inſtigator Grzi-bowski perſönlich in die Poſſeſſion derſelben hat einweiſen ſollen; die gegenwärtigen Deputirten von allen Ordnungen aus Danzig aber haben feyer-lich dagegen proteſtiret; es iſt auch eine Proteſta-tion des Ermländiſchen Capitels zu Hülfe gekom-men, und weil das Finalgeſchäfte mit den Königl. Commiſſarien eben in der Stadt obhanden gewe-ſen, ſo hat der Woywod ſelbſt, durch ſeinen Auf-bruch es zu keiner gewaltſamen Beſitzverfechtung kommen laſſen. Die ferner erfolgte Deprecation und Ausſöhnung der Stadt mit dem Könige, haben die Ruhe in dieſer Sache ziemlichermaſſen weiter be-fördert, und der König ſelbſt hat ſich gegen den abgeordneten Rathsherrn aus Danzig George Ro-ſenberg nachher der Worte bedienet: „Er wür-„de Mittel und Wege finden, damit die Stadt „bey allen ihren Landgütern bleiben ſollte.‟

Allein in dieſer Zeit, da noch die Ankunft der Commiſſarien bevorſtund, hatte es völlig das An-ſehen, als ob man Polniſcherſeits alle Rechte und

Privilegien Danzigs wollte untergehen laſſen. Eben hatte die Königl. Commiſſion, welche nächſt dem Biſchof von Cujavien Staniſlaus Karnkowski, aus den Caſtellänen Sirakowski von Kaliſch, Schubski von Jungleslau, Oſtrowicz von Culm und Johann Koſtka von Danzig beſtand, ihren Einzug in Elbing gehalten; ſo kamen den Tag darauf ein Notarius, ein Secretair und einige vom Gefolge des Biſchofs nach Danzig, um die Königlichen Mandate zur Aufnahme der Commiſſion, durch öffentlichen Anſchlag hieſelbſt bekannt zu machen. Auf Befinden ſämtlicher Ordnungen aber wurde dieſe Publication, als widerrechtlich und ungewöhnlich vom Präſidenten verhindert, und die Geſchickten gaben zuletzt nach, mit einer Proteſtation von ihrem Vorhaben abzuſtehen. Doch gingen ſie gleich darauf mit dem Notarius zum Königlichen Burggrafen, Burgermeiſter Kleefeld, und legten ihm eine Ladung, vor der Commiſſion auf dem Elbinger Rathhauſe zu erſcheinen, indem man ihn des Verbrechens der beleidigten Majeſtät ſchuldig erkannt hatte. Zu dieſer Beſchuldigung war derſelbe gekommen, weil unter den Gerichtsacten in Elbing ein Rechtliches Reſponſum von ihm gefunden war, worin er den Grundgeſetzen gemäß behauptet hatte, daß in peinlichen Sachen keine Appellation aus dem Lande an den Königl. Hof verſtattet werden dürfte. Dieſe ungebührliche Ausladung beſtärkte die Ordnungen der Stadt in dem Vorſatz, ſich der Commiſſion zu widerſetzen, es wurde auch der Secretair Caspar Schütz nach

1568. 12 Oct.

Dritter Abschnitt. Sechstes Capitel. 163

Elbing geschickt, den Citationstermin aufzuhalten, 22 Oct.
und an den König sandte man fördersamst den
Syndicus May mit dem Secretair Radecke, um
von allen Vorfällen die mit der Commission sich ereignet hatten, einen getreuen Bericht zu ertheilen,
die Gerichtsbarkeit derselben aber von der Stadt
gänzlich abzulehnen. Nicht blos im bürgerlichen
Regiment, sondern auch der Religion halber mußte man besorgt seyn, daß die Commission ihre Macht
auf Neuerungen ausdehnen wollte. Der Parochus
hatte den Vorstehern der Ober-Pfarrkirche, im
Namen des Cujavischen Bischofs schon angedeutet,
daß sie die Treßkammer, die Capellen und Altäre
gehörig einrichten, auch die Kirchenornate und insonderheit das Meßgeräthe bereit halten sollten,
weil der Bischof gleich nach seiner Ankunft in die
Kirche kommen, Messe halten, und den römisch-
catholischen Gottesdienst wieder herstellen würde.
Eben dieses hatte sich der entsetzte Abt von der
Oliva Caspar Jeschke oder Geschkau, ein Vertrauter des Bischofs verlauten lassen, und seinem
vermuthlichen Wunsche nach, von einer gänzlichen
Reforme in den Stadtkirchen geredet. Daraus
läßt sich auch abnehmen, woher die gesammte Bürgerschaft der einstimmigen Meinung gewesen sey,
eine solche Revolution im Angesicht der Commissarien nicht über die Stadt kommen zu lassen, je gewisser man dabey zu befürchten hatte, r) einen

---

r) In der damals schon zu Danzig eingerichtet gewesenen Bischöflichen Küche, hatte man einen Zettel mit den Worten,
angeheftet gefunden: „O ihr Herren von Danzk, gebt gut
„acht auf eure Sach, denn mit Galgen und Rad stellet

Aufruhr unter dem gemeinen Mann rege zu machen, und zu einer wiederholten Verwirrung in Religions- und Regierungsfachen Anlaß zu geben.

Dennoch konnte der Danziger Syndicus am Königlichen Hofe seinen Zweck nicht erreichen, indem der König auf die Vollziehung der Commissionsgeschäfte bestand, und keine Gegenvorstellungen dafür annehmen wollte. Seine Unzufriedenheit mit der Stadt hatte neuerlich noch mehr Nahrung bekommen, weil man dem Königlichen Secretair Justus Claudius, einen für den König verlangten Geldvorschuß von 200000 Gulden, abermals hatte abschlagen müssen, worüber doch auffer der Versicherung wegen der älteren Darlehne, von den Klöstern und mit dem Lauenschen Zoll, annoch die Städte Lauen und Wilda in Litthauen zur Mithaftung waren angetragen worden. Ein Theil der Ordnungen in Danzig hatte zwar den eigenthümlichen Besitz von Putzig, und die Verpfändung der benachbarten bischöflichen Gründe zur Bedingung dieses neuen Darlehns machen wollen, allein das Geschäfte hatte nicht einstimmig zu Stande gebracht werden können. Unleugbar ist es dagegen, daß Danzig in dieser Zeit, der Treue gegen den König nichts vergab, vielmehr noch immer in dem Zutrauen lebte, unter seinem Schutze aller feindseligen Anfechtungen entledigt zu werden. Ein sich auszeichnendes Beyspiel hievon gab die Aufforderung, welche bald nach dem

„man euch nach" wovon unter den Einwohnern der Stadt, sehr unglückliche Deutungen gemacht wurden.

Ableben des Herzogs Albrecht in Preussen, hieher kam. Der Hoch und Teutschmeister ließ ein Schreiben aus Mergentheim an die Stadt Danzig ab, worin selbige in den verbindlichsten Ausdrücken, ihrer ehemaligen Connexion und des damit verknüpften Wolstandes erinnert wurde; sie ward mit den annehmlichsten Gründen eingeladen, sich dieser alten Herrschaft freywillig wieder zu unterwerfen, und bekam die Versicherung, ihrer uralten Freyheiten, ohne dergleichen Störungen und Neuerungen, denen sie jetzt unterworfen wäre, vollkommen wieder theilhaftig zu werden. Es bezog sich diese Einladung zugleich auf die oft erneuerten Ansprüche des Kaisers, und des teutschen Reichs, und die Stadt wurde dringend ermahnet, ihren dahin schuldigen Gehorsam nicht beyseite zu setzen. Die Antwort aber welche die Stadt schriftlich darauf ertheilte, war kurz, und enthielt die einfache Erklärung, daß Danzig dem Könige von Polen unterworfen wäre und aus Gehorsam gegen denselben, auch das empfangene Schreiben an ihn geschickt hätte, um dessen weitere Befehle im bewußten Antrage zu erwarten. Ungesäumt übersandte auch die Stadt gedachten Brief an den König mit beygefügter Versicherung, sich bey Verlust alles Ihrigen nie von der Krone Polen zu trennen. Nicht weniger wurde Danzig durch die ungebührlichen Capereien auf ihrer Rhede belästiget; von Schweden waren dafür so wie von England schon harte Repressalien gebraucht, und die Kaufmannschaft in Danzig in vielen Verlust gesetzt worden:

Dennoch aber enthielt sich die Stadt, ohne Einwilligung ihres Königs, nach Schweden zu schicken, und so lange der Krieg währte, um Freyheit der Handlung ansuchen zu lassen. Es wurde auch um der Vorwürfe von Hofe entlediget zu seyn, denen in Capereisachen hier angestellten Polnischen Kriegscommissarien eine weit ausgedehntere Gerichtsbarkeit zugestanden, als die Stadt sich ihren Seerechten nach zu thun, verpflichtet halten durfte.

Alle dergleichen mit Staatsvorsicht gewählte Maasregeln aber, blieben fast unkräftig, dem Könige eine unbefangene Neigung gegen die Stadt abzugewinnen. Die erneuerte Instruction an den Syndicus ging aus nothwendiger Einschränkung zuletzt nur dahin, daß er sich bemühen sollte, zur Vollziehung der Commission, einen Anstand bis auf den nächsten Reichstag auszuwürken; es kostete aber viel Mühe, solches zu erhalten, und der Syndicus hat noch etliche Wochen lang eine bestimmte Erklärung bey Hofe abwarten müssen. Mitlerweile hatten sich hier die Königlichen Commissarien durch keine Vorstellungen abhalten lassen, als ihre Geschäfte in Elbing beendigt gewesen, nach Danzig aufzubrechen. Mit des Bischofs Küchenwagen kamen der Prior zu Sukow und der Danziger Official, vorläufig ans Werdersche Thor: ersterer brachte einen Brief von den Commissarien mit, auf den er so gleich Antwort erwartete, und hienächst
29 Oct. die Einlassung des Küchenwagens verlangte. Man entschuldigte sich aber auf beyde Anträge, daß ohne Zusammenberufung der Ordnungen nichts darin

zugestanden werden könnte. Weil man nun gerne noch Bothschaft aus Polen abwarten wollte, und eben ein Feiertag eintrat, so wurden nicht eher als den dritten Tag darauf, Rathschläge gehalten, und währender Zeit war schon der Bischof mit den übrigen Commissarien auf dem Stolzenberge eingetroffen. Unerachtet nun keine neue Nachrichten aus Polen eingelaufen waren, so wurde doch zu Rathhause die einstimmige Resolution gefasset, der Commission den Eintritt in die Stadt zu versagen, insbesondre da man sich einer gleichen Gesinnung der Gewerke und der gemeinen Bürgerschaft, darin versichert halten konnte. Es wurden auch Veranstaltungen gegen alles gewaltthätige Eindringen getroffen, man ließ die Wachen an den Thoren verstärken, bestimmte die Anzahl der Dienerschaft von der Commission, deren man höchstens nur zwanzig Personen, zum Einkauf der Victualien oder anderer Geschäfte wegen, in die Stadt einlassen wollte, und verabredete die Art und Weise, die Königlichen Mandate so wol als die Forderungen der Commission entgegen zu nehmen. Der Probst von Sukow kam nochmals ans hohe Thor und ließ sich mit dem Kanzler des Bischofs beym Rath anmelden. Der Eingang in die Stadt wurde ihnen verstattet, weil man aber sichre Kundschaft bekam, daß sich einer der Commissarien, nemlich der Castellan Schubski in ihrer Begleitung befände, so wurden sie bald ernstlich gewarnet, sich keiner Gefahr von Seiten des Pöbels auszusetzen, sondern ungesäumt wieder die Stadt zu

31 Oct.

2 Nov.

verlassen. Dieses Anrathen, nahmen sie um so viel mehr an, weil sie schon einigen Spott hatten ausstehen müssen, und der Rath ließ sie zu besserer Sicherheit mit einer Wache zum Thore hinaus begleiten. Den Tag darauf kam der Landrichter von Putzig mit zwey Landschöppen zum Präsidenten, und verlangte vor einer Versammlung aller drey Ordnungen, die Königlichen Mandate zu überreichen; er wurde aber beleitet, die Mandate an den Burgermeister persönlich abzuliefern, und der ferneren Rathschläge darauf gewärtig zu seyn. Es waren sechs Mandate verschiedenen Inhalts, und in lateinischer Sprache, die nun ein öffentlicher Notarius einreichte, und welche der Präsident mit geziemender Ehrfurcht für den König, empfing. Das erste enthielt die Königliche Bestättigung der Commission; das zweyte den Befehl zur gehorsamen Aufnahme derselben; das dritte einen scharfen Befehl an den Rath, keine widersetzliche oder kriegerische Anstalten zu machen, sondern die Ruhe in der Stadt zu befördern; das vierte war ähnlichen Inhalts an alle Zünfte, Gewerke und die gemeine Bürgerschaft, nebst einer Versicherung, sie ihrer Beschwerden wegen zufrieden zu stellen; das fünfte enthielt eine Ordre an die Befehlshaber des Militairs in der Stadt, mit allem Kriegsvolk unverzüglich von ihrem Dienst abzudanken; und das sechste endlich eine wiederholte Citation an den Burggrafen, auf dem Stolzenberge vor dem Commissionsgericht zu erscheinen, so ferne man bey der Verweigerung bliebe, die Stadt zu eröfnen.

Dritter Abschnitt. Sechstes Capitel.

In Danzig beharrte man übrigens bey dem Entschlusse, für die Commission die Thore geschlossen zu halten, und diesen Bescheid erhielten auch jetzt die Abgeschickten derselben, mit beygefügtem Ansuchen, den Ordnungen der Stadt, bis zur letzten Erklärung des Königs, in allen diese Sache betreffenden Punkten eine Frist zu verstatten. Inzwischen wartete weder der Landrichter mit seiner Begleitung die Rathschläge in der Stadt ab, noch säumten die Commissarien, mit Bezeigung ihres Widerwillens gegen die Danziger Regierung, den Abzug vom Stolzenberge zu nehmen. Die von den Danziger Abgeordneten, aus Warschau bald darauf eingekommenen Berichte verkündigten noch keine günstigen Aussichten; die nachtheilige Relation der Commissarien war eben bey Hofe eingelaufen, als der König schon Hofnung gegeben hatte, sich gegen die Stadt geneigt zu erklären; weil aber sein Zorn aufs neue dadurch rege gemacht worden, so hatte es endlich sein Bewenden dabey gehabt, daß die Commissionssache mit Danzig, auf den ein und zwanzigsten Tag, der nächsten Reichsversammlung öffentlich vorgelegt werden sollte. Man war demnach in Danzig beschäftigt, zu einem neuen Versöhnungsmittel seine Zuflucht zu nehmen, und die Mehrheit der Stimmen brachte es aus, daß eine Deputation aus allen Ordnungen an den König gesandt werden sollte, um das Verfahren der Stadt gegen die Commission zu rechtfertigen, und sich der Königlichen Gnade bestermaßen zu versichern. Das Haupt

3 Nov.

29 Nov.

derselben war der bejahrte Burgermeister Johann Brandes, der nebst dem Rathsherrn Peter Behme, den Schöppenherren Reinhold Müller und Johann von Werden, wie auch Joachim Ehler, Conrad Howe, Joachim Landmann und Friedrich Hütfeld, aus der dritten Ordnung abgeschickt wurde. Diese traten ihre Reise fünf Tage nach der Zurückkunft des Syndicus an, der aber zugleich die Nachricht mitbrachte, daß der König mit seiner Hofstatt bereits aus Warschau aufgebrochen wäre.

11 Dec.

Die abgeordneten Herren zogen dem Könige bis Lublin nach, und hatten zwar in Gegenwart vieler Senatoren eine willfärige Audienz, die aber durch die Anwesenheit einiger ebenfalls zurück gekommenen Commissarien, und unter dem hülflosen Verhalten der aus Preussen gegenwärtigen Räthe, sich mit solchem Kaltsinn endigte, daß man keinen erwünschten Ausgang der Sache hoffen, oder höchstens nur eine Verzögerung des ganzen Handels erwarten konnte. Mit diesen mißlichen Aussichten kamen auch einige Herren von der Deputation wieder nach Danzig zurück, und konnten keinen vortheilhafteren Bericht abstatten, als daß der bevorstehende Reichstag (der um die Mitte des Februar seinen Anfang nehmen sollte,) einen entscheidenden Austrag in den Angelegenheiten ihrer Stadt mit sich bringen würde. In Preussen ward vorher ein Landtag gehalten, der der grassirenden Pest wegen einige Wochen später nach Elbing verlegt wurde, übrigens aber auch darin merkwürdig

1569.

war, daß er als der erste Antecomitial-Landtag in der Provinz angesehen werden konnte. Aus Danzig waren der Burgermeister Kleefeld und der Rathsherr Zimmermann dazu deputiret, welche zugleich das Gesandtschaftsgeschäfte, auf den Reichstag übernehmen sollten. *) Die Klagen des Königs über das Betragen der Danziger gegen seine Commissarien, konnten hieselbst nicht ausbleiben; die Räthe aber so wol als die Unterstände, nur den Bischof von Ermland und den Danziger Castellan als Mitcommissarius ausgenommen, waren mit einhelligen Stimmen erbötig, die Unschuld der Stadt Danzig beym Könige zu vertreten; der von den Elbinger Geschickten abgestattete Bericht, vergrösserte noch die Unzufriedenheit mit dem Verfahren der Commission, und es ließ sich zu neuen Hofnungen an, daß Danzig durch eine kräftige Fürsprache der Preußischen Mitstände, mit dem Könige ausgesöhnt werden, und in ihren Freyheitsrechten unbeeinträchtigt bleiben würde.

*) An statt des Rathsherrn Zimmermann ist nachher Peter Behme auf dem Reichstag zu Landessachen ernannt worden.

Siebentes Capitel.

Vorbereitungen zum Lubliner Reichstage — das Decret zu Lublin befestigt die genaue Vereinigung der Provinz Preussen mit dem Polnischen Reichskörper. — Danzig wird dabey insbesondre zurückgesetzt — vier Danziger Herren des Raths werden gefänglich nach Polen geführet — eine Königliche Commission kommt aufs neue nach Danzig — sie eröfnet Gerichtssitzungen und macht beschwerliche Anforderungen an die Stadt — es werden Artikel einer neuen Staatsreforme bekannt gemacht — wogegen die Stadt protestiret — die Commissarien ziehen auf den Reichstag — wohin auch die Stadt eine Deputation sendet. — Die Danziger Reforme wird ratificiret — und die Gesandten der Stadt müssen öffentlich Abbitte thun — Unzufriedenheit in Danzig über die Gesandtschaftsgeschäfte — ein Rathsherr wird aufs neue an den Hof geschickt — und richtet seine Aufträge glücklicher aus — Danzig bleibt bey der Verweigerung, die neuen Verordnungen oder Kornkowschen Constitutionen anzunehmen — die Commissarien nehmen nacheinander ihren Abzug.

Seit dem Warschauer Reichstage vom J. 1563 hatten die Preussischen Stände sich gleichsam zur Regel gemacht, so wol den Besuchen der Polnischen Reichstage auszuweichen, als auch den Fortgang der Landesgeschäfte selbst zu verzögern. Aus diesem Betragen blickte nun zwar der Anschein einer Sorglosigkeit hervor, in der That aber lag eine überlegte Zurückhaltung dabey zum Grunde, womit man unter Erwartungen günstigerer Umstände, die Vertilgung der Landesfreyheiten zu hemmen bemüht war. Zwey Reichstage waren deshalb gar nicht aus dem Lande beschickt worden, einige

Landtage waren nur nachläßig gehalten, und zuweilen hatten die einreissenden Pestkrankheiten einen Vorwand gegeben, dieselben von einer Zeit auf die andere zu verlegen. Inzwischen that solches dem Neuerungseifer in Polen gar keinen Abbruch, und dieser Aufschub der Zeit wurde desto freyer benutzet, die gemachten Entwürfe zur völligen Reise zu bringen. Der König ließ dabey nicht selten seinen Unwillen über das Ausbleiben von den Reichstagen, in harten Ausdrücken erklären, und auf dem Stanislauslandtage zu Marienburg vom J. 1568 war ein drohender Befehl an die Preußischen Stände ergangen, sich auf dem bevorstehenden Reichstag zu Lublin, in vollständiger Anzahl einzufinden. Nun hatte man zwar eines Theils Miene gemacht, sich auch hievon mit der Abwartung des Bischofs von Ermland, der erst von der Kirchenversammlung zu Trident zurückkommen sollte, zu entschuldigen; allein der Woywod von Culm hielt eine Anrede, worin er es als höchstnöthig vorstellte, den Reichstag zu beziehen, und öffentlich wegen der Landesbeschwerden zu reden, worauf die Räthe sich einigten solches persönlich zu thun, und ungeachtet die Unterstände anderer Meinungen waren, so ward doch dieser Entschluß dem Königlichen Abgesandten in seiner Abfertigung mitgegeben.

Der Lubliner Reichstag wurde also von dem Vorlandtage zu Elbing beschicket. Die erste Bewillkommung gab schon zu erkennen, daß man die alten Gewohnheiten gegen die Preußische Landesgesandtschaft ganz aufheben wollte. An statt der sonst üblich gewesenen Privataudienz beym Könige, sollten die Landesräthe sogleich im Senat Sitz nehmen: hierüber wurde zwar der schon ehedem entstandene Wortstreit erneuert, allein der König entschied denselben durch einen Machtspruch, und ließ die Preußischen Räthe in den Senat fordern. Nur an die Abgeordneten von Danzig erging der Befehl, sich wegen ihres Commissionszwistes, des jetzigen Besuchs der Reichsversammlungen und aller Behandlung der Staatsgeschäfte zu enthalten. Die Preußischen Räthe unterließen zwar nicht, bey ihren abgenöthigten Sitzungen im Senat, die Separatrechte des Landes schriftlich und mündlich zu vertheidigen, allein es wurde fast nicht darauf geachtet, und an statt einer Beantwortung, befahl der König, daß die Privilegien der Provinz Preussen öffentlich sollten vorgelegt werden. Der Bischof von Ermland Cardinal Hosius legte vidimirte Abschriften davon auf, welches der König ungnädig aufnahm und die Originale verlangte; allein auf Bitte des Bischofs wurde dennoch eine Commission aus dem Senat verordnet, um die mitgebrachten Privilegien gehörig zu untersuchen. Dieses Untersuchungsgeschäfte veranlaßte verschiedene Disputen, worin über den wahren Sinn einiger Worte und Ausdrücke in den Privilegien gestritten wurde; man konnte sich auch nicht darin einigen, und die Entscheidung wurde wieder dem Könige überlassen. Hierauf beruhete nun allerdings die endliche Bestimmung, ob die Provinz Preussen für unterwürfig der Krone zu halten, oder ob sie mit einer Staatsverfassung privilegirt sey, die es unstatthaft machte, in den Polnischen Reichsversammlungen und mit den Ständen der Krone, gemeinschaftliche Berathschlagungen wegen ihrer Landesgeschäfte zu halten. Der König aber entschied für die genaue Vereinigung der Preußischen Stände mit den Polnischen Reichsständen, und die in Polen beliebte Erklärung der streitigen Ausdrücke in den Privilegien, wurde durch ein abgesprochenes Decret befestiget, vermöge dessen den Preußischen Landesräthen bey Verlust ihrer Würden befohlen wurde, auf dem Reichstage unter den Polnischen Senatoren Sitz und Stimme zu nehmen; die Preußischen Landboten bekamen Befehl, sich in die Polnische Landbotenstube zu verfügen; alle insgesammt wurden verpflichtet, an den Staatsgeschäften der Krone gleichen Antheil zu nehmen; und über die Angelegenheiten der gesammten Reichslande, gemeinschaftliche Rathschläge zu halten; die Einsassen der Preußischen Lande sollten den Beschlüssen der Reichstage unterworfen seyn, und als gemeinsame Einwohner und Unterthanen eines Reichs, gleiche Vortheile zu geniessen, und einerley Bürden auf sich zu nehmen haben.

1569.
16 Mart.

Die einzelnen Protestationen der Räthe vom Lande, der Großen Städte, der Landboten, und der kleinen Städte Preussens, gegen den Ausspruch und Inhalt dieses Decrets, wurden nun nicht weiter in Betrachtung gezogen; vielmehr verwieß man die Abgeschickten des Adels und der

kleinen Städte, mit Drohungen in die Landbotenstube, von wo sie erst nach einigen mit Stillschweigen abgewarteten Sessionen, ihre Entlassung erhielten. Die adelichen Landesräthe aber bewiesen
sich sehr bald folgsamer, sie nahmen die ihnen im
Senat angewiesenen Plätze freywillig ein, und lei-
steten selbst den Eyd, der ihnen zur beständigen
Beobachtung des abgesprochenen Decrets vorgelegt wurde. Nur die Abgeordneten der Großen
Städte enthielten sich aller Theilnahme an diesen
neu aufgelegten Verpflichtungen, ja so gar als die
auf den Ungehorsam gegen das Decret verordnete
Strafe öffentlich angeschlagen, und durch einen
Gerichtsdiener publicirt wurde, so machten sie mit
den Preußischen Landboten und mit den kleinen
Städten gemeinschaftliche Sache, und suchten sich
mit dem Mangel ihrer Vollmachten, von aller
Uebertretung schuldlos zu stellen.

 Solchergestalt hatte man nun in Polen das
große Unionswerk zum Stande gebracht, woran
seit der ganzen Regierung Sigismund Augusts,
unabläßig war gearbeitet worden. Wenige Tage
darauf ward auch die genaue Vereinigung des
Großherzogthums Litthauen mit der Krone Polen
vollzogen, und das darüber aufgerichtete Instru-
ment ist schon den Constitutionen des gegenwärtigen Reichstages einverleibt worden. Die vorge-
zeichnete Bahn unserer Erzählung verstattet es
nicht, den hiedurch veränderten Zustand der Provinz Preussen in allen und jeden Staatsverhältnissen zu entfalten; aber die Folge der Geschichte
wird

wird es genugsam erweisen, wie viel nicht nur die ganze Provinz von ihren ehemaligen Cardinalrechten dadurch verlohren habe, sondern wie auch ein jedes Glied derselben in den Verlust ursprünglicher Vorrechte, und in eine Abhängigkeit sey gebracht worden, welche den Verfall des Ansehens und des Wohlstandes in vieler Absicht nach sich gezogen hat. Danzig war bey dieser Catastrophe noch ausserordentlich zurückgesetzt worden: man hatte ihren Gesandten alle Activität geleget, die Preussischen Mitstände hatten sie gegen das auf dem Landtage geleistete Versprechen, mehrentheils hülflos gelassen; die gehäßigen Relationen, welche die Polnische Commissarien in ihrer Sache gegen sie ausbrachten, hatten die Gemüther am Königlichen Hofe gänzlich erbittert, und es war gleichsam eine allgemeine Verschwörung von Feinden, womit diese Stadt nun einen Kampf aushalten sollte.

Bald nach Beendigung der ersten Hauptgeschäfte des Reichstages, trat der Königliche Instigator Friedewald im Reichssenat auf, und 23 Märt klagte sämmtliche Ordnungen der Stadt Danzig, namentlich aber den Burgermeister Kleefeld, der als Mitgesandter zugegen war, des Verbrechens der beleidigten Majestät an. Den Abgeordneten der Stadt wurde hierauf ein Termin zur Verantwortung gesetzet, dem Burgermeister Kleefeld aber der Hausarrest angekündiget, und wenige Tage darauf ließ der König drey Ausladungen an die beyden Burgermeister Constantin Ferber und Johann Proite, imgleichen an den Rathmann

Gesch. Danz. 2ter Th. M

Albrecht Giese ergehen. Diese Citationen machten in Danzig nicht geringe Bewegung, sie wurden von einem Königlichen Kämmerling im Beyseyn eines Notarius geleget, und obgleich zu Rathhause unterschiedene Meinungen fielen, ob die ausgeladenen Herren sich zu stellen verpflichtet seyn sollten, so wurde doch zuletzt die Abreise derselben, und zwar als Gesandten der Stadt für nothwendig erkannt, worauf sie sich im Monat May zu Lublin einfanden, nachdem theils durch Briefe von der Stadt, theils durch Vorstellungen der am Hofe befindlichen Abgeordneten, voraus alle Mühe war angewandt worden, sie ihrer Unschuld wegen zu rechtfertigen. Nichts desto weniger bekam der intendirte Criminalproceß seinen Fortgang. Man legte es insonderheit dem Burgermeister Ferber und den ausgeladenen Herren zur Last, die Rechte der Majestät, durch Verspottung und Ausstoßung der Königlichen Gesandten und Commissarien verletzt zu haben, und was mit Beschluß sämmtlicher Ordnungen geschehen war, sollten jetzt einige am Ruder sitzende Magistratspersonen entgelten. Vertheidigungen machten hier keinen Eindruck, und weder Privilegien noch Personen der Stadt fanden einigen Beystand, die Beklagten saßen wie Gefangene in ihren Quartieren, der Proceß wurde

12 Aug. geendiget, und es erfolgte ein Decret, Kraft dessen die Königliche Commission aufs neue berechtigt wurde, nach Danzig zu gehen, den vorigen daselbst bewiesenen Ungehorsam in Ausschließung derselben genau zu untersuchen, und nach den ehedem

erhaltenen Befehlen, das Stadtregiment in Ordnung zu bringen. Ferner sollten bis zur Beendigung der Commissionsgeschäfte, die drey Burgermeister und der eine Rathmann aus Danzig, in Polen gefänglich angehalten werden, die übrigen Deputirten der Stadt aber ihre Abfertigung bekommen. Hierauf wurden der Burgermeister Kleefeld und der Rathsherr Giese nach Sendomir, die beyden Burgermeister Ferber und Proite aber nach Peterkau in die ihnen bestimmte Gefangenschaft abgeführet, und der Lubliner Reichstag ward mit der Abreise des Königs nach Knißin geendiget.

Die neue Anmeldung der Commission in Danzig machte ein Secretair derselben, der Cujavische Domherr Goßliecki; er brachte fünf Mandate mit, wovon die beyden ersten sich auf die Wiedereröfnung und Bestätigung der Commission bezogen, das dritte aber ein besonderes Begehren enthielt, daß alle fremde Kaufleute, Seefahrende, Handwerksgesellen und Gäste in der Stadt vor dem Einzuge der Commission, einen Submissionseyd den Statuten nach, leisten sollten; das vierte war an den Rath gerichtet, den Commissarien ein Standquartier auf dem langen Markte anzuzeigen, und das fünfte an die gesammte Bürgerschaft, betraf die Ruhe in der Stadt und die Abstellung aller bürgerlichen Beschwerden. Einige dieser Mandate nebst dem Ankündigungsbriefe der Commissarien von ihrem Einzuge, wurden öffentlich vor dem Artushofe und an die Kirchenthüren angeschlagen;

23 Sept.

die vorläufige Correspondenz mit ihnen ging auch in den mehresten Punkten glücklich von statten, nur die Abforderung des Eydes von den Fremden erweckte Schwierigkeiten unter den Gewerken, welche die Obrigkeit nicht heben konnte. Eine Verlängerung so die Commissarien mit dem Termin ihrer Ankunft machten, verstattete noch Zeit, insbesondre deshalb an den König zu schreiben: man hatte Gründe genug sich damit zu entschuldigen, daß jenes vom Könige Sigismund gegebene Statut sich blos auf den damaligen Aufruhr bezogen hätte, nachher aber nie wäre vollzogen worden; daß die Stadt jetzo in Ruhe wäre, die fremden Handwerksgesellen aber lieber davon ziehen als eydigen wollten, wodurch denn die Stadt in Schaden und Abnahme der Nahrung gesetzt werden müßte; der König überließ es den Commissarien, sich mündlich über diesen Punkt mit den Ordnungen zu einigen; und in Danzig wurde zu diesem so wol als zu andern sich auf die Commission beziehenden Geschäften, ein engerer Ausschuß aus allen Ordnungen erwählet, um so oft es erforderlich wäre, geheime Conferenzen mit den Commissarien zu pflegen.

1 Dec. Die Commission wurde bey ihrer Ankunft von den Deputirten der Stadt im Schießgarten empfangen. Der Bischof von Cujavien, der Woywode von Lenczycz Johann Sirakowski, und die Castellane von Danzig, Mislicz und Biechow, Kostka, Firley und Wyszocki waren die jetzt dazu ernannten Personen, sie hielten mit 200 Pfer-

Dritter Abschnitt. Siebentes Capitel.

den und 30 Rüstwagen ihren Einzug, und hatten drey Rechtsconsulenten als Secretaire bey sich, worunter der Abt von der Oliva Caspar Jeschke einer der geschäftigsten war. Nach wiederholter Anzeige der Ursachen ihrer Herkunft, wie auch der Instructionen und Vollmachten zu ihrer Verrichtung, fing die Commission ihre Geschäfte mit Gerichtssitzungen an, die aber fast unbesucht blieben, so sehr auch insonderheit einige Gewerke ausdrücklich zu klagen angereitzt wurden; nur einzelne Ausländer, Schiffer oder unzufriedene Einwohner brachten hervorgesuchte Beschwerden gegen die Obrigkeit vor. Dagegen wurde die Bürgerschaft äußerst aufgebracht, daß der Instigator Friedewald, sich öffentlich bey diesem Gerichte in bürgerlichen Privatsachen zu thun machte. Dieser Feind seines Vaterlandes hatte neuerlich wegen des vorigen Commissionszwistes, unter dem Titel einer Anklage, eine lästerliche Schmähschrift gegen den Danziger Magistrat, zu Krakau drucken lassen; man sahe daher seine Gegenwart mit dem äußersten Widerwillen in der Stadt, und weil das Volk mit Recht Rache über ihn schrie, so würkte der Rath es bey der Commission aus, daß zu Vermeidung mehreren Unglücks ihm angesagt wurde, sich weder öffentlich sehen zu lassen, noch andre als seine eigentliche Amtsgeschäfte bey der Commission zu betreiben. Ueberhaupt verliefen etwa sechs Wochen, ohne daß etwas wesentliches in Sachen der Stadt auseinander gesetzt wurde; nunmehr aber drung die Commission mit Ernst darauf, daß ihrer erſten Hauptforderung nach, die Ordnungen, zur Verſöhnung des Königs eine genugthuende Erbietung ausmitteln ſollten. Weil es ſich nun ſchon bey den vorläufigen Conferenzen gezeigt hatte, daß eine beträchtliche Summe Geldes, deſſen der König während dem Rußiſchen Kriege noch immer benöthigt war, eins der fruchtbarſten Mittel hiezu ſeyn würde, ſo wurden vom engern Ausſchuſſe die Einkünfte der Pfalkammer dafür in Vorſchlag gebracht. Die Art und Weiſe aber wie man dem Könige dieſen Beyſtand anbieten ſollte, gab noch triftige Urſachen, die Rathſchläge der Ordnungen zu verlängern: die Meinungen fielen größtentheils dahin aus, daß man kein Theilnahme an der Pfalkammer abtreten, ſondern dem Könige eine beſtimmte Summe Geldes, höchſtens auf ſeine Lebenszeit und zwar unter dem Namen eines Hülfgeldes, aus den Pfaleinkünften antragen ſollte. Einigermaaſſen aber äußerte ſich hiebey ſchon ein aufkeimendes Mißtrauen gegen den Burggrafen Zimmermann, der bey der geheimen Deputation den Vorſitz hatte. Er wurde jetzt von dem Commiſſarius Koſtka, als Burggraf beſonders in Eyd genommen, er beobachtete eine zuvorkommende Gefälligkeit in der Converſation mit den Commiſſarien, und ſchien von der Zuneigung des Hofes am wenigſten ausgeſchloſſen zu ſeyn, er hatte auch gleich anfangs den Ordnungen die feſte Hofnung gegeben, daß mit einer willfärigen Zuſtändigkeit an den König, man in kurzem der Commiſſion ſowol als aller Beſchwerden der Stadt entlediget ſeyn würde.

1570.
5 Januar

Dritter Abschnitt. Siebentes Capitel.

Hiezu war aber noch keine Aussicht vorhanden, und die fruchtlose Erwartung derselben beförderte beynahe den Entschluß der Bürgerschaft, sich mit ihren etliche Jahre lang vergebens wiederholten Klagepunkten jetzt an die Commissarien wenden zu wollen; der Rath kam aber zuvor, und versprach nicht nur, sondern erbot sich auch zu einer persönlichen Bürgschaft, daß die Correction aller Fehler und Mißbräuche im Justitz- und Policeywesen der Stadt, aufs eifrigste sollte beschleuniget werden. Auf einer andern Seite nahmen die Ordnungen den engern Ausschuß in Anspruch: derselbe hatte nebst beschloffener Verhöhung des Pfalgeldes, dem Könige schon einen Theil davon unbedingt zugestanden, auch ein Darlehn von 100000 Gulden für Rechnung der Stadt aufzunehmen bewilligt; dagegen waren ungeachtet der geleisteten Zusage, weder die in Polen gefangenen Herren befreyet, noch die Schmähschrift des Friedewalds confisciret, noch die Executions- und Pönalmandate aufgehoben, noch die ungebührlichen Geleite und Citationen abgeschaffet, noch auch andren Bedrückungen die sich von der Commission herschrieben, ein Ende gemacht worden. Man legte demnach dem engern Ausschuß zur Last, seine Vollmacht überschritten 16 Febr. zu haben, und es wurde zum Schluß gebracht, daß nichts hinfort ohne Ratification der Ordnungen von demselben geschehen sollte. Hiezu kam noch daß neue Forderungen dringend auf die Bahn gebracht wurden. Unter andern war der Erbauung eines Hauses, nebst Stall und Speicher für

M 4

die Königliche Hofstatt bisher nur beyläufig Erwähnung geschehen, man hatte sich immer mit dem Geldmangel und den Schulden, worin die Stadt zum Dienst des Königes gerathen war, entschuldigen und dabey anführen können, daß man doch nie ermangelt hätte, bey Anwesenheit des Königlichen Hofes, für Bequemlichkeit des Aufenthalts Sorge zu tragen; jetzt aber verlangte die Commission ausdrücklich einen freyen und geräumigen Platz in der Stadt, als etwa das Koggenthor mit den Nebenhäusern in den anliegenden Strassen, angewiesen zu haben, und sie erklärte es so gar für eine Beleidigung, als einige Bürgerhäuser auf dem Markt vom Rath dazu angezeigt wurden.

23 Febr. Nächstdem kam der Termin, daß die Commission nach ihrem zweyten Hauptendzweck, die neuen Vorschriften zur Reforme des Stadtregiments einrichten wollte. Sie hatte sich dazu eine Anleitung vom Rath geben lassen, die nun auf dem Rathhause sämmtlichen Ordnungen und Gewerken vorgelegt wurde. Der Woywod hielt dabey eine polnische Anrede, die der Castellan Kostka deutsch wiederholte, und worin alle bisher verlangte Irregularitäten mit neuen Drohungen geschärft wurden. Wegen dieser Reformationsartikel mußte man nun viele Rathschläge halten, denn den Ordnungen so wol als den Gewerken wurde anfangs zugestanden, ihre Bedenken und Meinungen darüber der Commission zu übergeben; nachher aber entsprungen daraus so große Streitigkeiten, daß die Commis-
13 März sarien sich unwillig erklärten, die veränderten Re-

gierungspunkte schon nach ihrem Willen beschlossen zu haben, welche auch nach ihrer Reforme ohne Widerspruch publicirt werden sollten. Die Eingriffe in die Privilegien über Seerechte, Appellationen, Hülfgelder und andre Rechte der Stadt, hatten hiebey die wichtigsten Differenzen verursachet; wegen des Gebäudes zur Königlichen Hofstatt hatte man sich ebenfalls nicht geeiniget, und die Ordnungen wollten ihre Erklärung deswegen an den König selbst gelangen lassen; wegen des Eydes der fremden Gesellen ward auch noch gestritten; und die Gefangennehmung des unschuldigen Hauptmanns Jost Zander von der Münde, erweckte eine allgemeine Widerrede, weil er nur seine Pflicht beobachtet, und einem Königlichen Freybeuter durch die Seegel geschossen hatte, welcher wider die Festungsrechte weder hatte streichen noch Bescheid ertheilen wollen. Mitlerweile waren Schreiben vom Hofe eingelaufen, worin sich der König zwar wegen des Anlehns und der angebotenen Hälfte des zu verhöhenden Pfalgeldes günstig erklärte, aber zugleich ohne Verzögerung die Einnahme des letztern verlangte, und einen Königlichen Officianten bey der Pfalkammer anstellen wollte. Dieser Bescheid lief gänzlich den Versprechungen der Commissarien entgegen, man machte ihnen darüber gegründete Vorstellungen, sie aber schienen der vorhergegangenen Placation nicht zu achten, und drungen dadurch den Ordnungen eine Protestation ab, daß sie ohne Revers über die Sicherheit ihrer bisherigen Rechte der Pfalkammer,

an keine Zusage gebunden seyn wollten. Gleichermaaßen erging es bey der erzwungenen Publication der Reformationsvorschrift. Der Syndicus las vor Bekanntmachung derselben nicht ohne Widerstreben der Commissarien, eine Protestation ab, 14 März und als die Publication dennoch aus einem Fenster der großen Wettstube des Rathhauses erfolgte, so wurde abermals durch eine Deputation aller Ordnungen, den Commissarien die Protestation in ihrer Behausung geleget. Man setzte sich damit zwar vielen unfreundlichen Begegnungen aus, und insbesondre mußte der Syndicus, der bey der Deputation das Wort führte, sehr bittre Vorwürfe verschmerzen, allein man ließ sich dadurch nicht abschrecken, die Protestation noch einmal zu wiederholen, als der Abt Jeschke auf Befehl der Commission den Versuch machte, die geschehenen Eingriffe in die Privilegien der Stadt, mit einigem Glimpf zu beschönigen. Doch gab der Bischof dafür dem Rath eine angreifende Weisung, womit demselben alle Verleitung der Bürgerschaft zum Ungehorsam gegen den König Schuld gegeben, und der Protestationen wegen im Namen des Königs erklärt wurde, daß die damit zugefügte Be-
16 März leidigung, nicht anders als durch eine öffentliche Deprecation ausgelöscht werden könnte. Uebrigens glaubte die Commission nach Vollendung ihrer Geschäfte, einen freundlichen Abschied von den Ordnungen nehmen zu können, und der Bischof machte sich den Tag darauf, nebst den mehresten Commissarien wirklich auf die Reise, so daß nur

der Castellan Firley und der Abt von der Olive in Danzig zurück blieben.

Der Abt erwies sich nun überaus geschäftig, die von der Commission zurückgelassenen Aufträge ins Werk zu richten. Im Namen derselben wurde noch in das Wahlrecht des Raths und der Ordnungen eingegriffen, und zwölf Personen aus der Bürgerschaft, Amt und Eyd aufgedrungen, um an der Verwaltung der Güter und Einkünfte der Stadt Antheil zu nehmen. Gegen den Syndicus May ergingen Pönalmandate und eine Ausladung an das Reichstagsgericht, auch die Drohungen mit der Execution, und alle schon oft erwähnte Zunöthigungen wurden ohne Moderation wiederholet. Für sich selbst hatte die Stadt ein nöthiges Geschäfte, den schon angefangenen Reichstag in Warschau zu beschicken, wohin aufs neue beschlossen wurde, eine Gesandtschaft aus allen Ordnungen abgehen zu lassen. Nur in der Wahl der Personen dazu war man anfangs nicht einig; die vom Rath geschehene Ernennung des Rathsherrn Zimmermann wurde von den übrigen Ordnungen, aus unterschiedenen Ursachen gemißbilliget, zumal da sein naher Anverwandter der Rathsherr von Kempen mit deputirt war. Dennoch blieb der erstere nach einigen Debatten das Haupt der Gesandtschaft, nur ward der Rathsherr Behme ihm zugesellet, wonächst aus dem Schöppenstul Hieronymus Schilling, und aus der dritten Ordnung vier Quartiermeister dazu ernannt wurden. Man gab diesen Gesandten eine sehr

25 April.

genaue und eingeschränkte Instruction mit, worin insbesondre die Bewilligung des Pfalgelds nach dem Schluß der Ordnungen bestimmt wurde, und alle gegen die Privilegien der Stadt streitende Re-

31 May formationsartikel von der Anerkennung eximirt waren. Gleich bey ihrer Ankunft aber, fanden die Abgeordneten keinen Anschein zur Besänftigung des Königs. Danzig stund am Hofe so gar im Verdacht, sich mit den erklärten Feinden der Krone Polen in ein Verkehr eingelassen zu haben, obgleich man hier allen Argwohn einer Unthätigkeit im Seekriege zu vermeiden suchte, und eben damals, weil einige Rußische Caperschiffe nahe vor der Rhede Schaden gethan hatten, drey Kriegsschiffe nebst einer Pinke hatte auslaufen lassen, so sehr auch der damit verknüpfte Aufwand in diesen kummervollen Zeiten die Stadt bey ihren übrigen schweren Ausgaben belästigen mußte. Die Commissionsangelegenheiten hatten ebenfalls eine schlechte Situation. Die Zugestehung des Pfalgeldes wurde unbedingt, und nicht blos auf Lebzeiten des Königs bey Hofe verstanden; auf die Execution der Stadtgüter in der Scharpau, Grebin und Weslinke wurde beharrlich gedrungen; die Reformationsartikel, gleich wie die Einschränkungen in den Regalien der Stadt fanden bey Hofe einstimmigen Beyfall; die Pönalmandate gegen Danziger Magistratspersonen und Bürger blieben unentkräftet; auch die in Arrest gehaltenen Herren des Raths sollten erst auf künftigem Reichstage frey werden, und von den Gesandten wurde eine Deprecation abse-

ten der Stadt gefordert, wozu man ihnen ein
scharfes Formular vorschrieb. Alle Berichte, so
die Gesandtschaft hiervon herüberschickte, vermehrten die Unzufriedenheit in Danzig, die Ordnungen
aber bestunden nichts destoweniger strenge darauf,
daß wenn die Instruction überschritten werden sollte, man solches für nichtig und unkräftig ansehen
würde.

Mitlerweile mußten die Danziger Abgeordneten sich einer schweren Verhandlung iu Warschau
unterziehen. Der Reichstag war kürzlich geendiget worden; in einer Session desselben hatte 10 Jul.
der Bischof von Cujavien, ausführlichen Bericht
von den ausgerichteten Geschäften der Commission
in Danzig abgestattet; die daselbst getroffenen Veränderungen waren ratificirt worden, und der Kron-
Großkanzler hatte im Namen des Königs den Commissarien öffentlich für ihre Bemühungen gedanket. Wenn nun die vornehmste Bewerbung
der Abgeordneten dahin abzwecken sollte, sich der
Aussöhnung der Stadt mit dem Könige zu versichern,
und zugleich die Aufhebung der Karnkovischen Constitutionen *c)* zu bewürken; so wurden ihnen dagegen ganz andre Vorschriften gegeben, wonach sie
ohne Verzug Maasregeln, welche der Inhalt ihrer
Instruction gar nicht berührte, ergreifen mußten.
Der Kron-Unterkanzler machte ihnen den Königli-

---

c) Vom Bischof Karnkowski als Chef der oft gedachten Commission, sind die Reformationsartikel oder Verordnungenderselben in Danzig späterhin die Karnkowischen Constitutionen (ob wol sehr uneigentlich) genannt worden.

chen Willen bekannt, daß sie öffentlich nach einem vorgeschriebenen Formular depreciren sollten. Dieser Antrag blieb von seiten des Burggrafen und der übrigen Deputirten nicht ohne Remonstrationen; man glaubte sich mit dem ehemaligen Versprechen der Commissarien so wol, als mit dem Mangel mitbekommener Befehle, dieses Ansinnens zu entledigen, und weigerte sich lange, um wenigstens einen Aufschub bis zu näherer Bevollmächtigung darin zu erhalten; allein der Kanzler erhärtete es mit Heftigkeit, daß der König darüber aufgebracht werden, und alsdenn an keine Versöhnung weiter zu denken seyn würde. Die Abgeordneten gingen hierauf fleißig mit einander zu Rathe, sie sahen alle Ungelegenheiten ihres Nachgebens voraus, entschlossen sich aber dennoch, wie sie dafür hielten, aus der Noth eine Tugend zu machen, und um der Stadt noch größeres Unheil abzuwenden, sich zur verlangten Abbitte persönlich zu stellen. Dieselbe geschahe demnach in Gegenwart der noch zurückgebliebenen Senatoren, und als die Abgeordneten nach erfolgtem Eintritt, noch eine Weile inne hielten, weil sie immer auf eine Moderation hoften, so sprach der König zu ihnen „Wollet ihrs thun, so mögt ihrs thun, wol„let ihrs nicht, so mögt ihrs lassen." Hierauf thaten sie insgesammt einen Fußfall; der Erzbischof von Gnesen aber nahm so gleich das Wort, und legte eine Fürbitte beym Könige ein, worauf durch den Unterkanzler die Erklärung erfolgte, daß der König die Stadt zu Gnaden annähme, und

24 Jul.

ihr selbige zu gelegener Zeit erweisen würde. Die Deprecation wurde sodenn geleistet; was aber die Constitutionen betraf, so sollten dieselben so lange bestehen bleiben, bis die Stadt mit ihren Originalprivilegien erwiesen hätte, daß sie ihren erlangten Freyheiten entgegen wären, alsdenn versprach der König sie zu ändern, und die Stadt bey ihren Gerechtsamen zu erhalten. Nachdem die Abgeordneten aufgestanden waren, wurden sie zum Zeichen der wieder erlangten Huld zum Handkusse gelassen, und der König unterließ nicht, sich freundlich mit ihnen zu besprechen.

Ganz anders dachte man in Danzig, über den Ausgang dieses Versöhnungsgeschäftes. Die Ordnungen glaubten mit den gemachten Geldanträgen, wie solches der Burggraf nach seinen Conferenzen mit den Commissarien zugesagt hatte, den König völlig besänftigt zu haben; zudem hatte man in den übrigen Ansuchen und Beschwerden, über die geschehenen Eingriffe in die Privilegien der Stadt, keine Erhörung erlanget, man war sich auch keiner Untreue noch eines frevelhaften Ungehorsams gegen den König bewußt; und daher ließ es sich wegen der Deprecation so wol als wegen der Instruction und anderer an den Hof eingeschickten Schriften, zu bedeutenden Differenzen an, worin die Ordnungen selbst mit dem Rath eine mißtrauische Unzufriedenheit an den Tag legten. Die Gesandtschaft kam zwar in kurzem nach Hause, und der 21 Aug. Rathsherr Zimmermann suchte nun mündlich eine befriedigende Relation vom Vorgang ihrer schweren Geschäfte abzustatten, er zeigte auch an, daß der aus Noth gemachte Fußfall nicht namentlich in der Instruction wäre verboten gewesen, und daß er zur Abwendung eines größern Uebels unausbleiblich hätte geschehen müssen: allein der Verdacht gegen den Burggrafen hatte schon aus vorgängigen Umständen Wurzel gefasset, und wurde nicht wenig durch den Lobspruch vergrößert, womit der Cujavische Bischof, in seiner auf dem Reichstage gehaltenen Rede, ihn als einen der Königlichen Majestät besonders ergebenen Mann hervorgezogen hatte. u) In derselben Zeit entstanden weitläuftige Debatten wegen Aufschickung der Originalprivilegien, welche der König bey Verlust der Stadtländereyen ausdrücklich verlangt hatte, und worin von sämmtlichen Ordnungen, mit zugezogener Genehmigung der Elterleute von allen Gewerken zuletzt beschlossen wurde, daß der Rathsherr George Rosenberg nebst einem Mitdeputirten und dem Secretair Radecke, mit den Hauptprivilegien hinauf gehen, auch eine Instruction mitbekommen sollte, alle übrigen Angelegenheiten der Stadt aufs sorgfältigste zu vertreten und zu betreiben.

Unter-

---

u) Der Unwillen gegen ihn stieg aufs höchste, nachdem bald darauf seine beträchtliche Schuld an die Stadtcassen aufgedeckt wurde, worüber er aber auf sein Ansuchen, nicht nur ein Königliches Moratorium, sondern auch ein Fürschreiben erhielt, der Forderungen gänzlich entlassen zu werden. Er wurde während den darauf erfolgten Streitigkeiten vom Schlage gerühret, hat sich aber auch der Staatsursachen wegen, bis an seinen Tod des Rathhauses enthalten müssen.

Unterdessen waren wieder drey Königliche Com- 30 Sept.
missarien nach Danzig gekommen, nemlich der
Woywod von Brzescz Johann von der Schleuse,
Sluszewski genannt, der Castellan von Danzig,
und der von neuem zum Olivischen Abt eingesetzte
Caspar Jeschke. Ihrem Hauptauftrage nach
sollten sie nun die Karnkowischen Constitutionen,
nach wiederholter Publication zur Vollziehung
bringen; allein ihre darauf abzweckende Forderungen machten so wenig Eindruck, daß vielmehr kraft
einesSchlusses sämmtlicherOrdnungen, denCommis-
sarien ein schriftlicher Abschied gegeben wurde, worin
man sich deutlich erklärte, die Constitutionen nicht
anzunehmen, und ohne fernere Negotiation mit den
Commissarien, die ganze Sache mit dem Könige selbst
beendigen zu wollen. Zur Rechtfertigung dieses Be-
scheides bezog man sich auf die bedingteAussöhnung,
und auf die Capitulationspunkte, unter welchen selbige mit der Commission zumAbschluß gekommen
war. Zehen der letztern wurden insbesondre nahmhaft
gemacht: daß nemlich die Friedewaldische Schmähschrift confiscirt und wiederrufen, auch der Urheber
derselben bestraft werden sollte; daß der König die
Commission aufheben, und die drey Herren aus
der Gefangenschaft befreyen würde; daß die Freybeuter sich von der Stadt entfernen sollten; daß
die Landgüter der Stadt unangefochten bleiben,
die ungebührlichen Auslagungen, wie auch die
Misbräuche der Geleitsbriefe abgeschaft werden,
die Contribution der Stadt erlassen seyn, ihr Münz-
Privilegium ungestört bleiben, und die Weichsel-

Ströhme gänzlich frey seyn sollten. In einem demüthigen Schreiben an den König wurden die Gründe der Entschuldigung noch ausführlicher auseinandergesetzt, und der König ward inständigst gebeten, um der erfolgten Aussöhnung willen, die Stadt von dem beschwerlichen Commissionsgeschäfte zu befreyen. Die Streitigkeiten mit den Commissarien, wurden, wie leicht zu erachten ist, dadurch in die Länge gezogen, und obgleich der Woywod von Brzescz ein friedliebender Herr war, der die Vorstellungen von Seiten der Stadt ruhig annahm, auch von dem ungestümen Sinn des Castellans Kostka und des Abts von der Olive sich merklich entfernte, so suchten diese letztern doch desto feindseliger durch ihre Correspondenz mit dem Königlichen Hofe, die Aufbürdung der Constitutionen in Danzig zu Stande zu bringen.

Die Bearbeitungen des Rathsherrn Rosenberg in Warschau, schienen anfangs kein Gegengewicht dafür zu erhalten. Der König ließ sich so gar überreden, unter dem Vorwand, daß die Obrigkeitlichen Amtsgeschäfte in Danzig vernachläßigt würden, anstatt der in Polen arrestirten Herren, die drey Rathmänner Zimmermann, Behme und Schachmann, durch ein Mandat interimsweise zu Bürgermeistern zu ernennen; in der Executionssache der Stadtgüter, wurden außer der Scharpau, noch die Nehring und der Hof Grebin im Werder, durch ein Decret der Stadt abgesprochen; es war auch einigen Polnischen Magnaten daran gelegen, daß diese Landesstücke zum Kö-

Dritter Abschnitt. Siebentes Capitel.

niglichen Tisch gezogen würden, indem ihnen die Possession davon war zugesagt worden, und Danzig setzte sich schon ganz in Bereitschaft, mit militairischen Anstalten so wol als durch Deputationen aus allen Ordnungen, ihre Besitzungsrechte mit Gewalt zu vertheidigen. Allein kurze Zeit nachher wußte Rosenberg dem Könige eine beßre Zuneigung abzugewinnen; er negocirte dienstfertiger über eine dem Könige zugesagte Geldhülfe, womit die Stadt bisher noch Anstand gemacht hatte; er suchte mit kluger Mäßigung die Executionstermine aufzuhalten; er insinuirte mit Behutsamkeit den Nachtheil der Eingriffe ins Obrigkeitliche Wahlrecht, und brachte es durch unabläßige Vorstellungen so weit, daß die in Polen angehaltenen Herren 20 Oct. ihres Arrests entledigt und nach Warschau gerufen wurden, wo sie zum Handkuß gelangten und eine Versicherung der Königlichen Gnade erhielten. Sie bekamen auch bald darauf die Erlaubniß nach Danzig zurück zu gehen, und nachdem der Rathsherr Rosenberg mit der Gemalin des Burgermeister Kleefeld die Reise vorher angetreten hatte, so 2 Dec. brachen die übrigen Herren einige Tage später auf, und langten glücklich in Danzig an, nachdem sie von einer Deputation aller Ordnungen, die aus dem Rathsherrn Rosenberg, dem Schöppe Conrad, und vier Quartiermeistern bestand, mit einem Aufzuge von 160 Pferden ehrenvoll waren 17 Dec. eingeholt worden. In ihrem Königlichen Dimissionspatent, so nachher auf dem Rathhause öffentlich gelesen ward, wurden gedachte vier Herren von allen ihnen zur Last gelegten Staatsverbrechen und Vergehungen frey und schuldlos erkannt, hienächst aber wurde (wie schon nach der ersten Danziger Mission beschlossen gewesen) die Friedewaldsche Schmähschrift gegen die Stadt und ihre Personen insbesondre, für schändlich und ehrenrührig, und mit vorbehaltener Strafe gegen den Urheber derselben, für kraftlos, ungültig und nichtig erkläret.

Unfehlbar wäre die Zufriedenheit in der Stadt über diese günstige Veränderung der Umstände größer gewesen, wenn nicht eben jetzo die verdächtige Geldschuld des Burggrafen Zimmermann, und überhaupt die lästigen Schulden, so man bey Aufnahme der Stadtcassen befand, hienächst aber die schweren Ausgaben zur Seerüstung, und die Aufbringung neuer Capitalien, den Rath mit den übrigen Ordnungen und den Gewerken, in Verlegenheiten und zwistvolle Geschäfte verwickelt hätten. Hiezu kam noch, daß mit Anfang des neuen

1571. Jahres, von den Commissarien eine umständliche Anwerbung wiederholt wurde, sich zur Annahme der Constitutionen zu bequemen. Ein Königlicher Referendarius Czarnkowski war neuerlich der Commission deshalb zur Hülfe geschickt worden, welche nun in ihren Forderungen schon so weit nachließ, daß die Stadt nur diejenigen Artikel annehmen sollte, die sie nicht mit ihren Privilegien in Widerspruch zu seyn glaubte. Der Beschluß der Rathschläge aber fiel dahin aus, daß die Constitutionen den Commissarien nochmals mit Protest zu=

rück gegeben werden sollten, dieweil man in sich selbst damit beschäftigt war, würklich auch schon zum Theil einen Ausschuß dazu ernannt hatte, um im Justiz- Finanz- und Policeywesen der Stadt, eine durchgängige Verbesserung zum Stande zu bringen, die mit den Grundgesetzen, Statuten und Privilegien vollkommen übereinstimmen sollte. Man gab dabey in der Erklärung an die Commissarien sehr deutlich zu verstehen, daß nur seit ihrer Ankunft, die Stadt in einen zerrütteten Zustand gerathen sey, daß die Ordnungen untereinander mishellig geworden, die Seeräuber in ihrem Muthwillen gestärket, schlechte und auffäßige Bürger geschützet, in die Rechte der Obrigkeit Eingriffe geschehen, der Vergleich des Raths mit den Brauern ohne Ursache aufgehoben, auch die Gewerke widerrechtlich aufgeboten, und diese nebst andern von der gemeinen Bürgerschaft, zu Eydesleistungen eigenmächtig wären gezwungen worden. Man stützte sich endlich auf die ursprüngliche Gerechtsame der Stadt, sich eigne Willkühren zu setzen, und die Ordnungen hielten fest darauf, daß, so gerne der Rath eine gelindere Insinuation davon machen wollte, alle diese Wahrheiten den Commissarien frey heraus und ohne künstliche Einkleidung gesagt werden mußten. Die erste Folge davon war, daß der Castellan Kostka und der Abt von der Olive mit großem Zorn und Verdruß plötzlich von Danzig abzogen. Mit den beyden zurückgebliebenen Commissarien kam es zwar noch zu gütlichen Conferenzen, es schien auch, als ob

16 Febr.

man ihrer Empfehlung näher treten würde, durch Niederschlagung der Geldvorschüsse, so die Stadt vom Könige zu fordern hätte, sich der so genannten Constitutionen ganz zu entschlagen: weil aber die Meinungen in den Danziger Regierungscollegien immer gar zu getheilt blieben, und man sich weder mit den erschöpften Cassen aushelfen konnte, noch einen andern Vorschlag eingehen wollte, sich den Constitutionen nur in einigen speciellen Artikeln zu unterwerfen, so konnte in der ganzen Sache kein näherer Vergleich abgemacht werden. Es vermehrte die Schwierigkeiten nicht wenig, daß zu derselben Zeit ein neuer Burggraf beeydigt werden sollte, den auch der Woywod seinem Auftrage gemäs, in Eyd zu nehmen bereit war, aber nicht anders als nach der abgeänderten Eydesformel, und mit den Ceremonien die der Inhalt der Constitutionen mit sich brachte. Da nun der Rath und die Ordnungen hierin nicht einwilligen wollten, so zerschlug sich nicht nur dieses Geschäfte, sondern es wurde auch mit allen übrigen Unterhandlungen zu keiner Abänderung des vorigen Entschlusses gebracht. Dagegen aber, als die Commissarien wegen ihrer schon beschlossenen Abreise,

10 März

auf eine endliche Resolution antrugen, so ward eine große Deputation an dieselben abgefertiget, welcher der ganze Rath, sämmtliche Gerichtsherren, alle Quartiermeister und die Elterleute von den Gewerken beywohnten. Der Burgermeister Proite als Präsident hielt eine kurze Anrede, und bat, das ehrfurchtsvolle Remonstrationsschreiben

Dritter Abschnitt. Siebentes Capitel.

an den König lesen zu lassen, worin sowol der wahre Sinn der Placationspuncte erläutert, als auch die erheblichsten Gründe zur gänzlichen Absage der Constitutionen auseinandergesetzt waren. Die Antwort der Commissarien darauf enthielt weniger Vorwürfe als ein Bedauren wegen des fruchtlosen Ausganges ihrer Geschäfte; doch ließ der Referendarius etliche Worte fallen, als ob er die gut gesinnte Bürgerschaft durch einige anders denkende Anführer getäuscht zu seyn glaubte. Solches gab die Veranlassung, daß der Burgermeister vor seinem Abschiede, die anwesenden Deputirten insgesammt aufrief, sich ihrer Einstimmung wegen persönlich zu erklären, und darauf erfolgte von allen ein einhelliges Bekenntniß, daß nicht einige unter ihnen, sondern sie alle einstimmig die vom Rath angezeigte Willensmeinung beschlossen hätten. Die Commissarien waren hiemit zufrieden, sie versprachen, der Stadt Freunde zu bleiben, und nahmen in wenigen Tagen, einer nach dem andern ihren Rückweg.

Achtes Capitel.

Danzig wird von Dänemark in Seeschaden gesetzt — König Sigismund August geht mit Tode ab. — — Dessen Wohlthätigkeit gegen fromme Stiftungen in Danzig — Danzig hat gute Privilegien von ihm erlangt — und nützliche Bauten unter seiner Regierung vollbracht — — Nachtheilige Kirchenhändel — und Religionszwiste unter den lutherischen Predigern in Danzig.

Danzig hatte während der schweren Commissionshändel, welche den innern Zustand der Stadt in einer mühseligen Lage erhielten, wenigstens von aussen die Hofnung geschöpfet, daß durch die Friedensunterhandlungen mit Schweden, und durch die geschärften Befehle an die Polnischen Freybeuter, eine sichere Schiffahrt zur Fortsetzung des Seehandels wieder hergestellt werden würde. Dagegen war der König von Dänemark zu wenig überzeugt, daß die Danziger Auslieger an allen Beschädigungen auf dem Meere unschuldig wären, und er schien die Seefahrer dieser Stadt fast durchgehends für seine Feinde zu halten. Die Vertretung der Hansestädte, an die sich Danzig öfters hierin gewandt hatte, schien auch nicht mehr den vormaligen Eindruck zu machen, und Friedrich der Zweyte setzte eine gegründete Ursache Rache zu nehmen, in der angeblichen Gewißheit, daß so lange der Krieg gewähret hatte, Danziger Schiffe den Schweden Proviant, Salz und andre Bedürfnisse zugeführt hätten. Hiedurch verlor Danzig wider alles Vermuthen seine drey Kriegsschiffe und die Pinke, welche gegen die Rußischen Caper neuerlich waren ausgerüstet worden; eine Dänische Escadre bemächtigte sich derselben bey Bornholm, und weder die inständigen Vorstellungen der Stadt, noch die Fürschreiben des Königs von Polen würkten die Loslassung derselben aus. Man setzte noch alles Vertrauen auf die bevorstehende Friedensversammlung zu Stettin, welche im J. 1570 den 1ten Jul. eröfnet wurde: Danzig schickte einen Abgesandten dahin ab, und der König von Polen ließ durch seine Gesandten, die Danziger Forderung mit großem Eyfer unterstützen. Sie ward auch durch die Kayserlichen und Churfürstlich Sächsischen Bothschafter als Friedensvermittler dergestalt eingeleitet, daß ein eigener Artikel dem Könige von Dänemark deswegen vorgeleget, und mit den Dänischen Ministern Konferenzen darüber gehalten wurden; allein sie blieb nachher unausgemacht, und die Verzögerung derselben schien mindestens nicht wichtig genug, um das ganze Friedensgeschäfte deshalb rückgängig zu machen. In der Folge ist diese Sache zwar auf Empfelung des Polnischen Hofes der Vermittelung der Churfürsten von Brandenburg und Sachsen überlassen geblieben; allein der Tod Königs Sigismund, und andre dazwischen getretene Umstände haben sie noch weiter verlängert, und Danzig hat sich zuletzt um aller Störung der Schiffahrt im Sunde überhoben zu seyn, mit dem Könige von Dänemark geeiniget, die genommenen Schiffe und Güter mit Erlegung einer Summe Geldes in Freyheit zu setzen. Ueberhaupt müssen in diesen unglücklichen

Zeitläuften, die Kräfte Danzigs im Navigationswesen, ausnehmend seyn in Abnahme gerathen; denn man findet, daß die Stadt sich in einer Vorstellung an den König von Polen beklagt hat, von hundert und funfzig Schiffen die zuvor bey derselben gewesen, kaum den vierten Theil davon übrig behalten zu haben; wie denn auch in diesen nahrlosen und kriegerischen Zeiten, kein Privatbürger mehr Muth gehabt hat, neue Schiffe zu bauen, oder dieselben auswärtig an sich zu kaufen.

Die aufgehobene Separatfreyheit der Provinz Preussen verminderte in der That alle Hofnungen, des ehemaligen Wolstandes wieder theilhaftig zu werden. Danzig sahe mit dem ganzen Lande den Folgen der Einschränkung entgegen, womit die mißgünstige Politik der Polnischen Nation, die Commerzvortheile der Preußischen Städte, schon geschwächt hatte, und noch täglich mehrere Eingriffe darin zu machen drohete. Es wurde zwar unter dieser Regierung jede Gelegenheit von den Preußischen Ständen ergriffen, die Wiederherstellung ihrer verlornen Vorrechte rege zu machen; die rührende Anrede eines Preußischen Unterkämmerers in der Polnischen Landbotenstube, that auch einst auf dem Reichstage eine so gute Würkung, daß ein Landbote aus Cujavien es öffentlich für Tyrannisch erklärte, die Privilegien der Preußischen Einsassen geschmälert zu haben; allein unter dem Getümmel der größern Gegenparthey verschwand alle Beherzigung der Vorstellungen, die man noch ferner auf eine so gute Grundlage zu

1572.

bauen bemüht war. Es blieb demnach nur bey einigen zweifelhaft gemachten Vertröstungen, und noch auf demselben Warschauer Reichstage wurde ein Executionsdecret gegen die größen Städte in Preussen, zur Erlegung der zu Lublin bestandenen Contribution verlautbaret. Der König erlebte nicht lange den weiteren Erfolg der unter ihm vollbrachten Staatsveränderung, denn er starb auf seinem Lustschloß zu Knispin, an einer Entkräftung, im zwey und funfzigsten Jahre seines Lebens. Wenige Monate vorher war die Königin seine dritte Gemahlin gestorben, mit der er in einer eben so mißvergnügten als unfruchtbaren Ehe gelebt hatte; und mit ihm erlosch zugleich die männliche Linie des Jagellonischen Hauses.

7 Jul

Wenn man die Staatsbedrückungen ausnimmt, welche Danzig unter diesem Könige hat ausstehen müssen, so ist sein Andenken hieselbst durch unterschiedene gute Werke, und durch Begünstigungen verewigt worden, die er insbesondre einigen frommen Stiftungen hat zufliessen lassen. Ein Zeugniß davon geben die beyden Kirchen und damit combinirte Hospitäler zum heil. Geist und St. Elisabeth, deren ersteres seine Handfeste und Verleyhung an den Rath zu Danzig, schon vom J. 1382 unter dem Hochmeister Winrich von Kniprode herschreibet, letzteres aber im J. 1394 (der Elenden Hof genannt,) neben der Ordenskapelle oder Kirche zu St. Elisabeth, vom Hochmeister Conrad von Jungingen ist gestiftet worden, und worüber dem Compthur zu Danzig die ausschließliche Verwaltung und Obervormundschaft verliehen gewesen, welche aber nach aufgehobener Ordensherrschaft, vom Könige Kasimir an den Rath der Stadt übertragen ist. Diesen beyden Hospitalskirchen hat König Sigismund August nicht nur alle Rechte, Besitzungen und Prärogativen, durch Erneuerung ihrer Privilegien bestätiget, sondern auch die Entledigung ihrer Landgüter von Auflagen und Contributionen, gegen alle Anfechtungen mit neuen Freyheitsbriefen gesichert. Eben so wolthätig hat er sich gegen das kurz nach dem Antritt seiner Regierung gleichsam durch eine neue Stiftung wiederhergestellte Waysenhaus in Danzig erwiesen. Wir finden zwar aus den ältesten Zeiten her, unverkennbare Spuren, daß ein ähnliches Institut zur Aufnahme und Unterstützung hülfsbedürftiger Waysenkinder, hier in der Stadt sey errichtet gewesen, da schon unter dem deutschen Orden sich vor andern die beyden Hochmeister Conrad und Ulrich von Jungingen durch milde Stiftungen darum verdient gemacht haben; aber wenn auch das Andenken derselben sich noch in den Ueberbleibseln einiger wolthätigen Dotationen erhält, so ist dasselbe doch durch die Zuflüsse der Großmuth und Menschenliebe in neuern Zeiten ziemlich verdunkelt worden. Dem Rechtstädtschen Rathsherrn und Kämmerer Johann Connert (oder Conrath) gebühret der Nachruhm der Wiederaufbauung des Waysenhauses, und der erneuerten Einrichtung desselben, woran er, wenn nicht ganz auf seine Kosten, doch gewiß die freygebigste und thätigste Hand angelegt hat. Das vorige Gebäude war im J. 1547 durch ein ausgekommenes Feuer bis auf den Grund abgebrannt, und im J. 1549 ist der Bau des neuen schon bis zum dienlichen Gebrauch fertig gewesen, außer daß vier und achtzig Jahre später, aus den milden Gaben einiger Privatpersonen die Hofmauer um dasselbe ist aufgeführt worden. In den Jahren 1551 und 1552 hat dieses Waysenhaus vier Königliche Privilegien erhalten, wodurch dasselbe von allen Auflagen und bürgerlichen Beschwerden befreyet, und aller Vorrechte frommer Stiftungen theilhaftig gemacht, gewisse Vergleiche desselben über Holzlieferungen aus den Olivischen Wäldern bestätiget, die Theilnahme an den Strafgeldern aus den Obrigkeitlichen Aemtern, zur Verpflegung der Waysenkinder ihm zuerkannt, und noch mehrere Rechte und Vortheile angewiesen, ferner auch diesem Hause das ausdrückliche Freyheitsrecht ist ertheilt worden, daß alle darin aufgenommene uneheliche Kinder legitimiret, und gleich den ehelich gebohrnen in alle Zünfte, Gilden und Gewerke einzutreten befugt seyn sollen, wie solches das Privilegium vom J. 1552 am Mondtage nach St. Bartholomäi gegeben, bey einer nahmhaften Strafe von 200 Ungrischen Ducaten bestimmet. Nachdem auch im Jahr 1563 der Grund zu der gewölbten Riedewand w) über den Stadtgraben gelegt wor-

w) Dieses gemauerte Gewölbe ist im J. 1636 nachdem es leck und baufällig gewesen, abgebrochen, und eine andre Riedewand von starkem Holze gesetzt worden, welches man auch in den späterhin erfolgten Reparationen bis auf gegenwärtige Zeit beybehalten hat.

den, wodurch der für Danzig höchst nützliche Radaune Fluß seinen angewiesenen Lauf in die Alte Stadt bekommet, die große Mühle daselbst treibet, und sich nachher in die Motlau ergiesset; so hat Danzig, als diese Arbeit im J. 1567 vollendet gewesen, ein Königliches Privilegium erhalten, daß weder das Cartheuserkloster Marienparadies, x) noch sonst einige längst gedachtem Flusse anwohnende Einsassen, den Lauf desselben zu hemmen, oder anders wohin abzuleiten, unter irgend einem Vorwande sich anmassen sollen. Noch mehrere Privilegien haben theils die Danziger Dorfschaften, theils auch die Stadt selbst, zur genaueren Bestimmung des gerichtlichen Appellationsrechtes, imgleichen über die Einschränkung der Königlichen Geleitsbriefe, und für andre wichtige Gegenstände erhalten. Auch den Danziger Gewerken sind unter dieser Regierung, nicht geringe Freyheiten und Bestätigungen ihrer Rechte ertheilt wor-

---

x) Die Carthause vier Meilen von Danzig entfernet, ist im J. 1382 von einem Edelmann, Johann Ruschnitz gestiftet, und ursprünglich mit drey Dörfern Cölpin, Ozemlin und Gedingen dotirt worden; hingegen hat die Kirche daselbst ein reicher Bürger aus Danzig, Johann Thiergart, auf seine Kosten erbauen lassen. Etwa eine Meile oberhalb diesem Kloster entspringt aus einem Landsee die Radaune, und fliesset ihrem natürlichen Lauf nach in die Motlau. Bey dem Danziger Dorfe Praust aber wird die Radaune vermittelst einer Schleuse getheilet, und ein Theil behält sein natürliches Bett unter dem Namen der alten Radaune, der andre Theil aber heisset die neue Radaune wegen des neu gegrabenen Canals durch Alt Schottland, von wo sie in die Danziger Alte Stadt geführt ist, und sich sodenn mit der Motlau vereiniget.

den, worunter aber diejenigen Privilegien wol zu unterscheiden sind, welche König Stephan, weil sie in den unruhigen Zeiten erschlichen gewesen, später hin für ungültig und kraftlos erklärt hat. Außer den oben gedachten im Wall- und Festungsbau verbesserten oder neu aufgeführten Werken, hat Danzig in den Regierungsjahren dieses Königs, auch auf andere öffentliche Gebäude, theils aus Nothwendigkeit, und zum Nutzen der Stadt, theils zur Verschönerung derselben, nicht geringe Kosten verwendet. Als im J. 1556 die Spitze des Rechtstädtschen Rathhauses welche aus fünf neben einander errichteten Thürmen bestanden hatte, durch ein bey den Sparren des Uhrwerks ausgekommenes Feuer fast gänzlich abgebrannt war, y) so ist drey Jahre darauf zur Aufsetzung des neuen Thurms in seiner jetzigen Gestalt, der Anfang gemacht worden. Im J. 1560 hat man die erste große Glocke zur Schlaguhr aufs Rathhaus gebracht, aber erst im folgenden Jahre ist die Arbeit mit Aufbringung der Zeigerscheiben, der Glocken zum Singewerk und aller übrigen Verzierungen, wie auch Curicke solches bezeuget, fertig geworden. Wenige Jahre später, ist nachdem schon vorher die abgebrochene Roggenbrücke mit Einrammung frischer Pfäle, durchaus von neuen verfertiget gewesen, das daneben liegende Thor in Ar-

---

y) Diese Nachricht des damaligen Zeichenverwalters beym Wallgebäude Augustin Willenbrock halte ich für richtiger als die welche Curicke aus dem Königsbergschen Handbüchlein genommen hat.

zeit genommen worden. Man hat auf demselben ein festes und zierliches Gebäude errichtet, das dreyfache Thor selbst aber von unten auf durchweg mit einem starken Gewölbe versehen, auch auf einer Seite die große Waage zum öffentlichen Gebrauch hieselbst angeleget; und alles dieses ist im J. 1568 gerade gegen die Zeit im Stande gewesen, da die Polnischen Commissarien in die Stadt gekommen sind, und auf dieses neue Thorgebäude, nachher zur Königlichen Wohnung einen Antrag gemacht haben. Im J. 1563 hat Danzig, um in diesen unruhigen Zeiten am Seehafen eine bessere Schutzwehr zu haben, das Haus bey der Weichselmünde, so vorher nur von Holz erbauet gewesen, von Ziegelsteinen aufführen und mit einer starken zehn Ellen dicken Mauer versichern lassen. Wir wollen nicht mehrerer Bauarbeiten erwähnen, welche theils an Thören, und Brücken, theils auch an andern öffentlichen Plätzen, zu geschweigen an Kirchen- und Schulengebäuden, in dieser Zeit haben besorgt werden müssen. Es machet unsrer Stadt Ehre genug, dem Druck kummervollen Zeiten nie dergestalt untergelegen zu haben, daß nicht alles was Sicherheit, Nutzen und Wolstand derselben erforderlich machten, dabey hätte geleistet und zur Ausführung gebracht werden können.

In einer gekränkten Lage finden wir dagegen das Kirchenwesen in Danzig, ob gleich man hätte vermuthen sollen, daß nach der glücklich emporgebrachten Kirchenreformation, Ruhe und Eintracht

tracht die Gemüther der Evangelischgesinnten Religionsverwandten hier würden beseliget haben. Der Unfrieden der Römisch-Catholischen Glaubensgenossen, konnte würklich gegen die überwiegende Menge der Lutheraner nicht mehr kräftig genug aufkommen; aber die evangelischen Prediger selbst fingen lieblose Gezänke untereinander an, welche dann, so zweydeutig und räthselhaft auch die Gegenstände derselben gewesen, dem schiefen Urtheil der Bürgerschaft, oder der Layen überhaupt, nicht gänzlich entgingen, sondern vielmehr Factionen und Sectirereyen unter ihnen verursachet haben. Personeller Neid zwischen zweyen Predigern an der St. Johanneskirche, unter denen der Pfarrer oder Pastor D. Samuel Gebel, weniger Beyfall hatte als der Vesperprediger Johann Hutzing, hat den ersten Grund zu einem um sich greifenden Zwiste geleget, der durch die öfters erfolgten Amtsverwechselungen unter den Geistlichen, vornemlich ist fortgepflanzt worden. D. Gebel brachte es mit den groben Angriffen seines Collegen und durch öfentlich auf der Kanzel ausgestossene Injurien gegen die Kirchenvorsteher, im J. 1560 so weit, daß er abgesetzt wurde, und die Stadt räumen sollte. Er fand aber unter den übrigen Predigern in Danzig, drey eifrige Vertheidiger, die ihm nicht nur auf der Kanzel das Wort redeten, und den Prediger Hutzing dafür schmäheten, sondern auch das Entscheidungsurtheil des Magistrats ausdrücklich oder verblümt in ihren Predigten angrifen. Sie zogen sich dadurch insgesammt den Verluſt ihrer Aemter zu, und ſie mußten, gleich wie der D. Gebel, alle drey, nemlich Franz Burchhard, Benedict Morgenſtern, und Heinrich Saalfeld, bey Sonnenſchein aus der Stadt ziehen. Man berief andere Prediger an deren Stelle aus Wittenberg, doch wurden zwey von jenen in Thorn angenommen, die der Kirche in Danzig noch manchen Schaden gethan haben. Indeſſen ſchien auch unter den neuen Predigern, M. Johann Weidner zu St. Marien, in ſeinem Vortrage von dem Sinn der evangeliſchen Lehre abzuweichen. Er wiederrief zwar freywillig einen irrig vorgetragenen Satz von der Nothwendigkeit guter Werke zur Seligkeit, und die Ruhe ſchien wieder hergeſtellt zu ſeyn; allein bald darauf kam es durch zwey fremde Gaſtprediger, zu neuen Streitigkeiten unter mehreren Geiſtlichen in Danzig. Erhard Sperber und Veit Neuber, welche ſchon in Königsberg mit einander gezankt hatten, waren dort im J. 1561 abgeſetzt worden, und kamen beyde hieher, als ob ſie abſichtlich hier ihren Streit fortſetzen wollten. Neuber, den ſein Gegner des Calvinismus beſchuldigte, ward von einem hieſigen Doctor der Rechte Jacob von Barten, den Herren des Raths inſtändigſt empfolen, und ihm darauf die Betretung der Kanzel verſtattet; der Kaplan Sperber aber erhielt wegen bevorſtehender Entbindung ſeiner Ehegattin eine freye Herberge, und erbot ſich dafür, Wochen- und Mittagspredigten dem Geſinde zu halten, obgleich ſeine Feinde ihn für einen Anhänger des Papſt-

Dritter Abſchnitt. Achtes Capitel.

thums hielten. Doch wurden beyde bald darauf, weil ſie einander ärgerliche Vorwürfe in der Lehre vom Abendmahl, und wegen der Adminiſtration deſſelben gemacht hatten, zu einem freyen Bekenntniß beym Rath vorgefordert, und hiebey erhielt M. Neuber den Vorzug, daß er zu einem ordentlichen Prediger an der Pfarrkirche zu St. Marien angeſtellt wurde: Sperber trieb nun aus Verdruß ſeine Verleumdungen noch weiter, er verlor aber darüber ſeine Verpflegung in der Stadt, und mußte fortziehen, doch gab man ihm die Erlaubniß, ſich durch auswärts aufgebrachte Zeugniſſe wider ſeinen Gegner rechtfertigen zu können. Er hat nachher würklich einige Zeugniſſe gegen den M. Neuber zuſammen getrieben, hat auch durch Fürſprecher und durch Briefe an den Rath zu Danzig, um ein freyes Geleit angehalten, und ein ſo genanntes Vermahnungsbüchlein an denſelben beygelegt, auch zuletzt eine gedruckte Apologie für ſich eingeſchicket. Weil aber ſein Vermahnungsbüchlein eine Schrift voll bitterer Invectiven geweſen, man auch der Predigerhändel in Danzig ſchon genug hatte, ſo iſt ihm die Rückkehr beharrlich verweigert geblieben. Indeſſen iſt M. Neuber dabey der Verfolgungen auch nicht überhoben geweſen, und der Sperberſche Anhang in der Stadt, hat ſeine Ruhe ſo ſehr geſtöret, daß er zuletzt im J. 1563 den Entſchluß gefaßt hat, von ſeinem Amte abzudanken und Danzig gar zu verlaſſen.

Die erheblichſte Folge der Kirchenzwiſte, welche durch Veranlaſſung dieſer beyden Männer in

Danzig entstanden waren, und worin insbesondre die Streitfrage von der Eigenschaft der Ueberbleibsel des Brodes und Weins nach dem Gebrauch des Abendmahls, weitläuftig ventilirt wurde, ist im J. 1562 die Abfassung der Danziger Notel, wie sie genannt wird, gewesen. Diese ist eigentlich eine einstimmige Erklärung, (und wird daher auch Formula concordiae oder Formula consensionis genannt) über dreyzehn das Sacrament des Abendmahls betreffende Religionsartikel, wozu sich alle evangelische Prediger, die in Danzig ein Predigeramt verwalten wollen, freywillig bekennen, und dieselbe eigenhändig unterzeichnen müssen. Die Verfertigung derselben wird dem obgedachten D. von Barten zugeschrieben, welcher zugleich ein gelehrter Theolog gewesen seyn soll. Allein ihrer friedlichen Absicht ungeachtet, ist diese Notel nicht sowol in Danzig, als vielmehr durch auswärts gefällte Urtheile, gleich anfangs einer streitvollen Censur unterworfen worden. Benedict Morgenstern zu Thorn fand hierin eine Gelegenheit, seine Rache gegen Danzig auslassen zu können; er suchte einige Danziger Prediger durch Briefe gegen die Notel aufzuhetzen, und wandte sich an auswärtige Theologen, ihm selbst zur Anfechtung derselben behülflich zu seyn. Zu gleicher Zeit wurde die gedruckte Spersche Apologie ins Publicum gebracht, und dieses alles hatte den bösen Erfolg, daß die Danziger Bürger gegen ihre Prediger mißtrauisch wurden, und untereinander in Zwietracht geriethen. Der Rath zu Danzig ließ hierauf bey den Theologischen Facultäten zu Wittenberg und Rostock, um eine freye Beurtheilung der Notel ansuchen; von Rostock aber wurde die Antwort durch Morgensterns Ränke zurückgehalten, dagegen erfolgte von Wittenberg ein Responsum, welches die Notel approbirte, worauf der Rath dieselbe aufs neue bestätigte, und den Befehl beyfügte, daß alle Prediger, welche dieselbe nicht unterzeichnen wollten, sich ihres Amts und des Aufenthalts in der Stadt zu begeben hätten. Inzwischen vermehrten einige fremde Schriften die Unsicherheit der Meinungen in Danzig. Das Buch des berühmten Matthias Flacius vom heil. Abendmahl, welches er der Stadt Danzig dedicirt hatte, imgleichen die Censur der Notel vom Wismarschen Superintendenten D. Wigand, machten die Bürgerschaft von neuem irre. Hiezu kam noch, daß aus Thorn der Prediger F. Burchard sich in Danzig einfand, um mit dem M. Weidner mündlich zu streiten, und obgleich ersterer sich nachher wider Vermuthen zum Frieden bequemte, so trat doch bald ein anderer Prediger Christoph Celler, oder Frank genannt, (weil er aus dem Frankenlande gebürtig war) an der Pfarrkirche öffentlich auf, und setzte sich der Notel und allen ihren Vertheydigern entgegen. Dergestalt gaben diese feindseligen Sacramentstreitigkeiten den Einwohnern der Stadt noch viel Aergerniß, und sie mußten um so viel sträflicher angesehen werden, weil darunter die Zusprüche der Prediger verloren, deren man bey den schrecklichen Pestkrankheiten damaliger Zeit, wol ohne Hader und

und Mißtrauen, zur christlichen Erbauung bedurfte.

Die Wachsamkeit des Raths unterließ hiebey nicht, dem ersten Pastor an der Pfarrkirche, D. Johann Kittel, ausdrücklich den Auftrag zu machen, daß er die streitenden Partheyen zu vereinigen bemühet seyn sollte; allein Morgenstern würkte auf seine Anhänger in Danzig zur Fortsetzung der Händel, er gab auch seine längst versprochene Wiederlegung der Notel heraus, und steifte mit Verläumdungen und falschen Berichten, die verdächtigen Urtheile, welche sich schon von den Danziger Sacramentlehrern genugsam verbreitet hatten. Die gutgesinnten Prediger in Danzig fanden nunmehr für nöthig, eine ausführliche Schutzschrift der Notel im Druck ausgehen zu lassen, welches auch im J. 1567 nebst einer genauen Erzählung ihrer bisherigen Streitigkeiten geschehn ist; und diese Apologie hat mindestens den öffentlichen Disputen über die Sacramentslehre hieselbst ein Ende gemacht, sie ist von sämmtlichen Predigern in Danzig unterzeichnet worden. Morgenstern hat auch nichts öffentlich dagegen geschrieben, sein Ansehen ist hier sowol als selbst in Thorn, immer mehr herabgesunken, und mit ihm sind auch die Namen seiner Anhänger größtentheils verdunkelt worden.

Diesemnach hätte Danzig vielleicht noch länger einer ungestörten Ruhe in Kirchensachen genossen, wenn nicht zwey Jahre darauf ein anderer Gegenstand wäre auf die Bahn gebracht worden, worin die Prediger die Ungleichheit ihrer Meinungen, wiederum durch einen feindseligen Wortstreit ausfechten wollten. Die Ausbannung des Teufels beym Taufactus, oder der Exorcismus war eigentlich der Kreusel, womit man sich etliche Jahre lang, erst heimlich und bald auch öffentlich herum jagte, bis ferner durch einen intoleranten Partheygeist, noch mehrere Scissionen im Religionswesen sich hinzu gesellt haben. Zwey Prediger an der Bartholomäikirche eröffneten dazu im J. 1569 den Kampfplatz. Der Pastor Gregorius Schütz vertheidigte den Exorcismus, sein Caplan hingegen Nahmens Johann Krosling, setzte sich demselben eifrig entgegen. Dennoch kamen die pusilli Christi, wie sich die Schützischen Anhänger anfangs ihrer kleinen Anzahl wegen genannt haben, gegen die größre Menge der Prediger, welche dem Krosling beyfielen, so sehr empor, daß fast in allen Bürgerhäusern Danzigs, die Ausbannung des bösen Geistes inständigst verlangt wurde, und nicht Männer allein, sondern auch das weibliche Geschlecht, den hohen Werth des Exorcismus zu behaupten sich anmaßte. Der Magistrat versuchte etliche male, die Prediger und ihre Gemeinden über diese Materie zum Frieden zu bringen, zuletzt aber sahe er sich genöthiget, den allgemein gewordenen Vorurtheil nachzugeben, und den Gebrauch des Exorcismus bey Verlust der Aemter in allen Kirchen anzubefehlen. Nichtsdestoweniger blieb die Sache dem Streit unterworfen; einige Prediger machten auch ein schriftliches Bedenken gegen den Obrigkeitlichen

Befehl, man ließ Urtheile von auswärtigen Universitäten abholen, und zur Schonung der Schwachen sowol, als um allen ferneren Unordnungen zu steuren, so wurde endlich stillschweigend nachgesehen, wenn ein jeder die Freyheit ausübte, den Exorcismum entweder zu brauchen, oder ohne denselben zu taufen und taufen zu lassen, r) bis man denselben späterhin aus besserer Ueberzeugung freywillig verlassen hat. Unter mehreren Bedenken und Vorstellungen aber, die bey dieser Gelegenheit in Religionssachen sind gemacht worden, zeichnete sich der Vorschlag aus, ein festes Lehrsystem oder Corpus doctrinae zur Richtschnur in Danzig aufzunehmen. Weil nun dafür im Ministerium selbst, verschiedene Meinungen wegen der symbolischen Bücher hervortraten, weil auch die partheyischen Trennungen in der Protestantischen Kirche, von Zeit zu Zeit mehr Aufkommen in Danzig erlangten, und vornemlich bey den damaligen Niederländischen Staats- und Kirchen-Unruhen, viele von dorther geflüchtete reformirte Glaubensgenossen, in diesen Gegenden und im Gebiete der Stadt sich ansäßig machten; so ist eben hiemit, während den Zwischenregierungen nach dem Abgang des Jagellonischen Stammes, der erste Grund zu den hieselbst ausgebrochenen Streitigkeiten zwischen der Lutherischen und Reformirten Kirche gelegt worden, wovon die Geschichte der folgenden Jahre das merkwürdigste anzeigen wird.

1572.

---

r) Benedit Morgenstern hat sich bey diesem Streit auch wieder hervorthun wollen. Er kam aus Königsberg als dama-

Neuntes Capitel.

Neue Königswahl — Danzig hat beschwerliche Geldgeschäfte — Vergleich mit der Krone Dänemark — der Verdacht gegen Danzig veranlasset heimliche Kriegsanstalten im Lande — und wird durch zufällige Beleidigungen der Französischen Gesandtschaft vermehret — — König Heinrich wird gekrönet — verläßt aber in kurzem das Reich — Maasregeln in Polen zu einer abermaligen Zwischenregierung — Zwiespaltige Königswahl — Preussen submittirt sich dem Könige Stephan Batori — wogegen Danzig öffentlich protestiret.

Unter der kurzen Regierung des neuen Königs Heinrich von Valois, Herzogs von Anjou, wurde weder die Verfassung der Provinz, noch der Zustand Danzigs in eine beßre Lage gebracht. Das ganze Wahlgeschäfte führte schon Schwierigkeiten mit sich, die aus den veränderten Staatsverhältnissen unausbleiblich entsprossen. Die Landesräthe wurden als Kronsenatoren eingeladen, und ein Polnisches Universal sollte in Preussen verlautbaret werden. Dagegen ließ zwar die Provinz ihr eignes Landesedict ausgehen, es wurden auch die hieselbst üblichen Landtage gehalten, man faßte Artikel ab, die dem neuen Könige zur Bestätigung vorgelegt werden sollten, und man schien einstimmig darauf bedacht zu seyn, der alten Verfassung wiederum mächtig zu werden. Allein auf dem Convocationsreichstage zu Warschau, beobachte-

1573.
13 Jan.

liger Pfarrherr an der Kneiphöffschen Domkirche nach Danzig, allein der Burgermeister Brandes ließ ihm den Weg aus der Stadt weisen, welches von allen Ordnungen gebilliget wurde.

ten die Preußischen Räthe keinen Unterschied gegen die Kronsenatoren, sie traten auch der Polnischen Eintrachtsconföderation freywillig bey, und
5 April dieser Reichstag sowol als der Wahlreichstag, wurden nach Polnischer Weise, von dem Adel persönlich bezogen, ohne wie sonst geschehen war, Deputirte dazu ernennet zu haben. Die Wahl erfolgte auf der Ebene bey Warschau, und die Stimmen theilten sich zwischen dem Erzherzoge Ernst von Oesterreich, und dem französischen Herzoge von Anjou: erstern hatten auch die Geschickten der drey Großen Städte aus Preussen einmüthig ernannt, und diese traten ihre Rückreise an, ohne den Anwachs der französischen Parthey abzuwarten, welche durch den Abfall der Oesterreichischgesinnten in kurzem so stark wurde, daß der neu gewählte König Heinrich, nachdem die französischen Gesandten den Wahlvertrag in seinem Namen beschworen hatten, ohne Widerspruch öffentlich pro-
16 May clamirt werden konnte.

Während dieser Zwischenregierung war vor andern mit der Stadt Danzig über verschiedene Ansprüche gestritten worden. In der Commissionssache zwar suchte man den Eyfer ihrer Gegner mit Vorschützung einer guten Absicht zu entschuldigen, es wurde aber auch die Tröstung hinzugefüget, daß der Bischof von Cujavien seinen Fehler erkannt hätte, und überzeugt wäre, gegen das Wohl des Landes und die Rechte der Städte zu weit geschritten zu seyn. Dagegen wurde es zu einer großen Klage in den Staatsversammlungen erhoben, daß

Danzig sich willführlich angemaßt hätte, den Hafen zu schliessen, und ob wol die Stadt das Recht dazu zu erweisen nicht nöthig befand, so wurde doch die Rechtfertigung ihrer Abgeordneten nur zweifelhaft angenommen, daß die Fahrt zur See nicht wäre gehemmet, sondern blos wegen der Theurung des Getreydes, die Ausfuhr desselben eine Zeitlang verboten gewesen. Noch größere Bewegungen veranlaßten die Klöster, welche sich, für das dem vorigen Könige gemachte Darlehn, als Selbstschuldner an Danzig verschrieben hatten. aa) Die Stadt hatte dem Könige im J. 1566 eine Verlängerung des Termins zustehen müssen, war aber weder in den versprochenen Bedingungen, noch durch Abtragung der Schuld befriediget worden; der Tod hatte vollends die Hofnung vereitelt, vom Hofe bezahlet zu werden, weshalb Danzig dem Recht nachging, sich an die Mitversicherung der Klöster zu halten. Der Abt von der Olive aber erhob darüber im Namen sämmtlicher Klöster eine so beschwerliche Klage, daß die Stände des ganzen Reichs aufgefordert wurden, Danzig mit dieser vermeintlich unbilligen Forderung abzuweisen, oder die geistlichen Stifter in einer andern Art, von dieser auf sie haftenden Schuld zu befreyen. Es wurde darauf zwar, weil man die Klöster deutlich genug verpflichtet befand, von den Landesräthen vermittelt, daß Danzig bis zur Zah-

---

aa) Oben unter dem J. 1560 ist diese Verpflichtung der Klöster Olive, Carthause, Suckau und Sarnowicz angezeigt worden.

lung des Geldes, einige Klostergüter in Besitz nehmen sollte, allein die gedachten Stifter würkten sich zur Zahlung eine verlängerte Frist aus, und als der Termin kam, so schlugen sie sich wieder an die Preußischen Räthe und Landboten, welche ihnen aufs neue Schutz gegen die Danziger versprachen, keine gewaltsame Besitznehmung auf ihren Ländereyen statt finden zu lassen. Wenn Danzig hingegen in dieser Zeit zu wiederholten malen der Landesschuld Anregung machte, die aus dem übernommenen Vorschuß an den Herzog Erich von Braunschweig herrührte, so wurde diese Materie entweder mit völligem Stillschweigen, oder höchstens mit Vertröstungen auf die Zukunft, aus den Consultationen der Stände abgewiesen. bb) Auch der Dänischen Streitsache ist hier nicht zu vergessen, da selbige für Danzig zuletzt einen kostspieligen Ausgang erreicht hat. Vergebens war bisher wegen der weggenommenen Schiffe mit dem Dänischen Hofe negocirt worden. Dabey hatte die Jagd der Dänischen Schiffe auf die Polnischen Freybeuter noch immer fortgewähret, und weil letztere gegen alle Befehle des Königs von Polen sich noch öfters erkühnten, die neutrale Fahrt in der See zu beunruhigen, nachher aber wenn sie verfolgt wurden, im Danziger Hafen Zuflucht zu suchen, so waren nicht selten die Unternehmungen von Däni-

---

bb) Im J. 1574 hat Danzig die Einwilligung einiger Mitstände erlangt, oft gedachte 12000 Thaler von einer bestandenen Malzaccise einzubehalten; es ist aber nachher nicht dazu gekommen.

scher Seite mißlungen, ja wol mit Verlust und Schaden rückgängig gemacht worden. Dafür nun mußten die Danziger Kaufleute die Sicherheit ihrer Handlungsfahrt einbüssen, und gegen den Ausgang des Jahres 1572 lagen schon 34 Danziger Kauffardeyschiffe in Norwegen und im Sunde arrestiret. Der König von Dänemark hatte den unwiederruflichen Vorsatz gefaßt, die Erstattung des Schadens, den die Polnischen Caper seinen Unterthanen zugefüget hatten, von Danzig zu fordern, und dem dortigen Gesandten der Stadt wurde angedeutet, daß wenn um die Fastenzeit keine Schadenvergütung erfolgt seyn würde, ihre Schiffe und Güter preiß gegeben werden sollten. Hierauf entschloß man sich zu Danzig, das Vertragsgeschäfte mit Gelderbietungen zu erneuern; man versäumte dabey nicht, den Preussischen Landesrath um Beystand zu ersuchen; weil aber, wie gewöhnlich nur leere Fürschreiben in dieser Sache beliebt wurden, so mußte Danzig thätiger bedacht seyn, mit Befriedigung des Dänischen Hofes die Gefahr eines noch größern Verlusts von sich abzuwenden. Es wurden demnach zwey Herren des Raths nach Kopenhagen gesandt, um den endlichen Vergleich, so gut als möglich zum Stande zu bringen. Dieser wurde auch bald darauf zu Middelfort auf der Insel Fühnen geschlossen: Danzig verpflichtete sich darin, innerhalb vier Jahren, auf Termine die geforderte Summe von hundert tausend Thalern zu erlegen; dagegen wurden die aufgebrachten drey Kriegsschiffe nebst der Pinke mit aller Geräthschaft

1573. May.

und Immunition, imgleichen die angehaltenen Handlungsschiffe mit Gütern und Waaren zurück gegeben; der Werth veräusserter Güter wurde baar bezahlet; alle Privilegien in den Dänischen Staaten wurden der Stadt bestätiget; auch ein neu eingeführter Lastzoll erlassen, und die freye Fahrt im Sunde und allen Dänischen Gewässern versichert. Zuletzt erklärte sich der König von Dänemark, wenn Danzig ferner Kriegsschiffe auszurüsten nöthig befände, und ihm gehörige Notiz davon gegeben haben würde, die Sicherheit derselben nachbarlich zu befördern.

Das Wahlgeschäft in Polen war unterdessen ruhig beendiget worden, und desto mehr mußte es die Preussischen Stände befremden, daß mitten im Frieden sich aus Polen und Pommern Truppen zusammen zogen, für welche im Putziger Gebiete ein Lager aufgeschlagen wurde, von dessen Veranstaltung und Absicht niemand im Lande unterrichtet seyn wollte. Der Castellan von Danzig, der würklich die ganze Zurüstung besorgt hatte, simulirte eine völlige Unwissenheit derselben, und eben so zweydeutig war die vom Woywoden von Culm ertheilte Antwort, welche sich die Stadt Danzig wegen der Kriegsanstalten in ihrer Nachbarschaft, von ihm ausgebeten hatte. Inzwischen zeigte es sich sehr bald, daß diese beyden Landesräthe, die präsumtive Aufforderung der Kronsenatoren, zu ihren Privatabsichten mißbrauchen wollten, indem letztere nur auf solchen Fall zu einer Truppenwerbung gerathen hatten, wenn sich wider die franzö-

Dritter Abschnitt. Neuntes Capitel.

sische Königswahl, eine Gegenparthey in Preussen hervorthun möchte. Zur Beschönigung seines Vorhabens aber suchte der Castellan Kostka das Augenmerk des ganzen Staats auf Danzig zu richten, er machte diese Stadt durchaus gegen das Interesse des neuen Königs verdächtig; es war bekannt daß sie so wol als Thorn und Elbing für das Haus Oesterreich gestimmt hatten, sämtliche drey Städte suchten auch zuvörderst die Bestätigung ihrer Privilegien vom neuen Könige zu erhalten, und sie waren gemeinschaftlich bemühet, zur Abstellung aller Beschwerden, vor der Huldigung Anträge zu machen. Danzig aber war weit davon entfernet, weder an Polen untreu zu werden, noch sich der vollbrachten Königswahl zu widersetzen. Nur durch zufälliges Unglück mußten sich in der Stadt selbst Vorfälle ereignen, welche dem Argwohn ihrer Feinde ein Gewicht gaben, und den Unwillen der Geschäftsträger des Königs gegen sie aufbrachten. Eben als die Stadt Danzig, wegen der räthselhaften Truppenmusterung bey Putzig, sich gegen alle Ueberfälle in Vertheidigung zu setzen beschäftigt war, ihre Besatzung verstärkte, an den Festungswerken ämsiger arbeiten ließ, die Bürgerwachen fleissiger versahe, Kundschafter ausschickte, und mit allen dergleichen nur aus nothwendiger Vorsicht gemachten Anstalten, den Verdacht einer anders wohin zielenden Intention wider ihren Willen unterhalten mußte; so nahm einer der französischen Gesandten Marquis St. Gelais de Lansac hier seine Durchreise, um über die See nach Frank- Juny.

reich zu gehen. Wenige Tage vorher hatte der erste französische Gesandte Johann Montluc Bischof von Valence, seine Ankunft, so er versprochen gehabt, bey der Stadt entschuldigt, und einen Polnischen Edelmann hieher geschickt, um zur Unterwerfung an seinen König anmahnen zu lassen, mit dem sich aber die Stadt nicht ausführlich hat einlassen wollen, sondern ihn nur mit einem Antwortschreiben zurück schickte. Indem nun hierüber noch unterschiedene Urtheile gefällt wurden, so entstund bald nach Ankunft des Marquis de Lansac, mit einigen polnischen Bedienten aus seinem Gefolge, bey einem Lustfechten im Schießgarten, ein verdrüßlicher Lerm. Die Polen zieleten nemlich aus Muthwillen mit Bogen, nach einigen auf der Mauer stehenden Zuschauern, und obgleich sie nicht abdruckten, so wurden doch jene der Gefahr halber so aufgebracht, daß sie Steine auf die Polen herabwarfen, und unfehlbar ein größeres Handgemenge mit dem Volk entstanden seyn würde, wenn man nicht Sorge getragen hätte, die Leute des Gesandten mit Wachen und Stadtdienern sicher in ihre Herberge begleiten zu lassen. Vermuthlich aber war es eine Folge hievon, was den Tag darauf weit unglücklicher vorfiel. Ein Schmiedebursch stand im Vorbeygehen, vor dem Gesandtschaftsquartier stille, um den Schmuck eines Pferdes zu betrachten, welches ein Stallknecht am Zügel hielt. Dieser aber, als ob ihm das Anschauen mißfiel, unterbrach es mit einer Maulschelle, die er dem Schmiedeburschen versetzte. Der

Der Bursch zog eilends ein Messer hervor, um sich zu rächen, er wurde aber von andern aus dem Hause herzulaufenden Dienern umringet, mit vielen Schlägen zugerichtet; und zu weiterer Bestrafung fest gehalten. Der Starost von Golab ein Bruder des Castellans Kostka nahm sich der Sache an, er ging in Person mit, und ließ den Burschen vors Rathhaus führen, (wo eben alle Ordnungen versammelt waren), um öffentliche Satisfaction vom Rath zu verlangen. Indessen war ein Haufen Volks unterweges bis vors Rathhaus zusammen gelaufen, der Bursch erzählte sein Unglück, und berief sich auf seine Unschuld; das Mitleiden des Volks wurde rege gemacht, dasselbe war unentschlossen, aber einige Anführer munterten es auf, den Burschen mit Gewalt zu befreyen. Die Polen zogen nun ihre Säbel, und einem angesehenen Kaufmann wäre beynahe der Kopf gespalten worden; hierauf fing der Pöbel an zu steinigen, und die Polen mußten nicht nur ihren Gefangenen los lassen, sondern sie wurden auch bis an des Gesandten Quartier mit Steinen verfolget. Dieser Herr kam selbst entrüstet herausgelaufen, und trieb seine Leute mit dem Degen in der Hand, ins Haus zurück, er wurde aber zufälliger weise dabey mit einem Stein am Fusse getroffen, und mußte durch diese Unordnung eine Wunde davon tragen.

Dem Gesandten konnte man nicht zur Last legen, daß er diesen Volksunfug die Stadt habe entgelten lassen. Er nahm die Satisfactionserbietung und das Entschuldigungscompliment sehr wol auf, welches ihm von zwey Deputirten des Raths gemacht wurde, man gab sich dagegen alle Mühe, der Hauptthäter und Rädelsführer unter dem Volke habhaft zu werden, allein diese waren in Zeiten aus der Stadt flüchtig geworden. Nur die übelgesinnten Gegner Danzigs nahmen aus diesen Vorfällen Anlaß, nicht allein ein großes Verbrechen wider das Völkerrecht daraus zu machen, sondern auch den verdächtigen Absichten der Stadt damit eine scheinbare Gewisheit zu geben. Noch ein widriger Umstand kam hinzu, der dem Argwohn eine neue Beylage ertheilte. Der französische Gesandte hatte bey seiner Abreise aus Danzig, eine Begleitung von Polnischen Caperschiffen mitgenommen; selbige aber wurden im Sunde auf Befehl des Königs von Dänemark angehalten, ihren Führern wurde als Seeräubern der Proceß gemacht, cc) und der Gesandte so wol als sein Reisegefährte, der Castellan von Radziac, welcher als Polnischer Bothschafter nach Frankreich gehen sollte, wurden nach Danzig zurück zu reisen genöthiget. Auch hievon wollten nun einige feindselige Angeber, dieser Stadt die Schuld aufbürden, und es erhob sich auf dem Landtage zu Graudenz so gar ein öffentliches Gerede, daß Danzig mit dem Dänischen Hofe in einem geheimen Ver-

---

cc) Die Freybeuter hatten immer noch einen sichern Aufenthalt im Putziger Gebiete, wo sie vom Danziger Castellan als dasigen Starosten geschützt wurden. Indessen wurden wieder drey derselben im J. 1573 in Danzig geköpfet; bis 1575 hat man sie noch ferner verfolgen müssen; endlich aber sind sie kleinmüthig geworden, und die noch übrige Bande hat sich völlig getrennet.

hältnisse stünde, um sich von der Krone Polen zu trennen, wozu man sich nicht scheuete, den letzt getroffenen Vergleich mit Dänemark, zum Beweis anführen zu wollen. So schmähsüchtig wurden die unschuldigsten Unternehmungen der Stadt zu Staatsbeleidigungen verdrehet, und ihre Abgeschickten fanden sich täglich genöthigt, dergleichen argwöhnisch ausgesprengte Nachrichten entweder umzustossen oder von ihrer verfälschten Seite zu zeigen.

Bey dem allen hatte Danzig in Gemeinschaft deputirter Herren aus Thorn und Elbing, eine Unterhandlung mit dem französischen Gesandten glücklich geendigt, wodurch diesen drey Städten, die Königliche Bestätigung ihrer Privilegien, ohne Vorbehalt durch einen schriftlichen Revers war versprochen worden. Andererseits wurden die Landesstände es überdrüssig, sich von fremden widerrechtlich zusammengebrachten Kriegstruppen länger beunruhigen und brandschatzen zu lassen. Würklich war dadurch eine Unsicherheit entstanden, welche beschwerlicher als ein offenbarer Krieg wurde. Der Landmann ward ohne Endzweck gedrucket; in den kleinen Städten und Dörfern äusserten sich die schändlichsten Unordnungen; Reisende und Wanderer wurden auf freyer Strasse geplündert, weggeschleppet und zuweilen todtgeschlagen; sogar die Thorner Abgeordneten waren auf ihrer Abreise von Graudenz bey Culmsee überfallen, und gewaltsam behandelt worden. Das Land wollte nun dergleichen raubsüchtige Verheerungen nicht länger erdulden, und da man ohnedem kein wahres Ziel der Truppenanwerbung absahe, so wurde ernstlich in den Castellan Kostka gedrungen, das Kriegsvolk auseinander gehen zu lassen. Dieser mußte demnach dem Obristen Ernst Weyher, der das Commando darüber hatte, den Auftrag ertheilen, seine angeworbenen Soldaten zu beurlauben; es verknüpften sich damit allerdings viele Nebenzwiste, die wegen der Schadenvergütungen entstanden, worüber aber die mehresten Anforderungen vergebens gemacht wurden.

1574
25 Jan. Mit Anfang des folgenden Jahres betrat König Heinrich die Polnische Grenze, und hielt alsdenn seinen Einzug in Krakau, woselbst der Krö-
21 Febr. nungsreichstag seinen Fortgang hatte. Allein weder der König endigte dem Lande Preußen nach dessen ehemaliger Constitution, noch konnten die Preußischen Räthe trotz aller deshalb vorgefallener Debatten, ihren Eyd anders als nach der in Polen üblichen Vorschrift ablegen. In den Städten stand man der Huldigung wegen, noch in einer zweifelhaften Entschliessung; in kurzem aber verursachte der Tod des Königs von Frankreich, eine Veränderung in Polen, welche auch für die Preußischen Landesgeschäfte andre Maasregeln anwieß. Als erblicher Nachfolger seines Bruders Carls des
18 Juny Neunten, reisete König Heinrich eilends nach Frankreich, um bey den dortigen Staatsunruhen keine Zeit zu versäumen, er ließ zwar Briefe an die Polnische Magnaten zurück, worin er seine heimliche Abreise entschuldigte, und eine baldige

Rückkehr versprach. Der angesetzt gewesene Reichstag zu Warschau, ward auch in seiner Abwesenheit gehalten; unerachtet aber die Litthauer und Preussen davon ausblieben, so wurde dem Könige doch auf den Maymonat des folgenden Jahres ein Tag zur Wiederkunft angesetzet, und im Fall seines Ausbleibens schon verabredet, daß der Thron für erledigt erklärt werden sollte. Unter der Zeit ließ Heinrich zwar durch einen aus Frankreich abgeschickten Gesandten, die Reichsstände zum Gehorsam und zur Erhaltung des innerlichen Friedens anmahnen, er gab auch ferner der aus Frankreich zurückkehrenden Polnischen Gesandtschaft, eine Entschuldigung wegen seiner nothwendig verzögerten Wiederkunft mit, und wollte einen selbst ausgeschriebenen Reichstag durch Bevollmächtigte beschicken: allein die Polnischen Stände blieben bey ihrem Entschluß, der Warschauschen Verabredung gemäs, ihren Reichstag zu Stensic zu halten. Auf selbigem kam es schon so weit, daß eine neue Königswahl öffentlich verlautbaret wurde; weil aber die Litthauer noch einigen Anstand verlangten, und die Preussen gar nicht herbey gekommen waren, so äusserten sich dagegen so viele Protestationen, daß der Reichstag vielmehr zerrissen als friedlich geendiget wurde. In Preussen hatte der nächstfolgende Landtag zu Graudenz noch die Würkung, daß man dem Könige in der Person seines Gesandten, die Versicherung einer beständigen Treue erneuerte, und da man Polnischer Seits die Danziger beschuldigt hatte, der Versammlung zu Stensic allein

30 Aug.

Dec..

1575
Mårz

26 May

7 Jun

widerstrebet zu haben, so wurden dieselben jetzt durch das öffentliche Zeugniß einer einstimmigen Landeserklärung gerechtfertiget. Indessen machte solches in den Polnischen Maasregeln keine Veränderung. Es wurde vielmehr förmlich ein Tag zum Convocationsreichstage in Warschau angesetzet, und in so schwacher Anzahl derselbe besucht, auch nach zweymaliger Versammlung schon geschlossen wurde, so war man doch einig geworden, fünf Wochen später einen Wahlreichstag bey Warschau zu halten. Solches veranlaßte einen abermaligen Preussischen Landtag zu Lessen, woselbst zwar aufs neue beliebt ward, die Instruction der Landesgesandtschaft zur Festhaltung der Treue gegen den Abwesenden König einzurichten; dennoch aber wurden zwey Kayserliche Gesandten zur Audienz gelassen, welche den Erzherzog Ernst zum bevorstehenden Wahlgeschäfte empfalen, und weil um dieselbe Zeit, sichre Nachrichten aus Frankreich einliefen, daß man keine Hofnung haben könnte, den König Heinrich wieder in Polen zu sehen; so erfolgte ein einmüthiger Beschluß der Stände, der Wahl eines neuen Herrn beyzutreten, und zu dem Ende, den Reichstag durch eine Gesandtschaft im Namen des ganzen Landes zu beschicken.

Der Woywod von Culm erhielt den Auftrag, die Landesstimme dem Kayserlichen Prinzen und Erzherzoge Ernst zu geben; er vollzog solches auch, ohne daß einige einzelne Widersprüche, die Gültigkeit dieses allgemeinen Votums aufheben konnten; nur hatte der Primas die Preussische Ge-

3 Oct.

sandtschaft vorher dahin beleitet, ihre Stimme vom
Sohne auf den Vater, nemlich auf den Kayser
Maximilian den Zweyten, zu wenden. Weit
erheblicher aber war der Zwiespalt, welcher sich
beym Wahlgeschäfte unter den Polen selbst zeigte.
So einstimmig anfangs der Beyfall an das Haus
Oesterreich zu seyn schien, so trat doch in kurzem
eine größere Parthey hervor, die einen Piasten
verlangte, und weil es wegen der Person eines
Polnischgebohrnen Kronwerbers zu keiner Gewisheit kam, so erwählte man die Jagellonische Prinzessin Anna, bestimmte ihr den Fürsten von Siebenbürgen Stephan Batori zum Gemahl, und
ließ denselben nebst ihr zum Könige ausrufen. Diese Wahl geschahe auf eben dem Platze, wo zwey
Tage vorher der Reichsprimas, den Kayser Maximilian öffentlich proclamiret hatte, und sodann
nebst den Ständen seiner Parthey nach Warschau
gegangen war, um die Pacta Conventa mit den
Kayserlichen Gesandten in Richtigkeit zu bringen.
Die Piastischgesinnten setzten aber noch eine neue
Zusammenkunft nach Andrzejow in der Krakauschen
Woywodschaft an, und von beyden Partheyen
wurden Gesandten an ihre neu erwählte Könige abgefertiget. Zu Andrzejow wurde schon der Tag
zur Krönung und zum Königlichen Beylager bestimmet, man suchte auch den Kayserlichen Anhang zu schwächen, und nächst andern Einrichtungen, wurden zwey Abgeordnete nach Preussen geschicket, um einen Landtag zum Vortheil des Königs Stephan in Vorschlag zu bringen. Selbi-

14 Dec.

1576
Januar.

ger kam auch troß aller Einwendungen, und vornemlich wider die aus Danzig gemachten Gegenvorstellungen, in Graudenz zum Stande, es fand sich aber nur die Culmsche Ritterschaft, die bald anfangs die Wahl des Königs Stephan gebilliget hatte, stark genug dazu ein, weshalb der Landtag hieselbst noch später verlegt bleiben sollte. Bey Wiedereröfnung desselben aber, berathschlagte man sich vielmehr wegen des Betragens gegen die Warschauer Zusammenkunft, welche der Primas als Haupt der Kayserlichen Parthey ausgeschrieben hätte; selbige ward zwar weder aus Litthauen, noch von den Preussen besucht, Doch ließen leßtere ein Schreiben ab, worin sie ihre Festhaltung bey der Wahl des Kaysers nochmals angelobten. Vornemlich aber war zu Warschau, nebst einer neuen Gesandtschaft, das Universal angekommen, mit welchem man nunmehr auch in Preussen, die Kayserliche Annehmung der Krone öffentlich verlautbaren konnte.

 Nichts desto weniger ging die Batorische Parthey in ihrem Vorhaben noch thätiger zu Werke. König Stephan hatte schon zu Meggies in Siebenbürgen den Eyd geleistet, den Wahlvertrag unterzeichnet, und die Privilegien bestätiget, und er kam schneller als man es vermuthen konnte nach Krakau, wo er wenige Tage darauf vom Cujavischen Bischofe Karnkowski gekrönt wurde, und sein Beylager mit der Prinzessin Anna vollzog. Die Preussischen Stände waren zu dieser Krönung feyerlich eingeladen worden, aber der König set-

22 April
1 May

tigte nach deren Vollziehung noch zwey Gesandten ab, um dieselben zur Anerkennung seiner Würde ausdrücklich aufzufordern. Nun ward zu eben
der Zeit wieder ein Landtag zu Graudenz gehalten,
wo man mit den Beschlüssen der Warschauer Versammlung zur Behauptung der vollzogenen Wahl
in der Person des Kaysers, zu thun hatte: inzwischen wurden die Batorischen Gesandten zur
Audienz gelassen, man begegnete ihnen aber nur
als Abgeschickten des Fürsten von Siebenbürgen,
es ward auch auf Anrathen der Danziger Abgeordneten beschlossen, ihnen eine mündliche Abfertigung zu geben, daß man ihren Herrn nicht als
König erkennen könnte; nachdem aber theils durch
abgegebene Briefe an den Preussischen Adel, theils
auch durch mündliche Beredungen mit einigen
Landesräthen, die beyden Gesandten eine merk-
liche Sinnesänderung erweckt hatten, so äußerte
sich bey deren Abschiedsaudienz schon ein so beträchtlicher Zwiespalt, daß nächst vielen aus der Ritterschaft, sich auch einige von den Räthen öffentlich für den König Stephan erklärten. Jedennoch wurde den Gesandten zum endlichen Bescheide
nur mündlich angedeutet, daß man den Reichstag
in Warschau zur Herstellung der allgemeinen Ruhe
abwarten wollte. Gedachten Reichstag hatte der
Primas Uchanski ausgeschrieben, König Stephan aber kam den Absichten seiner Gegner zuvor,
und brach in Zeiten von Krakau auf, um den
Fortgang des Reichstages durch seine Gegenwart
zu verhindern; er erlangte auch seinen Endzweck,

P 5

indem der Primas den diese Verlegenheit übereilte, das äußerste nicht abwarten wollte, sondern auf Befehl des Königs nach Warschau kam, und den Eyd der Treue vor ihm ablegte. Alle übrige Kayserlichgesinnte in Polen so wol als in Litthauen, folgten hierauf diesem Beyspiel, und ohne des vorigen Plans weiter zu gedenken, unterwarfen sie sich dem erstgekrönten Könige, blos nach erhaltener Versicherung, für ihre Personen und Freyheiten geschützet zu werden.

Eine so plötzliche Veränderung der Umstände konnte auch in der Provinz Preussen nicht ohne Effect bleiben. Gleich in der ersten Bestürzung rief der Bischof von Culm die Räthe nach Neumark zusammen. Hier wollte man eines theils so gleich eine Gesandtschaft instruiren, um mit vorbehaltenen Rechten und Freyheiten der Provinz, sich dem Könige Stephan zu unterwerfen; allein die Großen Städte brachten es durch Vorstellungen dahin, daß noch ein Landtag in Culm, zur reifern Ueberlegung der Sache von sämtlichen Ständen, angesetzt wurde. Bey Eröfnung desselben überreichte ein Königlicher Gesandter Nikolaus Kasobucki sein Creditiv, und machte eine gründlich ausgeführte Anwerbung, dem Könige Stephan den Gehorsam nicht länger zu versagen. In den Berathschlagungen der Stände fiel auch der gesamte Adel diesem Antrage ohne Verzug bey; einige Landesräthe wollten nur zuvor versichert seyn, daß der König die Privilegien der Provinz, nach den ihm darüber vorgelegten Artikeln bestätigen

5 Jun.

würde; die Großen Städte aber gaben dabey ihre besondern Bedenken in Erwägung zu ziehen. Thorn zwar bat nur wo möglich, einen Aufschub von etlichen Wochen, ließ sich aber sonst die Treffung eines endlichen Schlusses gefallen; die Elbinger hatten der Unsicherheit wegen, das Landessiegel nicht mitgebracht, und konnten sich nach dem Befehl ihrer Obern in nichts eher einlassen, bevor sich das Land vom Kayser los gemacht hätte; der Danziger Secretair Matthias Radecke hingegen brachte vorerst verschiedene Ursachen bey, womit er die Abwesenheit seiner Obern zu entschuldigen suchte, ferner gab er das Mißfallen derselben zu erkennen, daß man sich zu Neumark für den König Stephan erklärt hätte, er protestirte feyerlich, in einer so wichtigen Sache, innerhalb Monatsfrist nichts weiter zu bestimmen, und widersprach zuletzt öffentlich aller Willensbezeigung, womit man sich zum Gehorsam an den König Stephan bereit finden möchte. Unfehlbar hatte die eben vorher geschehene Ankunft eines Kayserlichen Gesandten D. Lorenz Heichel, in Danzig, zu dieser standhaften Erklärung Vorschub gethan; sein Antrag vom Kayserlichen Hofe an die Stadt sowol als an sämtliche Stände des Landes, zielete nicht nur auf die Festhaltung der Treue, sondern er enthielt auch vortheilhafte Erbietungen, die Provinz zu beschützen, und eine Summe Geldes zum Behuf derselben, in Danzig zusammen zu bringen, worüber die solches erläuternden Briefe auf dem Landtage vorgelesen wurden. Allein die

Sache des Kaysers konnte hiemit nicht mehr in die Höhe gebracht werden; das Ansehen des erstgekrönten Königs hatte schon ein zu großes Gewicht, und ohne sich durch den Widerspruch der Stadt Danzig abhalten zu lassen, wurde dem Königlichen Gesandten eine solche Abfertigung gegeben, womit dem Könige Stephan im Namen der ganzen Provinz die Unterthänigkeit angetragen wurde. Unerachtet das Landessiegel nicht bey der Hand war, so wurde doch in einem ehrerbietigen Schreiben der Stände an den König, diese Erklärung bestätiget; nur sollte nächstens noch eine Deputation aus der Provinz abgehen, um sich der Königlichen Geneigtheit zur Bestätigung der Landesprivilegien fester versichern zu können.

Zehntes Capitel.

Danzigs Rechtfertigung wegen behaupteter Gegenparthey des Königs — die äußre Gefahr der Stadt wird durch innre Zunft, und Gewerksunruhen vergrößert — der König wird ins Land Preussen eingeladen — wogegen Danzig einen Kayserlichen Gesandten der Batorischen Gesandtschaft vorziehet — Danzig versagt die Huldigung und wird dafür zur Verantwortung ausgeladen — Das Achtsdecret gegen Danzig wird abgesprochen — worauf König Stephan ins Danziger Werder einrücket — die Gegner der Stadt zernichten einen obhandenen Vergleich — fruchtlos fortgesetzte Unterhandlungen auf dem Reichstag zu Thorn — die Danziger Abgeordneten werden in hartem Arrest gehalten — ihnen wird eine Rückreise nach Danzig verstattet, um eine gefälligere Erklärung zu bringen.

Alle bisher erzählte Veränderungen und Vorfälle, die sich unter zweyen auf einander erfolgten Zwischenregiernngen ereignet hatten, lassen uns den mißlichen Zustand erkennen, worin sich Danzig bey den damaligen Staatsconjuncturen befand. Die Gegner der Stadt am Polnischen Hofe, waren nichts weniger als unthätig geblieben, obgleich sie während den Kronvacanzen etwas behutsamer verfuhren. Der Bischof von Cujavien hatte sich im J. 1572 so gar das Ansehen gegeben, als ob es ihm leid thäte, die Commissionseingriffe zu weit getrieben zu haben, aber als Heinrich von Anjou zum Thron kam, so dedicirte er diesem jungen Herrn eine Schrift von den Rechten des Landes und der Großen Städte in Preussen, worin er nicht nur hievon eine entstellte und unvollständige Abbildung gab, sondern dem Könige auch eine sehr verfängliche Instruction über die Danziger Regierungsverfassung ertheilte. ᵈᵈ) Der Castellan Kostka, nunmehriger Woywod von Sendomir ᵉᵉ) hatte das erstere Interregnum, durch Verbreitung eines ungegründeten Verdachts, zur feindseligsten Erniedrigung Danzigs gemißbrauchet; alle Verwandten und Freunde desselben ergriffen noch jede Gelegenheit, der Stadt Streitigkeiten oder Verdruß zu erwecken, und da seine Familie in Polen ein überwiegendes Ansehen hatte, so konnte es niemals an Anhängern fehlen, die nach dem Beyspiel ihrer Beschützer an dergleichen unfriedlichen Anfechtungen Theil nahmen. Es mußte sich dabey durch sonderbare Fügungen ereignen, daß beydemale, da eine Königswahl vorging, Preussen sich für die stärkere Parthey des Oesterreichschen Hauses erklärte, und doch beyde male eine Nebenparthey erwuchs, die unter concurrirenden Umständen das Uebergewicht bekam, und vor jener den Vorzug behaupten konnte. Insbesondre blieb Danzig beym letztern Wahlgeschäfte gänzlich verlassen, und doch unbiegsam von der versprochenen Treue zu wanken, so sehr auch eine feinere Politik

---

ᵈᵈ) Man sehe die kurze Abhandlung von *Stanislaus Karnkovii* Schrift *de jure provinciali terrarum majorumque civitatum Prussiae*: im 3ten Bande von Lengnichs Polnischpreussischer Landesgeschichte.

ᵉᵉ) Er war vom Könige Heinrich, zum ersten Beyspiel, als ein Preussischer Castellan zum Polnischen Woywoden erhoben worden.

vielleicht zum Gegentheil hätte anrathen müssen. Die Zuneigung zum Oesterreichschen Hause, wurde daher noch verdächtiger gemacht, ja sie ward dieser Stadt öffentlich zu einem Staatsverbrechen ausgeleget. Polnische so wol als auswärtige Schriftsteller, die sich durch die Friedewaldschen Schmähungen haben verblenden lassen, pflegen hier wol das entscheidende Urtheil zu fällen, als ob eine übermächtige Autorität einiger Personen des Raths, die ganze Bürgerschaft in Danzig bestrickt gehabt hätte, von der Batorischen Parthey abwendig zu bleiben; sie legen es insbesondre dem Burgermeister Constantin Ferber zur Last, daß er vom Kayserlichen Hofe erkauft gewesen, und eine despotische Macht ausgeübt habe, sich dem Könige Stephan zu widersetzen, die Stadt dadurch ins Unglück zu stürzen, und selbst nach dem Ableben des Kaysers, noch gegen den rechtmäßigen Landesherrn die Waffen zu führen. Mit dergleichen Meinungen aber werden nur diejenigen irre geführet, welche nach einer flüchtigen Uebersicht der Polnischen Staatsschriften, die Ursachen des Batorischen Krieges beurtheilen. Wem hingegen die wahren Quellen bekannt sind, aus welchen die Widersetzlichkeit gegen die Anerkennung der Königlichen Majestät herfloß, dem kann es nicht fremde dünken, daß sämtliche Ordnungen und alle patriotische Bürger der Stadt einstimmig bestrebt waren, sich eines Jochs zu erwehren, das von Zeit zu Zeit immer drückender geworden war, und unter dem man mit einer übereilten Nachgebung, nicht den geringsten Ueberrest der vormaligen Freyheit würde behalten haben. Es läßt sich allerdings nicht ableugnen, daß der Magistrat in Danzig Grund gehabt haben müsse, auf die öffentlichen und geheimen Versprechungen des Kayserlichen Hofes ein zuversichtliches Vertrauen zu setzen, womit auch die Vertheydiger der Vaterländischen Freyheit geglaubt haben, in einem Könige von Polen aus diesem Hause, den Wiederhersteller ihrer ehemaligen Wolfart zu erlangen: nachdem aber diese Hofnung durch den Tod war vereitelt worden, so kann man nicht behaupten, daß Danzig eine Trennung von der Krone Polen im Plan gehabt habe, sondern es ward vielmehr alle Absicht nur dahin gerichtet, sich der bisherigen Bedrückungen zu entschlagen, den Einfluß feindseliger Verläumdungen zu tilgen, und von der Gerechtigkeit des Königs, dem man sich nun zu submittiren bereit war, vorher eine feste Versicherung der rechtmäßig erworbenen Privilegien zu erhalten.

Inzwischen ward die Stadt Danzig ehe es dazu kam, in ein jammervolles Labyrinth hingerissen, worin sie nicht nur den lieblosesten Urtheilen ausgesetzt blieb, sondern auch offenbar, als eine Feindin des Königreichs Polen behandelt wurde. Unglücklicher weise vergrößerten noch innerliche Mißhelligkeiten ihr trauriges Schicksal. Seit etlichen Jahren hatten die Gewerke der Fleischer auf die Ausübung gewisser Freyheiten gedrungen, welche der Rath, weil die Obrigkeitliche Policeyeinrichtung dadurch eingeschränkt wurde, bisher noch größtentheils

theils abgewandt hatte. Während der Commissionshändel aber war eine neue Bekräftigung derselben ohne Mitwissen des Raths ausgewürkt worden, und als im J. 1574 der Armuth zum Besten verordnet wurde, daß das Fleisch Pfundweise verkauft werden sollte, so beriefen sich die Fleischer auf ihr Privilegium, kraft dessen sie gedachter Vorschrift nicht nachkommen wollten. Hieraus erwuchs nun ein heftiger Streit wegen Aufzeigung der Gewerksrollen und Privilegien, welche die Fleischer in den Originalen dem Rath vorlegen sollten. Diese aber gehorsamten nicht, sondern liessen in Marienburg, Dirschau und Graudenz vidimirte Abschriften davon nehmen, und brachten dieselben aufs Rathhaus. Die Befehle an sie wurden fruchtlos wiederholet, und ihr beharrlicher Ungehorsam vermochte den Rath, ihnen den Markt zu sperren, und ihre Schragen auf den Stadthof führen zu lassen. Es ward durch Trompetenschall jedermann frey zu schlachten erlaubt, und der Magistrat selbst ließ etliche Ochsen auf dem Stadthofe schlachten, wovon das Fleisch Pfundweise durch Stadtdiener verkauft wurde. Indem aber solches alles die Fleischer zum Gehorsam zu bringen geschahe, so hatten diese an ihre Mitgewerke in Thorn geschrieben, kein Rindvieh nach Danzig treiben zu lassen, mit Vorwand daß ihrem Gewerk hieselbst das Schlachten gelegt wäre. Diese Briefe schickte der Rath zu Thorn an den Präsidenten in Danzig ein, und laut Schluß sämtlicher Ordnungen sollten die Fleischer darüber hart zur Rede gestellt werden. Sie erschienen zwar insgesammt, brachten aber Notarien und Zeugen mit, und als sie der Briefe wegen befragt wurden, so erklärten sie einstimmig, daß dieselben nicht von einzelnen Gewerksgliedern, sondern mit ihrer gemeinsamen Bewilligung wären geschrieben worden. Hierauf wurde aufs neue des verletzten Gehorsams wegen in sie gedrungen, und die Auslieferung der Originalprivilegien wurde nochmals gefordert. Sie blieben aber bey ihrer Ausrede, und setzten nun noch hinzu, daß sie die Privilegien mit Zwey ihrer Mitgenossen nach Warschau hinauf geschickt hätten. Dieses Geständnis veranlaßte eine neue Berathschlagung, und von sämtlichen Ordnungen wurde beschlossen, weil hiemit des Landes Freyheit und Gerechtigkeit verletzt wäre, daß die Fleischer zu Rathhause in Verhaft bleiben sollten. Ihre Gefangenschaft hat fast ein Jahr lang gedauert, es sind daraus des Schlachtens und des Fleischmarkts wegen verderbliche Unordnungen entstanden, man hat auch mit den arrestirten Fleischern deren über achtzig an der Zahl gewesen, zu Rathhause tumultuarische Auftritte gehabt, und so sehr der Rath sich Mühe gegeben, sie einzeln durch Vorstellungen zu beleiten, so haben sie sich doch von ihrem Vorhaben in keiner Art abbringen lassen. Sie haben zuletzt die Entscheidung des Raths, den sie als klagenden Theil ansahen, in ihrer Streitsache gänzlich verworfen, und ein Verlangen geäussert, daß selbige entweder von den Ständen der Krone Polen, oder von andern in oder ausser der Stadt erwählten Schiedsrichtern geschlichtet werden sollte. Nachdem aber die Session wegen der Polnischen Königswahl ausgebrochen gewesen, so hat man aus Vorsicht, die Fleischer ihres Arrests entlassen, und sie haben zwar mit einem Handschlage versichern müssen, sich zu Auswartung des Rechts gehorsamlich zu stellen, allein ein großer Theil derselben ist nach Warschau gegangen, wo sich nachher ihre Beschwerden mit den übrigen dem Rath der Stadt zur Last gelegten Vergehungen vermischt haben.

In derselben Zeit hatten die öffentlichen Geldbedürfnisse in Danzig es nothwendig gemacht, die Bürgerschaft und einige Nahrungsstände derselben, auf neue oder erhöhete Abgaben zu setzen, vornemlich aber zugleich Mittel gegen die Unterschleiffe vorzukehren, welche bey Erlegung solcher publiquen Ungelder eingerissen waren. Wie nun deshalb eine Verordnung heraus kam, daß die Malzaccisen so wol als die Accise von Getränken, zum Voraus und vor der Ausspündung bezahlet, oder auf gewisse Termine des Jahres entrichtet werden sollten, so fand sich die Brauerzunft hiedurch aufs äusserste beschweret, und es konnte des Widerspruchs wegen, bey allen Versuchen nichts festes darin zum Stande gebracht werden. Aehnliche Debatten aber entstanden bald darauf im J. 1575 wegen Verdoppelung der Accise von Getränken, und wegen der von der Kaufmannschaft zu entrichtenden Zulage, welche damals auch der Freybeuter-Zoll ist genannt worden. Man hat sich der Leistung solcher verdoppelten Abgaben, zwar der gemeinen Noth halber nicht entbrechen können, aber es ist dabey ein unaufhörliches Klagen und Murren fortgesetzt worden; und weil nach ausgebrochenem Kriege, auch mit der Vermögensteuer oder Abtragung des Hundertsten Pfennings, imgleichen mit andern Lieferungen und Abgaben, für den Geldmangel der Stadt hat Rath und Hülfe geschaft werden müssen, so sind noch öfters Uneinigkeiten entstanden, welche sich nicht nur unter den Bürgern und Einwohnern, sondern auch selbst in den Regierungscollegien der Stadt hervorgethan, und den Druck dieser unfriedlichen Zeiten noch lästiger gemacht haben.

Mitten unter solchen innerlichen Privatunruhen, war nun das Land Preussen, ohne den Beytritt Danzigs beschäftigt, dem Könige Stephan seine Kronwürde anzuerkennen. Auf dem ausserordentlichen Landtage zu Meve, der nach einer fruchtlos in Löbau angesetzten Zusammenkunft gehalten wurde, entschlossen sich die Stände, dem Könige der sich schon zu einer Reise nach Preussen bereit hielt, ein Submissionsschreiben entgegen zu schicken, und ihn ihres Verlangens nach seiner Ankunft versichern zu lassen. Der Danziger Secretair bekam zur Abfassung eines solchen Briefes den Auftrag; weil selbiger aber Ausdrücke einfliessen ließ, die auf eine vorgängige Befriedigung des Kaysers abzielten, so wollten die Stände eine dergestalt bedingte Einladung nicht gelten lassen, und es kam mit den Großen Städten in dieser

1576
16 Aug.

Dritter Abschnitt. Zehntes Capitel.

Sache zur Spaltung. Nun gaben zwar die Deputirten Rathsherren aus Danzig, Reinhold Mölner, und George Rosenberg, dem Verlangen der Stände noch nach, daß sie ihren Secretair zurück schickten, um eine breitere Vollmacht zu holen; allein dieser brachte eine schriftliche Bekräftigung der vorigen Befehle, und weil die Stände von ihrem Entschluß eben so wenig abweichen wollten, so wurden zwey Briefe unterschiedenen Inhalts, aus der Provinz an den König abgefertiget. In dem ersten ersuchten ihn die Räthe und die Unterstände des Landes um die Bestätigung der Privilegien, mit einem unbedingten Verlangen nach seiner baldigen Ankunft; in dem andern hingegen wurde er im Namen der Großen Städte gebeten, seine Reise nicht eher anzutreten, bis der Kayserliche Hof der Wahlconcurrenz wegen befriedigt, die Privilegien bestätigt, und die Beschwerden des Landes abgestellt seyn würden. Ohne Genehmhaltung Danzigs, wurde ferner wegen des Königlichen Empfangs, nähere Verabredung in Thorn zu nehmen beliebet; die Thorner Abgeordneten erklärten dabey freymüthig, daß die Ordnungen ihrer Stadt schon beschlossen hätten, dem Könige den Einzug unbedingt zu verstatten; und was die Elbinger betraf, so gaben diese zwar jetzo noch von ihrer Unentschlossenheit Proben, sie haben aber fernerhin keinen Anstand genommen, sich zur Zusammenkunft in Thorn einzufinden, um den Beschlüssen der übrigen Stände beyzutreten.

Danzig blieb demnach isolirt auf der widersprechenden Seite. Der Königliche Gesandte Kossobucki war zwar gleich vom Culmer Landtage hieher gekommen, und hatte im sitzenden Rath die Anwerbung für seinen König an die Stadt wiederholet, allein man hatte sich in der gegebenen Antwort, auf die nahe Verbindung mit dem Kayser bezogen, und alle Entschuldigung aus der unvermeidlichen Gefahr hergeleitet, die man mit einer Beleidigung des Kayserlichen Hofes befürchten müßte. Den Gesandten hatte man hiebey nur als einen Fürstlichen Geschäftsträger aufgenommen, weshalb derselbe auch die gewöhnlichen Ehrengeschenke zurück geschickt hatte; noch mehr aber wurde ein kaltsinniger Abbruch der Conferenzen mit ihm verursachet, weil während seiner Anwesenheit, die Nachricht in die Stadt einlief, daß ein Kayserlicher Gesandter, der Freyherr Heinrich von Kurzbach, auf seiner Herreise nach Danzig, zwischen Rheden und Schmechau, vom Obristen Weyher mit 70 Mann wäre angegriffen, verwundet, und seiner Instructionen und Briefschaften so wol, als auch für sich und sein Gefolge, aller Baarschaften und Kostbarkeiten beraubt worden: zuletzt hatte man ihm noch das Ehrenwort abgenommen, seine in Befehl bekommenen Geschäfte an niemand zu entdecken, und sich so oft es gefordert würde, vor den König von Polen zu stellen. Dieser gewaltthätige Anfall zog in Teutschland die Festhaltung, zweyer Polnischen Kanzeley-

Secretairs nach sich, ſſ) welche die Republik bevollmächtigt hatte, mit dem Kayſer einen friedlichen Vergleich wegen ſeiner Anſprüche auf die Polniſche Krone zu treffen, worin aber das Geſchäfte von beyden Theilen durch Verletzung der Formalitäten war rückgängig gemacht worden. In Danzig ſuchte man dafür, den Freyherrn von Kurtzbach mit großen Ehrenbezeigungen einzuholen, und ihm ſeiner Bleſſuren wegen, alle Bequemlichkeit auf der noch übrigen Reiſe zu beſorgen. Vierzig Bürgersſöhne ritten ihm etliche Meilen weit gerüſtet entgegen, der Rath ſchickte einige Züge Wagen und Pferde hinaus, und ein Detaſchement Fußvolk, weil die Stadt damals noch keine Reuter hatte, mußte bis ans Kloſter Olive entgegen ziehen. Um dieſelbe Zeit hatten einige Polniſche Edelleute gegen die Bürgerſchaft in Thorn Gewalt ausgeübt, die Thorwache angegriffen, und im daraus entſtandenen Lerm, einen Bürger erſchoſſen; es wurden auch überall im Lande Klagen geführet, daß die Reuterſchaaren welche der König vor ſeiner Ankunft nach Preußen geſchickt hatte, in den Dorfſchaften plünderten, und ohne alle Mannszucht, Gewalt und Unfug begingen. Dadurch war nun Danzig immer mehr bewogen worden, ſich gegen den Ausbruch beſorglicher Feindſeligkeiten in Sicherheit zu ſetzen, und weder dem

---

ſſ) Johann Krotowſki und Johann Demetrius Soſikowſki, welche erſt nach des Kayſers Tode, und nachdem der Kayſerliche Geſandte in Polen ſeine Freyheit erlangt hatte, auf freyen Fuß ſind geſtellt worden.

Königlichen Secretair Kossobucki, noch' auch auf den so fort aus Marienburg erfolgten Antrag des Hofmarschalls Zborowski, eine decisive Erklärung wegen ihres Verhaltens gegen die Ankunft des Königs zu geben.

26 Aug. Mitlerweile kam Stephan unter großen Feyerlichkeiten, womit ihn die Preussischen Landesstände empfingen, nach Thorn. Die erste Ceremonie, worüber ein weitläuftiger Wortwechsel geführt wurde, betraf die Königliche Eydesleistung an das Land Preussen, worin zuletzt doch nur die Erklärung erfolgte, daß der König die Preussischen Stände in den zu Krakau abgelegten Eyd mitbegriffen hätte, und zwar wie er selbst mündlich hinzu setzte, „mit Vorbehalt der Rechte und Privilegien der Preussischen Lande. Ihm wurde darauf von den anwesenden Ständen, und von der Stadt Thorn in pleno gehuldigt, von Danzig aber traf eben ein Antwortschreiben auf eine nochmals geschehene Einladung der Preussischen Räthe ein, worin diese Stadt ihr Ausbleiben mit der später vermutheten Eintreffung des Königs zu entschuldigen suchte, übrigens aber den Ständen anlag, ihr so wol als der ganzen Provinz, zur Entlastung von allen Beschwerden, beym Könige behülflich zu seyn. Das Verfahren mit Danzig ward nun ein wichtiger Gegenstand der ferneren Consultationen. Es fanden sich Gegner, die zur äussersten Schärfe anräthig waren; doch überwog eine Mehrheit der Stimmen, denen Stephan selbst beyfiel, noch mit Glimpf und Schonung der Stadt zu begegnen. Eine neue

Landesversammlung in Graudenz war schon beliebt worden; man ward also schlüssig, daß vor Eröfnung derselben, Abgeordnete aus Elbing im Namen des Landes nach Danzig gehen, und die Ordnungen der Stadt zur Vereinigung mit den übrigen Mitständen bewegen sollten. Dieses Gewerbe wurde abgeleget, aber an demselben Tage trafen zwey Königliche Gesandten in Danzig ein, welche in Gegenwart aller Ordnungen, mit einem dringenden Vortrage, die Stadt zur Huldigung aufforderten, und im Fall des fernern Widerstrebens die härtesten Drohungen hinzufügten. Die Huldigung zwar lehnte die Stadt mit kurzen Entschuldigungen ab, sie ließ aber den Antrag der Gesandtschaft mit einer schriftlichen Deduction erwiedern, und wollte dieselbe als eine Antwort an den König überreichen lassen; allein weder der Culmische Bischof noch der Woywod von Brzescz nahmen selbige an, sondern beyde kehrten unverrichteter Sache nach Marienburg zurück, und die Danziger mußten ihre Erklärung nebst einem Schreiben, selbst an den König befördern. Kurz darauf erfolgte eine Königliche Citation, daß sämmtliche Ordnungen der Stadt, sich innerhalb fünf Tagen, am Königlichen Hoflager persönlich einstellen sollten. Nun suchte man zwar durch ein abermaliges Schreiben an den König, diese Ausladung demüthig zu verbitten, es wurde auch an die Preußischen Landesräthe geschrieben, sich der Stadt mit freundschaftlicher Hülfe hierin anzunehmen; allein letztere riethen in ihrem Antwortschreiben, zur sichersten Entkräftung der

Citation, sich dem Könige durch Abgeordnete zu unterwerfen, und sie hatten zu dem Ende schon ein Geleite ausgewürket, welches sie schriftlich und untersiegelt der Stadt überschickten. Dazu aber war eines theils die angesetzte Frist viel zu kurz, indem die Deputation in einem Tage hätte zur Stelle gebracht werden müssen, und auf der andern Seite ward die Stadt nicht wenig in Bestürzung gesetzt, als gleich nach erfolgter Ausladung, einige Polnische Fußtruppen einen Ueberfall in die Prauster Dorfschaft machten, auch der Obriste Weyher mit seiner unter ihm stehenden Mannschaft feindselige Wegelagerungen und Plünderungen im Höhischen Gebiete vornahm. Denn mit dergleichen offenbaren Kriegsproceduren schien schon die Rachsucht der Feinde, so die Stadt hatte, über alle friedfertige Absichten des Königs obgesieget zu haben.

Der Graudenzer Landtag hatte, weil beym Ausschreiben desselben die bisherige Form vernachläßigt gewesen, einen fruchtlosen Ausgang, doch nahmen einige wolgesinnte Räthe bey dieser Zusammenkunft Anlaß, nochmals eine Fürbitte zu machen, daß Danzig mit ferneren Hostilitäten verschont werden möchte. Es schien aber als ob das, was man befürchtet hatte, nun desto eher geschehen sollte. Der feste Sinn der Stadt wurde dem Könige als eine so halsstarrige Vermessenheit vorgestellet, daß er zu Marienburg ein Decret absprach, kraft dessen Danzig ausdrücklich in die Acht erklärt, und als eine Staatsrebellin behandelt wer-

24 Sept.

den sollte. Dasselbe ist zwar erst im folgenden Jahre verlautbaret worden, aber schon den dritten Tag nach dessen Abspruch, kam ohne Vollmacht ein Trompeter in die Stadt, und wollte ein teutsch abgefaßtes Proclama in den Straßen öffentlich ablesen, welches mit vielen versehrlichen Ausdrücken, eine Anmahnung an die Bürgerschaft zur Unterwerfung enthielt. Obgleich nun der Magistrat solches dem Trompeter auf seine Gefahr zu publiciren verstatten wollte, so hielt dieser doch bey den wahrgenommenen Volksgesinnungen hernach selbst für gerathener, von seinem Vorhaben abzustehen, und nahm vielmehr den Auftrag des Raths an, ein Schreiben an die Königliche Majestät mit sich zu nehmen, worin um ein ofneres und gnädigeres Betragen gegen Danzig gebeten wurde. Gleich darauf aber erfolgte das Gegentheil mit der schreckenvollen Nachricht, daß die Polnischen Kriegsvölker an zweyen Orten ins Danziger Werder eingerückt wären, alle daselbst gefundene Soldaten der Stadt, deren ungefehr 150 zur Vertheydigung gegen die Streiffereyen, in den Dorfschaften verlegt waren, todtgeschlagen und sich gleichermaßen gegen die Bauern feindlich betragen hätten. Die Keckheit einiger Danziger Soldaten, denen zwar aller Anfang der Gewaltthätigkeiten gegen die Polen aufs höchste untersaget gewesen, welche aber unweit Dirschau auf die Königlichen Kundschafter Feuer gegeben, und ein Pferd des Königs erschossen hatten, ward als die nächste Ursache dieses Ueberfalls angegeben, bald darauf aber nahm der

König sein Standquartier in dem Hofe Grebin, und ließ seine Truppen in die Werderschen Dörfer verlegen. In Danzig hingegen blieb es nicht bey der bloßen Bestürzung hierüber, sondern der gemeine Mann, welcher die katholischen Klöster in Verdacht feindseliger Anstiftungen hatte, rottete sich mit einer Parthey muthwilliger Soldaten zusammen, fiel ins Dominikaner Kloster, und in die Altstädtschen Klöster der Brigitten und der Weissen München ein, zerstörte Thüren und Fenster, fing an gewaltsam zu plündern, und hätte noch mehr Unfug aus Rache in den Kirchen verübet, wenn nicht der präsidirende Burgermeister Ferber, mit würksamen Anstalten, und durch seine persönliche Gegenwart den Lerm gestillet, und mit nachdrücklichen Drohungen den Pöbel zur Ruhe gebracht hätte. Es wurden auch, so viel möglich die aus den Klöstern geraubten Güter zusammen getrieben, aufs Rathhaus geliefert, und ihren Eignern wieder zugestellet. Nichts desto weniger lebte die Rache unter den Einwohnern von neuen auf, als die Polen die Verheerungen im Werder fortsetzten, auch Höfe und Kirchen daselbst anzündeten; denn dafür wurden im Angesicht des Königs, der eben die Stadt vom Bischofsberge in Augenschein nahm, die Geistlichen Gründe bey Danzig, Schottland und Hoppenbruch, muthwilliger weise in Brand gesetzet, ja nach einigen Nachrichten hat man am Bischofsberge, in Petershagen, Rosenthal und Neugarten, ohne daß solches absichtlich beordert gewesen, viele Häuser im Rauch aufgehen lassen.

Es sahe demnach schon äußerst verwirrt und kriegerisch aus, obgleich von beyden Seiten noch Hofnung zum gütlichen Vergleich gemacht wurde. Die Stadt erhielt ein freyes Geleit, ihre Abgeordneten nach Grebin schicken zu können, und man benutzte diese Erlaubniß, um eine Deputation aus allen drey Ordnungen abgehen zu lassen. Der Königliche Burggraf Peter Behme, nebst dem Rathsherrn Tiedemann Giese, der Schöppe Conrad Lemke und Cyriac von Vechteld aus der dritten Ordnung, erhielten eine genaue Instruction, in welcher Art sie das bisherige Betragen entschuldigen, zugleich aber beym Könige darauf bestehen sollten, die Stadt ihrer oft abgelassenen Bitten zu gewähren. Es wurde darauf eine Commission von zwey Polnischen Senatoren, dem Woywoden von Krakau Peter Zborowski und dem Reichs-Unterkanzler Johann Zamonski ausgesetzet, welche mit den Abgeordneten der Stadt in nähere Unterhandlung traten. Die Sache schien sich anfangs zu einer guten Vereinigung zu lenken, allein man kann es für ausgemacht halten, daß der Bischof von Cujavien und der Woywod von Sendomir, nach ihrem eingewurzelten Groll, dem Vergleich Hindernisse gelegt haben; die Negotiation blieb also fruchtlos, und da die Stadt wegen der vorläufigen Bedingungen, daß sie die angeworbenen Soldaten abdanken, die Huldigung leisten, die unbeeydigten Fremden aus der Stadt weisen, und fußfällige Abbitte thun sollte, keine Moderation erhalten konnte, so wurden die Unterhandlungsgeschäfte völlig abgebrochen, und der König machte sich auf, von Grebin nach Thorn zu reisen, wohin er einen Reichstag ausgeschrieben hatte.

Die Reichstagsgeschäfte hatten vorzüglich die Danziger Sache zum Vorwurf. Der König verlangte von den Preussen eine Kriegshülfe gegen die Stadt, die Landesräthe aber verschoben ihre Erklärung darüber, weil sie noch immer glaubten, daß der König in der Güte würde befriediget werden. Von Seiten Danzigs machte man sich zwar auf alle Fälle bereit, den Feindseligkeiten, womit immer näher gedrohet wurde, zu begegnen; weil aber unterdessen die Nachricht vom Ableben des

12 Oct. Kaysers Maximilian des Zweyten eingetroffen war, und die Stadt nun desto größre Ursache hatte, sich nach der Aussöhnung mit dem Könige zu sehnen; so waren nicht nur die Kronsenatoren und die Preussischen Räthe, sondern auch die Königin Anna um ihre fürsprechende Intercession dazu schriftlich ersucht worden, und es ward durch diese Vermittelungen, nebst einem demüthigen Schreiben der Stadt an den König ausgewürket, daß aufs neue ein freyes Geleit auf zwölf Tage für ihre Abgeordneten nach Thorn ausgefertiget wurde. Die Sendung traf jetzo den präsidirenden Burgermeister Constantin Ferber, den Rathsherrn George Rosenberg und den Syndicus Heinrich Lembke, denen aber im Namen des Königs bey ihrer Ankunft befohlen wurde, mit niemand, als den ernannten Commissarien in ihrer Sache, ein Vernehmen zu haben, wozu der Kronmarschall

Dritter Abschnitt. Zehntes Capitel. 255

nebst einem geschwornen Feinde der Stadt, dem Abt von der Olive Caspar Geschke erwählt waren. Gleich nach der ersten Zusammenkunft, wurde auch dem Könige, von den mitgegebenen Gesandtschaftsaufträgen ein so nachtheiliger Bericht abgestattet, daß sämmtliche Abgeordnete in ihrem Wohnungsquartiere Arrest bekamen. Sie schickten darauf eine Abschrift ihrer Instruction an den König, und ob nun gleich der Arrest nicht gehoben wurde, so ward doch an statt des Olivischen Abts, der Woywod von Brzescz zum Mitcommissarius ernennet, wonächst auch der König gewisse Bedingungen vorschlagen ließ, unter welchen er die Stadt zu Gnaden annehmen wollte. Hievon waren die Hauptpunkte; einen Theil der Stadtmauer zum Zeichen der Unterwerfung niederzureissen, das Haus Weichselmünde dem Könige und der Republik Polen zu übergeben, acht Stücke schweres Geschützes, und zu jedem 500 Kugeln nebst dem dazu nöthigen Pulver zu liefern; hundert tausend Gulden der Aussöhnung halber an Unkosten zu erlegen; die seit den Commissionsgeschäften rückständigen Gelder, imgleichen die von der vorigen Regierung restirenden Schulden zu bezahlen; und das Kriegsvolk der Stadt sechs Monate lang zum Liefländschen Kriege auf eigne Kosten zu unterhalten. Die Vollmacht der Danziger Gesandten war aber viel zu enge, als daß sie sich auf so beschwerliche Bedingungen hätten einlassen können, sie baten demnach um Erlaubnis, ihrer Obern Meinungen darüber einholen zu können, und weil hiezu eine Verlängerung des sichern Geleits nothwendig war, so wurde auf dasselbe inständig angetragen. Beydes bekamen sie auch zugestanden, und der neue Geleitsbrief ward nunmehr uneingeschränkt bis zur Beendigung der Geschäfte gestellet. Aus Danzig aber brachte der Syndicus auf obgedachte Bedingungspunkte, keine befriedigende Antwort zurück; die Abgeordneten wurden instruiret, selbige insgesammt mit einer bescheidenen Entschuldigung abzulehnen, man verknüpfte damit ein eignes Bittschreiben an den König, und hienächst wurden in Form einer Capitulation, vierzig Beschwerdeartikel von der Stadt eingeschicket, um deren Abstellung ein submisses Ansuchen an den König erging. Durch

9 Dec. den Woywoden von Brzescz wurde dieses alles dem Könige vorgetragen, der Erfolg davon aber bezeugte eine so ungnädige Aufnahme der Berichte, daß nicht nur der Hausarrest den Abgeordneten aufs neue viel härter angekündiget, und zur genauern Aufsicht mit einer Wache von zwölf Trabanten gesichert wurde; sondern die Herren mußten sich auch ein sprödes und unhöfliches Betragen vom Hofmarschall, ja selbst von der Wache gefallen lassen. Sie wurden willkührlich von einander getrennet, man entzog ihnen die Aufwartung ihrer Diener, man nahm ihnen ihr Geräthe, und ließ sie oft an den gemeinsten Bequemlichkeiten Mangel leiden. Unter solchen Umständen schlugen sich die Preussischen Landstände ins Mittel, denen auch erlaubt wurde, mit den Danziger Abgesandten, wegen einer dem Könige gefälligern Erklärung eine

Con-

Conferenz anzustellen. Mit selbiger aber wurde eben so wenig ausgerichtet. Die Deputirten der Stände thaten zwar den Vorschlag, die ganze Streitsache mit einer beträchtlichen Gelderbietung aufzuheben, und nächst der Eydesleistung und Abbitte, dem Könige eine Summe von vier mal hundert tausend Gulden anzubieten; die Abgeordneten der Stadt aber beriefen sich auf die Eingeschränktheit ihrer Befehle, sie konnten höchstens nur ein hundert tausend Gulden auf Termine zur Befriedigung antragen, und hiemit sollte die Stadt bey ihren Freyheiten erhalten, alle Klagen und Gebrechen getilget, und insonderheit die Commissionshändel völlig aufgehoben werden. Weil nun bey einer so geringen Offerte keine Hofnung hiezu gegeben werden konnte, so zerschlug sich das Vermittelungsgeschäfte; doch wurde beym Woywoden von Brzeß noch eine Zusammenkunft mit etlichen Preußischen Räthen gehalten, worin alle Unbestimmtheit aus dem Wege geräumt und des Königs endliches Verlangen dergestalt erklärt wurde; die Hälfte des Pfalgelds ohne daß es erhöht wurde, sollte dem Könige zukommen; über Rechte des Meers und der Seefahrt sollten ohne Einwilligung des Königs keine Verträge gemacht werden, das Haus Weichselmünde aber der Stadt verbleiben; und alle Beschwerden aus der Commissionssache auf nächstem Reichstage abgestellt werden; in Ueberlassung des Geschützes und der Soldaten würde die Stadt sich dem Könige gefällig bezeigen; das sichre Geleit würde den Abgeordneten der Stadt gehalten werden, übrigens sollten alle schon vorgelegte Bedingungen in ihrer Kraft bleiben. Mit diesen rectificirten Artikeln mußte ein Secretair der Stadt zurück gehen, um von sämmtlichen Ordnungen derselben eine Antwort darauf einzuholen. Aber dieser Secretair Rabecke kam nicht zurück, und die den Gesandten aufs neue aus Danzig eingeschickte Instruction fiel weder zur Zufriedenheit des Hofes, noch dem Wunsch der Landesräthe gemäß aus; indessen drungen letztere unaufhörlich in die Danziger Abgeordneten, ein Mittel zur Verhütung ihres gänzlichen Untergangs ausfindig zu machen. Diese nun wußten weiter keinen Rath, als persönlich nach Hause zu gehen, um ihren Mitobern mündlich eine dringende Vorstellung in der Sache zu thun. Die Räthe übernahmen es, ihnen die Erlaubniß dazu auszuwürken, und auf deren unabläßiges Bitten, ließ sich der König mit Mühe bewegen, den Burgermeister Ferber nebst dem Syndicus, auf eydliche Versicherung, sich den 3 Januar folgenden Jahres in Thorn wieder einzustellen, nach Danzig reisen zu lassen. Bald darauf wurde der Reichstag in Thorn geschlossen, nachdem noch die Preussischen Stände, auf eine wiederholte Aufforderung zur Kriegshülfe wider die Danziger, eine zwiefache Malzaccise zu contribuiren bewilliget hatten.

Eilftes Capitel.

Kriegrische Vertheydigungsanstalten in Danzig — die Differenz mit dem Könige scheint größtentheils ein Geldgeschäfte zu werden — die Zünfte und Gewerke in Danzig nehmen nähern Theil an der Fortsetzung der Negotiationen — starke Erklärung des Königs — letzte Resolution in Danzig — das Achtsdecret gegen die Stadt wird publiciret — und der Absagebrief ausgefertiget — Anfang gegenseitiger Feindseligkeiten — Danziger Niederlage bey Lübeschau — der Krieg wird auf dem Reichstage beschlossen — einmüthige Wiederherstellung des Kriegseyfers in Danzig — nochmalige Eröfnung der Friedensconferenzen — fruchtloser Ausgang derselben.

Das Betragen der Stadt Danzig bekam nun immer mehr Anschein eines hartnäckigen Ungehorsams gegen den König; und doch ist aus den glaubwürdigsten Recessen und Nachrichten dieser Zeit erweislich, daß man hieselbst nichts weniger als eine Abneigung gegen den großmüthigen Stephan gehabt habe. Nur um den hohnsprechenden Haß ihrer Feinde zu besiegen, und deren eigennützige Privatabsichten zu vereiteln, befand sich die Stadt in der Nothwendigkeit, die äußersten und gefährlichsten Schritte zu wagen, sonder welche Freyheit, Ansehen und Wolstand unwiederbringlich wären verloren gegangen. Es droheten alle Umstände den Ausbruch eines offenbaren Krieges, wozu aber Danzig sich frühe genug in Bereitschaft gesetzt hatte. Die Besatzung in der Stadt bestand jetzo, nachdem der commandirende Obriste noch eine Fahne für sich angeworben hatte, aus fünf Fahnen deutscher Soldaten, und zwey von Hofleuten, (wie sie genannt wurden) errichteten Abelsfahnen, womit sich nachher noch eine Fahne Freywilliger vereiniget hat. Nächst vielen tapfern Officiers die größtentheils aus Teutschland gekommen waren, ward das Obercommando dem erfahrnen Kriegsobristen Hans Winkelbruch von Cölln anvertrauet, der dem Churfürsten von Sachsen im Magdeburgischen Kriege unter dem Grafen von Mannsfeld gedienet hatte, und den die Stadt sich durch ihren Secretair Joach. Bokacius, eignes Gewerbes vom Sächsischen Hofe hatte ausbitten lassen. Auf den Wällen waren rund umher Wachhäuser für die Bürgerschaft aufgerichtet, und zu jeder Nacht bezogen an 2000 Bürger die Wachen. Zwey hundert Büchsenmeister hatten das große Geschütze unter ihrer Aufsicht, denen noch 400 Stückknechte zum Dienst waren. An den Festungswerken hatte man schon das ganze Jahr hindurch unermüdet gearbeitet, die Streichwehren repariret und neue Blockhäuser gebauet, oder die alten verbessert. Seit dem November arbeitete man an der neuen Brustwehre hinter den Speichern, vom Milchkannenthor bis an den alten Aschhof; längst dem Zimmerhofe wurde alles mit hölzernen Rahmen verschürzet, und mit Blockhäusern verbauet, gleichwie ein Blockhaus mit der Zugbrücke gegen den Kran über an der Schefferey aufgerichtet wurde. Eine Abwehr gefährlicher Ueberfälle von der niedrigen Seite der Stadt, versprach man sich insbesondre von der im vorigen Sommer unternommenen Verpfälung der Motlau, da selbige beym

Theerhofe war durchgeschnitten und mit einer Schleuse versehen worden, vermöge welcher, der Lauf des Flusses über die Wiesen nach der Niederung der Stadt geleitet, und diese Seite ins kleine Werder hinein, eine deutsche Meile weit, unter Wasser gesetzt werden konnte. Auf dem Hause Weichselmünde lag der Hauptmann Claus Wetsteten mit einer Fahne guter Soldaten; etliche wol gerüstete mit Geschütze und eignem Volk bemannte Schiffe hatten Ordre, zur Entsetzung des Hauses in Bereitschaft zu liegen, und auch hier wurden die Verschanzungen und Brustwehren täglich vermehrt und verbessert. Der schweren Abgaben zu so großem Aufwande konnte Danzig allerdings nicht entledigt bleiben. Im Monat December erging schon die dritte diesjährige Schatzung, so man dieser Zeit zu den großen Kriegsauflagen gezählt hat. Die erstere war eine Kopfsteuer gewesen, die so gar für Kinder mit einem Thaler, und für Dienstboten mit einem halben Thaler ist erlegt worden; die zweyte war die ungewöhnlich erhöhte Accise von Getränken, und die dritte bestund in einer allgemeinen Vermögensteuer des hundertsten Pfennigs. Indessen fehlete es dabey weder an Kriegsnothwendigkeiten noch an zureichendem Mundproviant; es waren Lebensmittel, selbst auf den Fall einer Belagerung, in der Stadt vorräthig, und so lange die Zufuhr zur See ungesperrt blieb, konnte auch der tägliche Abgang immerfort ersetzt werden.

Die Ankunft der vom Könige auf Angelobung entlassenen Deputirten, zog nunmehr in Danzig schwere Rathschläge nach sich. Der Burgermeister Ferber machte sämmtlichen Ordnungen die Festigkeit des Königlichen Willens, und die warnungsvollen Vorstellungen der Preussischen Stände bekannt, welche deswegen auch eigne Zuschriften an die Stadt abliessen. Größtentheils aber schienen die Differenzen in ein Geldgeschäfte überzugehen. Außer dem halben Pfalgelde, vier großen Kanonen, und der Erbauung eines Pallasts, so vom Könige noch immer verlangt wurde, sollte die Stadt in alle Rechte und Freyheiten, ihrem Ansuchen gemäs restituirt werden, wenn sie sich eine Summe von 300000 Gulden innerhalb Jahresfrist zu bezahlen, erklären würde. Allein die Ordnungen liessen sich mit Mühe nur zu einer Einstimmung auf 200000 Gulden bewegen, sie verlegten die Zahlung derselben auf vier Termine innerhalb vier Jahren, und wollten hiemit nicht nur die übrigen Bedingungen abgestellt, sondern auch die Beschwerden der Stadt, nebst den Commissionshändeln und allem was denselben anhängig war, völlig gehoben wissen. Und weil die Stände der Provinz sich vorhin schon aus freyem Willen erboten gehabt, zu Beförderung des Ruhestandes mit Danzig, hundert tausend Gulden für den König im Lande aufzubringen, so ergrif man dieses Anerbieten, um das Königliche Begehren damit als vollkommen befriedigt anzugeben, man fertigte

1577.
1 Januar auch den Burgermeister nebst dem Syndicus wie-

derum ab, um der Königlichen Majestät solches alles näher zu insinuiren. Dennoch wurde auch hiemit keine Zufriedenheit bewürket. Der König befand sich jetzo in Bromberg, wohin die Danziger Abgeordneten ihm zu folgen Befehl hatten. Er ließ sich ihre mitgebrachte Instruction vorlegen, die vor den übrigen Ansuchen nun auch die Religionsfreyheit nach dem Augspurgschen Glaubensbekenntniß zum Hauptartikel enthielt; weil aber der speciellen Forderungen des Königs keine Erwähnung geschahe, dagegen einige misfällige Einschränkungen, des Eydes so wol als des Königlichen Einzuges wegen, gemacht waren, der König es auch unwillig empfand, die Zahlung für die Stadt zum Theil dem Lande aufbürden zu lassen, so bekamen einige Commissarien des Hofes den Auftrag, mit den Danziger Deputirten eine Abänderung der Vereinigungspunkte zu treffen. Nun konnten zwar letztere von ihrer Instruction nicht abweichen, man schlug aber, um die gütliche Unterhandlung nicht gar zu zerreissen, noch einmal das Mittel ein, den Rathsherrn Rosenberg mit dem Syndicus nach Danzig abgehen zu lassen, und ihnen die letzten Vorschläge des Königs mitzugeben, wornach jetzo drey Termine zur Zahlung der 300000 Gulden innerhalb achtzehn Monaten verlegt wurden, übrigens aber das halbe Pfalgeld, und vier der größten metallnen Kanonen mit dazu nöthigem Pulver und Bley in der Forderung blieben; doch sollten die Kanonen nach Beendigung des Russischen Krieges der Stadt wieder zugestellt werben. Hienächst schickte der König den Entwurf eines Reverses mit, worin er sich zur Bestätigung der Privilegien, und zur Abhelfung aller Beschwerden Danzigs, entweder aus eigner Macht oder auf einem allgemeinem Reichstage erklärte, womit auch eine genaue Beantwortung der beträchtlichsten von Danzig eingeschickten Capitulations- oder Beschwerdepunkte verknüpft war. Die Rathschläge der Regierungscollegien in Danzig wurden hierauf mit neuer Lebhaftigkeit fortgesetzet, was aber die dritte Ordnung schon bey dem vorigen Missionsgeschäfte eyfrig verlangt hatte, nemlich die Mitstimmung der Zünfte und Gewerke hinzuzuziehen, darauf wurde zur jetzigen Entscheidung noch mehr insistiret. Es geschahe auch troß verschiedener dagegen gemachten Einwürfe, daß die Deputirte von den Zünften und Gewerken aufs Rathhaus berufen wurden, in deren Gegenwart, gleich wie vor allen Ordnungen, der Präsident die neuen Anträge so der Rathsherr Rosenberg mitgebracht hatte, proponirte. Jene brachten nach einem auf etliche Stunden zur gemeinschaftlichen Beredung erbetenen Abtritt, durch ihren Redner Caspar Giebel einen Bescheid zurück, womit alle fernere Offerten versagt wurden, wenn der König nicht mit der gebotenen Summe Geldes zufrieden seyn wollte. Weil nun die Ordnungen hiemit in ihren Entschlüssen der Mehrheit nach einstimmig waren, die zur Rückkehr bestimmte Zeit auch heran nahte, Rosenberg aber einer zugestoßenen Krankheit wegen nicht abreisen konte, ⁵⁵) so wurde der Syndicus Lemke allein zurückgeschicket, um die Nothdurft der Stadt so wol als das Ausbleiben des Rathsherrn zu entschuldigen, und die Briefe an den König, nebst der Danziger Resolution zu überbringen. Der König vernahm unwillig, daß der Syndicus sich allein wieder in Bromberg eingefunden hatte, er wollte die Krankheit des Rathsherrn als einen Vorwand, und für eine Verletzung der geleisteten Zusage ansehen, gab auch ausdrücklichen Befehl, den Burgermeister wieder unter scharfer Wache zu halten; indessen ließ sich der Syndicus dadurch nicht abschrecken, seinem mitbekommenen Befehl nach, um eine Audienz beym Könige zu bitten, und dem Siebenbürgischen Kanzler Goslicki nebst dem Abt von der Olive die Relation abzuschlagen, welche sie wegen seines Geschäftes verlangten. Der Burgermeister und der Syndicus erhielten auch kurz darauf ein Gehör beym Könige, und überreichten persönlich die mitgebrachten Papiere. Hier aber äußerte sich deutlich, wie sehr sich der König durch die ungehorsamen Verzögerungen Danzigs beleidigt erkannte. Seine mit den Deputirten in lateinischer Sprache gehaltene Unterredung, ließ zwar noch immer eine bereitwillige Verzeyhung erwarten, allein er druckte sich zugleich dergestalt aus, daß er allen fernern Misbrauch seiner Langmuth als ein vollendetes Verbrechen ansehn wollte. „Ich will, sagte er: die von euch beygebrachte

---

⁵⁵) Er war durch eine Hautentzündung so die Rose genannt wird, am linken Fuß, krank geworden.

„Schriften den Reichsräthen vorlegen, und ihr
„sollt unsre letzte Entschliessung erfahren. Ihr
„sollt endlich erkennen, ob ihr dem Reich, oder
„das Reich euch unterworfen sey: ich fürchte aber,
„ihr werdet es zu eurem Schaden beklagen, daß
„ihr unsre und des Reichshoheit dermassen feil ge-
„tragen habet. Heute wollen wir der Sache ein
„Ende machen: es sollen euch Bedingungen vor-
„geschlagen werden, die an sich höchst billig sind,
„mit selbigen aber sollen alle Tractaten aufhören.
„Nach der Art wie ihr sie aufnehmen werdet, sollt
„ihr erfahren, ob ihr Feinde oder Unterthanen
„seyd, ob ihr an uns einen König oder einen Feind
„habet. Werdet ihr von eurem Stolz ablassen,
„so werdet ihr nicht minder als die andern Glie-
„der des Reichs, unserer Königlichen Huld und
„Schutzes geniessen; werdet ihr aber in der Hof-
„fart fortfahren, so wird eure Hoffart, so wie sie
„im Himmel nicht bestanden, also auch auf Er-
„den nicht bestehen."

Nachdem die Abgeordneten ihre Dimission vom
Könige erhalten hatten, so wurden sie zu einer
Conferenz mit dem Woywoden von Krakau berufen, wobey nur der Kanzler Goslicki gegenwärtig war. Der Beschluß derselben lief dahin aus, daß der Syndicus nochmals mit wiederholten Vorschlägen nach Danzig abgehen sollte, um die allerletzte Resolution der Ordnungen darauf, herüber zu bringen. Der König erklärte sich jetzo mit der gebotenen Summe von 200000 Gulden auf zwey Termine innerhalb vierzehn Monaten zufrieden,

doch sollte die Stadt ihr Contingent zur zweyjährigen Accise, die das Land aufbringen wollte, beytragen; die Forderung der vier Kanonen blieb ungeändert; den Punkt wegen des Pfalgeldes sollte der Reichstag entscheiden, doch wollte der König von jetzo an einen Schreiber bey der Einnahme ansetzen; wegen der Beschwerden und Commissionshändel der Stadt blieb es bey der vorigen Zusage; die Confirmation der Rechte und Privilegien ward zugestanden, auch ein eignes Formular dazu eingeschickt; gleichermaßen wurde die Religionsfreyheit nach der Augspurgschen Confession versichert; und endlich war hiemit der Revers einer Königlichen Angelobung, die übrigen Gebrechen der Stadt auf dem Reichstage zu heben verknüpfet, imgleichen zwey Vorschriften für die Stadt, deren eine die Deprecationsformel, und die andre eine Verpflichtung über die zu entrichtende Geldsumme in sich enthielt. Hiemit nun wurden die Ordnungen in Danzig zur letzten Consultation, ohne Hofnung selbige wieder eröfnen zu können, aufgefordert. Der Termin zur Antwort war kurz, und nur auf sechs Tage bestimmt; man hielt diesen entscheidenden Schritt in der Stadt für wichtig genug, um eiligst eine geheime Deputation aus allen drey Ordnungen dazu zu bestellen. Der Burgermeister Ferber schickte auch zwey Privatbriefe ein, worin er aus eigner Bewegung, die gänzliche Ungnade des Königs zu vermeiden, anräthig war, hienächst von aller ungesetzlichen Haltung der Rathschläge abrieth, und den Zorn des Königs über das Ausbleiben des Rathsherrn Rosenberg bringlich genug vorstellte. Als indessen die Ratification der genommenen Entschliessung von sämmtlichen Ordnungen erfolgte, auch alle desfalls abgefaßte und einzuschickende Schriften, den Elterleuten der Zünfte und Gewerke waren vorgelesen worden; so brachte das Resultat davon doch keine beßre oder neue Zugestehung mit sich, man bat den König nur bey jedem Forderungsartikel aufs demüthigste, es bey den vorigen Erklärungen [der Stadt beruhen zu lassen, und dankte ihm geflissentlich für die huldreichen Versprechungen, die er der Religionsfreyheit und der Privilegien wegen ertheilt hatte. Ja fast dürfte man schliessen, daß diese schwere Finalresolution, damals mehr Disharmonie im Innern der Stadt, und gegenseitige Vorwürfe wegen älterer Ereignisse rege gemacht habe, als daß man die mit neuem Ungemach drohenden Vorfälle, und die bevorstehende Kriegsgefahr recht hätte beherzigen sollen. Wenigstens brachten viele Mitglieder der dritten Ordnung alle die Beschuldigungen wieder hervor, womit sie während der Commissionshändel, ihre Unzufriedenheit über einige Rathspersonen und deren Ueberschreitung einstimmiger Ordnungsschlüsse, als wegen der Placationsschrift, des Deprecationsgeschäftes, und bey andern Gelegenheiten, zu erkennen gegeben hatten. Auch die Gewerke redeten heftig wider den Burgermeister Ferber, daß er gegen ihre Aufrufung zu Rathhause geschrieben hatte, und daß er nun selbst von einer Standhaftigkeit abzuweichen schiene, wozu er ehedem die Gewerke mit vielem Eyfer ermahnt hätte. Es entstunden aus dergleichen Differenzen späterhin noch mehrere Privatstreitigkeiten, die sich auf die Administration, oder die Functionen der Stadt, auf die Verwaltung der Cassen und Güter, auf die Kriegspolicey, und auf eine ungewöhnliche Theilnehmung der Bürger an den Staatsgeschäften bezogen, womit aber die von aussen so verderblich gewordene Situation Danzigs am allerwenigsten wol berathen seyn konnte.

Inzwischen hatte sich der Rathsherr Rosenberg, nach seiner Genesung als Deputirter an den König, mit dem Syndicus wieder auf die Reise nach Bromberg gemacht. Bald nach ihrer Ankunft und übergebenen Instruction, wurden sie von der ungnädigen Aufnahme ihrer mitgebrachten Antwort so wol, als der übrigen Schriften, worunter ihnen auch neue Entwürfe zum Königlichen Revers, zur Deprecation u. s. w. waren mitgegeben worden, durch zehen Königliche Commissarien deren der Bischof von Krakau der vornehmste war, unterrichtet. Auf Königlichen Befehl sollten nunmehr alle Unterhandlungen abgebrochen werden, und Danzig sollte die bisherige Sicherheit zu Wasser und zu Lande verlieren. Die Abgeordneten bemüheten sich vergebens, durch eine Bittschrift an den König, die Verstattung einer neuen Frist, oder die Erlaubniß zu einer nochmaligen Geschäftsreise an die Ordnungen in Danzig zu erhalten. Es wurde ihnen dieses so wol als ein persönliches Gehör beym Könige abgeschlagen. Dagegen ließ der

7 Febr.

König einen förmlichen Absagebrief an die Stadt Danzig ausfertigen, das im vorigen Jahr gegen sie abgesprochene Decret wurde mit aller Schärfe publiciret, sie wurde für vogelfrey erkläret, ihr alle Handlung und Gewerbe zu entziehen geboten, und ihren Abgeschickten persönlich eine harte Festhaltung angekündiget. Diese wurden, so sehr sie sich auch auf ihr sicheres Geleit zu stützen glaubten, in das Innerste des Reichs als Gefangene abgeführet. Man brachte den Burgermeister und den

9 Febr. Rathsherrn nebst dem Stadtsecretair Thorbecke unter einer starken Bedeckung auf das Schloß zu Lencic, nur der Syndicus wurde unter Bewachung zurückbehalten, bis man ihn mit dem Absagebrief an die Stadt wegschickte. Er wurde von der ihm zugeordneten Mannschaft, an den polnischen General Zborowski nach Dirschau gebracht, der ihn aber noch vierzehn Tage aufhielt, ehe er zu seinen Obern zurückkehren, und von allem so bisher vorgegangen war, Bericht abstatten konnte.

Das Signal zu offenbaren Feindseligkeiten war nunmehr gegeben. Ein Königliches Universal untersagte den Danzigern alle Freyheit des Handels mit Fremden so wol als mit Einsassen der Krone, wovon Thorn und Elbing die Vortheile ziehen sollten, und ein angesetzter Reichstag nach Jungleslau sollte die Kriegsgewalt gegen Danzig noch näher bestätigen. Es erging ein Ausschreiben an alle Einwohner und Fremden in Danzig, die keinen Theil an der rebellischen Aufsätzigkeit hätten, sich aus der Stadt zu begeben, und eines freyen Geleits so wol, als des fernern Schutzes versichert zu seyn: imgleichen wurden der Danziger Güter und ausstehende Schulden in den polnischen Staaten, so viel man derselben kund werden konnte, in Befolg der Königlichen Decrete an den Fiscus gezogen. Der Obriste Weyher fing mit seinem Kriegsvolk wiederum an, die Pommerschen Strassen unsicher zu machen, die Polen streiften partheyweise um die Stadt herum, sie fielen bey Nachtzeit in die Höhischen Dorfschaften ein, wagten sich bis zur Ohra, suchten auch bey Praust die Radaunenschleuse zu verderben, und der Stadt das Wasser zu nehmen. Alle diese Streifereyen aber zielten vornemlich dahin, die Danziger Besatzung heraus zu locken, welches man doch glücklich vermieden, und nach der Zeit auch mit Gewißheit erfahren hat, daß alle Thäler zwischen Langenau und Rosenberg mit einem Hinterhalt von feindlicher Reuterey waren besetzet gewesen. Der Polnische General Zborowski, welcher seit dem Thorner Reichstage mit der Stadt einen Waffenstillstand getroffen, das Werder evacuirt, und seine Truppen in die Dirschausche Starostey verlegt hatte, fing nun ebenfalls neue Feindseligkeiten an, wobey auch einige herum wohnende Edelleute in die Danziger Ländereyen einfielen, die aber in ihren Landgütern das Vergeltungsrecht theuer genug dafür empfinden mußten. Ueberhaupt war man in Danzig bey diesen eröfneten Kriegsscenen nichts weniger als müssig geblieben. Weil man hier Nachricht bekam, daß der Abt von der Olive dem Obristen Weyher, die Gegend des Klosters zum Deckungsort angetragen hatte, so wurde ein Detaschement Fußvolk so wol als Reuterey von der Stadt ausgeschicket, um das Kloster und alle gefährlichen Gebäude daselbst in Brand zu stecken, und niederzureissen. Dieses wurde mit übertriebener Thätigkeit ins Werk gerichtet: das Kloster und die Kirche wurden an allen Kostbarkeiten rein ausgeplündert, alles übrige Geräthe zerbrochen und zerhauen; die Gebäude in Brand gesetzet, zwey Mönche erschossen, und zwey derselben als Gefangene eingebracht: ja weil nachher der Kriegsrath beschloß, daß alle noch überbliebene Mauerstücke und Ruinen der Klostergebäude bis in den Grund zerstört werden sollten, so zogen drey Tage später, nicht nur Soldaten, sondern auch Bürger, Einwohner und Gesinde mit Hacken und Spaten hinaus, nahmen etliche Tonnen Pulver mit sich, und sprengten, zerhieben und zernichteten alles dermassen, daß die ganze Gegend zur feindlichen Lagerung untauglich gemacht wurde. Weil auch zur Befestigung der Stadt viel Holz war verbraucht worden, und sich einiger Mangel desselben äußerte, so ward durch ein öffentlich Edict, jedem Bürger der Stadt die Erlaubniß gegeben, sich zu seiner Nothdurft aus dem Olibischen Walde mit Holz zu versorgen, nur mit der Bedingung, daß die fünfte Kahne zum Behuf der Stadt abgeliefert werden sollte. Solches veranlaßte viele Wochen lang eine äußerst frequente Abholung des Holzes, dessen eine große Menge von der Olive nach der Stadt, und nachher auch nach der Münde, zur Ausbesserung der Werke gebracht wurde, und man hat damit dem Abt seinen Bart, wie er den Wald zu nennen gewohnt war, vortreflich zu scheeren gewußt.

Hauptsächlich war man in Danzig besorgt, der Verstärkung des Feindes bey Dirschau entgegen zu kommen, und durch einen herzhaften Ausfall die Truppen zu zerstreuen, welche sich daselbst, mit fürchterlichen Anstalten zur höhern Einschliessung der Stadt, zusammen zu ziehen anfingen. Zwey mal schon hatten entsetzliches Schneegestöber und ungestümes Wetter, das Vorhaben eines solchen Ausfalls vereitelt, am ersten Ostertage waren so gute und geheime Veranstaltungen dazu gemacht worden, daß man des glücklichsten Erfolgs davon hätte gewärtig seyn können, aber ein heftiger Südweststurm mit Donnerwetter und entsetzlichem Regen hatte bey den sorgfältigsten Anordnungen, die Ausführung des Vorhabens unmöglich gemacht. Der Obriste von Cöllen war darüber schon bis zum Widerwillen verdrüßlich, sein Unmuth stieg um so viel höher, da er von der gemeinen Bürgerschaft so gar höhnische Reden dafür anhören mußte, als ob er aus Feigheit dem Feinde nur zusähe, und keinen Angrif zu thun Muth hätte. Er ist auch durch dieses ungerechte Spotten und Murren so aufgebracht worden, daß er im Zorn gesagt haben soll: „er wolle den Feind „angreifen, wenn auch kein Mann wieder nach „Danzig zurückkommen sollte" und ob gleich er es seiner Kriegseinsicht nach würklich nicht für rathsam gehalten hat, den Ausfall in der nachherigen Lage zu unternehmen, so trieb er doch am achten Tage nach Ostern selbst dazu an, daß die Besatzung so wol, als die Bürgerschaft in der Stadt durch Trompetenschall aufgeboten wurde, sich zu einem bewafneten Ausmarsch gegen die Feinde fertig zu machen.

16 April

Dergestalt zogen an vier tausend und zwey hundert bewehrter Mannschaft zu Fuß und zu Pferde, worunter zwölfhundert Bürger in drey Fahnen vertheilet gewesen, unter Anführung des Obristen durch zwey verschiedene Thore, zur Stadt hinaus. Den übrigen unbewafneten Troß ungerechnet, waren noch ungefehr fünf hundert Mann bey den Wagen und beym Geschütze, welches sieben metallne Stücke ausmachte, verleget, und dieses ganze Kriegscorps schlug in den Dörfern Langenau und Rosenberg sein Nachtlager auf, da unterdessen die Stadt von den Bürgern bewachet wurde. Der Feind aber war schon durch verrätherische Kundschafter, wozu sich auch der Baumeister in der Stadt Hans von Derschen, und ein Danziger Student hatten brauchen lassen, vom Ausfall benachrichtigt worden, er hatte die mit sich geführte Beute nebst den Proviantwagen in Zeiten nach Mewe geschicket; und erwartete den Angrif in völliger Bereitschaft. Er hatte die Höhe gewonnen, und als die Danziger nach ihrer Vorrückung jenseit Schönwarnik seiner ansichtig wurden, so mußten sie um die Moräste zu vermeiden, den gebahnten Landweg auf das Dorf Lübeschau

Dritter Abschnitt. Eilftes Capitel.

unweit Dirschau, behalten. Sie fanden gegen sich unter dem Oberbefehl des Generals Zborowski nebst dem Castellan Firley, ungefehr drittehalb tausend Mann, die aber den Vortheil hatten, hinter den Bergen versteckt die Danziger immerfort im Gesicht zu behalten. Letztere kamen nun an den Lübeschauer See, wo sie die vom Feinde abgeworfene Brücke zwar wieder in Stand setzten, und das grobe Geschütze hinüber zu führen bemüht waren; es hatten aber kaum sechs und vierzig Reuter, und etwa die Hälfte ihres Fußvolks, mit einem großen nebst zwey kleinen Feldstücken hinüber gesetzet, so wurden sie von einem Hinterhalt der feindlichen Infanterie plötzlich und mit gewaltigem Geschrey überfallen. Es konnte auch bey diesem Ueberfall zu keiner Schlachtordnung kommen, die Brücke brach wieder während dem Angrif, und nur vermöge des diesseits dem See stehenden Geschützes wurde der Feind einigermassen zurück getrieben. Bald aber kam der größere Haufen mit der Cavallerie ihm zu Hülfe, die Danziger geriethen in die Enge, und ob wol der Obriste sich mit der herübergegangenen Mannschaft aufs tapferste wehrte, so mußte er doch den verdoppelten Angriffen weichen. Es war kein anderer Ausweg zur Flucht, als über einen schmalen Damm und die schadhafte Brücke. Solches verursachte noch größern Verlust, so daß viele in den See stürzten und ertrunken, viele auch auf der Flucht von den Bauern erschlagen wurden, zumal da das diesseits der Brücke gebliebene Kriegsvolk ebenfalls keinen

Stand..faßte, sondern sich im erstern Schrecken gleich auf die Flucht gemacht hatte. Ueberhaupt hat diese Niederlage der Stadt an 2500 Todte und 900 Gefangene gekostet, die nebst drey großen Kanonen und dem kleinern Geschütze, auch allem Proviant und Kriegesgeräth den Polen zu Theil wurden. Der Obriste von Cöllen entkam mit großer Gefahr durch den Lübeschauer See, indem ein treuer Reuter ihm sein Pferd gab, der aber mit Rettung seines Befehlshabers, sein eignes Leben einbüßte. Ein Obristlieutenant, ein Rittmeister und noch acht Oberofficiers, worunter der Hauptmann von der Münde gewesen, blieben auf der Wahlstatt; auch an Bürgern und Bürgerskindern sind viele durchs Schwerd oder auf der Flucht unglücklich ums Leben gekommen. Der feindliche Verlust läßt sich wegen Mangel der Nachrichten nicht sicher angeben, ob wol er von einigen auf 1500 Mann gerechnet wird: einen großen Schaden aber haben die Polen beym Beute machen erlitten, indem sie sich wegen eines Pulverwagens entzweyten, wobey eine Lunte ins Pulver fiel, und eine Menge Menschen in die Luft gesprengt wurde. Noch ein Anschlag, der gedachten Ausfall unterstützen sollte, war hiedurch rückgängig gemacht worden. Die Danziger nemlich hatten zwey große Weichselkähne mit Geschütz ausgerüstet, drey hundert Mann darauf gesetzet, und selbige unter einem versuchten Capitaine die Weichsel hinauf nach Dirschau geschicket, mit der Ordre den Feind von hinten anzugreifen, wenn er sich mit den Truppen zu Lande würde eingelassen haben. Diese aber, so genau sie auch zur Stelle waren, erwarteten eine Nachricht von den Landtruppen vergebens, ja sie konnten des Nordostwindes wegen nicht einmal schießen hören, sie setzten demnach nur die Fähre und einen Krug an der Weichsel in Brand, und streiften am Ufer herum, als die Polen nach ihrem Siege herbey kamen, und sie zurück jagten. Der Capitan blieb hierauf mit beyden Kähnen mitten auf der Weichsel, in augenscheinlicher Gefahr, dem Feinde in die Hände zu fallen, allein durch ein glücklich gewagtes Manoeuvre, worin er vermittelst eines Lauffeuers aus seinem Geschütze alles was ihm bey einer Enge auf dem Damm aufpaßte, herunter warf, rettete er sich und seine Leute, und kam am folgenden Tage unbeschädigt nach Danzig zurück.

Dennoch hatte die Lübeschauer Niederlage Unglück genug mit sich gebracht, um Bestürzung und Leidwesen in der Stadt zu verbreiten; man war hier außerdem noch nicht ruhig, daß der Syndicus Lemke, den versehrlichen Absagebrief mitgebracht, und nicht wie es nach dem Sinn der Bürgerschaft hätte geschehen sollen, die Aufträge des Königs ganz abgelehnt hatte. Es waren hierüber unter den Ordnungen zwistige Wortwechsel entstanden, die sich oft mit den oben schon angeführten Streitigkeiten vermischten. Hiezu kam noch, daß man der Abziehung des Handels und Nahrungsgewerbes, mit Bekümmerniß und Besorgung großen Schadens entgegen sahe. Auch einige Fremden, ja selbst Bürger waren schnöde genug, oder heimlich aus der Stadt gezogen, und suchten die ihnen von Hofe angebotene Schirmfreyheit zu nutzen. Danzig hatte inzwischen an die versammelten Landstände zu Graudenz geschrieben, die mühselige Lage der Stadt und ihre Rechtfertigung beweglich vorgestellet, und um nochmalige Fürsprache beym Könige Ansuchung gethan; die Räthe hatten auch, unerachtet der Landtag nicht zu Stande gekommen, den thätigsten Beystand versprochen, doch aber nicht anders als mit Submission der Stadt, zum Frieden Hofnung gegeben. Es wurde hierauf der Reichstag zu Jungleslau gehalten, vor dessen Eröfnung die Danziger noch an den König so wol, als an die Reichssenatoren geschrieben, auch um die Losgebung ihrer Gesandten demüthigst gebeten hatten, aber alle diese Versuche zu fernerer Vermeidung feindseliger Thätigkeiten waren kraftlos geblieben, und Danzigs Gegner am Königlichen Hofe erreichten vollkommen ihren Endzweck. Zu Jungleslau ward der Krieg den 26 März im Beyseyn weniger Senatoren förmlich geschlossen, und zu dessen Genehmhaltung, gleich wie zur Bewilligung der Kriegskosten, waren die Landtage in sämmtlichen Reichslanden angesetzt worden.

Danzig ließ unterdessen den Muth in keinem Fall sinken. Freylich vermehrten die Ausbrüche innerlichen Zwiespalts nicht selten die äußern Gefahren. Schon zu Ende des Februar, nach abgebrochener Unterhandlung zu Bromberg, hatten niederträchtige Händelmacher ein böses Gerüchte ausgesprenget, als ob die wegen rückständiger Abgaben der Bürgerschaft unbesoldet gebliebenen Miethsoldaten, von allen Ordnungen die Connivenz erlangt hätten, in der Alten Stadt und Vorstadt, einige Bürgerhäuser insonderheit der Fleischer und anderer Handwerker, bey Nachtzeit zu stürmen, und sich durch Plünderungen bezahlt zu machen. Es fand diese unverschämte Lüge so starken Glauben, daß ein Aufruhr bevorstand, und die Ordnungen zur Beruhigung des Volks einen öffentlichen Anschlag machen, auch Prämien für den Angeber des lügenhaften Complots aussetzen ließen, womit endlich der aufrührische Argwohn gemildert wurde. Dennoch aber äußerten sich seit der Zeit immerfort Spuren feindselig in der Stadt herumschleichender Verräther. Dergleichen verrätherische Anstiftungen entdeckte man nun auch nach der fatalen Niederlage bey Lübeschau, ja ein großer Theil der Bürgerschaft wähnte so gar, daß die Obern im Kriegsrath und die Anführer selbst nicht von aller Untreue frey wären. Die darüber geführten Schmähreden und linkischen Urtheile veranlaßten, daß der Obriste von Cöllen ausdrücklich begehrte, vor allen Ordnungen und in Gegenwart der Zünfte und Gewerke, von dem unternommenen Ausfall Rede und Antwort zu geben. Solches geschahe auch nicht allein zu seiner Ehre und Rechtfertigung, sondern er verknüpfte damit noch eine kräftige Ermahnung zur Einigkeit in der Stadt, die einen solchen Eindruck machte, daß die Gewerke und alle so von der Bürgerschaft in der Versammlung waren, sich mit einem Eyde verpflichteten, in Ruhe und Eintracht bey einander zu bleiben, alle Misverständnisse aufzuheben, die Wachen freywillig zu beziehen, und mit gemeinschaftlichen Eifer für die Vertheydigung der Stadt Sorge zu tragen.

27 April Eine dergestalt erneuerte Eydesverbindung war fast nothwendig geworden, um die schlaff gewordenen Sehnen des Staats mit besserer Spannkraft zu beleben. Es wurden nun würklich alle Defensionsanstalten mit neuem Eifer beschicket. Zuvörderst sorgte man für die Anwerbung frischer Soldaten. Diese kamen theils aus Pommern und den benachbarten Ländereyen zusammen, theils wurden dazu in Teutschland und andern auswärtigen Staaten Maasregeln genommen, insbesondre aber kam der König von Dänemark bald mit einer bereitwilligen Ueberlassung derselben zu Hülfe. Er hatte schon früher einige Observationsschiffe in die Ostsee auslaufen lassen, die auch etliche Tage auf der Danziger Rhede gelegen hatten: sie waren aber nachher auf Ordre des Obristen Weyher, der kurz darauf Hela hat plündern lassen, bey Resehöved von den Putziger Ausliegern angehalten und an ihrer Equipage und Gütern beraubt worden, worüber der Dänische Hof sich sehr unwillig beym Könige von Polen beschweret hatte. Nunmehr wurden auf Danziger Ansuchen Dänische Officiers so wol als Soldaten in der Stadt Dienste gelassen, und deren Anführer, der Obristlieutenant Nicolaus von Ungern, und der Kriegsrath George Fahrensbeck haben mit Rath und That vielfältigen

Dritter Abschnitt. Eilftes Capitel.

Beystand in diesen Kriegstroublen geleistet. Späterhin sind noch mehr teutsche Truppen, imgleichen ein Corps Schotten in Danziger Sold getreten, und mindestens ist sehr bald nach dem Lübeschauer Verlust, die Besatzung der Stadt wieder mit sechs Fahnen Fußvolk und einer Fahne Reuter completirt gewesen, obgleich man aus verschiedenen Ursachen, die unruhigen Hofleute oder Adelsfahnen, größtentheils dafür dimittirt hat. Der Schaden welchen die Danziger Handlung, durch die Polnischen Ausschreiben, zu der auf Elbing hingewiesenen Schiffahrt erlitte, ward auch schon so beträchtlich, daß die Stadt aus gemeinsamen Schluß der Ordnungen sechs Fregatten ausrüsten ließ, um die Elbingfahrer bey Danzig aufzubringen. Holländer, Embdner, Friesen und auch andre Nationen mußten sich dieser Kriegsnothdurft ergeben, doch wurde dabey eine so genaue Einrichtung beobachtet, daß vor einer Deputation aus allen Ordnungen, die gemachten Prisen untersucht, inventiret und die Schifsgüter so viel als möglich, ohne Schaden ihrer Eigner distrahirt wurden, weil man damit niemanden unrecht thun, sondern nur nicht die Commerzfahrt von Danzig, frey und ohne Widerspruch wollte abwendig machen lassen. Man empfand es ohnedem übel genug, daß einige Feinde der Stadt, und selbst ein paar von ihr ausgetretene Bürger, sich in Elbing saßhaft gemacht hatten, und den besten Seehandel durch verfängliche Berichte und Maximen dorthin zu ziehen suchten. Es wurden demnach als Repressalien auch die Mittel gebraucht, theils alle Wegziehung und Handthierung der Danziger Bürger und Einwohner an fremden Orten, bey Proscriptionsstrafe und Verlust des Eigenthums verbieten zu lassen, theils ein Edict zu publiciren, daß alle in Danzig vorhandene Güter und ausstehende Schulden der Polen zur Compensation des vom Polnischen Fiscus erlittenen Schadens verfallen seyn sollten. [hh] Alle diese und noch mehrere hiemit verknüpfte Veranstaltungen erforderten nun einen Geldaufwand, der bisher immer den härtesten Anstoß in den Rathschlägen gemacht hatte. Jetzt aber kam mit leichterem Uebereinkommen, eine nochmalige Abgabe

22 May des hundertsten Pfennings zum Stande, und weil auch hiemit den Bedürfnissen der Kriegscasse noch kein Genüge geschahe, so wurden die lange verzögerten Berathschlagungen zweckmäßig zu Ende gebracht, daß man der Stadt, nachdem es die Nothwendigkeit erforderte, mit dem ungebraucht vorräthigen Silber in den Kirchen, wie auch mit dem so sich bey den Bänken und Zünften befand, zu Hülfe kommen müßte. Solches betraf demnach vorerst die silbernen und vergoldten Bildnisse oder Abgüsse der Heiligen, ingleichen die unnöthigen Gefässe und andre Geschmeide in den Kirchen, welche nach richtig aufgenommenen Verzeichnissen, von den Kirchenvorstehern gegen empfangene Reverse, an eine eigentlich dazu gesetzte Deputation

---

[hh] Hiemit ist es wegen der nachherigen Tractaten, und anderer darauf erfolgten Ereignisse, nicht zur Vollziehung gekommen.

abgeliefert wurden. Man hat daraus die nachher so genannten Danziger Noththaler auf Holländischen Fuß ausprägen lassen. Die Vorderseite derselben stellet das Stadtwapen vor, mit der Jahrzahl 1577, und der Umschrift Moneta nova Civitatis Gedanensis; auf der Rückseite befindet sich das Brustbild des Heilandes mit der Weltkugel in der Hand, so zur Ueberschrift hat: Defende nos Christe Salvator: und hiemit ist in dieser Zeit hauptsächlich der schwere Unterhalt der auswärts angeworbenen Besatzung erleichtert worden.

Unterdessen hatten die Danziger Kriegshändel doch manchen Anschein zur Veränderung erhalten, Glücklicher weise hatte der General Zborowski die Stadt nicht gleich im ersten Schrecken nach der erlittenen Niederlage überfallen, es war blos bey der Aufbietung durch einen Trompeter geblieben, und auch diesen hatten die Bauern bey Gute Herberge erschlagen, so daß der Aufforderungsbrief, beym Obristen durch einen Fremden ins Haus war gebracht worden. Gedachter Unfall verursachte zwar die donnernde Drohung des Generals, der Stadt einen Wagen voll 150 Köpfe ihrer Gefangenen vors Thor führen zu lassen, woferne sie die Urheber des Mordes nicht ausliefern würde; allein er hat sich nachher durch beßre Belehrung besänftigen lassen. Einige Tage später fiel es noch mehr auf, daß er und der Woywod von Sendomir sich zur Aussöhnung der Stadt mit dem Könige, erbötig bezeigten. Es hielt schwer, ehe die Ordnungen sich insonderheit mit dem Woywoden als ihrem erklärtem Feinde darauf einlassen wollten; weil aber schon ein sicheres Geleit dazu war eingeschickt worden, so kam es zu einer Conferenz im Dorf Lesken im Großen Werder, wohin der Burggraf Peter Behme, der Rathsherr Reinhard Mölner, ii) der Schöppe Conrad Lemke und der Quartiermeister Jeron. Fike als Deputirte der Stadt abgeschickt wurden. Man verknüpfte damit sehr ehrerbietige Schreiben an den König und an die Senatoren des Reichs, so noch fernerhin, während den mündlich im Dorfe Gütland fortgesetzten Unterhandlungen wiederholt wurde. Es erfolgte darauf aber keine schriftliche Antwort, und die Polnische Herren gaben nur die Versicherung, daß sie auch ohne Briefe, von ihrer Seite alles in Richtigkeit zu bringen bemühet seyn würden. Der General und Castellan Zborowski machte dabey den Danziger Abgeordneten bekannt, daß der König die merkwürdigen Worte zu ihm gesprochen hatte: „Was meinest du, wenn ich die Stadt mit „Gewalt eroberte, daß ich daraus ein Dorf ma„chen sollte! Sie muß eine Stadt bleiben, und „also ihre Privilegien haben. Habe ich mich doch „erboten, die Religion der Augspurgschen Con„fession frey zu lassen, ihre Freyheiten zu bestäti„gen, die Beschwerden so ich abschaffen kann, „abzuschaffen, und alles bisher geschehene ganz „zu vergessen." Indessen hatten die Abgeordne-

Am Rand: 8 May.

---

ii) Rathsherr Mölner ist kurz darauf in der den 15 May gehaltenen Kühr, Burgermeister, und Schöppe Lemke, Rathsherr geworden.

ten auf ihre vier letzten Erklärungsartikel noch eine Schlußantwort des Königs zu erwarten, die ihnen bald darauf in dem Dorfe Krifekol gebracht wurde. Der Religion und der Privilegien wegen war die günstige Zusage erneuert, einen Revers aber versagte der König, bevor die Stadt die Waffen niedergelegt, die Soldaten beurlaubet, und Abbitte gethan hätte, wegen der Tekmine zur stipulirten Geldsumme sollte es leicht zur Einigkeit kommen, über die Sache des Pfalgeldes und der Commissionshändel aber sollte unwandelbar auf dem Reichstage erkannt werden. Dennoch hielten die Danziger Herren diesen Bescheid nicht befriedigend genug. Die Bestätigung der Privilegien schien noch eine unsichre Bedingung zur Seite zu haben, die Commissionshändel nebst der anhängigen Pfalgeldssache wollte Danzig gänzlich cassirt wissen, und durch den verlangten Revers glaubte man der Königlichen Hoheit nichts zu entziehen. Die Polnischen Vermittler nahmen es also noch einmal an sich, dem Könige davon Bericht abzustatten, und an demselben Abend schrieben sie aus dem Lager bey Dirschau zurück, daß der König mit Beyrath seiner Senatoren beschlossen hätte, eine Gesandtschaft in die Stadt zu schicken, und mit dem Rath, den Ordnungen und der ganzen Gemeine die Unterhandlung zum Schluß zu bringen. Dazu aber sollten nicht nur die sichern Geleite, sondern auch Geiseln aus Danzig ins Lager geschickt werden, wogegen der König für den folgenden Tag alle Feindseligkeiten einstellen würde. Von Seiten der

11 Juny

Abgeordneten wurde hierauf geantwortet, daß sie solches den Ordnungen der Stadt hinterbringen würden; nur baten sie um einen dreytägigen Stillstand, und daß keine Vorrückung aus dem Lager mitlerweile geschehen möchte. Allein die fernere Erklärung von Polnischer Seite wurde vergebens erwartet. Vielmehr erfuhr man den Tag darauf, daß der König von Dirschau aufgebrochen, und mit seinen Truppen nach Danzig im Anmarsch wäre. Hiemit wurde die Scene hier gänzlich verändert; die zur Aufnahme der Königlichen Gesandtschaft eben angestellte Rathschläge geriethen in Stecken, und das allgemeine Augenmerk ward nur dahin gerichtet, die polnischen Truppen, nicht unbereitet, als Feinde zu empfangen.

Zwölftes Capitel.

Danzig wird vom Könige Stephan belagert — Versuch neuer Friedensvorschläge — Danzig sorgt für innere Ruhe — und muß von aussen den Krieg fortsetzen. — Die Festung Weichselmünde wird glücklich entsetzet — der König hebt die Belagerung vor Danzig auf — Die Münde wird aufs neue mit ganzer Macht belagert — hitziges Treffen daselbst — glückliches Unternehmen der Danziger — der König zieht mit der ganzen Armee von der Münde ab — fruchtloser Ausgang fremder Friedensmediationen — die Danziger versenken mit Dänischer Hülfe den Elbinger Hafen — günstige Aussichten einer neuen Friedensvermittelung — selbige kommt durch deutsche Fürsten Gesandtschaften zum Stande — Achtsentbindung und Amnestie für Danzig — feyerliche Deprecation der Stadt — Hauptartikel des geschlossenen Friedens.

Wenn auch wahrscheinlich der Aufbruch der Königlichen Truppen von Dirschau, nicht ohne feindliche Absichten geschehen war, so wurde es doch in der Folge dergestalt erkläret, daß man von Danziger Seite die Hostilitäten wieder angefangen hätte, ohne die Ankunft der Polnischen Gesandtschaft in der Stadt abgewartet zu haben. Ehe also noch das Polnische Lager bey Praust aufgeschlagen wurde, war es schon zu leichten Scharmützeln mit einigen Danziger Vorposten gekommen, und der König ließ bey Jankendorf eine Brücke über die Weichsel schlagen, um durch die Nehrung vor die Münde zu rücken, wobey die Polen viele Grausamkeiten in den Nehrungschen Dorfschaften ausübten. Unterdessen wurden von den Danzigern die Vorstädte Schidlitz und Neugarten, nebst den

Gebäuden auf dem Ziganen und Stolzenberge angezündet, welches aber so befehlswidrig und unordentlich zuging, daß vorne die schädlichsten Häuser stehen gelassen; die entferntesten aber zuerst weggebrannt wurden. Der Feind that auch den Tag darauf hier einen Ueberfall, und kam plötzlich hinter den Bergen hervor, als die Einwohner mit Wegschaffung der überbliebenen Sachen beschäftigt, viele auch nur aus Neugierde hieher gekommen waren. Einige theils vornehme Personen beyderley Geschlechts kamen dabey zu Schaden, andre wurden gefangen genommen, und erst das von den Wällen abgefeuerte Geschütz, jagte die Polnischen Reuter zurück, deren etliche schon in der Sandgrube Posto gefaßt hatten. Die Stadt schickte hierauf ein Commando hinaus, um den Rest der Gebäude in der Sandgrube und Petershagen gänzlich einzuäschern; kurz nachher aber
13 Jun. wurden die feindlichen Schanzen und Lagerzelte, von Schönfeld bis an den Bischofsberg und Wonnenberg über die Brandstäten gezogen, und das Königliche Heer, so sich daselbst lagerte, ward auf 4000 Mann zu Fuß und 7000 zu Pferde angegeben. Hienächst nahm die Beschießung der Stadt vom Stolzenberge ihren Anfang. Funfzigpfündige Kugeln, und Steine mehr als siebenzig Pfund schwer, wurden in die Stadt geworfen, und schon am ersten Tage bekam man 260 Schuß herein, welche Thürme, auch Giebel und Dächer der Häuser und Thore nicht wenig zerstörten. Fast unaufhörlich wurde das hohe Thor beschossen, und um

Dritter Abschnitt. Zwölftes Capitel.

um den Feind dabey aufzuhalten, stellte man sich sehr besorgt darum an, ließ es mit Wollsäcken behängen, und inwendig mit Mist und Erde verschütten. Die Stadt beantwortete auch unabläßig die Canonade der Feinde; und es wurde von beyden Seiten drey Tage lang die Nächte hindurch damit fortgefahren; doch hat man in der Stadt an Menschenverlust nur vier Todte, und zwey Verwundete gehabt.

Bey allen so ernstlich eröfneten Kriegsoperationen aber, ließ der König noch den Antrag zur Friedensberedung erneuern. Der General Zborowski gab der Stadt Nachricht, daß Se. Majestät gegen sicheres Geleit und abgeschickte Geiseln, geneigt wären, Commissarien deshalb in die Stadt zu schicken. Es wurde demnach ein Stillstand getroffen, und wie zwischen dem General und einigen Deputirten des Raths eine nähere Verabredung war gehalten worden, so versammelten sich Tages darauf, der Woywod von Culm Johann von Dzialin, der Graf Christ. von Rozdezejow, der Königliche Secretair Goslicki, und der Siebenbürgische Obriste Janus Boramissa, als Königliche Legaten, mit den Danziger Herren, vor der Stadt bey der Schießstange, von wo nach einer eingenommenen Collation, der Burggraf Peter Behme, der Rathsherr Joachim Ehler, der Schöppe Johann Hein, die Hundertmänner Daniel Hein und Heinrich Kleinfeld nebst dem Haupmann Barthel Lembke, als Geiseln ins Lager gingen. Die Legaten hingegen begaben sich

16 Juny

18 Juny

in die Stadt, und wollten nicht dem Rath und den Ordnungen allein, sondern der gesammten Bürgerschaft öffentlich ihr Geschäfte bekannt machen. Ob nun gleich einige Widersprüche dagegen entstanden, so wurde doch auf nochmals eingeholten Befehl des Königs, am folgenden Tage, die ganze Bürgerschaft auf den Markt berufen, um den Auftrag der Königlichen Gesandten vom Rathhause zu vernehmen. Daselbst also verlas ein Polnischer Kanzeleyverwandter eine Schrift aus dem Fenster, welche hernach in lateinischen und deutschen Exemplaren auf den Markt ausgeworfen wurde, und worin der König, gezwungener weise die Waffen wider die Stadt ergriffen zu haben erklärte; es wurde die Schuld davon nicht allen Bürgern und Einwohnern, sondern dem Stolz und Ungehorsam einiger Obern und Anführer derselben beygemessen; es wurden auch die Mittel und Versuche der Güte so der König angewandt hätte, vorgestellet, und übrigens annoch zur Unterwerfung und zur Ablassung vom Ungehorsam aufs ernstlichste ermahnet. Es befanden sich aber in dieser Schrift einige so unglimpfliche Angriffe und Ausdrücke gegen den Rath, die Kriegsbefehlshaber und andre biedere Männer, daß dem Syndicus aufgetragen wurde, diese Schrift zu beantworten, und insbesondre die Unschuld der Stadt zu vertheydigen. Die deshalb ausgefertigte Gegenschrift wurde auch in gleicher Art publiciret, und die Gesandten selbst nahmen die Refutation so wenig übel, daß vielmehr einige versehrliche Ausdrücke in der deutschen Sprache dem Uebersetzer schuld gegeben wurden; man ging auch mit aller Höflichkeit auseinander, und nach einer ehrenvollen Aufnahme, deren die Königlichen Legaten in der Stadt genossen hatten, erwarteten sie wieder bey der Schießstange die Ankunft der Geiseln, und nahmen alsdenn mit freundlichem Abschiede ihren Rückweg. Vorher hatten die Ordnungen der Stadt mündlich versichert, daß sie eine Deputation aus ihren Mitteln an den König abschicken würden, und daß sie zur glücklichen Wiederherstellung des Friedens nichts sehnlicher wünschen könnten, als für dieselben eine Audienz beym Könige zu erhalten. Hiezu hatten die Gesandten ihren dienstfertigen Beystand versprochen, und sie haben dieses Versprechen auch redlich gehalten.

In der Stadt hatte man mitlerweile nicht unterlassen, die bürgerliche Eintracht auf jeden Fall zu befestigen. Die ganze Bürgerschaft hatte sich vor Ankunft der Legation, durch einen körperlichen Eyd wiederholentlich verpflichtet, für des Vaterlandes Freyheiten Leib und Leben aufzusetzen, und zur Vertheydigung der Stadt in fester Treue zu beharren. Ein gleiches geschahe auf den verordneten Paradeplätzen, vom Obristen, den Kriegs-Officiers und der ganzen Besatzung, zur Bestätigung ihrer der Stadt angelobten Treue; und zwey Tage früher hatten sämmtliche Ordnungen sich durch eine ähnliche Eydeserneuerung gegen einander verpflichtet, wobey doch die Festhaltung an der Krone Polen, und das Incorporationsband mit der Provinz Preussen, immer zum Grunde waren gelegt worden. Jetzo hatte man das Geschäfte vor sich, die Deputirten ins Königliche Lager zu ernennen, man konnte aber nächst dem Geleit, keine Geiseln vom Könige dazu erhalten, welches schon einiges Misverständniß veranlaßte. Der verabredete Wäffenstillstand war auch von beyden Theilen nicht so unverbrüchlich gehalten worden, daß nicht verschiedene Scharmützel, ja selbst kleine Attaquen hie und da vorgefallen wären. Die Belagerer arbeiteten unter der Zeit an ihren Schanzen und Laufgräben, und vor der Münde ward mit den Kriegsoperationen gar nicht inne gehalten. Es mischte sich dabey aufs neue die Furcht für Verrätherenen ein, und dieser Verdacht wurde nicht wenig vermehret, als man einstens in der Nacht das heilige Leichnamsthor offen gefunden hatte, wie wol es nachher kund wurde, daß wegen verborgener Ausführung des Holzes aus dem Jungstädtschen Raum solches hätte geschehen müssen. Indessen wurde nach gehobenen Schwierigkeiten eine Deputation aus allen Ordnungen ausgesetzet. Der Burgermeister und Ritter Johann Proit, der Rathsherr Joachim Ehler, der Schöppe Hieronimus Fick, und Cyriac von Fechteld aus der dritten Ordnung, nebst dem Syndicus D.

26 Juny Lemke gingen ins Königliche Lager, und hatten ihre Instruction so wol als die Antwort mit sich, welche auf den öffentlichen Antrag der Legation gegeben werden sollte. Sie erhielten auch die ihnen zugesagte Audienz beym Könige, der ihnen am

Schluß folgende Erklärung mitgab: „Unserer „Gnade habt ihr euch gewis zu getrösten, wenn „ihr zu eurer Pflicht wieder zurück kehren werdet, „das ist, so ihr die Stadt in den vorigen Ruhe„stand setzen, die Waffen ablegen, die Soldaten „abdanken, und die schuldige Treue und Unter„würfigkeit an den Tag legen werdet. Und das „ist unsre endliche Antwort." Zum Vergleichsgeschäfte selbst war man hiemit zwar nicht einen Schritt näher gekommen; weil indessen der König den Stillstand persönlich noch auf zwey Tage verlängert hatte, so konnte man daraus einen Wink abnehmen, sich noch einmal zu einer Antwort melden zu lassen. Solches geschahe denn nach genommener Berathschlagung durch ein Schreiben an den General Zborowski, der auch sogleich einen Königlichen Geleitsbrief dazu einschickte. Dieselben Abgeordneten gingen zum zweytenmal ab, die Ordnungen aber bezogen sich in der mitgegebenen Instruction blos auf ihre bisherigen Zuschriften an den König, womit sie ihre Demuth und Gehorsam zur Genüge bewiesen zu haben glaubten. Weil nun die Hauptpunkte der Königlichen Willenserklärung nicht eingegangen wurden, auch keine Unterwerfung zu den verlangten Bedingungen erfolgte, so wiederholte der Unterkanzler nur die vorhin vom Könige gegebene Antwort, und die Unterhandlungen nahmen ein Ende; ja wenn auch nach der Zeit ei- 29 Jun. nige male an den König, imgleichen an die Kron-Senatoren ist geschrieben worden, so hat man es doch nicht wieder zur nähern Conferenz in der Sache selbst bringen können.

Danzig wurde gleich nach Zurückkunft der Deputirten aufs neue beschossen, und ein dem Feinde nachtheilig gewesenes Scharmützel vermehrte dessen Eifer so sehr, daß schon in der nächstfolgenden Nacht 236 Feuerkugeln in die Stadt geworfen wurden. Hauptsächlich sollte nun, dem gleich anfangs gemachten Anschlage nach, die Festung Weichselmünde forcirt werden. Hier lag nur eine schwache Besatzung, die zwar der Belagerung sich tapfer erwehrte, allerdings aber eines baldigen Entsatzes bedurfte. Selbigen übernahmen nun die beyden Dänischen Befehlshaber Fahrensbeck und von Ungern, mit achthundert Hackenschützen aus der Stadt, denen 330 Schotten zugesellt wurden. Sie liefen auf Böten und Kähnen die Weichsel hinunter, hatten etliche Pinken mit Geschütze zur Hülfe, und zogen noch einige Mannschaft aus der Festung an sich. Dergestalt fielen sie frühe Morgens den zum Theil schlafenden Feind mit großer Gewalt an, wobey zwar der commandirende Obriste Weyher, als er in seinem Gezelte gewecket wurde, den Danziger Angrif mit Verachtung verlachte, sehr bald aber die ernstliche Gefahr wahrnahm, und fast am ersten auf seine Entrinnung bedacht zu seyn nöthig hatte. Die Danziger Truppen erlangten siegreich ihren Endzweck, sie schlugen den Feind in die Flucht, befreyeten die Münde, und öfneten der Stadt wieder die Communication mit ihrem Hafen: es wurde auch das bey Lübeschau verlorne

2 July

Geschütz und nächst dem noch vierzehn kleinere Stücke, erbeutet. Nur der zufällige Tod eines tapfern Schottischen Capitains Robert Gurley, der beym Ausweichen ins Boot einen Sprung verfehlte und ertrank, war der größte Schaden, den Danzig nächst weniger verlornen Mannschaft, hiebey erlitte. Aus der Stadt hatte man mitlerweile den Feind öfters durch leichte Ausfälle gereizet, es waren auch starke Detachements zu Aufhaltung desselben in die Nehring und ins Werder geschickt worden, die zum Theil bis Dirschau vordrungen, und mit Vieh und Getreyde nebst anderer Beute zurück kamen. Allein die Belagerer selbst nahmen in kurzem mit ihren Maasregeln eine Veränderung vor, denn ob sie gleich aus Rache für den Verlust bey der Münde, noch etliche Tage der Stadt mit heftigem Feuer zusetzten, auch ungeheure Steine von mehr als 150 Pfund an Gewicht, aus Mörsern hinein warfen, so brachen sie doch bald nachher mit ihrem Lager gänzlich auf, zogen um die Berge herum, und verriethen nach aufgehobener Belagerung, nunmehr ihre Absicht, sich mit ganzer Macht vor die Weichselmünde zu legen. 15 July.

Die Vertheydigungsanstalten in Danzig hatte man während dieser Zeit noch immer verbessert. Man findet insbesondre ein neu errichtetes Reglement für die Bürgerwachen, welches von vieler Ordnuug und Genauigkeit in der Kriegspolicey zeuget, nach welchem auch der ganze Umkreiß der Stadt in neun Standplätze zu den Bürgerwachen

ist abgetheilt worden, wohin aus jedem Rechtstädtschen Quartier zwey oder mehr Rotten, die übrigen aber aus der Alten Stadt und Vorstadt sind
angewiesen gewesen. Der Militairetat der gesammten Bürgerschaft hat damals also eine Eintheilung
in neun Fahnen bekommen, ausser Langgarten dessen Einwohner unter einer eignen Fahne gestanden
haben. Zwey Tage nach dem Mündischen Entsatz
war der Rathsherr Michael Siefert mit dem
Kriegsrath Fahrensbeck an den König von Dänemark geschickt worden, theils um dessen Vermittelung beym Könige von Polen zu erbitten, theils
für die Stadt, um Geld und Kriegsnothwendigkeiten Ansuchung zu thun. Man konnte sich den
Umständen nach aus Dänemark die nächste Hülfe
hierin versprechen; es war auch schon früher der
Weg dazu gebahnt worden, und noch neuerlich
war wieder ein Transport Schottischer Soldaten,
auf Dänischen Schiffen herüber gekommen.

Die Polnischen Truppen waren unterdessen im
Danziger Werder verleget, der König wartete noch
grobes Geschütze und Ammunitionsbedürfnisse aus
Königsberg ab, zog auch Siebenbürgische Hülfsvölker an sich, und marschirte sodann 20000
Mann stark, unter öftern Scharmützeln bey Danzig vorbey, um zwischen Stries und dem See-
strande ein neues Lager zu beziehen. Hierauf währte es nur zwey Tage, so wurde die Festung Weich-
9 Aug. selmünde aufs neue belagert. Man hatte hieselbst
zur Gegenwehr gute Anstalten getroffen, es setzte
sich auch das ganze Schottische Regiment, wobey

viele Franzosen und Niederländer dienten, unter dem Obristen Wilhelm Stuart, der polnischen Armee gegenüber, um die Fahrt offen zu halten und die Communication mit der Stadt zu beschützen. Nächstdem kamen die Danziger Abgesandten nach guter Expedition aus Dänemark zurück, ihre Pinke ward von einem Dänischen Kriegsschif und vier Galeeren die auf der Rhede anlegten, begleitet, sie brachten auch 20000 Thaler baares Geld, 2 Karthaunen, 12 Nothschlangen, 6 Last Pulver und einen Vorrath an Kugeln mit, welches alles, so sehr es die Polen auch zu verhindern suchten, glücklich in die Stadt transportiret wurde. Die Abgeordneten hatten zugleich die Versicherung erhalten, daß der König von Dänemark kraft einer eignen Gesandtschaft sich dem Vermittelungsgeschäfte unterziehen, und ferner das Beste der Stadt wahrnehmen würde. Inzwischen war der Münde mit unaufhörlichem Schiessen so heftig zugesetzt worden, daß schon der Thurm mit der Laterne herunter geworfen war, die beyden Blockhäuser gegen die Weichsel zwey Tage lang Brand gelitten hatten, auch ein Theil der Hauptmauer durchlöchert, und die Festungswerke dermassen zugerichtet wären, daß die Besatzung sich nicht mehr bedeckt hielt, sondern theils ins freye Feld auszog, theils sich in die Schottischen Schanzen hinein warf. Darauf nun setzten die Polen unter beständigem Kanonenfeuer, in Böten über die Weichsel, bemächtigten sich eines Bollwerks und wollten das Fort übermannen. Sie trafen auch zunächst auf einige teutsche Truppen der Danziger, die ohne der Schotten Beystand wären verloren gewesen; aber mitten in der Action kamen drey Bürgercompagnien aus der Stadt an, die zur Ausbesserung der Festungswerke abgeschickt waren. Nach deren Ankunft zog der Feind sich zurück, und man setzte sich von beyden Seiten zum eigentlichen Angrif in Position. Doch behaupteten die Polen das Bollwerk, worin sie sich mit Steinen verschanzten, dagegen die Danziger ebenfalls zwey Schanzen aufwarfen, und gleich wie der Feind größeren Succurs bekam, auch sie unter ihrem Obristen von Cölln nebst dem Kriegsrath Fahrensbeck mit einigen

24 Aug. hundert Mann aus der Stadt verstärkt wurden. Das Treffen wurde hierauf mit großer Hitze erneuert; die Danziger machten den Anfall und wollten den Feind delogiren, wobey das Geschütz von den Dänischen Galeeren mitwürken sollte; das gegenseitige Schiessen dauerte bis in die sinkende Nacht, aber dennoch behielten die Polen ihren Stand auf dem Bollwerk, und es ging nur von beyden Theilen viel Kriegsvolk verloren. Die Danziger beklagten mit Schmerzen den Verlust ihres tapfern Obristen von Cölln, verschiedene der ersten Befehlshaber, Fahrensbeck, Ahnenfeld, und viele Schottische Capitains waren verwundet, wie auch in den Bürgercompagnien einige Lücken gemacht worden. Den besten Erfolg hatte die unabläßige Arbeit der Bürger an den Mündischen Festungswerken gehabt, womit wenigstens alles wieder in gute Gegenverfassung gesetzt war. Den-

noch liessen die Polen nicht nach, ihrem Project auf andre Weise zur Ausführung zu helfen. Sie schlugen nun eine Floßbrücke über die Weichsel, vornemlich um die Conjunction zwischen dem Bollwerk und ihrem Lager zu haben, welches auch die Besatzung in der Münde nach der Lage des Orts, mit ihrem Geschütz nicht verhindern konnte. Doch beobachtete man den Feind mit aller Wachsamkeit, und bey der Stadt wurden indessen zwey alte Weichselkähne mit Pech- und Theertonnen, trocknem Strauchwerk, und andern brennenden Materien zubereitet, um die Brücke damit in Brand zu bringen: sie waren aber kaum so nahe gekommen, so schossen die Feinde gewaltig darauf und setzten beyde Gefässe in Feuer, wovon das eine gar ans Mündische Haus trieb, und den Schaden beynahe noch grösser gemacht hätte. Nichts desto weniger wollten die Danziger die Zernichtung der Brücke nicht aufgeben. Sie rüsteten kurz darauf ein starkes Schif aus, von einer Art die man Boyert genannt hat, setzten es mit günstigem Südwestwinde in volle Seegel, und liessen es auf die Brücke anlaufen, welche dadurch mit grosser Gewalt in Stücke zerbrach. Die Polen hatten dieses Unterfangen fast für lächerlich angesehen, und glaubten mindestens, nachdem sie grösstentheils ins Lager gegangen waren, sich mit der Defension des Bollwerks nicht übereilen zu dürfen; sie schossen aber kaum viermal aufs Schif, als die Brücke schon zersprungen war, und die noch auf dem Bollwerk befindliche Mannschaft sich abgeschnitten sahe. Diese

1 Sept.

nun suchte sich theils am Strande, theils durch Schwimmen zu retten; der größte Theil aber fiel den Danzigern in die Hände, welche auch das Bollwerk mit allem darauf vorräthigem Geschütze und Ammunition in Besitz nahmen. Gleich nach diesem Vorfall schien man Polnischer Seits die Hofnung zur Eroberung des Forts aufzugeben. Der Mangel an Kriegsgeräthe und der Abgang des brauchbaren Geschützes mögen das meiste dazu beygetragen haben; denn würklich hob der König die
6 Sept. Belagerung auf, und zog mit der ganzen Armee, auf dem vorigen Wege, bey Danzig über die Berge vorbey nach Praust, wo er einige Rasttage hielt, und sodann, nachdem auf dem ganzen Marsch die Danziger Ländereyen nebst einigen Höfen und Stahlhammern noch viel Kriegsungemach hatten erdulden müssen, seine Truppen zu Marienburg und in der dortigen Gegend in Quartiere verlegte.

Während allen diesen Feindseligkeiten, war doch wieder bisweilen eine Anlage zum Frieden gemacht worden. Die Stadt selbst hatte nach jenen im Lager abgebrochenen Conferenzen, wieder zu Zeiten durch Briefe an den König und an die Reichsräthe, ihre Bereitwilligkeit dazu geäussert; noch weiteren Fortgang aber, hatten gegen Ende des Augustmonats einige Herren vom Pommerellischen Adel kk) gemacht, und weil der König seine letzten Erklärungspunkte gegen die Stadt, zum

---

kk) Selbige waren Reinhard Krokow, Josua Jannowitz und Valentin Oberfeld aus der Putziger und Mitachowschen Ritterschaft.

Fundament des Vergleichs gelegt haben wollte, so hatten sie mit vieler Moderation diese Punkte als Präliminarien einzuleiten gesucht, waren auch zu fernerer Fortsetzung des Friedensgeschäftes erbötig gewesen. Nachdem aber die Stadt wegen des erlittenen Kriegsschadens von aller Gelderlegung abgehen wollte, ferner auch der Verlust bey der Münde die gegenseitige Erbitterung vermehrt hatte, und eben noch einige neu herbeygekommenen Unterhändler dem Könige gefälliger zu seyn schienen; so gerieth diese erstere Beredung in Stecken. Zur neuen Mediation hatten sich der Baron Johann von Taube und der Ritterschaftsmarschall Fromhold von Tiesenhausen, welche als Deputirte der Provinz Liefland, an den König zur Requisition einer Kriegshülfe wider Moscau geschickt waren, erboten. Diesen wurde zur Erleichterung ihres eignen Geschäftes verstattet, in Danzig nochmalige Vorstellungen zu thun: weil aber die vorigen Schwierigkeiten durch sie nicht gehoben wurden, die Stadt auch vor Eröfnung der Friedensconferenzen, die Achtsentbindung und eine völlige Amnestie verlangte, und die Liefländische Abgeordneten alle dergleichen Verzögerungen nicht abwarten konnten; so war man auch diese Negociation abzubrechen genöthigt.

11 Sept.

Bey dem allen ergrif Danzig jede Gelegenheit, den Feinden Abbruch zu thun, und unter dem Recht des Krieges sich zugleich an den Beschädigern ihrer Seefahrt und Handlung zu rächen. Durch an sich gezogenes Seecommerz hatten einige am frischen Haf gelegene Städte, vornemlich aber Elbing, sich während dem Kriege in so beträchtliche Vortheile gesetzt, daß man in Danzig auch für die Folge besorgt war, mit einer geschwächten Seehandlung, der nachbarlichen Eifersucht unterzuliegen. Es ward demnach ein Plan gemacht, nicht nur das freye Verkehr und die Ruhe der in den benachbarten Häfen liegenden Schiffe zu stören, sondern sich auch durch Abbruch der schon genossenen Commerzvortheile, an Elbing zu rächen; und hiezu wurde der auf der Danziger Rhede liegende Dänische Admiral Erich Munk, mit seiner Escadre um Beystand ersuchet. Danzig gab ihm vier Pinken und einige Kriegsböte mit genugsamer Mannschaft zur Verstärkung, so daß er nebst seinen Kriegsschiffen eine Armade von achtzehn Fahrzeugen hatte, die unter Danziger Bestallung ausfuhren. Es befanden sich darauf beynahe 3000 Mann Kriegsvolk, über welche der Graf Ferdinand von Hardeck als Stadtobrister, das Commando führte, und worunter auch Bürgerskinder nebst vielen Freywilligen waren. Die Expedition ging zuerst ins Haf auf die Ermländischen Stiftstädte, aus welchen Braunsberg auf fünf tausend, und Frauenburg mit den dasigen Domherren auf zehn tausend Thaler gebrandschatzet wurden, das Städtchen Tolkemit aber sich mit freyer Zufuhr und Proviantlieferung abfinden mußte. Darauf verfolgte die ganze Flotte ihren Weg auf Elbing. Hieselbst fand man zwar den Eingang des Tiefs, mit einem versenkten großen Weichselkahn, der mit Ballast und Dielen angefüllt war, versperret, allein die Danziger Böte räumten bald auf, und liefen in finstrer Nacht beynahe bis an die über den Elbing gehende Brücke. Bey größerer Stille hätte man die Stadt vielleicht überrumpeln können; nachdem aber alles in Bewegung gebracht war, so schickten die Danziger einen Trompeter hinein, und liessen Abgeordnete zum Accord heraus fordern. Diese aber stellten sich nicht ein, sondern Elbing sandte unterdessen an den König nach Marienburg, um Beystand und Hülfstruppen zu bitten. Darauf setzten die Danziger die Lastadie und die Speicher in Brand, landeten auch mit ihrem Kriegsvolk, und plünderten in der Vorstadt und 18 Sept. einigen nahe gelegenen Höfen, bis der polnische Succurs mit etlichen hundert Husaren und Heyducken anlangte. Mit diesen kam es zum Gefechte, worin von beyden Theilen ein Verlust an Verwundeten und Todten erfolgte. Zuletzt aber ward ein Trupp der Danziger ins Gesümpfe gejagt, wobey ein und dreißig Gefangene den Polen in die Hände fielen, und nach Marienburg gebracht wurden. Als die Danziger nun nichts weiter ausrichten konnten, so versenkten sie beym Abzuge noch an drey Orten den Elbinger Hafen, führten 70 Holländische, Englische und andre Kauffardeyschiffe, die theils bey Elbing gelegen, theils unterweges aufgebracht worden, mit sich, und kamen allmä- 25 Sept. lig nach Hause, nachdem sie einige Handlungsschiffe wieder verloren hatten, die in den Pregel entwischt waren, und vom Herzoge zurückbehalten wurden.

Indessen ließ sich der König von den Friedensgesinnungen dadurch nicht abwendig machen, und weil sich für Danzig abermals eine Gelegenheit darbot, sich einer erwünschten Vermittelung zu bedienen, so wurde dieselbe mit einem glücklichen Ausgang benutzet. Es war eben damals die Berichtigung des wichtigen Geschäftes, wegen der Curatel über den blöden Herzog Albrecht Friedrich in Preussen, und der damit zugleich an den Markgrafen von Anspach George Friedrich zu übertragenden Administration des Landes obhanden. Weil nun hiezu mit mancherley Empfehlungen, von den Churfürsten zu Sachsen und Brandenburg, vom Administrator des Erzstifts Magdeburg, vom Markgrafen von Anspach, vom Herzog von Würtenberg, auch von den Landgrafen zu Hessen und den Herzogen in Pommern, Gesandtschaften an den König von Polen nach Marienburg abgeschicket waren, so faßte man in Danzig den Entschluß, gleichwie schon früher und zu mehreren malen auswärtige Potentaten, und insbesondre die Fürsten in Teutschland um Schutz und Fürsprache während dem Batorischen Kriege waren ersucht worden, sich jetzo um eine günstige und fruchtbare Mediation ihrer Gesandtschaften zu bewerben.

Einige der Gesandten hatten diese Vermittelung schon in ihren Aufträgen, und weil auch die übrigen die Befehle dazu von ihren Herren ohne Anstand

Dritter Abschnitt. Zwölftes Capitel.

Anstand erhielten, so bekam Danzig, durch einen Churbrandenburgischen Secretair die willfährige Erklärung, daß mit Genehmhaltung des Königs von Polen, das Friedensgeschäfte von Seiten der Stadt eröfnet werden könnte. Hierauf wurde von allen Ordnungen, ein dankbares Antwortschreiben eingeschicket, und vermittelst eines an den Secretair Johann Thorbecke dazu ergangenen Befehls, die teutschen Gesandten ersuchet, durch Abgeordnete aus ihren Mitteln, mit der Stadt in nähere Unterhandlung zu treten. Man konnte es hiebey als eine gute Vorbedeutung aufnehmen, daß die bisher gefangen gehaltenen Herren des Raths ihre Freyheit erhalten hatten, u) und kurz darauf mit dem Secretair Thorbecke nach Danzig zurück kamen, wofür auch dem Könige in einem submissen Schreiben Dank abgestattet wurde. Bald nachher trafen fünf Herren von der teutschen Gesandtschaft in Danzig ein, sie wurden feyerlich mit Lösung des Geschützes empfangen, und nach abgelegtem Ceremoniell, am folgenden Tage aufs Rathhaus in die öffentliche Rathsversammlug geführet. Hieselbst machte der Churfächsische Rath und Gesandte Abraham von Bock mit einer solennen Anrede die Einleitung zur Negotiation, worin er vornemlich den Ordnungen mehr Nachge-

---

u) Sie waren seit abgebrochenem Vergleichsgeschäfte zu Bromberg, gefänglich auf das Schloß zu Lencicz gebracht worden. Im Maymonat hatte man sie eine Zeitlang getrennet, zu Ende des folgenden Monats aber zusammen auf das Schloß zu Marienburg abgeführet, wo sie bis zu erlangter Freyheit geblieben sind.

bung gegen ihren König empfahl. Der Syndicus erwiderte diesen Antrag im Namen der Stadt mit einer feyerlichen Danksagung, und man bevollmächtigte sodenn eine Deputation aus allen Ordnungen, um mit den Gesandten umständlich zu conferiren, worauf in wenigen Tagen schon einige
14 Oct. Herren von der Gesandtschaft nach Marienburg abgehen konnten, um dem Könige eine schriftliche Erklärung von Seiten der Stadt zu überbringen. Die hierauf ebenfalls schriftlich abgefaßte Antwort des Königs enthielt aber noch solche Artikel, daß man die Legaten nach ihrer Zurückkunft bitten mußte, sich um eine der Stadt günstigere Resolution zu bemühen. Solches geschahe zuvörderst durch Briefe an den König, und an die beyden Kanzler der Krone; nachdem aber nicht alle Hofnungen zu einer geneigtern Willenseröfnung versagt wurden, so reiseten einige der Herren Vermittler nochmals nach Marienburg, und nahmen einen Danziger Secretair mit sich. Dieser kam in wenigen Tagen mit den Finalbedingungen zur Hauptsache
19 Nov. zurück, und brachte zugleich ein sicheres Geleit für die Abgeordneten der Stadt mit, welche nach Marienburg kommen, und alle übrigen Vergleichspunkte in Richtigkeit bringen sollten.

Der Burgermeister Ferber nebst dem Rathsherrn Rosenberg und dem Syndicus, der Schöppenherr Reinhard Kleinfeld und aus der dritten Ordnung Hans Nötke gingen demnach ab, um die letzte Hand an die Vollendung des Friedensgeschäftes zu legen. Ihre Conferenzen blieben blos bey den vermittelnden Gesandten; durch deren unermüdete Sorgfalt aber wurde in kurzem der Friede zu Stande gebracht, und mit revidirten Schrif- 11 Dec. ten befestiget. Am folgenden Tage gingen mit Königlicher Erlaubniß, die Abgeordneten aus Danzig unter Begleitung der Fürstlichen Gesandten, aufs Schloß in die Versammlung des Königs mit den Senatoren und Hofministern. Die feyerliche Deprecation der Stadt geschahe hieselbst vor dem Königlichen Throne, zwischen welchem und einer Querbank, worauf zum Theil die Teutschen Gesandten ihren Sitz hatten, den Danziger Abgeordneten ihre Stelle angewiesen war. Sie ließen insgesammt stehend, durch ihren Syndicus das zur Abbitte beliebte Formular, in lateinischer Sprache ablesen; und der Kron-Unterkanzler ertheilte darauf die Antwort, „daß der König auf geschehene Abbitte, der Stadt alle Vergehungen erließe, und mit Tilgung des gegen dieselbe abgesprochenen Decrets, sie völlig restituirte; wobey „es Sr. Majestät Wille wäre, sie für die getreueste Stadt gleich den übrigen Reichsunterthanen „zu erklären, und das Decret ihrer Achtsentbindung verlautbaren zu lassen." Nachdem letzteres in öffentlicher Versammlung geschehen war, näherten sich die Danziger Abgeordneten dem Thron, und wurden vom Könige zum Handkuß gelassen; worauf der Syndicus diese feyerliche Handlung mit einer Rede beschloß, worin er nächst Gott, dem Könige für den gegebenen Frieden Dank abstattete, und gegen die Fürstlichen Gesandten, für ihren Beystand die Empfindungen der Erkenntlichkeit an den Tag legte. Nach auseinander gegangener Versammlung wurde noch an demselben Tage, die Achtsaufhebung für Danzig, durch einen Wozny oder Gerichtsdiener, aus dem Schloßfenster auf dem Markte publiciret, und auch der geschlossene Frieden überall bekannt gemachet.

Was die Bedingungen des Friedens angehet, so waren der Stadt Danzig damit die Verpflichtungen auferleget, innerhalb fünf Jahren, auf fünf gleiche Termine, die Summe von zwey mal hundert tausend Gulden an den König zu zahlen; den Huldigungseyd nach dem Preussischen Formular, so in den Alexandrinischen Statuten befindlich, zu leisten; die in Sold genommenen Kriegsvölker zu beurlauben; zur Wiederaufbauung des Klosters Oliva, innerhalb den fünf nächsten Jahren 20000 Gulden zu erlegen; die dem Könige jährlich schuldigen Raten- und Recognitionsgelder zur gehörigen Zeit abzutragen; ihre Schuldforderungen an die Krone aber, bis zum nächsten Reichstage ausgesetzt seyn zu lassen. Dagegen erklärte sich der König, nächst der Achtsentbindung und völligen Amnestie für die Stadt, alle ihre Rechte und Privilegien, kraft seines zu Krakau geleisteten Eydes mitbestätigt zu haben; er ertheilte ihr eine schriftliche Versicherung wegen des freyen Gebrauchs der Religion nach dem Augspurgschen Glaubensbekenntnis; er erließ ihr außer den Ansprüchen des Klosters Olive, alle übrigen aus dem Kriege herzuleitenden Schadensersetzungen; er gab die confiscir ten unbeweglichen Güter an Danzig zurück, und moderirte den Verlust der beweglichen in so weit, daß sie sich nicht über 30000 Gulden belaufen sollten; er hob alle nachtheiligen Urtheile, Edicte und Mandate gegen die Stadt, und deren Güter und Einwohner auf; die aus der Commissionssache herrührenden Gebrechen und Differenzen aber, worunter sich auch die Pfalgeldsansprüche befanden, sollten auf dem nächsten Reichstage abgestellt und auseinandergesetzt werden. Zuletzt wurde noch wegen des Königlichen Einzuges in Danzig, ein auf Ruhe und Sicherheit abzielendes Uebereinkommen verabredet, und übrigens dieser Friedensvergleich von den anwesenden Senatoren und Ministern des Reichs unterzeichnet.

Dreizehntes Capitel.

Danzig huldigt dem Könige — die Commissionssache wird ausgestellt — Das Preussische Landesinteresse wird auf den Polnischen Reichstagen verletzet — wieder eröfnete Geschäfte in der Danziger Commissionssache — Danzig sucht sich der Hindernisse seiner Commerzfreyheit zu entschlagen — Englische Niederlage in Elbing — Veranstaltungen zu besserer Weichselfahrt — Finanz- und Polleyeinrichtungen in Danzig — die zwistige Commissionssache wird durch einen Vergleich beygeleget — welcher der Pfalgeldstractat genannt ist — wichtiger Inhalt desselben.

Die Stadt Danzig sahe sich nunmehr eines verderblichen, und wenigstens der Aussenseite nach ruhmlosen Krieges entlediget. Die Feindseligkeiten sind zwar unter mancherley Scharmützeln und Streifereyen noch bis zu Ende des Novembers fortgesetzet worden, die Danziger Kriegsvölker haben auch größtentheils glücklich gestritten; aber es blieb immer ein trauriges Verhängnis, daß die Vorstädte und Ländereyen der Stadt dabey verheeret, viele Dörfer in Pommerellen gänzlich verwüstet, Dirschau ausgebrannt und geplündert, und in der ganzen Provinz Land und Städte durch unzählige Kriegsunfälle mitgenommen waren, wobey sich dennoch das schonende Mitleiden des Königs, und selbst dessen verzeyhliche Gesinnungen gegen Danzig nie haben verkennen lassen. Die Einwohner der Stadt hatten auch um so viel mehr Ursache sich nach dem Frieden zu sehnen, da sich zu Zeiten ein Abgang an Lebensbedürfnissen zeigte, wofür die Zufuhr mit Gewalt abgeschnitten wurde,

Dritter Abschnitt. Dreyzehntes Capitel.

auch durch Hemmung der Radaune, die große Mühle ihren Gang verloren hatte, welches einen Brodmangel verursachte, dem man erst mit langsamer Vorbereitung, durch Hand- und Roßmühlen hat abhelfen können. Erwünscht genug war demnach einem jeden, der das Vaterland liebte, die frohe Nachricht von der wiederhergestellten Ruhe und Sicherheit des öffentlichen Gewerbes. Der König verließ nun die Provinz Preussen, und begab sich mit seiner Hofstatt nach Warschau. In Danzig trafen zwey Tage nach Zurückkunft der Stadtdeputation, die Königlichen Commissarien zur Huldigung ein. Der Litthauische Unterkanzler und Castellan von Trock, Eustachius Wolawicz, der Castellan von Lublin Andr. Firley und der Probst von Ploczko Graf Hieronimus von Rozdrzejow waren dazu ernannt worden; sie wurden mit großem Ceremoniell eingeholet, und der Huldigungseyd wurde zuerst von den Ordnungen auf dem Rathhause, nachher aber von der ganzen Bürgerschaft auf dem Markte geleistet. Vor ihrer Abreise überreichten die Commissarien das Original der Königlichen Bestätigung der Privilegien, gleichwie die Danziger Abgeordneten schon in Marienburg, die Abolition der Acht so wol als das Religionsprivilegium in Originalen empfangen hatten.

1577.
15 Dec.

Nach Beendigung aller Hauptgeschäfte des Friedens, erwartete Danzig den nach Warschau ausgeschriebenen Reichstag, woselbst die noch schwebenden Streitpunkte, aus der Commissionssache

1578.
20 Jan.

abgemacht werden sollten. Diese Erwartung aber ward fruchtlos: die Reichsstände wollten sich mit den Danziger Beschwerdeartikeln nicht eher befassen, bevor der Grund derselben wäre untersucht worden, und ob wol der König hiezu den Bischof von Krakau nebst dem Woywoden von Krakau und Lenczyc zu Commissarien ernannte, so kamen doch diese mit den Danziger Abgeordneten zu keiner Vereinigung, weil man über den Artikel des Pfalgeldes gar zu ungleiche Meinungen hatte. Der Burgermeister Ferber nebst den Rathmännern Albrecht Giese und Conrad Lemke, bekamen demnach unverrichteter Sache ihre Abfertigung, wobey ihnen der König nur in milden Ausdrücken versprach, daß er ausführlich mit der Stadt durch eine Gesandtschaft, dieser Angelegenheit wegen würde negociren lassen.

Ueberhaupt waren die Beschlüsse dieses Reichstages und vieler folgenden Staatsversammlungen in Polen, für die Preussischen Landesgerechtigkeiten in verschiedener Art nachtheilig. Das eben damals in Polen errichtete Tribunal gab Gelegenheit, daß man auch die Preussen der Gerichtsbarkeit desselben unterwerfen wollte; die Vorstellungen und Protestationen dagegen vereitelten zwar jetzo diese Zumuthung der Reichsstände, allein der Preussischen Stände vielfältiges Ansuchen um ein eignes in ihrem Lande anzuordnendes Obergericht, wurde dafür gänzlich abgeschlagen: und doch hat sich die Preussische Ritterschaft späterhin aus eigner Bewegung für die polnischen Tribunale erkläret.

Denn die Zwistigkeiten über die Justizpflege in der Provinz, haben es unter mehreren Differenzen zwischen dem Adel und den Städten, dahin gebracht, daß ersterer sich im J. 1585 auf gewisse Bedingungen, der Jurisdiction des Peterkauer Tribunals unterzogen hat. Eine andre diesjährige Constitution bestimmte am Weichselhaupt einen neuen Wasserzoll in Preussen, der nach dem Reichstage nur mit einer Veränderung des Orts, nemlich am Weissen Berge bey der Conjunction des Nogats mit der Weichsel, für die nach Danzig, Marienburg und Elbing gehenden Gefässe, würklich angelegt wurde. Es hat vieljährige Mühe gekostet, ehe man die Abstellung desselben hat erlangen können. Vielmehr sind in kurzem noch andre Zollneuerungen gemacht worden: auf der Marienburger Brücke, in Stargard, in den Dörfern Lübeschau und Langenau, hat Polen trotz aller Preussischen Privilegien Landzölle angelegt, auch in Graudenz und bey Danzig im Schottlande und auf dem Stolzenberge sind Befehle auf anzustellende Zölle ergangen. Einige derselben sind zwar bald nach ihrer Anlage in Stecken gerathen, gegen die übrigen hat man auf jedem Landtage gestritten, es sind Königliche Rescripte dafür und dagegen herausgekommen, oft sind auch Gewaltthätigkeiten vorgefallen, und die Zolleinnehmer in ihren Verrichtungen nicht wenig gestört worden; doch hat sich das Land vom Wasserzolle am Weissen Berge erst im J. 1585 völlig befreyet gesehen. Eben so zwistvolle Schwierigkeiten führte das Polnische Contributionsuniversal mit sich, kraft dessen das Land Preussen seine gewöhnliche Art zu contribuiren verlassen, und sich zu den Polnischen Staatsabgaben bequemen sollte. Es wurde zwar anfangs auf die Landesgewohnheiten noch einstimmig gehalten, der König ließ sich auch nach einigen Vorstellungen die in Preussen übliche Contributionsart zum Liefländschen Kriege gefallen; nachdem aber in den folgenden Jahren, die fortwährenden Unruhen mit Rußland, immer häufigere Geldforderungen des Königs verursachten, so schien der Preussische Adel auf die Erleichterung in den Polnischen Contributionen allmälich aufmerksam zu werden. Er fand die Poborren seinem Stande viel zuträglicher, wenn gleich der Bürgerstand damit härter gedruckt wurde, er nahm also dieselben gleich der Polnischen Ritterschaft an, und überließ es den Städten, sich mit Verwahrung ihrer alten Privilegien zu vertheydigen. Diese haben sich demnach gemüßiget gesehen, größere Geldsummen zur Contribution aufzubringen, damit sie nur von unangenehmeren Zunöthigungen befreit blieben.

Der nächst folgende Landtag zu Graudenz, (der auch der erste Postcomitial-Landtag in Preussen gewesen ist), sollte alles wieder gut machen, was durch Neuerungen auf dem Reichstage war verletzt worden. Man bearbeitete würklich Entwürfe, alle Schmälerung der Landesimmunitäten zu hemmen; man setzte Beschwerdeartikel auf, ohne welche keine Instruction auf die Reichstage gegeben werden sollte; die Landesprivilegien wurben auch zum Druck befördert, damit jedermann von dem Inhalt derselben überzeugt würde: allein die Lubliner Union hatte schon ein gar zu großes Gewicht bekommen, als daß man die daraus erfolgten Staatsveränderungen hätte aufheben können. Der nächste Reichstag gab ein abermaliges Zeugnis von Preussens willfäriger Ergebung unter die Polnischen Staatsgesetze. Die adeliche Räthe verglichen sich mit der übrigen Ritterschaft über gewisse Moderationsartikel, womit sie von den alten Vorrechten etwas nachlassen wollten, um der übrigen versichert zu bleiben. Drey derselben wurden dem Könige vorgetragen: man wollte die Ansetzung der Landtage der Königlichen Entscheidung überlassen, man unterwarf sich der gemilderten Vollziehung des Alexandrinischen Statuts, und zur Erlangung des Einzöglingrechts wurde eine Saßhaftigkeit von funfzehn Jahren vorgeschlagen. Der letztere Punkt aber machte die ehedem in Polen behauptete Erklärung des Indigenats rege, und nun gereuete es die Landesräthe, sich fruchtlos hierüber ausgelassen zu haben. Die Danziger Abgeordneten protestirten feyerlich gegen alle diese Moderationsartikel, und selbst einige Consiliarien suchten sich bey den Städten deshalb zu entschuldigen. Nichts desto weniger wurden die Irrungen zwischen den Ständen in der Folge noch mannigfältig vermehret. Indem viele Nationalpolen in der Provinz Preussen sich ansäßig machten, so kamen polnische Sitten und Gebräuche in Uebung, und es äußerten sich Prärogativen des Adels vor dem Bürgerstande, wovon man zu ältern Zeiten besonders in Vergebung geistlicher und weltlicher Würden keine Notiz gehabt hätte. Eben hiedurch schlich sich eine Standesjalousie ein, welche sehr unangenehme Abänderungen veranlaßte, und unter andern einen sichtbaren Eintrag in die oft versuchte Reforme des Preussischen Justizwesens hervorbrachte. Die auf vielen Preussischen Landtagen bisher mit Eifer gesuchte Verbesserung des Culmischen Rechts, hatte ungeachtet der oft deshalb erneuerten Zusammenkünfte und Arbeiten, nie einen glücklichen Ausgang gewonnen. Mit der diesjährigen Revision zu Neumark, wozu sich nächst dem Herzoglichen Gesandten, Deputirte vom Adel und aus den Städten der Provinz eingefunden hatten, kam man eben so wenig zum Endzweck, und es äußerten sich so widersprechende Meinungen in unterschiedenen Rechtsmaterien, daß man keine einstimmige Aufnahme des revidirten Culms zum Gesetzbuch des Landes, erwarten konnte. Das Herzogliche Preussen hatte schon seit dem J. 1577 einseitige Landesverordnungen heraus gehen lassen, und im Polnischen Preussen ist seit der Neumarkschen Zusammenkunft eine Spaltung entstanden, worin die Ritterschaft zuletzt entscheidend erklärt hat, das Culmische Recht den Städten zu überlassen, für sich selbst aber ein eignes Landrecht ausarbeiten zu wollen. Solch ein adeliches Landrecht ist im J. 1598 würklich zum Stande gekommen; und es ist mehr als zu offenbar, daß neu errungene Prätensionen so wol als die empergebrachte Anhängigkeit ans polnische Gerichtswesen, an dieser gänzlichen Scheidung des Preussischen Adels von den Justizeinrichtungen des Bürgerstandes, den nächsten Antheil gehabt haben.

Die Commissionssache mit Danzig hatte bisher eine Zeitlang geruhet. Der König hatte zwar seinem Versprechen gemäs, noch im J. 1578 einen Gesandten, nemlich den Castellan Firley an die Stadt abgefertiget; dieser aber war gleich bey Eröfnung seines Gewerbes mit den Ordnungen uneins geworden, und hatte auf ungewöhnliche Art, die Stadt mit einer Protestation verlassen. Nachher hatte Danzig einige Versuche gemacht, den zwistigen Punkt des Pfalgeldes und die mißfällige Verhöhung desselben, durch anderweitige Erbietungen aus dem Wege zu räumen; aber mit allen Bewegungsgründen war der König nicht auf andre Gesinnungen gebracht worden. Indessen war der Stadt in vieler Absicht daran gelegen, den Marienburgschen Friedensvergleich zur gänzlichen Vollziehung zu bringen. Sie schickte demnach eine Deputation nach Warschau, die aus dem Burgermeister Reinhold Mölner, dem Rathsherrn Conrad Lembke und dem Syndicus D. Heinrich Lembke bestund, und diese Herren hatten den Auftrag, die Zugestehung eines Antheils am Pfalgelde nochmals abzulehnen, wol aber dem Könige dagegen eine Geldofferte bis auf die Summe von 20000 Gulden zu machen. Allein sie fanden hiezu kein geneigtes Gehör, und so behutsam sie auch mit dem Geldantrage zu Werk gingen, ja selbst kraft einer noch später erhaltenen Vollmacht, dem Könige für sich und seine Nachfolger, auf alle künftige Zeiten, eine jährliche Abgabe von 16000 Gulden dafür antragen konnten; so blieben doch alle Geldvorschläge so unwiederruflich verworfen, daß der König vielmehr sich erklärte, weil die Steigerung des Pfalgeldes der Stadt entgegen zu seyn schiene, mit zwey Drittheilen von dem unveränderten Ertrag desselben, für sich zufrieden zu seyn, ja auch den Einkünften der Stadt eine andre Vergütung anzuweisen, wenn selbigen zu viel dadurch abgehen sollte. Diese Erklärung beförderte aber die Entschliessung der Ordnungen in Danzig, in die Verhöhung des Pfalgeldes auf zwey Pfennige einzuwilligen; und so bald dem König solches vorgetragen wurde, erhielten die Abgeordneten einen gnädigen Bescheid, daß die fernern Unterhandlungen wegen der Beschwerdeartikel ihren Fortgang gewinnen sollten. Inzwischen mußte man dem Hofe auf seiner Reise nach Krakau folgen, und als sich hier wiederum Verhinderungen und Difficultäten zeigten, weswegen der König in der Danziger Angelegenheit einen Aufschub bestimmte, so hatte man zuvörderst eine vierteljährige Frist abzuwarten, die aber mit abgebrochenem Geschäfte noch ferner verlängert wurde, so daß erst nach abermaligem Verlauf eines Jahres, die Commissionssache mit allen darin verwebten Nebenartikeln ist zu Ende gebracht worden.

Seit dem geschlossenen Frieden, nahm Danzig zur Wiederherstellung seines Wohlstandes jede

Gelegenheit währ, Handlung und Gewerbe von neuem in Aufnahme zu bringen, und es ward nichts versäumet, um durch den obhandenen Finalvergleich mit dem Könige, zugleich die eingerissenen Hindernisse der Commerzfreyheit, aus dem Wege zu räumen. Hierauf zieleten auch alle mit den Preussischen Landeseinsassen gemeinschaftlich wiederholte Klagen, über die Polnische Hemmung des überseeischen Salzhandels, wobey Danzig nicht nur für sich selbst unersetzliche Einschränkungen litte, sondern es auch mit sichern Beweisgründen darthun konnte, daß dadurch die auswärtige Abnahme der Polnischen Naturproducte beträchtlich geschwächet würde, und daß außer unzähligen andern Schäden, die für Schiffahrt, Rhederey, und für das gesammte Seecommerz daraus bevorstünden, die Quellen des meisten Reichthums für die Polnischen Reichseinsassen, je länger je mehr würden versiegen müssen. Es wurde durch dergleichen oft erneuerte Vorstellungen, nach und nach mehr Freyheit für die Verführung des fremden Salzes, mindestens in Preussen bewürket, dergestalt daß im J. 1583 ein Mandat an den Vorgesetzten der Königlichen Salzwerke erging, seine Aufseher vom Weissen Berge zurück zu rufen, und sie an die Polnische Grenze zu verlegen, damit nur die Einfuhr des fremden Salzes in Polen verhindert bliebe. Eine eben so nahe Beziehung auf die Commerzvortheile Danzigs hatten die Kränkungen, womit die Handlungsfreyheit der Hanseatischen Bundesverwandten, um diese Zeit in England beeinträchtigt wurde. Die Königin Elisabeth hatte im J. 1579 ein Edict publiciren lassen, daß, so ferne nicht den Engländern der freye Gegenhandel in den Harsestädten, und die Residenz zu Hamburg verstattet würde, die Hansischen Kaufleute in England aller Freyheiten verlustig, und andern Nationen gleich geachtet werden sollten. Hierauf war auf dem Convent zu Lübeck beschlossen worden, daß alle in Hansischen Hafen liegende Schiffe und Güter von England, bis auf den wiedererlangten Genuß der alten Privilegien in Beschlag bleiben sollten; und Danzig als der Hauptort des Preussischen Quartiers hatte den Auftrag bekommen, mit den hiesigen Bundesstädten darüber ein Vernehmen zu haben. Danzig selbst befolgte in seinem Hafen ungesäumt die beschlossene Arrestirung, die übrigen Städte aber zögerten damit, bis ein Termin zur Zusammenkunft angesetzt wurde, worauf sie außer Elbing, dem Lübeckschen Schluß beyfielen. Dieser einzelne Widerspruch aber veranlaßte eine Moderation, vermöge welcher beliebt wurde, ehe man zu Thätlichkeiten schritte, die Engländer in Preussen vorher zu warnen, und ihnen den Beschluß des Hanseconvents bekannt zu machen. Solches thaten die Städte nach ihren Verhältnissen, und auch Danzig ließ die beschlagenen Schiffe so wol als die Fahrt auf England bis auf ferneren Bescheid frey; nur Elbing stand mit den Engländern in gar zu genauer Gemeinschaft, um ihnen die Handlungsfreyheit für die Folge der Zeit aufkündigen zu können.

In

Dritter Abschnitt. Dreyzehntes Capitel.

In Elbing war während dem Batorischen Kriege, den Engländern eine Residenz verstattet und ferner darauf eine Handlungsgesellschaft errichtet worden, die weder nach Hanseatischen Rechten noch laut den Constitutionen der Preussischen Städte bestehen konnte, als welche den Fremden nur mit Bürgern zu handeln, und sich keiner Stapelgerechtigkeit anzumassen erlaubten. Allein diese Gesellschaft prätendirte theils Waaren in den polnischen Staaten aus der ersten Hand einzukaufen, und auf Englischen Schiffen wegzuschicken, theils auch eine Niederlage von Englischen Tüchern und andern Waaren in Elbing anzulegen, und ein Monopol damit zu treiben. Auf Andringen Danzigs setzte sich der Hansebund dieser Englischen Residenz in Elbing eifrig entgegen, und es wurde desfalls ein Secretair des Englischen Comtoirs an den König von Polen abgeordnet, dem noch eine Legation nachfolgen sollte, wenn Elbing nicht in die gesetzlichen Schranken würde zurück gebracht werden. Diese Masregeln brachten zuvörderst ein Königliches Rescript an die Elbinger zuwege, um den Englischen Kaufleuten keine ungewöhnlichen Freyheiten zu verstatten, und am wenigsten eine Waarenniederlage anlegen zu lassen. Weil aber Elbing sich mit den Engländern schon zu weit vertieft hatte, auch eigene Vortheile dabey fand, mit ihnen gemeinschaftliche Sache zu machen, und dieselbe auf dem Reichstage zu vertheydigen; so kam es zwar mit der Gesandtschaft des Hansebundes auf dem Warschauer Reichstag 1581 nicht zum Stande, doch erhielten die Abgesandten von Thorn und Danzig die Vollmacht, sich der Hanseatischen Rechte anzunehmen, und auf eine genauere Untersuchung in der Elbinger Sache zu bringen. Vom Könige Stephan erfolgten hierauf sehr geneigte Versprechungen, allein es verzog sich noch drey Jahre,

1584. bis auf dem Marienburger Landtage, der Burgermeister Reinhold Mölner und der Rathmann Michael Siefert als Abgeordnete aus Danzig, von neuem über die Kränkung der einheimischen Handlungsrechte Klage führten, und ein diesjähriges Königliches Verbot wegen des Gewerbes der Ausländer aufzeigten, dessen Verlautbarung mit Beyfall der Landesräthe verlangt wurde. Diesem setzten sich die Elbinger mit großem Widerspruch entgegen; und ob gleich das Königliche Interdict straks auf öffentlichem Markte publicirt ward, so unterliessen sie doch nicht, eine Protestation unter dem Landessiegel dagegen auszufertigen. Die Engländer hatten unterdessen förmlich einen neuen Vergleich ihres Niederlagerechts wegen mit Elbing errichtet, auch durch den Englischen Gesandten am Polnischen Hofe, um die Bestätigung desselben anhalten lassen; allein der König nahm es nun an sich, dieser Sache wegen nähere Kundschaft durch Commissarien einzuziehen. Nächst dem Bischofe von Culm, wurden noch vier weltliche Magnaten zur Commission ernannt; sie versammelten sich in Elbing, wohin man außer den Danzigern, von Thorn und Marienburg Deputirte beschieden hatte; allein nur Danzig schickte zwey Herren des Raths und den Syndicus ab. Selbige mußten eine schriftliche Deduction gegen die Rechtfertigung der Elbinger beybringen, und als diese hierauf noch einen Gegenbericht eingegeben hatten, so beschloß die Commißion ihre Sitzungen. Man erwartete die Entscheidung des Königs; von allen Seiten suchte man für dieses wichtige Handlungs-Object, die Gunst desselben zu gewinnen: allein es wurde eine neue Commißion ausgesetzet, wobey der Woywod von Lublin Tarlo den Vorsitz hatte, und die Sache blieb aus Gründen die der König hatte, annoch unentschieden. Man hofte auf den nächstfolgenden Warschauer Reichstag 1585 dieselbe beendigt zu sehen, sie kam würklich in die Rathschläge des Senats; als aber der Elbingsche Burgermeister Sprengel von Rödern dem Könige einen Fußfall that, und insgeheim um die Bestätigung der zwischen der Stadt und den Englischen Kaufleuten geschlossenen Artikel eine Bitte vorbrachte, so wandte sich der König um und antwortete laut; „Diesen neuen Artikeln kann auf „keine Weise ein Genüge geschehen: das übrige „werdet ihr vom Kanzler vernehmen." Hiemit wurde in aller Hinsicht eine Abfertigung gegeben, die den Englischen Kaufleuten in Elbing nicht mehr erlaubte, als was ihnen in andern Preußischen und Liefländischen Städten zukam; dessen ungeachtet trafen die Elbinger nach Zurückkunft ihrer Deputirten vom Reichstage, doch wieder einen neuen Vergleich mit den Engländern, der bis zu einer Königlichen Genehmigung, auf die sie noch immerfort hoften, bestehen sollte. Es hat demnach diese Commerzangelegenheit noch unterschiedene Differenzen nach sich gezogen, bis seit dem J. 1603 die Englische Handlung größtentheils an Danzig gekommen, und in späteren Jahren die Niederlage zu Elbing, mit Hülfe der Reichsconstitutionen völlig ist aufgehoben worden.

Noch ein Staatsaugenmerk wobey der Danziger Handel interessirt war, wurde auf das sogenannte Maydeloch oder den neuen Weichselgraben gerichtet, dessen Wahrnehmung seit dem Ableben Sigismund Augusts, wegen der particulairen Absichten im Lande sowol, als durch die innerlichen Kriegsunruhen war hintan gesetzt worden. Die Ausdehnung dieses Grabens zeigte immer furchtbarer, daß die Fahrt auf Danzig und Königsberg gänzlich versanden, das Wasser aus der Weichsel in den Nogat schiessen, dessen Dämme auch zu schwach seyn, und beyde Werder dadurch überschwemmt werden würden. Man veranstaltete durch Commissarien von Land und Städten im J. 1581 eine Besichtigung, und es fand sich, daß der Graben, der anfänglich vier Ruthen breit und vier Schuh tief gewesen, schon zwölf bis sechszehn Ruthen in die Breite, und vierzehn Schuh in die

Tiefe austrug. Durch die daraus entstandene Schmälerung des Weichselwassers, hatte der Danziger Hafen von neun Ellen bis auf fünf an der Tiefe abgenommen, und man hielt es für nothwendig, durch gute Veranstaltungen größerem Ungemach davon vorzubeugen. Dennoch wurde erst nach Verlauf von drey Jahren, eine neue Commission angesetzet, zu deren Geschäfte nächst den vornehmsten bey der Weichselfahrt interessirten Städten in Polen und der Provinz Preussen, auch Abgeordnete aus dem Herzogthum Preussen eingeladen wurden. Es traten aber wieder so ungleiche Meinungen hervor, daß eine Parthey eben so sehr die Erhaltung des Grabens vertheydigte, als die Danziger die Verschüttung desselben zu bewürken bemüht waren; und die Herzoglichen Räthe, welche ganz andre Gegenstände hatten, reiseten mit einer Protestation ab, weil die Commission ihnen die Besichtigung des Danziger Haupts bey der Nehring versagt hatte. Der Ausspruch der Commissarien brachte zuletzt mit sich, daß der Graben zwar bleiben, aber in seine erstere Breite eingeschränkt werden sollte: auch wurden die Danziger auf ihre Kosten ein Bollwerk zu schlagen angewiesen, damit dem Strom der stärkste Lauf nach ihrer Stadt verschaft würde. Von diesem Urtheil appellirten beyde Theile, das Königliche Decret aber bestätigte den Ausspruch der Commissarien, nur mit dem Zusatz, daß vor Errichtung des Bollwerks,

1584. Jul.

1585.

von erfahrnen und sachverständigen Männern untersucht werden sollte, ob nicht durch leichtere Mittel die gehörige Proportion im Lauf des Flusses erhalten werden könnte. Das Jahr darauf wurde nach geschehener Untersuchung den Danzigern so wol als den Elbingern für ihre Kosten auferleget, daß sie beyderseits ein Hauptschlagen, und eine Fütterung mit eingerammten Pfälen an den Orten machen sollten, wo es am dienlichsten befunden würde, dem Strom dadurch seine gehörige Leitung zu geben. Die Elbinger haben sich hiezu erst durch einen wiederholten Commissorial-Ausspruch anhalten lassen; aber weder diese noch die fernerhin fortgesetzten Wasserarbeiten haben den gefährlichen Ausbrüchen, den großen Versandungen, und allen aus der vernachläßigten Beobachtung des Weichselgrabens erfolgten Schäden gänzlich abhelfen können.

Nächst Handlung und Gewerbe, war Danzig nicht weniger bemühet, seine Finanz- und Policey-Einrichtungen nach dem Kriege, wieder in bessern Zustand zu setzen. Die Kriegskosten hatten sich auf 635000 Gulden belaufen, man rechnete noch 43000 Gulden auf die Erbauung des Hauses Weichselmünde, und über 24000 Gulden an Reisekosten, vieler Geschenke und freywilliger Gratificationen nicht zu gedenken, womit man sich hatte abfinden müssen. Dessen ungeachtet unterließ man nicht, für baldige Reparatur der in der Belagerung zerstörten öffentlichen Gebäude zu sorgen, und mit Erlegung des halben hundertsten Pfennigs, mit der erhöheten Zulage, mit dem Schornsteingelde und andern Abgaben, eilte man willig den Stadtcassen zu Hülfe. Unter mehreren Gebäuden, wurde das Hohe Thor, welches ausnehmend beschädigt war, mit Fleiß in Arbeit genommen; es war kurz vor dem Kriege mit dem Gewölbe und der äussern Brücke in Stand gesetzt worden, es wurde nunmehr aber vollends ausgebauet, und zuletzt ist der äussere Giebel desselben im J. 1588 mit einer sehenswürdigen Auszierung in Steinarbeit versehen, und das Werk damit ausgeführt worden. Man findet ferner, daß in dieser Zeit die Lange Gasse gesteinbrücket sey, wozu die Stadt einen geschickten Meister verschrieben, und die Arbeit unter eigner Functionsaufsicht genommen hat. Das baufällige Rathhaus der Alten Stadt ist un J. 1587 völlig abgebrochen, und der Grund zu dem neuen unweit dem Carmeliter Kloster gelegt worden, worin schon zu Anfang des folgenden Jahres Gerichtssitzungen gehalten sind. Auch hat man sich die Aufnahme des Gymnasiums sorgfältig empfolen seyn lassen, und den Störungen die der Krieg verursachet hatte, mit Bauanstalten so wol als durch den verbesserten Zustand der innern Einrichtung abgeholfen. Die Sorge für Kirchen- und Schulwesen, mit allen darin einschlagenden Rechten, hat überhaupt nach der erlangten Religionsfreyheit merklich zugenommen, und zum

Beweise aufgeklärter Erkenntnis läßt sich hier anmerken, daß seit dem J. 1582 der neue Gregorianische Calender in Danzig ohne Streit und Widerspruch ist eingeführt worden, womit man in gedachtem Jahre anstatt des 5ten den 15ten October geschrieben hat. Vielfältig lieset man, daß die Ordnungen sich in dieser Zeit, mit den schon mehrmals inständigst begehrten Berichtigungen der Stadtadministration beschäftiget haben, und dieselbe ist wenigstens erneuert, und mit vielen sich darauf beziehenden Finanz- und Policeyverfügungen zum Stande gekommen. Auch außer den Ringmauern nahm Danzig sich der ausgebrannten Vorstädte an: das Hospital zum heil. Leichnam wurde wieder aufgebauet, und man leistete für die verfallenen Kirchengebäude so wol als für Privathäuser eine thätige Unterstützung. Die Schidlitz wurde mehrentheils von Danziger Bürgern für ihre eigene Kosten bebauet, womit nächst dem privilegirten Obereigenthum der Stadt, auch für die Nutzungseinkünfte des Brigittinenklosters gesorgt wurde. Nur suchte man dafür die Wiederanbauung im Schottlande und auf dem Stolzenberge so viel möglich zu hindern, womit aber zugleich die erste Epoche einfällt, in welcher Danzig dieser Geistlichen Gründe wegen, mit dem Bischofe von Cujavien, theils in Streit gerathen, theils auch in eine Unterhandlung getreten ist. Diese Bischöflichen Grundstücke, worunter Schottland wahrscheinlichst von der Ansiedelung Schottischer Leinweber den Namen erlangt hat, trieben seit geraumer Zeit so viel Gewerbe und bürgerliche Nahrung, daß Danzig den Schaden ihrer widerrechtlichen Anmassung in so naher Nachbarschaft merklich empfinden mußte, und deshalb oft auf den Landtagen darüber geklagt hatte. Wegen Stolzenberg hatte die Stadt ausserdem einen Grenzstreit, und um vieler Beschwerden willen hatte sie mehrmals gesucht, beyde Grundstücke käuflich an sich zu bringen. Es waren auch zu Zeiten Anträge darin geschehen, aber entweder die Kaufsumme zu hoch angeschlagen, oder auch die Vorschläge zur Vertauschung gar zu ungleich gemacht worden, ob wol die Stadt doch einmal den Zeitpunkt versäumt haben soll, da sie Schottland mit dem Stolzenberge und einigen Dörfern, für 30000 Gulden hat an sich bringen können. Dem sey wie ihm wolle, so sind nach der Reformation, die hierüber aufkeimenden Streitigkeiten mit dem Bischofe unsäglich gewachsen, gedachte Vorstädte sind aus ihrer Asche in wenigen Jahren wieder empor gestiegen, und nächst Danzigs Klagen über den nachbarlichen Nahrungsabbruch, hat man sich nun auch über die Anforderungen beschweret gefunden, welche der Bischof aus seinem geistlichen Jurisdictionsrechte, gegen die Stadt, ihren Religionsprivilegien zuwider gemacht hat. Wegen des Stolzenberges ist zwar im J. 1585. eine Grenzberichtigung veranstaltet worden, der König hat auch zwey Jahre früher die übrigen Misverständnisse mit dem Bischofe beyzulegen gesucht, und selbst

1585.

einen Tausch mit den Bischöflichen Grundstücken vorgeschlagen, es ist aber in keiner Absicht ein festes Uebereinkommen darin getroffen worden.

Unter dem Fortlauf dieser und mehrerer Staatsgeschäfte kam endlich der Zeitpunkt heran, in welchem die völlige Ausgleichung mit dem Königlichen Hofe, in den Angelegenheiten Danzigs, zum Schluß gebracht wurde. Schon mit Eintritt des J. 1584 waren der Burgermeister Hans von der Linde, der Rathsherr Conrad Lembke und der Syndicus Heinrich Lembke, als Abgeordnete von Danzig nach Grodno gekommen, nachdem sie unterweges zu Kniszyn eine vorgängige Conferenz mit dem Großkanzler gehabt hatten. Zu Grodno überreichten sie dem Könige ihres Gewerbes wegen eine schriftliche Deduction; dieselbe aber erregte wider Vermuthen eine so große Unzufriedenheit, und der König glaubte darin noch so viel absichtliche Verwirrungen der Sache anzutreffen, daß er unmuthsvoll die übergebenen Papiere zerriß, und den Abgeschickten anzudeuten befahl, daß sie ohne Antwort wieder nach Hause ziehen könnten. Glücklicherweise traf eben der Großkanzler Zamoyski von seiner Reise aus Krakau beym Könige ein; denn dessen gemäßigten Vorstellungen hatte man die Besänftigung der Königlichen Majestät zu verdanken. Es wurde also den Danziger Abgeordneten noch eine Conferenz zu Kniszyn verstattet, und nachdem selbige unter der Zeit von ihren Mitobern eine gefälligere Erklärung erlangt hatten, so konnten sie zum Ziel des Geschäftes näher treten. Mit besserer Erleichterung wurden nun sämmtliche Artikel des Vergleichs in Richtigkeit gebracht, und einige Tage darauf (2 April) ward derselbe vom Könige zu Wilna unterschrieben. Es ist dieser Vergleich Tractatus Portorii oder der Pfalgelds Tractat genannt worden, weil der Artikel vom Pfalgelde gleichsam zur Grundlage seiner Errichtung gedient hat. Die Verhöhung des Pfalgeldes nebst der Einnahme desselben für den König, sind auch ohne weiteren Verzug zur Vollziehung gekommen, indem schon am zehnten Tage nach Unterzeichnung des Vergleichs, die Pfalherren und ein Pfalschreiber im Namen des Königs beeydigt, und bey angehender Schiffahrt, die neuen Einrichtungen mit dem Pfalgelde beobachtet wurden. Indessen ward die Bestätigung und die öffentliche Verlautbarung des Vergleichs auf den nächsten Reichstag zu Warschau verschoben. Solches geschahe, nachdem der Großkanzler, ohne Beyseyn der Danziger Abgeordneten, den Verlauf der Commissionssache und den geschlossenen Tractat, der Länge nach im öffentlichen Senat vorgelesen hatte. Der Tractat wurde so fort gebilliget und Constitutionsmäßig bekräftiget; nur der Bischof von Cujavien brachte einige Reservationen bey, so die Geistlichen Gründe betrafen, und einige Commissarien aus dem Senat (an deren Spitze Stanislaus Karnkowski jetzt als Erzbischof von Gnesen war) sollten den Tractat nach dem

1585.

Sinn der Danziger Privilegien prüfen, deren Untersuchung aber ihn unverändert gelassen hat. Auch der König hat vor Beendigung des Reichstages über diese Materie noch einen kurzen Vortrag gehalten, worin er die bisherige Wiederstrebung der Danziger mit vieler Leutseligkeit entschuldigt, und die ehemalige Commission, als den Grund aller erfolgten Mishelligkeiten, vermöge des neuen Tractats gänzlich zu tilgen, für nöthig erkannt hat.

Nachdem nun alle Hauptgeschäfte dieser Sache wegen berichtigt gewesen, so erhielten die Danziger Abgeordneten vom Könige eine Audienz im Senat; es wurde ihnen die Bestätigung des Tractats, und die Ausfertigung des Privilegiums darüber angedeutet; der Syndicus machte darauf eine kurze Danksagung, und nachdem das Privilegium Portorii unter dem großen Reichssiegel war ausgefertiget worden, so wurden die Abgeordneten vom Könige, der selbst schon reisefertig war, huldreich zu den Ihrigen entlassen.

Der Pfalgeldstractat ist außer dem ersten Object desselben, das den Seezoll betraf, auch wegen der Zusicherung mehrerer Vorrechte wichtig, und er wird billig zu den erheblichen Fundamental-Acten gezählet, worauf die Constitution Danzigs beruhet. Hier folget ein kurzer Auszug desselben, dieweil der fernere Zusammenhang der Geschichte es erfordert, die damit geschehene Veränderungen des Danziger Staatsverhältnisses, nahmkundig und deutlich zu machen. Die Verhöhung des Pfalgeldes ward ohne Nachtheil der Rechte und Freyheiten der Stadt Danzig eingeführet: alle Rückstände von Geldschulden der Stadt an den König Sigismund August, so man aus der Placationsformel oder dem Formular der ehemaligen Aussöhnungsschrift herleiten könnte, wurden erlassen und aufgehoben, auch die Placationsschrift selbst ihrem Inhalt und allem Effect nach cassiret. Das Pfalgeld ward wie bisher gebräuchlich gewesen, der Stadt zur Einnahme gelassen; nur wurden die drey dazu als Pfalherren ernannte Rathmänner, und zwey dazu vom Rath bestellte Schreiber, vor einem Königlichen Commissarius zu endigen, die Rechnungen abzulegen, und sich vor dem Königlichen Gerichte zu stellen verpflichtet. Der Werth der einkommenden Waaren, blieb wie gewöhnlich, der Taxation und Einrichtung des Raths überlassen. Die jetzige Verhöhung des Pfalgeldes von zwey Pfennigen auf vier Pfennige von der Mark, nach dem Werth der Güter, wovon die Hälfte den Einkünften des Königs zufiel, ward gegen alle künftige Steigerungen gesichert: auch sollte niemand davon befreyet, noch damit übersehen werden; übrigens aber die Einnahme am bisher gewöhnlichen Ort geschehen, die Seepässe unter dem Siegel der Stadt ausgefertiget, und überhaupt keine Neuerung mehr bey dieser Abgabe eingeführt werden. Das See- und Hafenrecht wurde der Stadt nach ihren ältern Hauptprivilegien bestätiget, und wegen der schifbrüchigen und Caduc-Güter die Concession Sigismunds des Ersten wiederholet, wie denn auch die alten Versicherungen weder Land- noch Wasserzölle aufzulegen, aufs neue bekräftiget wurden. Ferner bekam Danzig auf seine oft erwähnten Beschwerdeartikel eine bestimmte Erklärung. Die unter Sigismund August bestellt gewesene Commission, wurde mit allen daraus entsprungnen Händeln, gemachten Verordnungen, gegebenen Freyheiten und erfolgten Ansprüchen, gänzlich aufgehoben und annulliret. Dafür behielt der König sich zwar die Macht vor, in Sachen der Stadt Commissarien zu ernennen, doch ohne der Appellation an ihn selbst damit Eintrag zu thun. Keine ungebührliche Ausladungen und Mandate zu Störung des Rechtslaufs sollten ferner ergehen, und in peinlichen Sachen gar keine Pönalmandate nachgegeben werden. Keine Freybeuterey sollte forthin verstattet, und keinen Misbräuchen der Königlichen Geleite und Gnadenbriefe käuflig nachgesehen werden. Der König versprach niemand von der Gerichtsbarkeit der Stadt, und von bürgerlichen Pflichten und Bürden zu befreyen, auch die schon dafür erlangten Privilegien, weder in neugetroffenen Contracten, noch in begangenen Verbrechen gelten zu lassen. Die Macht des Raths in den Gerechtsamen der Zünfte und über die Gewerksrollen wurde bestätiget, auch alle denselben insgeheim und ohne Vorwissen des Raths ertheilte

Privilegien wurden für ungültig erkläret. Imgleichen sollten alle von Bürgern und Einwohnern der Stadt erbetene Moratorien oder eiserne Briefe, mit einem Zeugnis des Raths beglaubiget werden. Die Verführung des überseeischen Salzes innerhalb den Preussischen Grenzen, ward nach den Rechten des Landes, auch der Stadt Danzig frey gegeben. Die Weichselfahrt und der Lauf dieses Flusses sollte für Danzig in den vorigen Zustand gebracht werden. Keinem Fremden ward verstattet, gegen die Preussischen Rechte und Gewohnheiten Handlung zu treiben, allen dagegen ertheilten Privilegien ward ihre Kraft und Gültigkeit entzogen, und alle zum Nachtheil Danzigs errichtete Waarenniederlagen und Monopolien wurden aufgehoben. Endlich wurden der Stadt ihre Landgüter, nach den darüber vom Könige Casimir erhaltenen Privilegien bestätiget und auch diejenigen Besitzungen wozu sie späterhin gekommen, und worüber man die Erwerbungstitel zuweilen in Zweifel gezogen hatte, wurden ihr zu ewigen Zeiten versichert.

Mit einer so huldreichen Erneuerung und Bekräftigung der Danziger Privilegien und Vorrechte, endigte sich auf dem Warschauer Reichstage, die vieljährige Fehde, worin Danzig bisher mit seinen Königen und dem ganzen Reiche gelegen hatte. Der großmüthige und erhabene Character Königs Stephan ist dabey bis ans Ende unverkennbar

1585.
Februar.

geblieben. Er hat sich weder durch Schmeicheleyen, noch durch niederträchtige Cabalen überwältigen laſſen, und obgleich er ſein Königliches Anſehen mit Würde behauptet hat, ſo ließ er doch der Wahrheit und dem Werth einer guten Sache zuletzt alle Gerechtigkeit widerfahren, und Danzig wurde in die ehemalige Situation reſtituiret, ſo weit es die ſeit dem J. 1569 unſäglich veränderte Staatsverfaſſung der Provinz Preuſſen hat zulaſſen wollen.

Der

Der Geschichte Danzigs Vierter Abschnitt.

Danzig unter der Herrschaft der Könige von Polen, in Verbindung mit der durch das Lubliner Decret vom J. 1569 der Krone Polen näher vereinten Provinz Preußen,

seit

dem errichteten Pfalgelds = Tractat unter Stephan Batori, bis auf den Olivischen Friedensschluß unter Johann Casimir.

1585 bis 1660.

Quellen und Hülfsmittel zur Geschichte dieses Zeitraums.

Gedruckte Bücher:

D. Gottfr. Lengnich Geschichte der Preußischen Lande Königl. Polnischen Antheils IV. V. VI. und VII. Band von 1586 bis 1668. Danzig 1726 — 1734.

Reinh. Curicke Beschreibung der Stadt Danzig rc.

Gesch. Danz. 2ter Th.

Chr. Hartknoch Preußische Kirchenhistorie ꝛc.
Constitutiones Regni Polonici Voll. VI. Varsau. 1732. seq.
Reinh. Heidenstein rerum Polonicarum ab excessu Sigism.
Aug. Libb. XII. Francof. 1672.
Pauli Piasecii Ep. Przemisl. Chronica ab a 1571. vsq. ad
a. 1648. Cracov. (& Amstelod) 1648.
Vesp. Kochovii Annalium Poloniae Climactere‡ III. Tomi
III. Cracov. 1683.
Joach. Pastorii ab Hirtenberg hist. Polona plenior part. II.
Dant. 1685.
Acta Conventus Thoruniensis. Vars. 1646.
Caroli Ogerii Ephemerides sive Jter Danicum, Svecicum,
Polonicum. Lutet. Paris. 1656.
Proceß des ganzen Handels zwischen Schweden und Polen. 1605.
Ausführlicher Bericht von dem Schwedischen Marsche nach Preussen. Königsb. 1627 (von D. Sebach).
Verlauf des Treffens, so zwischen des Königs von Polen und Gust. Adolphs Schiffen vor der Danziger Rhebe 1627 geschehen. 1628.
Unterricht von dem Zoll, oder der auf dem Reichstage beliebten Seezulage. (im Polnischen Original, so die Spiringe deutsch und lateinisch haben übersetzen lassen) 1637.
De telonio affectato, cujusdam patriae amantis. Dissertatio (aut. J. E. *Schröer* Praecos. Ged.) 1637.
Rationes contra telonii maritimi exactionem cum responsione ad rationes adversarias. (um Namen der Stadt Danzig vom Syndicus S. Freder ausgefertiget).
Informatio de juribus terrarum Prussiae & Civitatis Gedanensis adversus novam telonii affectionem (aut. *Fredero*)
Discursus necessarius de telonio (ab *Anonymo Pol.*) 1638.

Vierter Abschnitt. Erstes Capitel.

Refutatio difcurfus dicti neceffarii (aut. *Chemnitio Secr. Ged.*)

Mare balticum (ex parte Aulae Danicae fcript.)

Antimare balticum. (aut. *Jo. Pfennig* Cof. Mariaeb.).

Elifaei Aurimontani (*Dan. Krufe* Ged. Canon. Cracov.) ad Dantifcanos bellum & arma circumfpicientes, epiftola.

Ad Elif. Aurim. Epiftolam Refponforia (aut. *Schröero*).

Jufti Patricii (*Mich. Borck* Secr. Ged.) ad El. Aurim. epiftolam refponfio.

Conft. Sinceri (*Chrift. Riccii* Synd. Ged.) fpongia in El. Aurim. Epiftolam.

Elif. Aurimontanus defenfus. (Aut. *J. A. Carneolo*) 1639.

Information wegen der Bürgerzulage in Danzig (von Secret. Mich. Borck).

Lift Szlachcica Pruskiego do Obywatela W. X. Litewskiego (wegen der Danziger Zulage von Cl. Cölmer).

Extractum ex actis publicis de figillatione panni Gedanenfium.

Nefaria de prodendo Gedano Colonelli Hubaldi machinatio. 1651.

Verbefferter hiftorifcher Auszug von Veränderung der Religion in Danzig. It. Verleitung deffelben von (Jo. de temp.) 1652.

Erörterung der Frage, ob die reformirte Kirche der Danziger Notel mit gutem Gewiffen unterfchreiben könne. 1652.

Europä Zuftand abgebildet durch Juft Knüppelhardt. 1658. (worin die Schwedifche Correfpondenz mit dem Rath zu Danzig, auch des Syndicus Anrede an den König von Polen, nebft der Antwort ꝛc. befindlich).

Tractatus commercii initus inter Nic. de Bry Refid. R. Pol. & Chrift. Schröderum Deputatum Gedanenfem, ac Deputatos Foederati Belgii. 1656.

Verſoek van Chriſt. Schröder Afgeſant van Danzig an de Staaten General der vereenigde Nederlanden. Middelb. 1656.

Relation, auf was Weiſe der Graf Königsmark von der Danziger Rhede gefangen eingebracht worden. 1656. It. Bericht vom Ausfall aus Danzig. 1657.

Trauerreden über die Zerſtörung der Vorſtädte in Danzig; nebſt dem Miſſiv eines Niederländers in Danzig, gegen die Schrift, worin gedachte Stadt wegen der abgebrannten Vorſtädte angegriffen wird. 1659.

Wahrhafter und gründlicher Bericht von Belager- und Eroberung der Hauptſchanze in der Danziger Nehrung von Pat. Rogatan. Danzig 1661.

Sam. Pufendorffii Commentariorum de rebus Svecicis Lib. XXVI. Francof. 1707.

Leben der Königin Chriſtina von Schweden: in J. M. Schröckh Biographie. Th. 2 u. 3. Berl. 1770.

Sam. Pufendorffii de rebus geſtis Caroli Guſtavi commentariorum Libb. VII. Norib. 1696.

Ej. de rebus Friederici Wilhelmi. Tomi II. Berol. 1695.

Jo. Gottl. Böhmii Acta pacis Olivenfis inedita. Vratisl. 1766. Voll. II.

Leonis ab Aitzema hiſtoria pacis a foederatis Belgis ab a. 1621. ad a. 1654 tractatae. Lugd. Bat. 1654.

Willebrandt Hanſiſche Chronik ꝛc.

A. Anderſons hiſtoriſche und chronologiſche Geſchichte des Handels von den älteſten bis auf jetzige Zeiten. VI. Theile. Riga 1773 — 1778.

Handſchriften:

Danziger Ordnungs-Receſſe von 1552 bis 1661.

J. Weſthoff Excerpta ex Receſſibus Ordd. Civ. Ged. bis 1670.

J. C v. d. Linde Jus publicum Gedanenſe, cum annotationibus a b. J. A. Rofenbergio collectis.

G. *Lengnich* Selecta Juris publ. *Gedanensis.*

Memorabilia Hanseatica ex notatis *Schützii*, *Curicke*, *Keckerbarti*, *Bergmanni* & plurium Continuatorum.

Originalschriften über verschiedene Vorfälle des Schwedischen Krieges.

Philipp Zakke (Danz. Exsecr.) Gegenbericht auf die Danziger Information wider dem Seezoll oder Seezulage. 1637.

Historischer Verlauf von allem demjenigen, so von A. 1561 bis 1651 im Kirchenwesen zu Danzig sich zugetragen. (Aut. *Adr. Engelke*).

L. Böttchers geheime Instruction von den Danziger Kirchenhändeln.

Fischers Chronologie, oder Tagebuch Schwedischer Kriegs- und Friedensnachrichten. 1654 — 1660.

Erstes Capitel.

Danzigs bürgerliche Situation — Ursprung der Kirchenstreitigkeiten zwischen der Lutherischen und Reformirten Gemeinde — erster Streit wegen des Concordienbuches — Neue Zwistigkeiten über die Unterzeichnung der Danziger Notel. — Die Notel wird nach vielen Debatten unterschrieben — Ableben des Königs Stephan Batori — Zwistiges Wahlgeschäfte — Sigismund der Erbprinz von Schweden behauptet die Königliche Würde — er landet bey Danzig — und eydigt in der Olivischen Kirche — Einzug in Danzig und Abreise des Königs nach Polen — die Preussischen Landesgerechtsamen werden aufs neue verletzet.

In den letzten Regierungsjahren des Königs Stephan Batori, hatte Danzig wieder einige Kräfte gesammelt. Die Erholung von den vielfältig erlittenen Kriegsschäden konnte zwar nur einen langsamen Fortgang gewinnen, die Quellen zu nothwendigen Staatsausgaben mußten immer noch offen bleiben, und für die Schuldforderungen der Stadt an die Krone, die sich bald auf acht Tonnen Goldes beliefen, sind jetzo die Russischen Kriegsunruhen, so wie fernerhin die mit Schweden ausgebrochenen Staatshändel dergestalt hinderlich gewesen, daß es zu keiner Entrichtung derselben hat gebracht werden können. Inzwischen hatte doch Handlung und Gewerbe neues Aufleben bekommen, die wichtigsten Prärogativen der Stadt waren wieder hergestellt worden, in den erheblichsten Bürgerfehden war es zur Ruhe gekommen, die Administration war in den Hauptpunkten verbessert, und die Stadt Danzig sahe sich mindestens in einem wieder aufkeimenden Wolstande, der für den ganzen Umfang ihrer politischen Situation die möglichsten Verbesserungen versprach. Nur im Kirchenwesen ward die bürgerliche Ruhe noch durch partheyische Zwistigkeiten gestöret, und diese hatten eine desto widrigere Seite, da sie aus Intoleranz unter gemeinschaftlichen Bekennern des Evangelischen Glaubens entsprossen waren. Die vor einiger Zeit in Danzig rege gewordenen Sacramentzwiste hatten während dem Batorischen Kriege neuen Zunder empfangen, indem zum Theil nach Ansiedelung verschiedener Niederländischer Familien im Danziger Gebiete, fast noch mehr aber durch öffentlich verstattet gewesene Kirchendienste und Prediger für die von der Stadt angeworbenen Schotten, Franzosen und andere protestantische Kriegsvölker, sich das Religionssystem derjenigen Gemeinde nicht wenig verbreitet hatte, welche nach den angenommenen Lehrsätzen Zwingli und Calvins, späterhin unter dem Namen der Reformirten Kirche im Teutschen Reiche ist berechtiget worden. Diese Reformirte Glaubensgenossen sind aber in Danzig mit den Lutheranern in so heftige Religionscontroversen gerathen, daß selbst der bürgerliche Frieden dadurch beeinträchtigt, und so gar das Obrigkeitliche Ansehen nicht genug ist respectirt worden, um sich von lieblosen Verfolguugen gegen einander ableiten zu lassen.

Mit der Danziger Notel und deren Apologie, hatte zwar allen Abweichungen der Prediger von der Augsspurgschen Confession, sollen vorgebeugt werden. Es war auch seit dem J. 1575 das Corpus doctrinae von Philipp Melanchton, imgleichen dessen Examen Ordinandorum hieselbst angenommen, und die Candidaten des Ministeriums darnach ordinirt worden. Nichts desto weniger ward die Notel von verschiedenen Predigern unterzeichnet, welche nachher den Lehrbegrif der Reformirten Kirche ohne Zurückhaltung befolgten: und D. Peter Prätorius, welcher aus Zeiz in Meissen (1575) hieher berufen und als Pastor an der Oberpfarrkirche angestellt ward, ist eigentlich der erste gewesen, der die Reformirten Glaubenslehren durch Anweisungen und empfolene Lehrbücher, unter der Bürgerschaft bekannter gemacht hat. Vier Jahre später hatte das so genannte Concordienbuch (Formula concordiae) aus Teutschland, zur Vergrößerung der hiesigen Religionszwiste Anlaß gegeben. Der Rath zu Lübeck hatte eine Abschrift dieses Buches, noch ehe daßelbe gedruckt ward, hieher geschicket, und deßen autorisirte Aufnahme zur Abstellung aller Kirchenirrungen empfolen; daßelbe fand aber bey einigen Predigern, denen es communicirt wurde, gleich wie bey den Personen der Obrigkeit so wenig Beyfall, daß es ohne Gebrauch davon zu machen, bei Seite gelegt ward. Eben in dieser scheinbaren Verwerfung des Concordienbuchs aber, glaubten hernach einige orthodoxe Lehrer der Lutherischen Kirche einen Anstoß zu finden. Es entsponn sich daraus ein langwieriger Streit zwischen dem ersten Pastor an der Ober-Pfarrkirche D. Johann Kittel und seinem Specialcollegen D. Prätorius, worin auch der D. Jacob Schmidt eines Danziger Rathsherrn Sohn, der der Reformirten Lehre zugethan war, und nach seiner Beförderung zum Rectorat am Gymnasium, den Namen Fabricius bekommen hat, ziemlich genau ist verflochten worden. Mehrere Prediger fielen dem D. Kittel als einem Vertheydiger des Concordienbuchs bey, und auf der andern Seite bekam auch D. Prätorius nicht wenigen Anhang. Die feindseligen Angriffe zwischen diesen Partheyen nahmen dermaßen überhand, daß im J. 1580 der Präsident der Stadt sich bemühen mußte, zwischen den beyden Doctoren Frieden zu stiften; weil aber hiemit nichts ausgerichtet ward, so wurde im folgenden Jahre eine Deputation von fünf Herren des Raths ausgesetzet, welche die gedachten Prediger, und bey ferneren Zusammenkünften, das ganze Ministerium in die Behausung des Burgermeisters Ferber vor sich rufen liessen, ein Friedegebot auflegten, und widrigenfalls ernstlichere Maasregeln im Namen des Raths androhten. Vermittelst einer allgemein befohlnen Unterschreibung der Danziger Notel, schien auch dieser Fehde endlich ein Ziel gesetzet zu seyn, allein man hat damit wenig mehr als einen kurzen Stillstand erhalten.

Die Streitpunkte wurden sehr bald wieder hervorgesuchet: der Inhalt des Concordienbuchs, und die daraus gefolgerte Ubiquität im heil. Nachtmahl, gaben die nächste Gelegenheit zu wiederholten Disputen. So oft ein reformirt erkannter Prediger in Danzig befördert wurde, bekamen die gegenseitigen Erbitterungen neuen Zuwachs; auch auswärtig gedruckte Bücher vermehrten dieselben, a) und selbst D. Luthers Streitschriften, welche der eifrige D. Kittel zu canonisiren versuchte, bewürkten ein Gezänke, das mit Autorität des Raths gestillt werden mußte. Zuweilen ergrif man ältere Stadtverordnungen zur Schutzwehr, und als im J. 1585 ein Edict gegen die Fremden, daß sie nicht eignen Heerd halten sollten, erneuert wurde, so suchten die lutherischen Bürger hiemit auf die Vertreibung der Reformirten Niederländer zu dringen. Dagegen kamen von verschiedenen

---

a) Z. B. D. Wigand Bischofs in Pomesanien Ursachen warum Christliche Obrigkeit und Gemeine die Sacramentirische Lehre und Lehrer nicht leiden solle. Königsberg 1583.

Magnaten aus Polen, und unter andern von der Fürstlichen Familie Radzivil, die sich zur Reformirten Kirche bekannte, Fürschreiben für ihre Glaubensgenossen nach Danzig; Prätorius gab sich mit seinen Gehülfen alle Mühe, die Rechte dieser Gemeinde öffentlich zu vertheydigen, und würklich saßen im Rath selbst viele Mitglieder, die derselben zugethan waren. Unter dem fernern Aufkommen dieser Parthey wurde dem reformirten Rector Schmidt am Gymnasium zugleich die Kanzel an der Trinitatiskirche übergeben, ihm und mehreren neu vocirten Predigern wurde auch die Unterzeichnung der Notel erlassen, und ihre gerade Erklärung zur Augsspurgschen Confession für zureichend angenommen. Bald darauf aber sollte ein Calvinisch befundener Candidat Sam. Lindemann zum Predigtamt bestätiget werden. Diesem versagte D. Kittel die Ordination, und die Predigerhändel brachen darüber mit neuer Heftigkeit aus. D. Prätorius wurde durch Obrigkeitlichen Auftrag berechtigt, die Ordination zu vollziehen; sie ging ruhig vor sich, ob gleich der Kittelsche Anhang mit Aufruhr gedroht hatte, und ein anderer Candidat Mart. Filz, der zugleich ordinirt werden sollte, als ein eifriger Lutheraner aber das Examen des D. Prätorius ausschlug, ging nicht nur des ihm bestimmten Amtes verlustig, sondern wurde auch wegen fernerer Aufhetzungen unter der Bürgerschaft, die Stadt zu räumen verurtheilet. b)

b) Seit diesem Vorfall sind die hiesigen Ordinationen bis zum J. 1629 unterblieben.

Vierter Abschnitt. Erstes Capitel.

Desto mehr fingen nun die beyden Doctoren als Häupter der Partheyen an, öffentlich gegen einander zu predigen; den orthodoxen Lutheranern kam eben damals (1586) ein hartes Rescript vom Könige, gegen die Niederländischen Glaubensverwandten zu statten, der Danziger Rath hingegen wollte allem Unheil des feindseligen Kanzelstreits abhelfen, und fand dazu nöthig, beyden obgedachten Doctoren die Kanzel zu untersagen.

Zu Rathhause wurden nunmehr die Consultationen auf völlige Wiederherstellung des Kirchenfriedens gerichtet. Es ward ein Schluß gemacht, die Notel noch einmal unterschreiben zu lassen; das ganze Ministerium, außer den beyden suspendirten Pastoren und dem Rector des Gymnasiums, wurden dazu in das Haus des Burgermeisters Ferber berufen, und obgleich gedachter Rector der D. Schmidt, der nur zur Kanzel bestellt war, bloß aus Irrthum eine Einladung dazu bekommen hatte, so war er doch zugegen, und man konnte ihn mit der Aufforderung zur Unterschrift nicht übergehen. Dessen Vertheidigung dawider machte aber das ganze Vorhaben rückgängig. Es entstunden daraus neue Debatten, mit den lutherischen Predigern, wodurch die Unterzeichnung aufgeschoben blieb, und der Rath dem Ministerium ein Decret bekannt machen ließ, (1586. 23 October), worin überhaupt alles polemische Gezänke auf den Kanzeln verboten, insbesondre aber der unfriedliche Misbrauch des 13ten Artikels in der Danziger Notel ausdrücklich inhibirt wurde. Weil nemlich in gedachtem Artikel einige versehrliche Ausdrücke gegen die ersten Hauptlehrer der Reformirten Kirche eingeschlichen waren, so hatten indiscrete Prädicanten sich zeither öffentliche Verdammungen der Lehrer so wol als der reformirten Lehrbücher erlaubet; das Decret gab demnach eine deutliche Vorschrift, daß kein Prediger die fremden Streitschriften und Lehrbegriffe der christlichen Kirchen eigenmächtig weder zu canonisiren, noch zu condemniren sich anmaßen sollte. Allein das Zwietrachtsfeuer wurde damit nicht gelöschet. Die lutherischen Eiferer setzten sich der Annahme des Decrets heftig entgegen, sie hielten damit ihre Amtsrechte verletzet, und beschuldigten den Rath einer freyen Unterstützung des Calvinismus gegen den klaren Inhalt der Notel; es kamen Anonymische Schmähschriften dagegen heraus, e) und der Diaconus zu St. Johann, Clemens Friccius, zeigte sich in einem Wortstreit mit seinem Collegen Joh. Keckermann verwegen genug, das Decret gottlos und teuflisch zu benennen; ja als D. Schmidt auf Keckermanns Anzeige, ihn deshalb beym Präsidenten angeklagt hatte, so entblödete er sich nicht, auf dem Rathhause die gedachten Worte noch härter zu wiederholen. Er wurde darauf seines Dienstes entsetzet, und sollte sogleich die Stadt bey Sonnenschein räumen, allein unter mancherley Vor-

---

e) Eine angreifende Schrift kam unter dem possierlichen Titel heraus: Die Danziger Decretsfibel, darauf vier Schafs- und sechs Wolfs-Sayten, welche mit einander übel klangen, gezogen.

Vierter Abschnitt. Erstes Capitel. 349

wand verzog es sich damit etliche Tage, während welchen ein großer Theil der Bürgerschaft auf Friccius Seite gebracht, und ein Volksanhang zum Tumult aufgehetzt wurde, der den M. Keckermann so wol als den D. Schmidt in Lebensgefahren gebracht hat. Das Haus des erstern wurde auch mit Mühe für einer Zerstörung geschützet, und er selbst entflohe in Weibskleidern, um an einem sichern Orte sein Leben zu retten. Alle Rache schien sich nun gegen den D. Schmidt zu vereinigen, dieser aber wurde von seinen Freunden und Anhängern sorgfältig beschützet, der Rath ließ auch vorerst die Bürgerwachen auf der Vorstadt verstärken, und weil wegen eingefallener Zwischenregierung einige hundert Mann Soldaten angenommen wurden, so konnten selbige theils in der Rechten Stadt, theils in der Vorstadt, zur Bewachung des Gymnasiums verlegt werden. Es durfte demnach keine Gewalt gegen die reformirte Parthey aufkommen, und ihre Gegner mußten auf andre Mittel zur Unterdrückung derselben bedacht seyn.

1587.

Der Caplan Friccius hielt sich noch immer unter Vertretung der Bürgerschaft in der Stadt auf, er ging aber nebst seinen Mitbrüdern im Ministerium noch weiter, und brachte es durch Beredungen unter der Kaufmannschaft und den vornehmsten Zünften und Gewerken dahin, daß ein großer Theil derselben sich vereinigte, theils um Keckermanns Absetzung und Friccius Restitution, theils auch um die Cassation des Decrets und eine unbedingte Unterschreibung der Notel, öffentlich Ansuchung zu thun. An den Rath kamen innerhalb acht Tagen siebenzehn Suppliquen dergleichen Inhalts, und einige derselben, wollten zugleich die Suspension des D. Kittels aufgehoben haben. Würklich wurde des Friedens halber vom Rath so weit nachgegeben, daß selbiger die Notel ohne Erwähnung des Decrets wollte unterzeichnen lassen; allein diejenigen Prediger welche das Decret schon angenommen hatten, brachten so viele Gründe gegen die unbedingte Unterschrift vor, daß damit noch Anstand zu nehmen beliebt wurde. Inzwischen liefen abermals Bittschriften ein, deren eine von 200 angesehenen Bürgern unterzeichnet war, und worin man nächst den vorigen Anliegen, sich gegen alle Einschränkungen der Notel erklärte. Der Rath ließ sich hiedurch bewegen, die Wiedereinsetzung des M. Friccius ohne Verzug zu bewilligen, und wegen Unterzeichnung der Notel, wurde der Bürgerschaft die möglichste Befriedigung versprochen. Sehr weit aussehend aber blieb noch die Controverse in Betreff des Decrets; der größte Theil der dritten Ordnung wollte dasselbe zwar abgeschaft wissen, allein die zweyte Ordnung, imgleichen die beyden Syndici, und sechs Quartiermeister machten mit ihrer Namensunterschrift dem Rath Vorstellungen, daß er ohne Schmälerung der guten Sache und seiner Autorität, von dem Decret nicht abgehen könnte. Es ward demnach ein Ausweg gewählet, den rechten Sinn des Decrets durch eine Declaration zu erläutern, worin der Rath sich erklärte,

Vierter Abschnitt. Erstes Capitel.

weder den 13ten Artikel der Notel aufheben zu wollen, noch in das geistliche Strafamt einzugreifen, noch auch den symbolischen Büchern der lutherischen Kirche Eintrag zu thun. Die Declaration schien befriedigend zu seyn; sie traf auch bey den reformirten Predigern keinen directen Widerspruch an; nichts desto weniger mischten sich von beyden Seiten Einwendungen und Nebenforderungen ein, die alle Hofnung zur völligen Ruhe erstickten.

Die Prediger welche an der lutherischen Kirche fest hielten, übergaben eine Schrift, worin sie die Annahme des Decrets so wol als der Erklärung desselben versagten; der removirte D. Kittel hatte dieselbe mit unterschrieben, worüber ihm zwar ein Verweis gemacht, übrigens aber keine Nachgebung weder von ihm noch von seinen gleichgesinnten Freunden erreicht wurde. So viel gefälliger nun die reformirten Prediger waren, so begehrten doch diese dagegen, daß der Rath ihnen das Decret und die Declaration mit dem Stadtsiegel bekräftiget einhändigen sollte. Hiezu aber wurde die Einwilligung abgeschlagen, und der Magistrat wollte sich keine Bestätigung einer gültig genug angesehenen Publication seiner Entscheidung vorschreiben lassen. Er drung vielmehr ernstlich auf die unbedingte Unterzeichnung der Notel, und obgleich noch mancherley Debatten dazwischen vorfielen, auch ärgerliche Pasquillen und alberne Prophezeyungen, zum Spott der Partheyen untereinander gemacht wurden; so kam es doch endlich so weit, daß die Notel von allen Predigern nach der Vorschrift des Raths, ohne willkührliche Zusätze, zum dritten mal unterschrieben wurde. Es ward zugleich verordnet, daß auf den nächst folgenden Sonntag die Notel ohne das Decret und dessen Declaration, von den Kanzeln abgelesen werden sollte, und hiebey hatten die auf das Decret haltende Prediger ein Verlangen geäußert, mindestens den 10ten und 13ten Artikel der Augsspurgschen Confession nach der Wittenberger Ausgabe von 1531 zugleich ablesen zu dürfen. Solches ward ihnen zugestanden, und dergestalt ist auch von dieser Seite die Ruhe ziemlicher maßen hergestellt worden.

Unerachtet sich nachher der Ablesung wegen noch einige Differenzen geäußert haben, so sind doch die heftigen und ärgerlichen Ausbrüche des Predigerstreits auf einige Zeit unterblieben. Es mag nicht wenig dazu beygetragen haben, daß bald nach dieser Friedensstiftung, die rüstigsten Kämpfer beyder Partheyen kurz nacheinander mit Tode abgegangen sind, nachdem unter ihnen der D. Kittel vorher wieder war zum Amte gekommen, Keckermann aber entsetzt worden, und Prätorius während seiner Suspension gestorben, auch Friccius seine Wiedereinsetzung nur 16 Monate lang überlebt hat. Dessen ungeachtet hat Danzig in der Folge der Zeit noch tragische Scenen gehabt, wozu die Trennungen unter den protestantischen Glaubensgenossen den Weg gebahnt haben; und obgleich die stärkste Anzahl der hiesigen Einwohner

wohner sich immerfort für die lutherische Kirche erklärt hat, so ist doch die reformirte Gemeinde durch vornehme Bürgerfamilien, und in diesen Jahren schon durch zehn Herren des Raths, die sich dazu bekannt haben, beträchtlich in die Höhe gebracht worden. Ueberhaupt ist die Geschichte der nächstfolgenden Regierung mit merkwürdigen Begebenheiten angefüllt, die sich auf das Religions- und Kirchenwesen in den gesammten polnischen Reichsländern bezogen haben.

Nachdem König Stephan Batori in seinem besten Lebensalter das Zeitliche mit dem Ewigen verwechselt hatte, (1586. 12 Dec.) so bestieg Sigismund der Erbprinz von Schweden den Polnischen Thron. Auch dessen Erwählung ist nicht ohne Zwiespalt vollbracht worden: er hatte einen starken Krongegner an Maximilian dem Erzherzoge von Oesterreich, der von der mächtigen Zborowskischen Familie unterstützt wurde; Zamoyski hingegen, der beliebte Krongroßkanzler und Feldherr war an der Spitze der Schwedischen Parthey, zu welcher sich auch die Provinz Preussen erklärte, und ihre Stimme dem Culmischen Woywoden auftrug. Indessen setzte die Zborowskische Faction die Wahl des Erzherzogs durch, unerachtet Sigismund schon zwey Tage vorher als König war proclamirt worden. Maximilian ist auch einige Wochen später mit bewafneter Hand nach Polen gekommen, hat aber mit der Königlichen Gegenparthey unglücklich gefochten, ist so gar bey Bitschin in Schlesien gefangen worden, und hat seine Frey-

1587.
19 Aug.

heit nicht eher wieder erhalten, bis er durch einen Vergleich unter päpstlicher Vermittelung (1589) auf die Krone und den Titel eines Königs von Polen Verzicht gethan hat.

Die erste Ankunft, des Königs Sigismund des Dritten in den Polnischen Staaten, geschahe zu Danzig. Eine Flotte von 24 Segeln brachte ihn aus Schweden herüber, und ehe man es ver-

28 Sept. muthet hatte, lag dieselbe bey Hela vor Anker. Danzig hatte demnach die Ehre, den König zuerst auf seinem Schif durch eine Deputation zu bewillkommen, indem die Polnische so wol als die Preussische Abgeordneten erst einige Tage später dazu vollzählig wurden; und die Flotte sich schon auf ein schriftliches Geleite, so der Admiral Flemming von der Stadt abnahm, näher in den Danziger Hafen gelegt hatte. Nach sämmtlich abgestattetem Ceremoniel wurden die Punkte des Wahlvertrages berichtigt, und nun sollte die Kirche bestimmt werden, worin der König denselben beendigen würde. Der Bischof von Cujavien hatte hiezu einen vorläufigen Antrag in Danzig wegen Einräumung der Oberpfarrkirche thun lassen, der Rath aber hatte solches abzulehnen gesucht; doch wurde nunmehr aus Schluß der Ordnungen, dem Könige das Anerbieten gemacht, die Pfarrkirche zur Ablegung des Eydes zu öfnen, wenn übrigens keine Aenderung damit vorgenommen werden sollte. Der König erklärte sich hiemit zufrieden, und versprach so gar, sich schriftlich gegen alle Kränkungen der Religionsfreyheit zu verpflichten; allein

der Bischof Rozdrasjewski, der mit seiner Forderung einen breitern Anspruch auf die Pfarrkirche verknüpfte, ließ die Offerte der Stadt gänzlich verwerfen; sein Official protestirte so gar zur Bewahrung der Bischöflichen Rechte, und die Stadt mußte sich mit einer Gegenprotestation schützen. Der Bischof hätte sich zuletzt wol mit einem Altar in der Pfarrkirche, zum beständigen Gebrauch seines Gottesdienstes begnüget, weil man aber auch dieses abseiten der Stadt, mit gefährlichen Folgen verknüpft glaubte, so wurde dieser Gegenstand gänzlich verlassen, und mit Einwilligung des Königs, die Abnehmung des Eydes in der Olivischen Kirche vollziehen zu lassen beliebet. Der König ging am Tage dieser feyerlichen Handlung zum ersten mal ans Land, und kehrte Abends wieder nach seinem Schiffe zurück. Uebrigens hat der Bischof von Cujavien, beym Königlichen Eyde, den er vorstabte, nicht nur aufs neue wider die Danziger wegen der Marienkirche, sondern auch im Namen seiner Glaubensverwandten, gegen den Artikel vom Religionsfrieden protestiret, den Polen nicht nur sondern auch das Land Preussen, nach der Warschauer Conföderation vom J. 1573, ausdrücklich hatten einschalten lassen.

7 Oct.

Am folgenden Tage hielt der König seinen öfentlichen Einzug zu Wasser, in die Stadt Danzig; und es verspätete sich damit dergestalt, daß man die Königliche Herrschaft, (wobey sich auch die Prinzessin Anna des Königs Schwester und einige teutsche Fürsten befanden) erst bey Fackeln in ihr Logis am Langen Markte, an der Ecke der sogenannten Kürschnergasse gebracht hat. Der Aufenthalt in der Stadt dauerte noch zwölf Tage, während welchen der König das Wahldecret in der Dominikanerkirche empfing, und vor seiner Abreise, von der Stadt mit einem silbernen Becher der mit tausend Stück Ducaten angefüllt war, beschenkt wurde. Auch die Schwedische Prinzessin erhielt ein ähnliches Ehrengeschenk, und außer den Beweisen aller pflichtvollen Ehrerbietung, womit der König bey seinem Abzuge begleitet wurde, that Danzig noch an den Kronschatzmeister einen Vorschuß von 10000 Gulden, um es an den Reisekosten, die eines Zuschubs bedurften, nicht fehlen zu lassen. Der Krönungsreichstag zu Krakau wurde wegen der Pest und Unsicherheit der Wege von wenigen Preussen besuchet. Der Eyd ward

27 Dec. nach dem Formular unter den beyden vorigen Regierungen geleistet, und flüchtig genug wurden die Preussischen Vorrechte dabey übergangen. Ueberhaupt nahmen bald unter dieser Regierung die Eingriffe in die Landesprivilegien zu, und die Hofnung ward immer kleiner, zum Genuß der alten Immunitäten zu kommen. Der Zoll am Weissen Berge, welchen König Stephan im J. 1585 abgestellt hatte, ward unter diesem Könige an dem-

1588. selben Orte aufs neue angeleget, und dermassen geschärfet, daß zur Verhütung des Unterschleifs so gar Zollbuden in den Dörfern Langenau und Suckzyn unweit Danzig, wie auch am Ganßkruge vor der Stadt, und bey Fürstenwerder gegen

Vierter Abschnitt. Erstes Capitel.

der Scharpau über angesetzt wurden, wovon Danzig sich aber zum Theil mit Gewalt frey gemacht hat. *d)* In der Folge liessen sich auch Zöllner bey Bärenwalde gegen dem Danziger Haupt über, imgleichen zwischen Dirschau und Groß Muntau sehen, sie wurden aber durch Widerstand der Bauern in kurzem vertrieben. Nach langen Unterhandlungen der Landesstände, und mit baar dafür gezahltem Gelde, hat man es endlich im J. 1592 erhalten, daß dieser Wasserzoll über die Preussische Grenze nach Jordan ist verlegt worden. Er sollte auch baselbst nach einigen Jahren aufhören, und die Preussischen Einsassen völlig davon entbunden werden; allein das erstere hat man nicht erlanget, und letzteres ist mit vielfältigen Bedingungen bestritten worden, besonders mit einer Eydesleistung über das Eigenthum der Waaren, deren sich die Preussischen Städte vermittelst eines freywilligen Geschenkes haben entledigen müssen. Nicht weniger Klagen erhoben sich im Lande über die Hintansetzung des Einzöglingsrechtes, in Verlehung der Würden und Güter, über die Eingriffe des Peterkauer Tribunals, über die Verletzung der Münzrechte, über den Misbrauch der Executionen, und mehrere mit den Privilegien der Provinz streitende Zunöthigungen. Man hat allererst einige Hofnung geschöpfet, durch die persön-

---

d) In dieser Zeit sind, der Stadt zum Trotz oder zum Spott, einige Polnische Zollbediente mit ihren Pferden durch die Marktkirche geritten, und hätten vielleicht noch grössern Unfug getrieben, wenn sie nicht durch den Zusammenlauf des Volks wären verjagt worden.

liche Gegenwart des Königs wieder aufgerichtet zu werden, als selbiger nach dem Ableben des Königs Johann seines Vaters, den Weg durch Preussen genommen hat, um in sein Erbreich hinüber zu segeln.

Zweytes Capitel.

Der König reiset durch Danzig — Ansprüche der Preussischen Bischöfe auf die Pfarrkirchen in den Großen Städten — der König unterstützt die Forderungen des Bischofs von Cujavien an Danzig — das Geschäfte darüber wird durch einen Volkstumult in der Stadt unterbrochen — Unglückliche Folgen desselben — der König reiset versöhnt aus Danzig — Erneuerung der bischöflichen Kirchenzwiste — worin der Jesuiterorden sich einmischt — der Bischof benutzt die Irrungen zwischen den Protestanten in Danzig — Ausbrüche derselben mit Abänderung der Lehrsätze und Kirchenceremonien — D. Schmidts Predigt zieht demselben ein Contumaz-Urtheil zu — Anwachs der Reformirten Gemeinde in Danzig — Danzigs Proceß mit dem Bischofe wird verzögert — und die äußere Gewalt abgewendet.

Die Abreise des Königs nach Schweden, wurde auf Jahresfrist von den Reichsständen genehmigt.

1593. Aug.

Er kam demnach von Warschau zu Wasser nach Danzig, nachdem er unterweges in Thorn abgetreten war, auch den Zustand des Weichselstroms wahrgenommen hatte, wozu ihm zwey Danziger Deputirte, der Burgermeister Hans von der Linde und der Rathsherr George Mehlmann in einer Barse entgegen geschickt waren, die der König nachher bestieg, um sich zur Besichtigung des

Neuen Grabens am Weissen Berge herum führen zu lassen. Bey seiner Ankunft in Danzig wurde er von der auf beyden Seiten der Motlau paradirenden Bürgerschaft, und mit Lösung des Geschützes von den Wällen und Schiffen empfangen; der Präsident Gerhart Brandes überreichte ihm in dem am Langen Markte zubereiteten Quartier die Schlüssel der Stadt, und der König so wol als die Königin und die Prinzessin wurden mit eigens an sie gehaltenen Reden complimentiret.

Außer verschiedenen Polnischen Magnaten, waren auch die Preussischen Räthe und einige von den Unterständen zahlreich hier eingetroffen, dieweil sie der Königlichen Erklärung auf ihre vielfachen Anliegen und Beschwerden versichert seyn wollten. In der That wurde durch den vom Könige gegebenen Bescheid, der Wunsch des Landes in einigen Hauptpunkten befriedigt; die Städte hingegen fanden die Hofnung, in ihren Kirchenangelegenheiten erhöret zu werden, desto hülfloser vereitelt. Seit jener unbilligen Protestation gegen den Religionsfrieden, bey der Beendigung des Wahlvertrages in Olive, die auch auf dem Krönungsreichstage wiederholt war, hatte die Römisch-Catholische Geistlichkeit den Anfang gemacht, die Preussischen Städte wegen ihrer Evangelischen Kirchen in Unruhe zu setzen. Die kleinen Städte wurden mit weniger Mühe nach und nach unterdrücket, man ging aber bald weiter, und wollte auch den Großen Städten ihre Hauptkirchen durch Rechtsprocesse entziehen. Aus diesem Grunde ward Thorn wegen der Pfarrkirche zu St. Johann zuerst in Anspruch genommen, diese wurde durch ein Decret des Assessorialgerichts dem Catholischen Pfarrer Markowski zugesprochen, und unerachtet die Stadt an den Reichstag appellirte, auch mehrere Mittel einschlug, ihren Besitz zu vertheydigen, so hat sie doch drey Jahre später dem Bischofe von Culm die Pfarrkirche mit allen dazu gehörigen Gebäuden einräumen müssen. Die Reyhe traf eben so wol Elbing, wegen zweyer Pfarrkirchen in der Alten und Neuen Stadt. Beyde wurden durch ein Assessorialurtheil entzogen, allein Elbing suchte muthig den Proceß zu verzögern, schützte sich lange mit Fürsprachen und Unterhandlungen, ließ sich selbst darüber in die Acht erklären, und hat erst nach Verlauf von 24 Jahren, eine, nemlich die Altstädtsche Pfarrkirche, an den Bischof von Ermland abgetreten. Auch Danzig blieb hiebey keinesweges verschonet. Die Anforderung des Bischofs von Cujavien hatte sich bereits bey der ersten Ankunft des Königs geäußert, sein vermeintliches Recht zur Oberpfarrkirche zu St. Marien wurde durch eine eigene Protestation von ihm bewahret, und wenn auch nachher einige Vergleiche darüber waren versucht worden, so hatte er sich nur gegen Einräumung einer andern Kirche dazu willig bezeiget. Die jetzige Anwesenheit des Königs erneuerte die Fortsetzung der bischöflichen Ansprüche. Durch unabläßiges Anhalten brachte der Prälat es beym Könige dahin, daß Se. Majestät für sich selbst die Pfarrkirche zur Haltung der Messe abfordern ließen.

Der Gehorsam ließ sich hierauf nicht schlechterdings denegiren, es wurde deshalb nur um einen kurzen Anstand zur Erklärung gebeten, und der König ernannte drey Woywoden von Posen, Lenczyc und Pommerellen zu Commissarien, um mit der Stadt näher darin zu conferiren.

Nach wenigen Tagen fiel der Schluß sämmtlicher Ordnungen doch dahin aus, die Einräumung der Kirche mit Submission beym Könige abzulehnen, und die vier Burgermeister nebst dem ältesten Syndicus Lembke hinterbrachten den Königlichen Commissarien diese Resolution. Man war hierauf eben des Erfolgs wegen in Erwartung, und gerade fiel auch der Rechtstermin ein, daß die Stadt sich auf drey vorhergegangene Ladungen des Bischofs stellen sollte, als dieses zwistvolle Geschäfte durch einen andern gleich unglücklichen Vorfall unterbrochen wurde. Zwey Diener vom Königlichen Hofgesinde, der eine ein Pole, der andre ein Teutscher, geriethen mit einander auf öffentlicher Straße in Streit, es kam vom Schimpfen zum Schlagen, und der Pole wurde vom Teutschen mit dem Degen verwundet. Hierüber entstand ein Tumult, worin die herbey gelaufene Polen sich des Verwundeten annahmen, und weil sie des Thäters nicht habhaft wurden, ihre Rache an jedem, der ihnen in teutscher Kleidung begegnete, ausließen. Aus der Hosennähergasse, wo der Lärm entstanden war, fielen sie vor dem Grünen Thor einen Träger an, dem sie fast den Arm vom Leibe weghieben, und eine Obstverkäuferin

2 Sept.

wurde noch gefährlicher verwundet. Die Kameraden des Trägers blieben hiebey nicht müßig, und einige Tagelöhner stießen hinzu, so daß in wenigen Minuten zwey streitende Partheyen auf dem Markt waren, deren eine mit dem Säbel in der Faust, die andre mit eisernen Stangen, Kolben und Steinen auf einander losgingen. Die Polen wurden zuerst zum Weichen gebracht; nachdem sie aber aus den nah gelegnen Häusern, wo viele Polnische Herrschaft logirte, verstärkt waren, so fing das Scharmützel von neuem an, zumalen da auch die Teutschen mehreren Beystand bekamen. Der Kampf hatte sich nahe unter die Königlichen Fenster gezogen, der König selbst rief zum Frieden, aber unter dem Getümmel wurde darauf nicht gehöret; der Burggraf eilte herbey, allein er mußte sich mit Lebensgefahr zurück ziehen, indem ihm ein Hayducf den Kopf spalten wollte. Vielmehr ließ sich der Streit noch blutiger an, als von beyden Theilen Schießgewehr herzu geholt wurde. Die Polen brauchten dasselbe zuerst, und erschossen zwey Bürger und einen Knecht auf der Stelle. Nun schien alles in Wuth zu gerathen; man schoß blindlings auf einander, die Kugeln flogen so gar ins Königliche Zimmer, wo sich die Königin und die Prinzeßin befanden, nach dem (wie man gesagt hat) auch aus dem Königlichen Logis, doch ohne Wissen Sr. Majestät war geschossen worden. Nun erlangte der Präsident vom Könige die Erlaubnis, eine Compagnie von der Stadtsoldateske anrücken zu lassen; er selbst und mehrere Personen der Obrigkeit traten unter das Volk, auch einige Herren vom Hofe gesellten sich hinzu, und mit Vorstellungen so wol als mit ernstlichen Befehlen und Drohungen wurde endlich dieser tumultuarische Lerm gestillet. Glücklicher weise hatte man vorher einen Trupp von Langgarten anrückender Haybucken, noch durch Aufziehung der grünen Brücke aufgehalten, bis der König ihnen den Befehl zurück zu marschiren einschickte. Außer vier Todten von Polnischer, und drey von der Stadtseite, war der Verwundeten eine weit größere Anzahl, worunter sich auch der Castellan von Przemysl befand, der als Marschall der Königin, bey Vorzeigung seines Stabes war blessirt worden.

So plötzlich nun dieser Auflauf entstanden war, und weder aus vernachläßigter Sicherheitspflege, noch aus Mangel des Respects oder aus unfriedlichen Absichten, der Stadt zur Last gelegt werden konnte; so sehr suchte man doch polnischerseits ein schweres Verbrechen daraus zu machen. Insonderheit ward gegen den Frevel, der in den Königlichen Zimmern und an einem Reichssenator verübt worden, geeifert. Der Magistrat schlug zwar alle Mittel ein, die Thäter davon heraus zu bekommen; und ließ schon eine Belohnung von 100 Ducaten auf jeden Kopf setzen. Es ward auch nichts verabsäumet, um den König so wol, der doch am wenigsten erzürnet zu seyn schien, als auch das gesammte Polnische Hofpersonale zu besänftigen und zu versöhnen. Nichts desto weniger hat Danzig in den Staatsversammlungen von Polen und Preußen, noch lange deswegen harte Vorwürfe und Drohungen der schärfsten Ahndung erlitten. Auf dem nächsten Landtage zu Thorn wollte der Preußische Adel, zur Satisfaction der Polen, die Stadt so gar aus dem Landesrath ausschließen; auf dem Reichstage zu Krakau (1595.) fielen einige Stimmen im Senat so fürchterlich aus, daß man dafür die Privilegien aufheben, den Hafen versenken, und einige der vornehmsten Einwohner köpfen wollte; der Clerus und insbesondre der Bischof von Cujavien suchte auch diese Tumultsache zu seinem Vortheil, mit den Ansprüchen auf die Pfarrkirche, und mit den Religionsklagen zu verknüpfen. Inzwischen hat die Stadt Mittel gefunden, mit dem Hofe deshalb in geheime Unterhandlung zu treten, und als der Ausspruch darüber erst einige Jahre verzögert gewesen, so hat sie im J. 1598 ein Königliches Decret erhalten, kraft dessen sie von allen Beschuldigungen wegen gedachten Auflaufs entledigt, und gegen alle daraus herrührende Zunöthigungen ist frey und sicher gestellet worden.

Auch jetzt war es heilsam, daß der König vor seiner Abreise ein Mandat ergehen ließ, um die Danziger während seiner Abwesenheit für aller Rache der Polen zu schützen. Er that solches mit Versicherung seiner Huld, so er noch insbesondre beym Abschiedscompliment des Raths wiederholte. e)

e) Man hat sich bey dieser Gelegenheit, dem Könige auf sein sehnliches darnach geäußertes Verlangen, durch Einhändigung der Reliquien und Heiligthümer gefällig gemacht, welche bisher im großen Altar der Oberpfarrkirche waren aufbehalten gewesen.

Vierter Abschnitt. Zweytes Capitel.

als selbiger in voller Versammlung, die Königliche Herrschaft zu Fuße nach der grünen Brücke begleitete, von wo eine zubereitete Barse Dieselbe an das Schif brachte, in welchem die Abfahrt nach Stockholm mit einer Flotte von 40 Segeln gemacht wurde. 1593. 16 Sept. Das Jahr darauf nahm Danzig, gleichwie Elbing Gelegenheit, zum Glückwunsch wegen der Königlichen Krönung zu Upsal, eine Deputation nach Schweden zu schicken, welche zugleich den Auftrag hatte, sich um die Fürsprache der Schwedischen Reichsräthe, in der Religionssache und der Danziger Kirchendifferenz zu bewerben; hienächst hatte sie zehn Schiffe mitgenommen, an statt der Zwanzig welche der König zu seiner Rückfahrt verlangt hatte. Es gährte aber unerachtet der vollzogenen Krönung, im Schwedischen Reiche selbst ein Verdacht, daß unter diesem Könige die Lutherische Religion in Gefahr kommen dürfte, weil man ihn nicht nur der Römischen Kirche sehr enge zugethan, sondern auch den Jesuiten und ihren Maximen geneigt hielt. Dadurch schlich sich ein gegenseitiges Mistrauen ein, und der König hatte würklich aus Polen drey tausend Mann bey Danzig zu seiner Sicherheit nach Stockholm einschiffen lassen. Indessen kehrte er dieses mal nach Polen zurück, ohne daß wichtige Veränderungen erfolgt wären. Die Seereise ging wieder auf Danzig, wo man für möglichst gute Ordnung und Ruhe sorgte, gleich wie sich das Königliche Gefolge während dem Aufenthalt des Hofes, auch friedlich und stille aufgeführet hat. 1594.

Der streitig gemachten Kirchen halber, konnten die Großen Städte mit ihren öftern Bittschriften keine günstige Erklärung auswürken. Der König schützte vor, daß er der Geistlichkeit die Ausführung ihres Rechts nicht vorenthalten könnte, und das einzige Versprechen so er den Danzigern bey seiner Abreise gab, war, daß er alle Billigkeit gegen sie beobachten wollte. Mithin hatte der Bischof Rozdraszewski eine freye Bahn, seine Prätensionen zu verfolgen. Sehr bald brachte er ein Contumazialdecret aus, daß die Marienkirche bey Strafe von 100000 Polnischen Gulden ihm geräumt werden sollte, die Stadt appellirte davon an den Reichstag zu Krakau, aber auch hier wurde ein Königliches Decret von gleichem Inhalt abgesprochen. In demselben Jahre wurde von den Evangelischen Glaubensverwandten in den Polnischen Staaten eine zu Krakau verabredete Synode in der Stadt Thorn gehalten, der aus Preussen aber nur zwey Edelleute förmlich beywohnten. Die Großen Städte waren zwar dazu eingeladen worden, und Elbing so wol als Danzig sandten jede einen Burgermeister nach Thorn, denen sich von hier zwey Herren des Raths zugesellten: allein diese Abgeordneten enthielten sich aus gegründeten Ursachen des Besuchs der Zusammenkünfte; es wurden auch, außer einem Geistlichen in Thorn, die aus den Städten eingeladenen Prediger nicht hingeschicket; die Abgesandten fanden nicht weniger bedenklich, den hier bestätigten Sendomirschen Consens, *f)* der ihnen vorgelegt wurde, zu unterzeichnen, und mindestens läßt sich keinesweges behaupten, daß die Religionsfreyheit in Polen, von dieser Synode größre Vortheile gezogen hätte. In Preussen blieben die Städte den Verfolgungen unaufhörlich ausgesetzt. Es kam in kurzem so weit, daß über die Großen Städte insgesammt die Achtserklärung erfolgen sollte: Danzig hat von Zeit zu Zeit noch die mehresten Fürsprecher und Freunde zu Abwendung derselben gefunden. Inzwischen trat auch mancher Nebenzwist ein, welcher dem Bischofe zur Anstrengung seines Kirchenprocesses neue Kräfte verliehen hat, und alle deshalb versuchte Ausgleichungen sind, so lange er gelebt hat, fruchtlos gewesen.

Eben sollte es nach abgesprochenem Decret in Krakau, durch Vermittelung zu einem gütlichen Vergleich mit dem Bischofe kommen, wozu schon Danziger Deputirte unterweges waren, als man in Erfahrung brachte, daß der Bischof einen neuen Anspruch gebraucht hatte, dem Rath zu Danzig ein gegründetes Kirchenrecht streitig zu machen. Daßelbe betraf den in der Alten Stadt befindlichen Brigittiner Convent. Seit der Stiftung dieses

---

f) Dieser im J. 1570 auf einer Synode zu Sendomir bestandene Consens oder Religionsvertrag hatte den Beytritt aller damaligen Evangelischen Religionsverwandten in Polen und Litthauen, nemlich der Lutheraner, der Reformirten und der Böhmischen Brüder gehabt, und wurde nun in gleicher Art zu Thorn bestätigt. Die Entziehung der Preußischen Städte von diesem Verein, läßt sich aus den Irrungen zwischen den unterschiedenen Confessionsverwandten in denselben erklären.

Nonnenklosters zu Marienbrunn genannt, die ins J. 1396 gesetzt wird, war dem Rath zu Danzig ein unvordenklicher Besitz des Patronatrechts darüber erwachsen, welches auch nachher die Königlichen Privilegien bestätigt haben, der Rath hatte nächst der Schutzpflege, die Besorgung der Güter und Einkünfte, und aller weltlichen Angelegenheiten des Klosters überkommen; er hatte demselben viele Schenkungen, und unter andern das Dorf Schidlitz zur Nutzung verliehen, g) dagegen aber nicht nur das Obereigenthum und die Gerichtsbarkeit darin behalten, sondern auch immerfort einige Danziger Bürger zu Vorstehern oder Provisoren des Klosters ernennet, denen alle weltliche Aufsicht über die Einkünfte, Bedürfnisse und Rechtsvorfälle desselben, unter Oberdirection des ältesten Burgermeisters anvertrauet gewesen. Nun hatte aber das Kloster im J. 1586 einen sehr verderblichen Brandschaden erlitten, es war auch die Zahl der Klosterjungfern bis auf vier oder fünf herunter gekommen, und hiezu kam noch, daß der nunmehrige Unterschied der Religion den bequemen Vorwand

---

g) Die Behauptung, daß dem Brigittiner Kloster bey dessen Stiftung, die Kirche zu St. Catharinen wäre einverleibet, und zugleich das Dorf Schidlitz als deren Brautschatz verliehen, letzteres auch durch ein Bischöfliches Decret vom J. 1472 in einem Streit mit dem Pfarrherrn zu St. Catharinen, dem Kloster zugesprochen worden, hat sich niemals mit bestätigten Gründen erweisen lassen. Sicher aber ist die Donation der Schidlitz an Danzig, nach dem Inhalt der Hauptprivilegien, worauf auch die fundirte Proprietät in den spätern Privilegien ihre Bestätigung erlangt hat.

wand verliehe, der Oberaufsicht des Raths einen widrigen Anstrich zu geben. Alle diese Umstände gebrauchte der Bischof zu seinem Vortheil. Seit dem J. 1593 strebte er bereits nach der exclusiven Verwaltung dieses Klosters mit allen dazu gehörigen Gütern, und die Dienstfertigkeit der Jesuiten kam ihm treflich zu statten, um seinem Entwurfe zur Ausführung zu helfen. Er hatte in dieser Zeit den Jesuiter-Orden nach Pommerellen gebracht, gleichwie solches auch die übrigen Bischöfe in der Provinz Preussen gethan hatten. Es war ein Jesuiter-Collegium im Schottland errichtet worden, und der Bischof hatte die Absicht, mit demselben das Brigittiner Kloster in der Stadt zu verknüpfen, damit gedachter Orden einen festen Fuß zu ferneren Fortschritten hieselbst bekommen sollte. So weit nun schienen zwar die Jesuiten selbst, aus unterschiedenen Ursachen sich noch nicht wagen zu wollen, es wurde auch mitlerweile für die Wiederherstellung des Klösters, und für eine vermehrte Anzahl der Klosterjungfern gesorget; jedennoch brachte es der Bischof mit seinen Verordnungen dahin, daß den Jesuiten das Parochial-Amt in der Marien Magdalenen Kirche bey den Nonnen übertragen wurde, und gegen den Danziger Rath erhielt er ein Königliches Rescript, worin ihm die Verwaltung der Güter des Klosters zuerkannt ward. 1596.

Mit den Jesuiten hat Danzig in der Folge deshalb noch viele zwistvolle Scenen gehabt, indem sie theils durch Stadtedicte entfernet, und aus dem Brigitten-Kloster herausgesetzt worden, öfters aber auch auf Zuthun der Bischöfe und unter dem Schutz der Reichsconstitutionen zurück gekehrt sind, und ihr Amt wieder angetreten haben. Selbst die Vorgesetzten Nonnen im Kloster sind wegen der Aufnahme dieser Väter, zuweilen mit einander in Uneinigkeit gerathen; die Stadt ist öftern Anklagen und beschwerlichen Forderungen durch sie ausgesetzt worden; und uneracht aller in dieser Jesuiter-Controverse, theils versuchten, theils auch zum Stande gebrachten Vergleiche, haben die schlauen Ordensbrüder doch lange noch Mittel gefunden, entweder öffentlich oder heimlich, eine Connexion mit dem Nonnenkloster und einen Zutritt in die Stadt zu behalten, ja es soll so gar in ein zu Rom gedrucktes Verzeichnis der Jesuiter-Collegien, zu Anfang des siebenzehnten Jahrhunderts, namentlich ein in Danzig gestiftetes Collegium seyn eingerückt worden.

Mit nicht weniger behenden Anschlägen ergrif der Bischof eine Gelegenheit, von den Kirchenhändeln zwischen den Lutheranern und Reformirten in Danzig, einen vortheilhaften Gebrauch für seine Ansprüche zu machen. Diese schon erwähnte Streitigkeiten hatten durch merklichen Zuwachs der Reformirten Gemeinde, immer weiter um sich gegriffen. Bald nachdem die protestantische Religionsfreyheit vom Könige Sigismund dem Dritten war beendiget, und der Stadt mit einer Cautionsschrift bekräftiget worden, hatte sich ein Zweifel entsponnen, ob die Reformirten Glaubensgenossen,

Vierter Abschnitt. Zweytes Capitel.

unter dieser der Augspurgschen Confession halber gegebenen Sicherheit, mit begriffen wären. Es war darüber ein öffentliches Gezänke entstanden, das nicht einmal durch Obrigkeitlichen Verbot konnte gestillet werden. Im Gegentheil war bald darauf Reformirterseits weiter geschritten, und zu öffentlicher Abänderung der Kirchenceremonien ein Anfang gemacht worden. Die Abbrechung des baufälligen Großen Altars in der St. Peterskirche, und die dafür mit dem Decalogus aufgesetzte zwey Tafeln, machten im J. 1589 so viel Bewegung, daß der Bischöfliche Official sich schon damals dazwischen gelegt hat, und der Rath aus Besorgnis größerer Unruhen den Altar wieder hat aufsetzen lassen. Nichts desto weniger hatte die Reformirte Gemeinde im äußern Gottesdienst so wol als mit den Religionslehren selbst, ihre Maasregeln weiter befolget. Die Einführung des Heydelbergschen Catechismus und das Brodbrechen beym Abendmal, imgleichen die Wegräumung der Bilder, die Abschaffung der Altarlichter, der lateinischen Gesänge und anderer dergleichen Ceremonien, haben nicht geringe Störungen in den Kirchen verursachet. Hiezu waren noch öfters specielle Prediger-Controversen auf den Kanzeln gekommen, die auch nach ausgebrochenen Differenzen der Stadt mit dem Cujavischen Bischofe, gerade zur höchsten Unzeit fortgesetzt wurden. Insonderheit aber machte eine vom D. Schmidt am Grünen Donnerstage in der Trinitatiskirche gehaltene Predigt vom Abendmahl, einen so widrigen

1596.

Eindruck, daß auch der Official in der Stadt, nachdem er derselben unter Notariat-Zeugniß habhaft geworden, eine vidimirte Abschrift davon an den Bischof von Cujavien einschickte. Dieser nun säumte nicht, die Evangelischen Glaubensverwandten in Danzig noch näher an einander zu hetzen, und aus gedachter Predigt nicht nur die fürchterlichste Ketzerey, sondern auch den Umsturz des Augspurgschen Glaubensbekenntnisses zu folgern; er schickte dem D. Schmidt eine Citation zu sich nach Leslau ein, beschuldigte ihn der strafwürdigsten Kirchenverbrechen, und legte ihm zur Last, daß er sich in Heydelberg zum Superintendenten über alle Kirchen und Schulen in Danzig hätte ordiniren lassen. Der D. Schmidt fand zwar beym Rath der Stadt einen bereitwilligen Beystand, und dieser nahm es auf sich, gegen die noch ferner wiederholten Bischöflichen Ausladungen zu protestiren: dennoch aber kam die Sache bis an den König, und kraft eines scharfen Mandats konnte es nicht verhindert werden, daß gegen den D. Schmidt ein hartes Contumazurtheil abgesprochen wurde, womit es nur durch sorgfältige Abwendungen nicht zur Vollziehung gekommen ist.

Unter solchen Umständen hätte man wol zur Sicherheit der Evangelischen Kirche, sich eines friedlichern Vernehmens befleißigen sollen, allein wir finden zum Gegentheil noch viele Jahre hindurch, daß beyde Partheyen derselben, mit oft erneuerten Animositäten gegen einander ausgefallen sind. Die starke Anzahl der Reformirten Glaubeutsgenossen ist noch bis ins J. 1605 mächtig geblieben. Drey Kirchen, nemlich zu St. Peter und Paul, zu St. Trinitatis und die Hospitalskirche zu St. Elisabeth, sind völlig zum Gottesdienst derselben eingerichtet gewesen, und auch an andern Kirchen in der Stadt und auf ihren Ländereyen, haben sich verschiedene Prediger zur Reformirten Religion erkläret. Im Rath sind zwölf Mitglieder nebst dem Syndicus, derselben zugethan gewesen, und außer mehreren Collegien und Amtsstellen, haben sich in den beyden Schöppenbänken vierzehn Personen, und unter achtzig damaligen Mitgliedern der dritten Ordnung, fünf und dreyßig derselben zur Reformirten Gemeinde gehalten. Die ängstlichen Klagen der eifrigen Lutheraner über eine solche Ausbreitung und Theilnehmung ihrer Gegenparthey an den Würden und Aemtern der Stadt, lassen sich besser mit dem herrschenden Geist der damaligen Zeiten vereinbaren, als daß es sich heutiges Tages einen Gebrauch davon zu machen geziemen sollte, nachdem ein friedfertiges Betragen und eine berechtigte Verhältnis unter beyderseits Glaubensgenossen, alle Widerwärtigkeiten jener intoleranten Mißgunst verscheucht haben.

Was nun neben den angeführten Ereignissen, den ersteren Streit mit dem Bischofe betraf, so wurde unerachtet der dazwischen getretenen Fehde wegen des Nonnenklosters, dennoch ein Vergleichsgeschäfte auf dem Bischöflichen Schloß Sobkau eröfnet, und nachgehends im Kloster Olive erneuert; Danzig wollte schon die Verwaltung des Brigitten-Klosters, nur mit Ausnahme der Schidlitz und mit Protestation gegen die Einführung der Jesuiten, abtreten, wenn zugleich alle Ansprüche an die Marienkirche damit aufgehoben seyn sollten; allein der Bischof ließ sich auf diese Bedingungen nicht ein, und verwarf eben so wol eine nachgehends daneben angebotene Geldsumme zur völligen Wiederaufbauung der Brandstätten des Klosters.

1597. Dagegen wurde bald darauf wegen der Nonnengüter, bey Hofe ein Pönaldecret wider die Stadt zur Geldbuße von 20000 Ducaten abgesprochen, womit es aber zur Zeit nur bey einer Drohung verblieb. In den Proceß über die Pfarrkirche, war Danzig schon früher ebenfalls zu einer Geldstrafe von 100000 Gulden condemnirt worden, die der Woywod von Pommerellen in den Stadtländereyen eintreiben sollte. Die Zeit der Execution fiel nunmehro ein, weil aber der Woywod so wol als die Bischöflichen Machthaber wenig Ernst dazu bezeigten, so konnten die Danziger ohne Schwierigkeit die Verlängerung des Termins erlangen. Hierauf zerschlug sich zwar eine zur Wiedereröfnung der Tractaten geschöpfte Hofnung, allein das executive Verfahren wurde doch weiter verzögert, und es verlor sich allmälig die Furcht, daß in den Danziger Kirchensachen etwas gewaltsames verhängt werden würde, wozu unter andern Ursachen, das Verhältnis des Polnischen Hofes gegen Schweden, und die Intercessionen der Schwedischen Reichsräthe beym Könige, nicht wenig beygetragen haben. Es

Vierter Abschnitt. Zweytes Capitel.

sind zwar zwey Jahre später vom Könige persönlich wieder Ermahnungen an den Rath zu Danzig ergangen, sich mit dem Bischofe durch einen gütlichen Vergleich aus einander zu setzen; die Reise des Bischofs nach Rom aber, und sein bald darauf erfolgter Tod haben dem Rechtsstreit einen Anstand verliehen, dem auch sein friedsamer Nachfolger Tarnowski so weit nachgesehen hat, als er es wegen der übrigen hohen Geistlichkeit hat thun können, wie er sich selbst in einem Schreiben an den Danziger Syndicus Keckerbart dergestalt ausgedruckt hat.

Drittes Capitel.

Die Hanseatischen Handlungsrechte werden in England gestöret — wobey auch Danzig Abbruch leidet — die Hanseatische Residenz in London hört auf — Polnische Gesandtschaft nach London wegen der Danziger Commerzfreyheit — ein Spanischer Bothschafter macht Vorschläge zum Handlungsverkehr mit Danzig — Danzig bewirbt sich einseitig um die Englische Handlungsfreundschaft — bekommt dafür Vorwürfe vom Hansebunde — wird aber instruiret, einen allgemeinen Vergleich mit England einzuleiten — der deshalb eröfnete Congreß zerschlägt sich — Danzig sucht ferner das gute Vernehmen mit England — Polnische Vorschläge wegen der Englischen Niederlage in Elbing — Störungen des Salzhandels in Preussen — Vernachläßigung des Weichselgrabens — das Danziger Besatzungsrecht wird bestätiget — des Königs Rückkunft aus seinem Schwedischen Erbreiche — mit welchem der Krieg ausbricht — Danzigs Verhalten gegen den neuen König von Schweden — Schwedische Streifereyen in der Ostsee — mehrere auswärtige Kriegsunruhen — Rokosz in Polen — Union der Großen Städte in Preussen.

Unter andern politischen Hauptgeschäften, welche außer der bürgerlichen und kirchlichen Ruhe, den Wolstand Danzigs am nächsten betrafen, ward das Seecommerz in dieser Zeit ein erhebliches Object, welches so viel mehr Sorgfalt erheischte, weil durch die nahe Verbindung der Krone Polen mit Schweden, bey den damaligen Kriegen im Westlichen Europa, eine schärfere Aufmerksamkeit gewisser Potenzen, darauf erweckt wurde. Seitdem die Königin Elisabeth im J. 1578 die Hanseatischen Handlungsprärogativen in England geschwächet, und selbige höchstens nur den Rechten ihrer commercirenden Unterthanen gleich gemacht hatte, so war es in den Differenzen des Bundes mit dieser Krone immer weiter gegangen. Der verhöhete Zoll, welchen der Bund im J. 1579 auf alle Englische Waaren sett sezte, ward von England mit einer gleichen Abgabe vom Waarenhandel der teutschen Stallhofs-Kaufleute erwidert. Drey Jahre darauf kam es auf Antrieb des Hanseconvents zum Beschluß, den Englischen Adventürern (oder wagenden Kaufleuten) allen Handel im teutschen Reiche zu legen, unerachtet selbige seit dem J. 1564 von der Königin durch ein Patent privilegiret, und zu einer corporirten Gesellschaft waren erhoben worden, auch in Hamburg und anderer Orten gutwillige Aufnahme gefunden, und zu ihrem eignen so wol, als zum Vortheil der Städte, wo sie sich aufhielten, gehandelt hatten: es ward aber 1582 auf dem Reichstage zu Augspurg bestätiget, daß gedachte Kaufleute aus Teutschland verbannet, auch alle wollene Waaren von England schlechterdings verboten seyn sollten. Nun hatte zwar der Englische Gesandte George Glipping die Sache seiner Nation auf dem Reichstage vertheydigt, auch in der Folge Mittel gefunden, die Vollziehung des Reichsschlusses aufzuhalten, es ließ sich so gar (1587) dazu an, als ob die Hansischen Kaufleute ihre Freyheiten in England, in Rücksicht auf den Handlungszoll wieder bekommen würden, und die Königin Elisabeth gründete auf den gegebenen Anschein dieser Hofnungen, eine Warnung an die gesammten Hansestädte, sich der

Zufuhr auf Spanien sorgfältig zu enthalten. Nachdem aber diesem letztern Artikel kein Genüge geleistet, auch wegen der übrigen Commerzirrungen kein Vergleich war zum Stande gebracht worden; so hatte die Königin von England im J. 1589 den teutschen Hansestädten, sechzig Lastschiffe mit Waizen und Kriegsbedürfnissen, womit sie die Spanische Flotte hatten versorgen wollen, an der Mündung des Tagus wegnehmen lassen. Durch diesen Vorfall blieb kein Mittel mehr gegen einen gänzlichen Bruch übrig. Der Englische Hof wurde vom Kayser, und von allen teutschen Städten mit heftigen Vorstellungen bestürmet; auch Danzig hatte an gedachter Expedition Theil genommen, und machte deshalb nicht nur selbst wegen der genommenen Schiffe und Ladungen Ansprüche, sondern brachte es auch beym Könige von Polen dahin, daß derselbe ein dringendes Schreiben an die Königin abließ, worauf eine Antwort erfolgte, die zwar nicht, wie an einige teutsche Städte, mit Spott oder Drohungen angefüllt war, doch aber größtentheils nur leere Entschuldigungen in sich enthielt.

Im J. 1591 sollten die Kayserlichen Mandate in Betreff des Augspurger Reichsschlusses geschärft werden: die Stadt Stade, beynahe der einzige teutsche Zufluchtsort, der die Englischen Adventürer noch aufnahm, bekam ein Verbot, sie zu schützen und Handlung treiben zu lassen; gleichermassen ließ der Hanseconvent den Elbingern die Abschaffung der Englischen Residenz und Niederlage andeuten; und vermittelst Danzigs ward ein

Pönalmandat beym Könige von Polen ausgewürket, daß dieselben bey Strafe von 30000 Ducaten aufhören sollten. Indessen musten Elbing in Preussen so wol, als die teutschen Städte der schnellen Vollziehung solcher Befehle auszuweichen, und Kayser Rudolph II. ward noch sechs Jahre lang mit Correspondenz und Gesandtschaften aufgehalten, ehe er sein Executionsmandat zur Vertreibung aller monopolischen Commerzien der Englischen Kaufleute, aus dem Reiche teutscher Nation, publiciren lassen konnte. Nachdem aber solches geschehen war, so mußten Stade, Embden und noch einige Städte in den Herzogthümern Braunschweig und Hollstein, den Adventürern gänzlich ihren Abschied geben, und diese gingen nun größtentheils nach Middelburg, ob wol sie auch von andern Niederländischen Städten, ja selbst nach wenigen Jahren, wieder von einigen in Teutschland, mit Verlangen sind eingeladen worden. Am wenigsten wollte die Königin von England diese Vertreibung ungeahndet geschehen lassen. Sie ließ zwar aus Politik um Widerrufung des Mandats beym Kayserlichen Hofe anhalten, als selbige aber abgeschlagen ward, so gab sie noch in demselben Jahre einen Befehl an den Major und die Sherifs von London, das Haus Stillard und das Haus Guilde Helle genannt, so zum Stallhof der Hansischen Kaufleute gehörten, und den diese unter acht Königen von England ruhig besessen hatten, zuzuschliessen und in Besitz zu nehmen; und von der

1597.
1 Aug.

Zeit an ist der so genannte Stallhofplatz in London niemals zu diesem Behuf wieder gebraucht worden.

In eben der Zeit, da solches vorging, hatte König Sigismund einen Polnischen Gesandten, Paul von Dzialin nach London geschicket, um sich über die Schmälerung der Privilegien beschweren zu lassen, womit den Hansischen Kaufleuten in seinen Staaten, der Handel nach England so wol als die freye Seefahrt auf Spanien und Portugal gesperrt würde, und zugleich der genommenen Schiffe wegen Genugthuung und Wiedererstattung zu fordern. Der Gesandte aber hielt seine Anrede in einem dermaßen gebietenden Tone, und mit so harten Ausdrücken, daß die Königin Elisabeth sich nicht enthalten konnte, ihm mit eigner Beantwortung in lateinischer Sprache, seine Unbescheidenheit vorzurücken; sie sagte ihm unter andern, daß er zwar viel gelesen haben könnte, aber von Staatsgeschäften und Weltumgang schlechte Kenntnisse hätte; und was sein eigentliches Gewerbe betraf, so wurde ihm vom Staatsrath ein ausführlicher Bescheid ertheilet, daß die Krone England weder das Völkerrecht, noch die Tractaten mit Polen verletzt hätte, auch eben so wenig den Hansestädten Unrecht geschehen wäre, indem die Königin nur als eine Mutter die für ihre Kinder sorgte, ihre Unterthanen denselben in der Commerzfreyheit hätte gleich machen wollen. h) Bey

---

h) Mademoiselle de Keralio, (hist. d' Elisabeth Reine d' Angleterre Tom IV. p. 558. ist hier, gleichwie Cambden (Annal. rer. Angl. regn. Elisabetha sub a. 1597.) der irri-

Vierter Abschnitt. Drittes Capitel.

dem allen aber äußerte sich unter den damaligen Umständen immer näher der Verfall der Hanseatischen Handlung in England, und gleichwie andre Europäische Potenzen, vornemlich Spanien, das noch mit England im Kriege lag, davon Vortheile zu ziehen glaubten, so bekamen die desfalls gemachten Entwürfe im Baltischen Meere, auch nicht geringen Bezug auf die Stadt Danzig.

Noch während dem diesjährigen Warschauer Reichstage, von welchem der Gesandte nach Engeland war abgeschickt worden, hatte sich der Ammirant von Arragonien Franz von Mandoza als Spanischer Bothschafter gemeldet. Er bestätigte die Hofnung, welche den Hansestädten überhaupt in dieser Zeit gemacht wurde, des schweren Zolles in Spanien entlastet zu werden, die Freyheit des Comtoirs zu Sevilla wieder zu bekommen, auch die Erneuerung ihrer Rechte in Lissabon zu erlangen; insonderheit aber war er mit einer geheimen Instruction versehen, die Abziehung des Polnischen Handels aus England und den Vereinigten Niederlanden, in die Spanischen Provinzen, als nach Brabant und Flandern, tractatmäßig zu bearbeiten. Er hatte deshalb im Plane, zu Deckung der Schiffahrt wider obige beyde Nationen, einen

gen Meinung, die Englische Gesandschaft in Danzig habe es bewürket, daß die Danziger den Hansetag in Lübeck nicht beschickt haben: allein diese Zusammenkunft war schon beendigt, da der Gesandte in Danzig angekommen ist, und die wahre Ursache, daß das ganze Preußische Quartier damals vom Hanseconvent ausgeblieben ist, war der Anwesenheit des Königs im Lande Preussen zuzuschreiben.

Schwedischen Hafen an der Nordsee zu begehren, wo der König von Spanien eine beständige Flotte von hundert Kriegsschiffen zu halten gedächte. Und damit zur Ausführung dieses Vorhabens ungesäumt der Anfang gemacht würde, so sollten alle Englische Schiffe die in den Polnischen Seehäfen lägen, confiscirt werden, wozu man wegen des Verlusts der Danziger Schiffe vom J. 1589 einen gegründeten Vorwand zu nehmen befugt wäre. Weil nun Danzig als der beträchtlichste Seehafen, bey diesem Project unstreitig am nächsten interessirt war, so gab man auf dem Reichstage den Abgeordneten dieser Stadt davon die früheste Nachricht. Von ihnen aber wurde dieser Entwurf nicht nur was England und Holland betraf, von äusserst gefährlichen Folgen für das Seecommerz der Preussen befunden, sondern auch die Entgegensetzung des Königs von Dänemark befürchtet, daß selbiger zur Abhaltung einer Spanischen Flotte aus den Schwedischen Gewässern, mit den westlichen Seemächten gemeinschaftliche Sache machen, und wol gar durch Schließung des Sundes alle Communication mit den polnischen Staaten abschneiden würde. Hiezu kam noch, daß die Deputirten von Danzig einige vertrauliche Warnungen bekamen, in dieser Angelegenheit äusserst behutsam zu gehen, weil man polnischer Seits die Stadt durch Aufhebung ihres Verkehrs mit England und Holland, in Verfall und Schwäche zu bringen, und sie alsdenn desto eher unterjochen zu können gedächte. Wie weit nun diese den Polen

weder zur Ehre noch zum Vortheil gereichende Aussichten gegründet gewesen seyn mögen, solches lassen wir in Ermangelung sicherer Beweise dahin gestellt seyn; so viel hat der Erfolg wenigstens gelehret, daß wenn nicht die Danziger Vorstellungen
allein, auch andre concurrirende Umstände den
Antrag des Spanischen Gesandten fruchtlos gemacht haben, der ohne eine decisive Antwort erhalten zu haben, von Warschau hat abreisen müssen.

Nicht lange darauf fing Danzig an, sich nachgebender gegen den Englischen Hof zu betragen.
Solches veranlaßte, daß während einer abermaligen Reise, die König Sigismund nach Schweden gemacht hatte, ein Englischer Gesandter
George Carrew an ihn zu Danzig eintraf, und nicht 1598.
nur die Stadt des fernern Genusses der Hansei-
schen Freyheiten in England, imgleichen der unge-
hinderten Handlung mit Lebensbedürfnissen und
andern zuläßigen Waaren und Gütern auf Spanien versicherte; sondern auch eignes Geschäftes
deswegen nach Schweden zum Könige von Polen
eilte, um ihm eben diese Entschlüsse der Königin
Elisabeth vorzutragen, und zur Beförderung des
Englischen Handels auf Preussen mehrere Vorschläge zu thun, die zum Theil vom Könige angenommen, theils auch bis zur Berathschlagung mit
den Polnischen Reichsständen verschoben wurden.
Weil nun die Execution des Kayserlichen
Mandats gegen die Englischen Kaufleute sich eben
damals in der ersten Bewegung befand, auch alle
Schiffahrt und Handlung mit den Hansestädten

des Römischen Reichs, noch in England verboten waren, so zog gedachtes Gesandtschaftsgeschäfte den Danzigern vom Hansebunde einige scheelsüchtige Vorwürfe zu. Es wurde als unrecht angesehen, daß Danzig sich unterstünde, einseitige Verträge mit der Königin einzuleiten, so wenig es den Auftrag hätte, im Namen der Städte zu negociiren; und weil sich schon seit dem vorhergehenden Jahre der Senior des Rechtstädtschen Schöppen-Gerichts George Lisemann als Abgeordneter der Stadt, in London befand, so wurde von dessen Geschäften noch mehr gemuthmasset, als sich der Wahrheit nach darin befand, um so viel weniger, da Danzig der Polnischen Gesandtschaft halber, demselben so gar ein Creditiv mitzugeben unterlassen hatte. Bey dem allen, als Danzig sich ein paar Jahre später deutlicher erklärt hat, daß es die Königin von England zu einer allgemeinen Unterhandlung nicht ungeneigt gefunden hätte, so ist vom Bunde schriftlich geantwortet worden; „daß er wol leiden könnte, wenn von Danzig darüber fernere „Gewisheit eingezogen würde." Nur sollten, wenn es zu einer gütlichen Negociation käme, die Wiedererstattung des Stallhofes, die Wiederherstellung des Handels auf teutschem Boden, und der Kayserliche Consens, zu den ersten Bedingungen dabey gemacht werden. In der That ist mit Danzigs fernerem Fleiß und nunmehr berechtigtem Zuthun, im J. 1604 zwischen einer Englischen Gesandtschaft und den Abgeordneten des Bundes, mit Zuziehung Kayserlicher Delegaten, in Bremen

eine

Vierter Abschnitt: Drittes Capitel.

eine Unterhandlung eröfnet worden; weil aber die Englischen Gesandten sich nur um die Gewogenheit des Kaysers bewerben, den Städten hingegen viele misfällige Bedingungen vorgelegt haben, zu gleicher Zeit auch die Königin Elisabeth mit Tode abgegangen ist, so hat dieser Unterhandlungscongreß nach wenigen Wochen ein fruchtloses Ende erreichet.

Dafür hat sich Danzig gehütet, das gute Vernehmen mit England, wozu schon eine günstige Anlage gemacht gewesen, unachtsam zu verscherzen. Es befand sich mit unter den fünf i) Städten, welche an den neuen König Jacob von Großbrittannien eine feyerliche Gesandtschaft zur Erneuerung ihrer Handelsfreyheiten abgeschickt haben, und obgleich deren Aufnahme wegen Ermangelung Kayserlicher Fürschreiben, nicht befriedigend gewesen, so hat Danzig doch fortgefahren, sich fernerhin mit klug gewählten Maasregeln, des Englischen Commerzverkehrs zu versichern, womit zugleich die nächste Absicht ist verknüpft worden, dem Monopol in Elbing, und der dortigen Niederlage der Engländer ein Ende zu machen. Hiezu ist zwar vom Könige von Großbrittannien kein Versprechen gegeben, sondern vielmehr auf Bitten der Elbinger ein Ansuchen von ihm an den König von Polen zur Erhaltung der dortigen Englischen Handlungsgesellschaft ergangen; was aber den König Sigismund den Dritten betrift, so hatte derselbe schon

---

i) Deren werden folgende fünf, Lübeck, Cölln, Hamburg, Bremen und Danzig nahmhaft gemacht. Thuan. Lib. XXXI. ad a. 1604.

im J. 1593 durch seinen Gesandten, den Krakauschen Unterkämmerer Stanislaus Czykowski, unter andern vortheilhaften Anerbietungen an Danzig, die Versicherung geben lassen, daß wenn es auch mit Schärfe geschehen sollte, die Englischen Kaufleute von Elbing wieder nach Danzig müßten zurück gebracht werden. Es war nur hiemit der Antrag für die Einkünfte des Königs, auf eine Verhöhung des Seezolls unter dem Namen einer Zulage, worauf sich die Stadt nicht hat einlassen können, verknüpft gewesen, und hienächst hatte sich auch das Begehren geäußert, alle Englische und Schottische Lacken durch Königliche Provisoren siegeln zu lassen. Unerachtet nun unter so unbequemen Bedingungen, das Polnische Gesandtschaftsgeschäfte mit den Ordnungen der Stadt, keinen Fortgang gewonnen hatte, so war Sigismund doch immer noch geneigt geblieben, zur Aufhebung der Englischen Niederlage in Elbing, sein Königliches Ansehen zu interponiren. Dergestalt ist nach einer Verzögerung von etlichen Jahren, im J. 1603 ein erneuerter Vorschlag in dieser Sache von Hofe ergangen. Es war dem Könige sehr deutlich vor Augen gelegt worden, daß der Englische Handel auf Elbing ohne den geringsten Nutzen des Königlichen Schatzes geführt würde, und daß der Pfalkammer in Danzig dadurch beträchtliche Einkünfte abgingen. Weil nun diesem Verlust, durch ein Handlungsedict füglich abgeholfen werden konnte, so ist das Project gemacht worden, keine andre Englische Tücher und wollene Zeuge in die Polnischen Lande einführen zu lassen, als die über Danzig gekommen, und das Pfalgeld entrichtet hätten. Dasselbe ward auch mit Königlicher Approbation, durch zwey Bevollmächtigte nach Danzig geschickt, und sollte mit dem Rath der Stadt genauer überlegt und zur Bewerkstelligung gebracht werden. Weil sich aber dieses Geschäfte wieder an einer Anlage gestoßen hat, die für die Siegelung der Tücher, zum Nutzen des Königs erhoben werden sollte, welche Danzig aber als einen neuen Zoll ansahe, der so wol den Privilegien zuwider wäre, als auch in England Verdruß erwecken und der Kaufmannschaft beschwerlich fallen dürfte; so sind die Abgesandten genöthigt gewesen, das communicirte Project an den König zurück zu nehmen. Nun hat zwar der Polnische Hof nicht so gleich den Vorsatz aufgegeben, sich aus dieser Sache einen jährlichen Gewinn zu verschaffen, es sind noch viele Berathschlagungen darüber fortgesetzt worden, und unter andern hat der König für den Uebertrag der Englischen Handlung nach Danzig, ein für allemal ein freywilliges Geschenk von 500000 Gulden fordern lassen; allein diese Summe ist hieselbst zu groß angesehen worden, und überhaupt hat man Zeit und bequemere Gelegenheit abwarten wollen, das Commerzverkehr mit England, ohne Nachtheil und Kosten wieder an sich zu bringen, wozu auch in der Folge sich günstigere Umstände ereignet haben.

Der oben gedachte Unterkämmerer Czykowski hatte unter mehreren Empfelungsgründen seines Hauptgeschäftes, auch einen Wink gegeben, daß

Danzig vielleicht durch eine gefällige Bewilligung der vom Könige verlangten Zulage, die Einführung des fremden Salzes in die gesammten Polnischen Kronländer würde erhalten können. Ungeachtet nun so weit weder die Meinung des Hofes gegangen seyn mag, noch Danzig sich auf den Gegenstand des damaligen Gesandtschaftsgewerbes hat einlassen wollen; so ist doch in derselben Zeit wieder, der überseeische Salzhandel ein wichtiger Vorwurf der Preußischen Landesbewerbungen geworden. Der Polnische Salzverweser Grabowiecki hatte allen vom Könige Stephan verliehenen Freyheiten zuwider, abermals ein Königliches Pönalmandat ausgebracht, daß die Einfuhr und der Gebrauch des auswärtigen Salzes in allen Königlichen Landen untersagt bleiben sollte, und dieses Verbot war auch in Preussen verlautbaret worden. Da nun hiemit den Landesvorrechten offenbar Eintrag geschehn war, die Aufseher auch schon einige Partheyen Salz confiscirt hatten, und der Credit der Seehandlung dadurch geschwächt worden, so wurde darauf gedrungen, daß die freye Verführung des überseeischen Salzes innerhalb den Preussischen Grenzen, und eine absolute Zollfreyheit desselben vom Könige bestätigt werden sollte. Der König hat auch diesem Ansuchen durch Rescripte an die Städte, und durch oft wiederholte Befehle an die Jordanschen und andre Zollaufseher, ausdrücklich und unbedingt nachgegeben; aber nichts desto minder sind die Klagen über die widerrechtlichen Eingriffe der Zöllner und Salzverweser, noch viele Jahre lang im Lande fortgesetzt worden. Noch weniger Aufmerksamkeit hat man in diesen Jahren, auf die vormals nothwendig befundene Wasserarbeit, am Maydeloch, oder dem neuen Weichselgraben gewendet. Danzig zwar hat sich seines Seehafens und der bequemen Weichselfahrt wegen, unablässig bemühet, den einmal hieselbst bestimmten Verbesserungen zur Ausführung zu helfen, aber alle Vorstellungen und gegründete Klagen der Stadt sind nicht vermögend gewesen, die Stände dafür in Activität zu setzen, und zum wirksamen Beystande zu bewegen. Weder die selbsteigne Besichtigung des Königs, noch unterschiedene von neuem ausgesetzt gewesene Commissionen, auch nicht die Danziger seits mitgetheilten Vorschläge, und zur Beurtheilung vorgelegten Risse, haben etwas ins Werk richten können, und wenn ja einmal zum Anfang der Arbeit ein Schluß gemacht worden, so sollten alle Kosten dazu von Elbing und Danzig herbey geschafft werden.

Unter dergleichen Erschwerungen, und vielfältig daraus entstandenen Hindernissen des Commerzwesens, fehlete es nicht an mehreren Vorfällen, um derentwillen die Stadt Danzig sich der Landesprivilegien so wol, als auch der Vertheydigung eines und des andern ihrer speciellen Freyheitsrechte annehmen mußte. Wenn gleich Danzig wegen der ehemaligen Tumultsache, jetzo vom Könige durch eine förmliche Amnestie sicher gestellt wurde, so waren doch bey Gelegenheit dieses unglücklichen Vorfalls, in den Polnischen Staats-

Verſammlungen Zweifel und widerwärtige Urtheile wegen des Beſatzungsrechts der Stadt, rege gemacht worden, welche ihr nicht nur unverdiente Vorwürfe vom Königlichen Hofe zuzogen, ſondern auch noch nähere Schmälerungen ihrer Garniſonsfreyheit befürchten lieſſen. Danzig hatte dieſes Recht ſeit der Hanſeatiſchen Einverbindung, in ungeſtörtem Beſitz ausgeübet, und war nächſt eigner Beſchützung, ſelbſt den Königen von Polen, öfters mit Anwerbung und Verleyhung ihrer Soldaten behülflich geweſen. Sigismund Auguſt hatte ohne Widerſpruch dieſe Prärogative für rechtmäßig erkannt, und er wollte im J. 1552 nur die Autorität dabey behaupten, den Oberſten Befehlshaber der Garniſon hieſelbſt anzuſtellen, worüber er dennoch einen Revers gab, in Friedenszeiten keinen andern, als aus den acht älteſten Danziger Rathsherren einen dazu zu ernennen. Jetzt aber hatte es das Anſehen, als ob Sigismund der Dritte der Stadt gar nicht zuſtehen wollte, ohne von ihm erbetene Bewilligung, Soldaten bey ſich in Eyd und Pflicht nehmen zu dürfen. Es koſtete Mühe, dieſen Gegenſtand von der Submiſſion Danzigs wegen der Tumultſache zu trennen, endlich aber hatte der König die ihm darin gemachten Gegenvorſtellungen ſtatt finden laſſen; und als er auf ſeiner Schwediſchen Reiſe zu Marienburg war, bekam die Stadt ein Privilegium, worin die bisherige Differenz völlig niedergeſchlagen, und ihr das Recht beſtätiget wurde, Kriegsofficiere und Soldaten zu ihrer Be-

1598.

Vierter Abschnitt. Drittes Capitel.

setzung anzuwerben, und ungehindert bey sich in Eyd und Pflicht treten zu lassen.

Wie nahe es würklich mit den Vortheilen des Königs verwandt gewesen, Danzig in einer Situation zu bewahren, worin ihm von hier aus Vertheydigungsdienste geleistet und die Gewaltthätigkeiten äußerer Feinde abgehalten werden könnten, solches haben gar bald die nachherigen Ereignisse, ob wol nicht immer mit Vermeidung der übrigen Kriegscalamitäten, gelehret. Schon die jetzige Rückreise des Königs wurde mit Widerwillen beschleuniget, weil die Verwirrungen in Schweden seiner dortigen Krone immer mehr Unsicherheit drohten. Man hatte ihm daselbst Regierungsbedingungen vorgeschrieben, welche die ausschliessende Erhaltung der lutherischen Religion zum Hauptartikel enthielten; weil nun der König bisher ganz entgegengesetzte Maasregeln befolgt hatte, so wurden ihm vom Reichstage zu Jonköping nochmals schriftliche Conditionen zugesendet, die er entweder selbst erfüllen, oder seinen Prinzen Vladislav zur Erziehung nach Schweden schicken sollte. Sigismund aber würdigte die Schwedischen Reichsstände keiner Antwort, worauf diese ihm vom Reichstage zu Stockholm allen Gehorsam aufkündigten; und zur Erwartung seines Sohnes, noch eine sechsmonatliche Frist festsetzten, bis dahin aber den Herzog Carl von Südermannland zum Reichsvorsteher ernannten. Dieser bemächtigte sich mitlerweile des ganzen Schwedischen Reichs, und selbst Esthland, welches Sigismund aus

1599.
1 Febr.

24 Jul.

1600.

Politik endlich an Polen abgetreten hatte, ging wegen Pest und Hungersnoth ohne Schwerdschlag verloren. So wenig auch die Polnischen Stände geneigt waren, sich in den Hauskrieg ihres Königs zu mischen, auch keine Feindseligkeiten wegen Esthland anfangen wollten, sondern nur ein schwaches Kriegscorps abgeschickt hatten, um die Liefländische Grenze zu decken; so geschahe es doch, als eben Herzog Carl sich noch in Esthland befand, daß der Woywod von Wenden, George Fahrensbach, k) vielleicht kraft eines geheimen Auftrags vom Könige, sich mit den Schwedischen Vortruppen in ein Scharmützel einließ, und als er vom Herzoge wegen seiner Ordre dazu befragt worden, nicht nur keine Antwort ertheilte, sondern auch den Herzoglichen Geschäftsträger gefänglich an den König Sigismund überschickte. Carl folgerte demnach aus diesem Verfahren, daß die Republik Polen würklich den Krieg gegen ihn beschlossen hätte, und um dem feindlichen Anfall vorzukommen, rückte er zuerst in Liefland ein, und eröfnete damit den verderblichen Krieg, der Polen und Preußen sechszig Jahre lang, mit unterbrochen wiederholten Unruhen beläftiget hat.

Bereits zu Anfang der Schwedischen Staatshändel, hatte König Sigismund den Danzigern die Zufuhr und alle Handelsgemeinschaft in diesem Reich untersaget: jetzt wurden gedachte Befehle

1601.

k) Er ward auch Fahrensbeck genannt, und ist eben derselbe, der im Batorischen Kriege, der Stadt Danzig als Feld-Obrister gedient hat.

Vierter Abschnitt. Drittes Capitel.

an die Preußischen Städte erneuert, und Danzig ward theils seines Hafens, theils der Seeküste wegen aufgefordert, dieselbe gegen eine Schwedische Landung zu decken. Danzig versprach dem Könige hierin allen Gehorsam und Treue; was aber dessen Vorschlag zu Ausrüstung einer Flotte betraf, so wurde solches mit Unvermögenheit der Stadt und des Landes, wie auch mit der Besorgnis den Feind dadurch zur Störung der Schiffahrt zu reizen, abgelehnet; um so viel mehr, da Herzog Carl würklich schon an den Rath zu Danzig geschrieben und eine Erklärung verlangt hatte, wessen er sich von Seiten der Stadt zu versehen hätte. Der ausgebrochne Krieg in Liefland wurde anfangs für Polen glücklich geführet, und noch einmal erbot sich das Schwedische Reich, dem Prinzen Vladislav die Krone zu übertragen; als aber auch hierauf gar keine Erklärung vom Polnischen Hofe erfolgte, so trug man erst dem Prinzen Johann einem Stiefbruder Sigismunds die Regierung an, und weil dieser dieselbe ausschlug, so kam es innerhalb Verlauf eines Jahres so weit, daß kraft des Norköpingschen Reichsschlusses, der König von Polen mit seiner ganzen Nachkommenschaft auf ewig von der Schwedischen Krone ausgeschlossen, und der Herzog Carl für sich und seine männlichen Erben auf den Thron gesetzt wurde.

1602.

1604.

Mit wiederholten Vorstellungen schrieb dieser neue König an Danzig, daß man ein freundschaftliches Betragen gegen ihn beobachten möchte, und trug zugleich Freyheiten und Vortheile eines wider zu eröfnenden Handlungsverkehr an, so aber mit bescheidenem Danke von der Stadt abgelehnt wurde. Inzwischen fingen Schwedische Kriegsschiffe an, die Seefahrt ihrer Feinde unsicher zu machen. Der erste Angrif traf 72 von Riga kommende Kauffahrer, deren 21 bey Pernau aufgebracht wurden. Bald darauf legten sich fünf Schwedische Kutter außerhalb dem Danziger Hafen vor Anker; und deckten ein größeres Kriegsschif, das in der See kreuzte, um sechs Lübeckern aufzupassen, von denen es hieß, daß sie Pulver und Munition für Polnische Rechnung nach Liefland führen sollten; dieses ward aber als ein falsches Gerüchte befunden, worauf sie die Anker aufhoben, und bey Rösehöved etliche nach Danzig gehende Schiffe anhielten, die doch nach einiger abgenommenen Mundprovision, wieder frey wurden. Indessen kamen jene mit einem vorgehabten Anschlage auf Putzig, wieder unter Hela zurück; doch traf die hiezu erwarte Mannschaft nicht ein, und sie verliessen die Preussische Küste, nachdem sie unterweges noch drey von Danzig mit Korn geladene Schiffe genommen hatten, die sie mit sich nach Pernau zurückführten. Auf dem nächstfolgenden Reichstage zu

1605. Warschau, mutheten einige Reichsräthe den Danzigern zu, an Schweden öffentlich den Krieg zu erklären, aus beygefügtem Grunde, daß alsdenn der gesammte Hansebund gegen dieses Reich würde die Waffen ergreiffen müssen; allein Danzig hatte kräftigere Gründe, dieses Argument zu zernichten, und zeigte die augenscheinliche Gefahr, welche ohne dem Könige damit einen Dienst zu erweisen, dem ganzen Lande Preussen dadurch bevorstehen würde. Das Jahr darauf erschienen wieder zwölf Schwedische Kriegsschiffe, vor dem Danziger Hafen, und hatten die Absicht sich einiger Fahrzeuge zu bemächtigen, die zum Dienste des Königs vom Pußiger Starosten Johann Weyher, in Preussen waren bemannt worden; weil diese sich aber in einer vortheilhaften Lage zurückhielten, so konnte ihnen weder jetzt, noch ein zweytes mal, da die Schweden mit 19 Schiffen in der Gegend von Hela streiften, einiger Schaden zugefüget werden. Nunmehr war auch die Krönung Herzogs Carl zu Upsal vollzogen, und er ließ den Polnischen Ständen, Frieden oder Stillstand wolmeinend antragen, diese aber bezeigten bey ihrem Kriegsglück in Liefland dazu wenig Gehör, und erst zwey Jahre später wurde das wiederholte Anerbieten eines Waffenstillstandes nach einigen Unterhandlungen der beyderseitigen Generalität angenommen, so lange bis die regierende Herren selbst Gegenbefehle darin einschicken würden. 1608. 1609.

Von beyden Theilen hatten die Staatsveränderungen in Moscau auf diesen Interimsvertrag einen Einfluß. Schweden strebte nach der Gelegenheit, die Russischen Unruhen zu neuen Eroberungen zu nutzen, und der König von Polen war nur bisher durch seine innerlichen Reichstroublen von der Einmischung in die Demetrischen Händel abgehalten worden, vermittelst welcher er seinen Sohn Vladislav auf den Rußischen Thron zu setzen gedachte. Es kam ihm in der Folge zu statten, daß Schweden durch den unvermutheten Ueberfall des Königs von Dänemark, noch eine neue Beschäftigung bekam; denn obgleich Christian der Vierte den Seehandel auf Preußen zu stören angefangen, und bereits einige Danziger Schiffe hat aufbringen lassen, so ist man doch durch fernere Vermittelung, dieser Besorgnis entledigt, insonderheit aber der König von Schweden bis an seinen Tod (1611) verhindert worden, die Feindseligkeiten in Liefland zu erneuern. Desto furchtbarer war der Rokosz *) in Polen gewesen, welchen Sigismund sich mit seiner zweyten Vermählung, und durch andre Staatsfehler zugezogen hatte. Die Provinz Preußen hat daran gar keinen Antheil genommen, aber das Misvergnügen der Polnischen Nation ging so weit, daß öffentliche Feldzüge daraus erfolgten, und erst nach Verlauf eines Jahres die innerliche Ruhe wieder hergestellt wurde (1608). Der König hatte also von allen Seiten mit Feinden zu thun, und wenige Jahre später ist er auch zur Wiederherstellung eines alten Kronrechts auf die Moldau, in einen beschwerlichen Krieg mit den Türken gerathen.

Obwol nun die Provinz Preußen sich von allen diesen Staatserschütterungen so viel möglich entfernt zu halten bemüht war, so liessen sich doch nicht alle Ungelegenheiten vermeiden, mit welchen

---

*) Eine Verbündung, welche die freye Nation, zur Defension der Grundverfassung des Reichs, gegen den König selbst zu errichten behauptet.

zu Bedruckung des Reichskörpers, die einzelnen Gliedmaßen deſſelben gepreßt wurden. Die beängſtete Religions- und Gewiſſensfreyheit, die täglich zunehmende Verderbtheit der Münzen, die unerſchwingliche Auflagen und Kriegscontributionen, nächſt den allgemeinen Calamitäten des Krieges, waren beläſtigend genug, um den Zuſtand des ganzen Landes zu deteriorizen; aber noch ſehr viele Widerwärtigkeiten kamen hinzu, welche der Provinz Preuſſen allein, in ihrer innerlichen Verfaſſung zur Laſt fielen, und wofür ſie ſich im Verluſt der alten Preuſſiſchen Eintracht, am wenigſten zu ſchützen vermochte. Dieſe Staatsübel wurden insbeſondre von den drey Großen Städten beherzigt, ſie ſahen ſich auf allen Seiten mit öffentlichen Gefahren umgeben, und um wenigſtens, ſo viel es die innerlichen Kräfte noch erlaubten, ihrem gänzlichen Verfall vorzubeugen, ſo errichteten ſie nach dem Beyſpiel der Kreutzherriſchen Zeiten, eine ſpecielle Union unter ſich, vermöge welcher ſie 1614. in allen critiſchen Vorfällen, mit Gut und Blut einander Beyſtand zu leiſten verſprachen. Dieſes Bündnis ward zu Danzig errichtet, und eben auch von Danzig vorzüglich befördert, und unterſtützet. Die Rechte des Königs und die Treue gegen denſelben wurden aufs kräftigſte geſichert: hienächſt machten die Landes- und Stadtprivilegien nebſt der Religionsfreyheit, die erſten Hauptartikel; eine eigene Geldcaſſe der Städte wurde unter Direction und mit allen Erforderniſſen eingerichtet; ferner wurde die gegenſeitige Hülfsleiſtung, ohne allen

Eigennuß und mit sorgfältiger Präcision bestimmet; auch gemeinschaftliches oder eignes Gewerbe sollte den Einsassen einer jeden Stadt in der andern zu treiben erlaubt seyn; eine Stadt sollte die andre für Schaden warnen, und ihr Bestes zu befördern bemühet seyn; zehn Jahre lang sollte dieser Bund, und selbst im Fall einer feindlichen Ueberwältigung fortdauern, alsbenn aber entweder verlängert, oder ohne Nachtheil der bisherigen Vertraulichkeit aufgehoben werden. In der That ist derselbe bis zum J. 1623 mit unverletzter Einrichtung bestanden; die spätern Conjuncturen aber haben nicht nur dessen Erneuerung zurück gehalten, sondern auch manchen Zweifelsknoten in die wechselseitige Freundschaft und das Zutrauen der Großen Städte eingeflochten.

Viertes Capitel.

Erneuerte Mishelligkeit in Danzig wegen der Reformirten Glaubensgenossen — es entsteht daraus ein Rechtsproceß am Königlichen Hofe — der König schickt einen Delegaten hieher — vergebliche Bemühungen zur Sühne — der Rechtsstreit geräth in Stecken. — Abnahme der Reformirten in Kirchen- und Civilämtern — Königliches Mandat gegen dieselben — Neuer Streit mit dem Bischofe wegen des Nonnenklosters — öffentliche Vertheydigung der Religionsfreyheit — Päpstliches Privilegium der Danziger — Sorgfalt für Danzigs Seecommerz — Vergleich mit der Englischen Handlungsgesellschaft.

Der Ausbruch des nachbarlichen Kriegsjammers machte in Danzig doch nicht Eindruck genug, um den innerlichen Frieden dafür desto fester zu halten. Die Zerrüttungen unter den beyden Partheyen der Protestantischen Einsassen, waren bisher mit solcher Heftigkeit fortgesetzt worden, daß man die Königliche Autorität zu Hülfe gerufen, und es beynahe zu einer Polnischen Staatssache gemacht hatte, über die Berechtigung der Evangelischen Kirchengemeinden zu entscheiden. Weil ungefehr ums J. 1604 die Epoche eingetreten ist, daß die Anzahl der Reformirten in den bürgerlichen und kirchlichen Aemtern und Bedienungen der Stadt ihren Gipfel erreicht hatte; so war seit dieser Zeit von den Lutheranern keine Motion unterlassen worden, um den weiteren Progreß solcher Einwahlen und Aemterbesetzungen zu hemmen. In Kanzelreden und Hausermahnungen stellten die lutherischen Prediger die davon besorgliche Gefahr der

Kirche recht fürchterlich vor. Alle Volksstände wurden dadurch in Bewegung gesetzt, ein jeder wollte an den Predigerbestellungen Theil nehmen, und es wurden Zweifel aufgeworfen, um das Patronatrecht des Raths zu bestreiten. Weil man auch mit Vorstellungen und Suppliquen an den Rath, seinen Zweck nicht erreichte, so wandte man sich an die dritte Ordnung, der im J. 1604 funfzehn Bittschriften von den einzelnen Ordnungsquartieren so wol, als von der Kaufmannschaft, der Kramerzunft und den Hauptgewerken nebst einigen einverleibten Gewerken, überreicht wurden. Sie zieleten insgesammt auf Abschaffung des Reformirten Kirchendienstes, und Entsetzung der angefeindeten Prediger, und sie wurden von den Quartiermeistern dem Rath vorgetragen. Dieser bezeigte sich zwar bereit, für den Kirchenfrieden zu sorgen, ließ auch die beschuldigten Prediger vor sich fordern, verstattete ihnen aber ihre Vertheydigung, und verzögerte die nähere Erklärung auf die empfangenen Suppliquen. Darauf nun ist die Unzufriedenheit der Bürgerschaft höher gestiegen. Selbige hat förmlich gegen den Rath protestiret, und Protestationen und Reprotestationen haben ihrer Sache die Gestalt eines Rechtsstreits mit der Obrigkeit gegeben, der in kurzem am Königlichen Hofe ist anhängig gemacht worden.

Eine Bürgerdeputation nach Krakau, bey welcher Eberhard Böttcher das Wort geführt hat, brachte es durch mündliche und schriftliche Implorationen, nach einigen Verzögerungen die

bey

bey Hofe mit der Antwort gemacht würden, endlich dahin, daß der König sich erklärte „es solle „geschehen." Ein Königlicher Secretair, Samuel Laski wurde abgeschicket, die Religionshändel zu untersuchen. Er brachte eine Instruction mit, welche hauptsächlich die Aufrechthaltung der Augspurgschen Confession zum Fundament hatte, hiebey aber suchte er mit seiner Anrede so wol, als im übrigen Verfahren, ein freundschaftliches Uebereinkommen zu empfelen, und die Religionsspaltungen zu heben, ohne sich insbesondre für eine oder die andre Parthey zu erklären. Das Misfallen, so die Lutherischen Bürger hierüber bezeigten, verhinderte den Fortgang seines Gewerbes; Laski selbst schien solches zu fühlen, er schützte eine nothwendige Abreisung in andern Geschäften vor, und versprach bey seiner Rückkehr die Sache zu endigen. Man wartete aber solches nicht ab; die Bürger hatten sich eine Citation nach Hofe offen behalten, sie machten davon selbst gegen den präsidirenden Burgermeister Brandes und andre Reformirte Rathsherren Gebrauch, und der Proceß wurde aufs neue fortgesetzet. Weder die wiederholten Ermahnungen des Delegaten Laski nach seiner Zurückkunft, noch die wolrathenden Zuschriften einiger Evangelischen Herren vom Polnischen Hofe, noch auch das Königliche Friedegebot vom J. 1606, welches in Form eines Edicts, durch Anschlag am Artushofe und an der Pfarrkirche publicirt wurde, haben die streitenden Partheyen zur Ruhe gebracht. Es war schon die dritte Ladung bey Hofe ausgebracht worden; weil aber der Rokosz in Polen die Resolution des Königs von Zeit zu Zeit aufgehalten hat, weil auch mehrere Mittel zu Abwendung eines executiven Verfahrens gebraucht worden, so ist es in der Folge mit dem abgesprochenen Contumazdecret nicht zur Vollziehung gekommen. Der Verzögerung des Processes ist selbst die klagende Parthey zuletzt überdrüssig geworden, und andre Umstände sind hinzu gekommen, unter denen man aufgehört hat, die Obrigkeitlichen Autoritätsrechte mit den Kirchenstreitigkeiten zu compromittiren. Dagegen ist noch immer fortgefahren worden, mit mündlichen Vorstellungen und in Bittschriften, gegen die Aemterbesetzung mit so genannten Calvinisten zu eifern, und die Federkriege zwischen einigen Predigern sind nun zum stärksten Ausbruch gekommen, bis der Rath durch ein Edict vom J. 1615, ein Verboth auf alle Streitschriften in dieser Sache gelegt hat.

Nicht wenig hätte es zur Beförderung der Ruhe beytragen müssen, daß seit dem J. 1605 die vacant gewordenen Stellen in Kirchen- und Schulämtern so wol, als selbst im Magistrat und andern Bedienungen der Stadt, größtentheils mit strengen Lutheranern sind besetzt worden. Dem dringenden Anhalten der größern Menge der Bürgerschaft konnte Obrigkeitlicherseits nicht mit besserer Circumspection nachgegeben werden; allein so natürlich und mit so menschlicher Ueberlegung solches auch zuging, so suchte man doch mit jeder erledigten Amtsstelle, oder mit jedem merkwürdigen

Todesfall eines Reformirten, ein unmittelbares Strafgericht der Göttlichen Fürsehung zu verknüpfen, und alles dessen ungeachtet ließ man nicht nach, um eine völlige Ausforderung der Reformirten Glaubensgenossen zu sollicitiren. Im J. 1612 wurde ein Königliches Mandat ausgebracht, welches dieselben von allen Obrigkeitlichen Aemtern ausschloß, und zugleich einen Unterschied zwischen den Calvinisten und den Augspurgschen Confessionsverwandten, mit ausdrücklichen Worten bestimmte. Hier tritt demnach der eigentliche Zeitpunkt erst ein, seit welchem die bisherige bürgerliche Vermögenheit der Reformirten zu Danzig, in Abnahme gerathen ist. Es mußte sich zufällig treffen, daß eben um diese Zeit, zum Belehnungsgeschäfte mit dem Churfürsten Johann Sigismund im Herzogthum Preussen, eine Polnische Commission nach Königsberg war geschickt worden. Man hatte daselbst unter den übrigen Bedingungen, einen Artikel wegen der Reformirten Religionsverwandten verglichen, und es war in den Landtagsschluß eingerückt worden, daß blos die Römischcatholische und Lutherische Religion im Lande berechtigt, alle Zwinglianer, Calviner, Wiedertäufer und andre Sectirer aber, von Bekleidung der Ehrenämter und Bedienungen ausgeschlossen seyn sollten. Auf dem Warschauer Reichstage 1613 ward dieser Commissions-Receß den Constitutionen einverleibet, und obgleich die Evangelischen Reichsstände schriftlich dawider protestirten, so läßt sich doch leicht schliessen, daß dergleichen Eingriffe in den Sendomirschen Consens und in die Warschauer Religions-Conföderation, in Polen so wol als in Danzig, das Ansehen und die Rechte der Reformirten noch mehr herabwürdigen mußten. In Ostpreussen hat freylich dieser Religionsparthey, der öffentliche Beytritt des Churfürsten von Brandenburg zu ihrer Kirche, sehr bald eine uneingeschränktere Freyheit verliehen, aber in Danzig hat es mit oft erneuertem Unfrieden noch viele Jahre gedauert, ehe sie entweder vertragsmäßig, oder in freywilliger Befolgung besserer Beyspiele, denen der Westphälische Frieden die Richtschnur gegeben, sich eines liebreicheren Betragens in der bürgerlichen Gemeinschaft zu erfreuen gehabt haben.

Außer den Protestantischen Religionsirrungen, war auch der Bischöfliche Kirchenzwist wegen des Brigitten-Klosters wieder angefacht worden. Die Jesuiten waren eine Zeitlang aus Danzig entfernet gewesen, aber seit einer ihnen zu Gunsten gemachten Constitution vom J. 1607, hatten sie Mittel gesucht, mit Beystand der Nonnen sich wieder einen Zutritt zu verschaffen. Die damalige Aebtissin war ihnen hiezu nicht günstig, wofür dieselbe durch Cabalen und Ränke ihr Amt niederzulegen genöthigt, und eine willfärigere Aebtissin dem Klosterconvent aufgedrungen wurde (1611). Daraus aber ist eine Spaltung im Kloster entstanden, bey welcher der Rath zu Danzig sein Patronatrecht behauptet hat. Die neue Aebtissin mußte mit zwey Nonnen ihres Anhangs das Kloster räumen, und bald darauf verliessen noch acht Jungfern daßelbe aus eigner Bewegung. Nun wurde dem Rath zur Last geleget, er hätte die eilf Klosterjungfern mit Gewalt ausgetrieben; von den Jesuiten wurde die Sache mit äußerster Verletzung der Kirche und der Religion angeschwärzet, und der Cujavische Bischof Lorenz Gembicki unterließ nicht, den Kirchenproceß wieder anzustrengen, den vier seiner Vorgänger beynahe schon verlaßen hatten. Danzig bekam von neuem eine Ausladung nach Hofe, und auf dem nächsten Landtage zu Marienburg hatten deren Abgeordnete einen harten Kampf auszustehen, wobey sie endlich nur verhinderten, daß nichts davon in die Landesinstruction eingerückt wurde. Das Jahr darauf hat man sich doch zum Vergleich bequemen müßen: der Tod der alten Aebtißin hat selbigen erleichtert, man hat nun die auf Vorschub der Jesuiten ernannt gewesene Catharina Engelsdorfin durch Bischöfliche Commissarien einweisen laßen, dem Bischofe selbst hat man sich gefällig gemacht; dafür aber gegen die Jesuiten, welche in der Nonnenkirche schon wieder geprediget und Meße gelesen hatten, ein abermaliges Remotionsedict in der Stadt publiciret. Der nachfolgende Bischof Paul Wolucki hat zwar im J. 1618 auf Anstiften der Nonnen den Streit von neuem rege gemacht, und einer vom Rath geschehenen Wahl zweyer neuen Vorsteher des Klosters widersprochen, es sind darüber Pönal-Decrete auf schwere Geldstrafen ergangen, auch die Verwaltung der Nonnengüter dem Bischofe völlig zugesprochen; allein die Stadt hat sich von Jahr zu Jahre mit Appellationen und Vorstellungen an den König geholfen, und im J. 1623 sind dem Bischofe acceptable Punkte zu einem gütlichen Vergleich vorgeschlagen, womit es auf einige Zeit ist zur Ruhe gebracht worden.

Während diesen Danziger Streitigkeiten sowol, als unter mehreren Kirchenfehden, womit die Großen Städte in Preussen beängstiget wurden, hat sich auch mancher merkwürdige Auftritt zur Vertheydigung der Religions- und Gewissens-Freyheit der Evangelischen Einsassen ereignet. Insonderheit verdienet hier angeführt zu werden, was auf dem Reichstage zu Warschau vorgefallen ist, als die Städte Thorn und Danzig, bey Gelegenheit der über Elbing ergangenen Achtserklärung, ein eignes Memorial wegen ihrer Religionsangelegenheit, den gesammten Reichsständen vorgelegt hatten. Obgleich wegen einiger angreifenden Ausdrücke gegen den Jesuiterorden, die öffentliche Lesung dieser Rechtfertigungsschrift nicht bis zum Ende verstattet worden, so fanden sich doch unterschiedene, selbst Catholische Landboten, welche die Evangelische Religionsfreyheit verfochten, und es der ganzen Krone zur Verkleinerung auslegten, daß man die Städte deshalb beschimpfte, oder mit Gewalt und Sturm einen Gewissenszwang durchsetzen wollte. Unter andern aber trat ein Fürst Janus aus der Familie Radzivil auf, der die Religionsverbindungen der Polnischen Nation zur Zeit seiner Vorfahren erhob, treffende Beyspiele vom Schaden der Kirchenverfolgungen darlegte, und die toleranten Maasregeln einiger Römisch-catholischen Potentaten ruhmwürdig hervor zog. Er kam insbesondre auf Danzig, und legte ein Päpstliches Privilegium auf, kraft dessen die Danziger durch ganz Italien ihres Glaubens wegen unangefochten seyn sollen, und welches damals der Länge nach in der Landbotenstube ist gelesen worden. In Wahrheit hatte Papst Clemens der Achte, als die Danziger seine Staaten, zur Zeit einer großen Getreydetheurung, durch Zufuhr auf Genua, Livorno und Civitavecchia, reichlich mit Polnischem Korn versehen hatten, zur Erkenntlichkeit dafür, im J. 1593 ein Privilegium ertheilet, womit den Danzigern, nebst der Zollfreyheit und einem sichern Aufenthalt in allen päpstlichen Landen, auch durch ganz Italien eine unverletzbare Religions- und Gewissensfreyheit zuerkannt wird. Ein fast ähnliches Privilegium hat Danzig im J. 1597 vom Doge zu Venedig Marino Grimani bekommen, und mindestens ist bey auswärtigen Mächten so wol, als im Anblick der Krone Polen, Danzigs Staats- und Religionsfreyheit, damals in gröſſerm Werth und Ansehen gewesen, als sich in neuern Zeiten, gleich starke Zeugnisse davon antreffen laſſen.

Eine Sorgfalt, welche dieser Zeit ebenfalls Danzig in den Augen Europens beträchtlich erhielt, erstreckte sich immer mit vieler Aufmerksamkeit, über die Erhaltung und Ausbreitung des Seehandels. Die Dänischen Meeresstörungen hatten bald ohne sonderlichen Verlust wieder aufgehöret, mit Schweden war man bisher noch wichtigen Verwickelungen entgangen, und hatte vielmehr wiederholte Versprechungen einer freyen Schiffahrt bekommen, der fremde Salzhandel wurde Polnischerseits nun freyer gelassen, und Spanien war aus eigner Bewegung geneigt, das Commerz mit Preussen zu vergrößern; aber bey dem allen war Danzig noch sehr daran gelegen, der fruchtbaren Handlung mit England wiederum mächtig zu werden, und hauptsächlich die Engländer aus Elbing mit dorten aufzuhebender Gesellschaft an sich zu ziehen. Das Interesse des Königs von Polen war damit verknüpft, der Krone Großbritannien trat solches mindestens nicht entgegen, und es kam größtentheils auf den Vergleich an, wie sich Danzig mit den Englischen Kaufleuten würde einigen können. Hiezu nun wurden von Zeit zu Zeit die möglichst dienenden Maasregeln genommen. Bald nach den letzt gedachten Vorschlägen des Königs von Polen, kam wieder ein Königlicher Secretair Jacob Szepanski nach Danzig, und brachte unter andern Punkten die gerade Erklärung mit, daß die Aufhebung der Englischen Gesellschaft zu Elbing, am Hofe völlig beschlossen worden, weswegen Danzig eine Einrichtung treffen möchte, die Englischen Kaufleute bey sich aufzunehmen. So geneigt man sich hiezu gleich anfangs bezeigte, so sind doch einige Jahre verflossen, ehe es zu würklichen Tractaten darüber gekommen ist. Erst im J. 1622 haben sich drey Abgeordnete von der Eng-

1616.

lschen Compagnie hier eingefunden, sie haben einen Verstattungsbrief vom Großbrittannischen Hofe mitgebracht, und sind mit einer dazu ausgesetzten Deputation, zu Danzig in Unterhandlung getreten. Auf freye Residenz und eigenen Heerd oder Wohnung, auf freyes Religionsexercitium mit Haltung eines eigenen Predigers, und auf bestimmte Handlungsfreyheiten, bezogen sich die zehn Hauptpunkte welche sie vorgelegt haben. Unterdessen sind noch verschiedene Schwierigkeiten eingetreten, wodurch das Geschäfte ist verzögert worden. Die Engländer haben schon Miene gemacht, sich nach Stettin oder Königsberg zu begeben, und ihr Agent Franz Gordon hat im J. 1626 einige Bitterkeiten wegen Vernachläßigung der Englischen Nation einfliessen lassen. Endlich ist im J. 1627 ein Schluß der Ordnungen in Danzig zu ihrer Aufnahme gemacht worden, und das Jahr darauf wurde es so gar zu einer Polnischen Reichs-Constitution, daß die Englische Handlungsgesellschaft in Elbing und in allen Preussischen Städten aufgehoben seyn, und nach Danzig verlegt werden sollte, damit alle Englische und überseeische Tücher bey Strafe der Confiscation, nur durch den Danziger Hafen nach Polen geführt, und von der Stadt Danzig gestempelt würden.

Dennoch ist das Vergleichsgeschäft allererst im J. 1631 zu Stande gebracht worden. Der dazu herüber gekommene Großbrittannische Gesandte Theophilus Eaton war mit der Tuchsiegelung unzufrieden gewesen, hatte auch darüber die

Ehrengeschenke von der Stadt zurück gewiesen, und den Tractat fast zwey Jahre lang unterbrochen. Endlich aber ist derselbe mit folgenden Hauptpunkten geschlossen: Vorerst wurde die Anerkennung der Obrigkeitlichen Gerichtsbarkeit in bürgerlichen Händeln und Criminalfällen bestimmet, außergerichtliche Handlungs- und Hausangelegenheiten der Englischen Gesellschafter aber, zur Erkenntnis der Residenz vorbehalten; der Director und der Secretair der Societät bekamen eine bequeme Wohnung unentgeldlich, und von allen Auflagen befreyet; die Taxation der Englischen Tücher blieb den Pfalherren mit Zuziehung der Gesellschaft, und nicht höher als auf zwey Procent überlassen; freye Handlung ward den Englischen Kaufleuten drey mal im Jahre zugestanden, zehn Tage lang auf Pfingsten, auf Laurentii und auf Martini; Ströme und Wege frey zu befahren, ward der Compagnie nicht verstattet; Eigen Feuer und Heerd zu halten ward nur den Verheyratheten erlaubet; zur Abtragung des hundertsten Pfennigs wurden die Engländer von eignem Vermögen, nicht von committirten Gütern verpflichtet; und zur Zahlung des Zehnten, von ausgehender Verlassenschaft eines Verstorbenen, nicht wegen veränderten Wohnsitzes; die Erbschaftsmasse eines Verstorbenen sollte in Gewahrsam des Burggrafen und des Raths bleiben, Commissionsgut aber gegen sichere Documente oder Bürgschaft den Eignern verabfolget werden; die Königlichen Schiffe sollten nicht mit Arrest belegt, und mit der Tuchsiegelung dergestalt verfahren werden, daß selbige mit Vorwissen des Societätsdeputirten, und im Fall er solches nicht absagte oder versäumte, in dessen Beyseyn geschehen müßte. Dieser Vergleich ist auf eine Zeit von vier Jahren, mit vorbehaltener Ratification vom Großbrittannischen Hofe festgestellt worden: es hat aber schon im J. 1633 der Englische Gesandte Eaton als Deputirter der Compagnie, auf eine ausgedehntere Freyheit derselben hieselbst angetragen, und achtzehn Punkte übergeben, worin theils der Religions- und Englischen-Kirchen-Freyheit, theils einer völlig uneingeschränkten Handlung mit Cassation der Tuchsiegelung, und mehrerer Immunitäten wegen, Forderungen enthalten waren. Man hat sich zwar von Danziger Seite, auf ein näheres Erklärungs- und Moderationsgeschäfte darüber einlassen wollen, weil aber die Ordnungen nicht blos zur Pluralität darin einstimmig geworden, man auch insonderheit nicht die verlangte Versicherung bekommen hat, daß die ganze Englische Residenz in Preussen, hieher transferirt werden würde; so ist die Negotiation abgebrochen, und nicht weiter fortgesetzt worden.

Fünftes Capitel.

Aussichten des Schwedischen Krieges — Vertheydigungsanstalten in Danzig — der Königliche Polnische Hof kommt
nach Danzig — und zugleich Gustav Adolph auf die Danziger Rhede — Danzigs Unterhandlung mit dem Könige von
Schweden — wozu die Kronsenatoren beytreten — Danzig giebt eine Freundschaftsversicherung an Schweden —
Abreise der Königlichen Herrschaften — Gustav Adolphs
vorgeschriebene Neutralitätsformel an Danzig — Erneuerung des Schwedischen Krieges — Gustav Adolph unterstützt den Spiringschen Rechtsstreit gegen Danzig —
Ausbruch des Krieges in Preussen — Danzig wird für
feindlich erkläret — Danzig sorgt für die Herstellung des
Seehandels — die Schiffahrt auf Danzig wird frey gegeben — Danziger Tapferkeit bey der Käsemarker Schanze — die Erkenntlichkeit an Danzig wird in Polen beherzigt — auf dem Reichstage zuerkannte Gratificationen — fortgesetzte Kriegsunternehmungen — Waffenstillstand — Danzigs Separatvergleich mit Schweden.

Mit dem Schwedischen Kriege sahe es nach der
Thronbesteigung des jungen und heldenmüthigen
Königs Gustav Adolph, noch zweifelhaft aus.
Ein zu Stettin versuchtes Friedensgeschäfte hatte
keinen Fortgang gehabt, und bald darauf ließ
König Sigismund sich durch die Vorschläge eines
Oesterreichschen Grafen von Althan verleiten, unter der Hand Anstalten zur Eroberung des Schwedischen Reichs vorzukehren. Danzig bekam hieben
den Befehl, die während dem Stillstande wieder
vor sich gegangene Handlung mit Schweden aufzuheben, und alle von dort kommende Schiffe mit
Arrest zu belegen, allein die Stadt machte Gegenvorstellungen, wodurch sie sich noch bey ihrer Com-

1617.

merzfreyheit erhielt. Auch das Vorhaben auf Schweden ging gänzlich zurück, weil die Althanschen Entwürfe zu seicht waren. Inzwischen hatten dieselben dem Könige eine Erneuerung der Schwedischen Feindseligkeiten in Liefland zugezogen, die erst im folgenden Jahre wieder durch einen zweyjährigen Waffenstillstand gehoben wurden. Es trat auch um diese Zeit eine Pest ein, 1618. welche noch etliche Jahre später, sich an verschiedenen Orten im Lande hervorgethan hat, und Danzig hat davon im J. 1620 einen Unterschied von 1620. 9600 Gestorbenen, gegen die Anzahl der Gebohrnen gehabt. Hienächst nahm doch die Besorgnis täglich mehr zu, daß es nach abgelaufenem Stillstande, mit Schweden zum Bruch kommen würde. Die Schwedischen Zurüstungen zu Wasser liessen eine Landung auf Preussen befürchten; der Woywod von Pommerellen ward demnach beordert, Truppen zur Beschützung des Seestrandes anzuwerben, und obgleich die Stadt Danzig aus dem Schwedischen Lager bey Elfsnab wiederholte Versprechungen empfing, in der Neutralitätssicher- 1621. heit gelassen zu werden, so suchte man sich hier doch bey Zeiten in bessere Defensionsverfassung zu setzen. Die Besatzung so zur Zeit nur schwach gewesen, wurde in kurzem mit etlichen hundert Mann vermehret, und in der Stadt so wol als an der Festung Weichselmünde ist für Verbesserung der Fortificationswerke, und für Unterstützung und Erweiterung der Wallarbeiter gesorgt worden. Eben in dieser Zeit hat man auch angefangen, den

Diſtrikt von Langgarten m) nebſt der Kirche St. Barbara, und die Niederſtadt, ſo vor ihrer Erbauung die Schweinwieſe genannt geweſen, mit Wällen und Mauern zu umziehen, und unter dem Namen der Neuſtadt n) mit der Rechten Stadt zu verknüpfen, woran denn der größte Theil der Feſtungsarbeit ſchon bis ins J. 1626 iſt zu Stande gebracht worden.

Guſtav Adolph hatte alle Sicherheit an Danzig verſprochen, wenn ihm angelobt würde, daß im Danziger Hafen keine Kriegsſchiffe ausgerüſtet, noch aus demſelben wider das Schwediſche Reich einige Unternehmungen gemacht werden ſollten. Hierauf gab jetzo die Stadt ihre Erklärung, daß ihr von keiner Kriegesrüſtung gegen die Krone Schweden etwas bekannt wäre, und daß ſie in ihrem Hafen alles was dem freyen Seehandel eine Störung verurſachen könnte, ſorgfältig abzuwenden bemühet ſeyn würde. Nun nahm zwar der Liefländiſche Krieg aufs neue einen Anfang, aber er wurde nach Schwediſcher Einnahme der Stadt Riga, abermals durch einen zweyjährigen Waffenſtillſtand gehemmet; und alſo blieb noch die Furcht

1622. für weiter um ſich greifenden Feindſeligkeiten ent-

---

m) Nur ein kleiner Theil dieſes Diſtrikts iſt abgeſchnitten, und außer den Mauern ſtehen geblieben, der deshalb noch heutiges Tages der Kneipab heiſſet.

n) Vermuthlich hat auch damals die heutige Rechtſtädtſche Vorſtadt, ſo ehedem die Neuſtadt geheiſſen, dieſen Namen verloren, weil aus obbeſagtem Diſtrikt abermals eine Neuſtadt erwachſen iſt.

fernet. Im folgenden Jahre wurde der Polnische Reichstag ruhig gehalten, weil aber nach Endigung desselben, der König sich unter dem Namen einer Lustreise nach Preußen verfügte, so gab solches zu unterschiedenen Urtheilen Anlaß, die wenigstens beym Könige von Schweden, einen Argwohn gegen die Absichten des Polnischen Hofes erweckten. König Sigismund kam unterdessen mit der Königin, dem Prinzen Wladislav und einer zahlreichen Hofstatt nach Danzig, und hielt hieselbst unter den solennen Ehrenbezeugungen der Stadt, einen prachtvollen Einzug. Zu gleicher Zeit aber lag schon eine Schwedische Flotte von zwanzig Schiffen auf der Danziger Rhede, mit denen Gustav Adolph in Person herüber gekommen war, und einen Forderungsbrief an die Stadt einschickte, sich deutlich zu erklären, daß sie, so lange der Stillstand währte, keine Hostilitäten wider Schweden aus ihrem Hafen gestatten würde.

1623.
2 Jul.

Es war gedachtes Schreiben eigentlich die Folge von einem frühern, das der König von Schweden im April an Danzig abgelassen, und die Anfrage erneuert hatte, ob er von hieraus Feindseligkeiten zu besorgen hätte. Nun hatte man sich zwar mit der ehedem vorgeschützten Unwissenheit aller Kriegsunternehmungen entschuldiget, auch nicht weiter als der gedachten Lustreise des Königs von Polen Erwähnung thun können: weil aber schon damals die Nachrichten laut waren, daß der König Befehl ertheilt hätte, bey Putzig Kriegsvolk zusammen zu ziehen, Matrosen zu pressen und

Schiffe zu bemannen, auch die bey Danzig vorhandenen Kauffardey-Schiffe in Beschlag zu nehmen; so hatte sich Gustav mit der empfangenen Antwort um so viel weniger zufrieden gegeben, und sandte jetzo mit dem an die Stadt geschickten Trompeter, zugleich einen Brief an die gegenwärtigen Kronsenatoren, um einer categorischen Erklärung gewisser zu werden. Hienächst ließ er, noch ehe ein Bescheid erfolgte, zwey nach Spanien bestimmte Danziger Schiffe anhalten, weswegen der hiesige Magistrat die Abschickung des Stadtsecretairs Wenzel Mittendorf mit einer Antwort beschleunigte. Dieselbe enthielt zwar blos eine Wiederholung der vorigen Declarationen, wogegen der König von Schweden beharrlich eine feste Versicherung verlangte; doch bezeigte er sich gegen den Secretair überaus huldreich, und ließ durch ihn an den König Sigismund und die Königliche Familie so wol, als an den Rath zu Danzig einen Gruß abstatten. Der Secretair mußte sich bald nach seiner Zurückkunft, zum zweytenmal zur Schwedischen Flotte verfügen; er nähm nun die Entschuldigung mit, daß es dem Rath nicht zustehe, die Absichten so der König von Polen mit dem angeworbenen Kriegsvolk haben möchte, auszuforschen, bey allen Muthmaßungen aber würde man in Danzig nichts unterlassen, was mit unverbrüchlicher Haltung des Stillstandes, das gute Vernehmen mit der Krone Schweden befördern könnte. Uebrigens hatte der Secretair von der Königlichen Familie den Auftrag, das Gegencompliment

an

an den König Gustav zu überbringen, und im Namen der Stadt präsentirte er Demselben einige mitgeschickte Erfrischungen. Indessen blieb Gustav Adolph noch unzufrieden, und bestand auf seinem Begehren; er drohte auch die aufgebrachten Schiffe nach Calmar zu führen, und zehn seiner Kriegsschiffe im Hafen zu lassen; doch beschenkte er den Secretair mit einer goldnen Kette, und ließ hundert Thaler an dessen Begleitung austheilen. Einige Tage später setzten die Polnischen Senatoren dieses Geschäfte fort, indem sie den Königlichen Secretair Golinski an die auf der Flotte befindlichen Schwedischen Reichsräthe schickten, und eine nähere Erklärung gegen einander zu vermitteln sich Mühe gaben. Solches hatte aber wenigen Fortgang; vielmehr wurde die Handlungsfahrt aufs neue gestöret, da die Flotte sechs Danziger Schiffe anhielt. Die Stadt befand demnach für nothwendig, ihren König um die Erlaubniß zu bitten, daß sie an Gustav Adolph die von ihm verlangte Versicherung thun könnte; und als hiezu mit Königlicher Genehmigung ein Formular war abgefaßt worden, so erging, nach bereits geschehener Abreise des Königs von Schweden, an den Unteradmiral Nicolaus Sternschild, von Seiten der Stadt die Erklärung: Danzig nehme es über sich und verspreche, mit erfolgter Zustimmung des Polnischen Reichsraths, daß der getroffene Stillstand unverbrüchlich bis zu dessen Ausgang solle beobachtet werden, wofern Schwedischerseits keine Anreitzung zu ferneren Thätlichkeiten gegeben, die Danziger Schiffe frey gelassen, und die Seefahrten auf Danzig nicht weiter beunruhigt werden würden. Der Erfolg hievon war die ungesäumte Befreyung der aufgebrachten Schiffe, und kurz darauf auch die Abfahrt der Schwedischen Flotte an der Preussischen Seeküste. Nichts desto weniger hat sich Gustav Adolph, durch die Danziger Declaration noch nicht befriedigt gefunden, und bald nach der Zurückkunft des Admirals wurde in diesem Geschäfte von neuem ein Schwedischer Gesandte nach Danzig abgefertiget. Vor Ankunft desselben nahm der Polnische Hof seinen Rückweg, nachdem derselbe sechs Tage lang von der Stadt frey war bewirthet worden, und noch zwölf Tage seinen Aufenthalt verlängert hatte. Zum Abschiede erhielt die Königliche Herrschaft Ehrengeschenke an silbernen und vergulbeten Pocalen, worin dem Könige zwey tausend, der Königin funfzehn hundert, dem Prinzen Vladislav tausend: und der Prinzessin fünf hundert Ducaten überreichet, auch die gesammten Kron- und Hofbeamten reichlich von der Stadt beschenket wurden.

Nunmehr traf der geheime Hofrath Rasch ein, und brachte ein Formular zur Neutralitätserklärung nach Danzig, welches auf Verlangen des Königs von Schweden, unterschrieben und mit dem großen Stadtsiegel ausgefertiget werden sollte. Der Inhalt desselben war eine Angelobung der Stadt, „zur Zeit des Krieges und des Still-„standes zwischen den Königen von Polen und „Schweden, eine gänzliche Unpartheylichkeit zu

9 Juli

19 Juli

„brobachten; ihren Bürgern und Einsaßen kei-
„nen Dienst wider Schweden zu verstatten; dem
„Könige von Polen weder mit bewehrten noch mit
„unbewehrten Schiffen behülflich zu seyn, ihm auch
„den Beystand mit Matrosen, und den Beschlag
„fremder Schiffe zu versagen." Es ging allerdings sehr weit, wozu sich die Stadt hiemit verbindlich machen sollte, sie mußte demnach auf eine
Moderation bedacht seyn, und fertigte den Gesandten mit der Antwort ab, daß während dem
Stillstande aus ihrem Hafen nichts feindliches unternommen werden sollte, sie sich auch auf dem
nächsten Reichstage bemühen würde, ihren Hafen,
so lange der Krieg dauerte, von allen feindlichen
Zurüstungen frey zu erhalten. Gustav Adolph
aber ward damit nicht beruhigt, er wandte sich
noch an die Hansestädte, und Lübeck nebst Hamburg mußten an Danzig Verstellungen thun, nach
seinem Willen sich zu bequemen. Allein die Stadt
hatte zureichenden Grund, sich mit ihrer Pflicht
desfalls zu entschuldigen, worauf der König von
Schweden es sich vorbehielt, selbst solche Verfügungen zu machen, damit aus dem Danziger Hafen
seinem Reiche nichts widriges zustoßen könnte.

Was den König von Polen betraf, so ging derselbe von seinem Vorhaben nicht ab, sich mit fort-
gesetztem Kriege, des Schwedischen Reichs bemächtigen zu wollen. Neben vielen Schmeich-
lern von der Hofparthey aber, fanden sich auch
getreue Rathgeber, welche die Ueberlegenheit der
Schwedischen Macht einsahen, und ihm zur Ver-

1624

längerung des Waffenanstandes riethen. Weil nun Scheden die Hand dazu bot, so ward noch bis ins folgende Jahr, durch einen Vergleich im Schloß Dalen an der Liefländischen Gränze, die Ruhe erhalten. Auch der nächstjährige Reichstag zu Warschau bestätigte den Entschluß der Stände, den Schwedischen Krieg zu vermeiden; man legte Bedingungen vor, die alle Anstalten dazu erschwerten, es wurden nur geringe Summen zur Bestreitung der Rüstungskosten bewilliget, und der Senat nahm eine Unterhandlung an, welche die Schwedischen Reichsräthe aufs neue antragen liessen. Alles dieses hätte den polnischen Staaten den Frieden gewähret, und den König von seinem Vorsatze abhalten müssen, wenn Polen nicht selbst, mit der Abschickung seiner Gesandtschaft zur Friedensunterhandlung, gezögert hätte. Diese Langsamkeit aber und das kalte Betragen des Polnischen Hofes, beleidigten den König Gustav Adolph, der dessenungeachtet noch einen Termin von vier Wochen ansetzte, nach deren fruchtlosem Ablauf aber, die Kriegsoperationen mit vielem Vortheil in Liefland wiederum anfingen.

Kurz vor der Ablegung mit seiner Flotte nach Riga, schickte der König von Schweden ein Schreiben an Danzig, worin er die ehedem bedingte Neutralität nochmals anbot, aber auch eine Geldforderung dringend hinzusetzte, womit ein gewisser Spiring, wegen eines Erbschaftanspruchs, von der Stadt befriediget werden sollte. Dieser Peter Spiring war ein Tapetenmacher aus Delft, und hatte auf die Verlassenschaft eines gewissen Christian Dunst, der im J. 1614 zu Danzig gestorben war, nebst andern Miterben, die Gültigkeit seiner rechtlichen Erbansprüche erwiesen. Eben aber, als ihm die Erbschaft, welche über 15000 Ducaten betrug, zugesprochen werden sollte, so war vom Königlich Polnischen Hofe eine Einrede geschehen, aus dem Grunde, daß Dunst bey Lebzeiten sein ganzes Vermögen dem Könige von Polen geschenket hätte, weshalb die Erbschaft abgefordert, und der Spiringsche Proceß an das Königliche Hofgericht gezogen wurde. Spiring hatte nicht Muth bezeiget, mit dem Könige von Polen zu rechten, er hatte ein Contumazdecret über sich ergehen lassen, und die Dunstische Verlassenschaft war an den König ausgeliefert worden. Bald darauf aber war Spiring nach Schweden gegangen, um mit Hülfe des dortigen Hofes seine Schadloshaltung von der Stadt Danzig zu erzwingen. Seit dem J. 1620 hatte der König von Schweden dafür intercediren lassen, die Stadt Lübeck hatte schon einmal durch Fürsprache, eine deshalb bestimmt gewesene Arrestirung aller Danziger Schiffe in Schweden abgewandt, endlich aber war auf Michaelis 1624 ein Termin festgesetzt worden, auf welchen die Zahlung von der Stadt ohne fernere Widerrede erfolgen sollte. Weil nun dieser Forderung kein Genüge geschehen war, so waren die Danziger Schiffe sogleich in Schweden mit Arrest belegt worden, und nunmehr sollte Spiring auch die Macht haben, unter dem Namen der Repressalien, wider Danzig Caperey zu treiben, woferne nicht vor dem letzten Februar des J. 1626 dem Willen des Königs von Schweden, in allen vorgelegten Artikeln würde Folge geleistet werden o). Danzig konnte sich in der hierauf gegebenen Antwort, der verlangten Neutralität halber nicht näher als vormals erklären, und was die Spiringschen Ansprüche betraf, so glaubte die Stadt eine so gerechte Sache zu haben, daß sie ihr ferneres Schicksal darin mit Geduld abwarten wollte.

1626.
27 Jan.
Der Krieg in Preussen ward unter solchen Umständen als unvermeidlich betrachtet. Man machte dazu auf einem abermaligen Reichstage einige Gegenanstalten, es wurde auch auf den Preussischen Landtagen für die Vertheydigung im Lande, und für Unterstützung mit Gelde gesorget; aber die Polnische so wol als die Preussische Kriegsverfassung konnte nur für unbedeutend, gegen die Schwedische Macht zu Wasser und zu Lande angesehen werden. Gustav Adolph hatte in Liefland und Curland den Meister gespielet, mit den Litthauern

o) Spiring hat während dem Schwedischen Kriege den Danzigern vielen Schaden gethan: und obgleich die Repressalien im J. 1635 sind gehoben worden, der Polnische Hof auch die Befriedigung des Spiring und seiner Angehörigen über sich genommen hat, so sind diese doch fernerhin dem ganzen Lande Preussen, bey Einrichtung der widerrechtlichen Seezölle schädlich gewesen. Wegen der Duystischen Verlassenschaft sind die Spiringe im J. 1647 mit 168000 Gulden auf die Königlichen Schatzgelder in Preussen angewiesen worden, die man aber nicht im Lande bezahlet, sondern an den König selbst gegen Quittung entrichtet hat.

nach ein paar Schlachten, einen kurzen Waffenstillstand getroffen, und er schien nun seine ganze Absicht auf Preussen gerichtet zu haben. Spiring war durch eine Schwedische Commission zur Freybeuterey berechtiget worden; er kam als ein Vorbote auf die Danziger Rhede, und brachte in kurzem zwey Schiffe nach Nycöping auf. Bald hernach ging Gustav Adolph im Gefolge einer Flotte von vierzig Seegeln vor Pillau, landete daselbst, und bemächtigte sich der Festung sowol als des Hafens, den er mit zwey Schanzen versichern ließ. Er nöthigte ferner die Stände des Herzogthums Preussen, in Abwesenheit ihres Landesherrn, sich zur Neutralität zu erklären, rückte auch mitlerweile in Ermland ein, wo die Braunsberger gebrandschatzet, und der Dom zu Frauenburg geplündert wurden, und erhielt eine fast leichte Uebergabe von Elbing, welchem Beyspiel Marienburg, Dirschau und mehrere kleine Städte nachfolgten. Hierauf ließ er bey Dirschau ein Lager aufschlagen, und schrieb von dorther aufs neue an Danzig.

April

16 Jul.

Während gedachten Kriegsoperationen in Preussen, hatte schon der Schwedische Reichsadmiral Carl Carlson von Güldenhielm mit neun Kriegsschiffen den Danziger Hafen gesperret, für alle Kauffahrer einen Seezoll gleich dem Danziger Pfalgelde verordnet, nächst dem auch 400 Mann ausgesetzt, von denen das Kloster Oliva und die umliegenden Herrenhöfe geplündert worden, das Städtchen Putzig aber sich hatte ergeben müssen. Immittelst traf das Schreiben des Königs von

Schweden ein, worin Danzig nochmals einen Antrag der Neutralität mit völliger Handlungsfreyheit bekam, auch die Zollanmaßung entschuldigt, und nur die vorigen Bedingungen an die Stadt wiederholt waren, jedoch mit hinzugesetzter Bedrohung, im Fall des Widerstrebens feindlich gegen sie zu verfahren. Die Danziger suchten hierauf zwar durch ihren ins Lager geschickten Syndicus Johann Keckerbart sich vermittelst der vorigen Declarationen, einer näheren Verwickelung mit dem Könige von Schweden zu entziehen; allein es mußte zu einer genauern Negociation kommen, worin die Stadt vorerst nachgab, sieben bey ihr vorhandene Königlich-Polnische Schiffe abzutakeln, und fortzuschaffen, auch keine Werbung wider Schweden zu verstatten. Weil aber Gustav immer weitere Forderungen machte, Aufenthalt für seine Soldaten, Zufuhr ins Lager, auch Einschränkung der Garnison und des Fortificationsbaues von der Stadt verlangte, hierüber ein schriftliches Formular einschickte, und sich noch mündlich erklärte, daß er näher an die Stadt rücken, und den Bischofsberg besetzen würde; so konnte man unerachtet des kräftigst dabey versprochenen Schutzes, dergleichen Zumuthungen nicht annehmen. Als demnach der Schwedische Hofmarschall Dietrich von Falkenberg zur Beendigung dieses Geschäftes, mit dem Character eines Gesandten in die Stadt kam, so hielten die dazu deputirte Herren, welche nebst dem präsidirenden Burgermeister Arnold von Holten, die Rathsherren George

Rosenberg and Matthias Werdermann waren, mit ihm noch unterschiedene Beredungen: mußten aber zuletzt die Tractaten abbrechen, wozu die Schwedische Besetzung des Weichselhaupts sowol, als eine vorgängig verlangte Entschädigung wegen aller schon an Danzig verübten Feindseligkeiten, zum nächsten Verwand gebraucht wurden.

Vermöge dieses Bruchs, ließ Gustav Adolph die Danziger in seinem Lager öffentlich für Feinde erklären, und an neun bey der Olive weggenommenen Danziger Frachtwagen, imgleichen in den Dorfschaften der Stadt, wurden die ersten Gewaltthätigkeiten bewiesen. Indessen versagten der Culmische Adel sowol als die Stadt Thorn fast in gleicher Art, die angebotene Neutralität; Gustav aber wollte seinen Besitz im Lande Preussen behaupten. Er ließ das Danziger Haupt und die Stadt Dirschau befestigen, nahm den Elbingern die Huldigung ab, besetzte Stargard, und schenkte das ausgeplünderte Kloster Pelplin seinem Stallmeister Axel Banner. Ferner brandschatzte er im Danziger Werder, und ließ nebst hundert Lasten Haber, von jeder Hufe Landes funfzig Thaler, in allem 70000 Reichsthaler an Gelde abfordern. Hiebey verlor Danzig auch hundert Reuter, und zwey hundert Mann Fußvolk, die aufs Grebiner Schloß zur Deckung gelegt waren, sich aber nach einer kurzen Gegenwehr als Kriegsgefangene ergaben. Alle Schwedische Progressen hatten bisher nur geringen Widerstand im Lande gefunden; die Preussische Ritterschaft versammelte sich noch

14 Aug.

unter Graudenz, und nun erst kam der König von Polen mit 4000 Mann Truppen, und einem Corps Kosaken herüber, und conjungirte sich mit den Preußen. Dieser Anmarsch ersparte dem Fort Weichselmünde eine Schwedische Attaque. Sigismund fing an, Mewe zu belagern, Gustav eilte demnach zum Entsatz hin, es kam zu einer hartnäckigen Action, die Schweden aber siegten, und befreyten nicht nur Mewe, sondern bemeisterten sich auch einer Schifsbrücke, welche die Polen zur Communication mit Ermland und dem Stumschen Gebiete, über die Weichsel geschlagen hatten. Beyde Königliche Läger kamen nun zwey Meilen auseinander, unweit Dirschau zu stehen, und Polnischerseits wurden Friedensvorschläge gemacht, die aber der König von Schweden nicht eingehen wollte. Dieser verlegte darauf seine Armee in die Winterquartiere, und ging nach Stockholm zurück, wogegen der König von Polen seinen Weg über Danzig nahm, um zu Thorn einen Reichstag zu halten. Noch während gedachtem Feldzuge war der Woywod von Culm Melchior Weyher nach Danzig gekommen, und hatte dem Rath einen Vorschlag gethan, den Schweden das Danziger Haupt wegzunehmen; er hatte darüber eine zeitlang mit einer Deputation des Raths negociiret, weil aber der Woywod allen Beystand hiezu allein von Danzig erwartet, und in allem Betracht, sich übergroße Hindernisse dagegen geäußert hatten, so war man schlüßig geworden, sich dieses Antrags durch eine Abfindung mit Proviant und Geschütz an den

Woywoden, ganz zu entledigen. In gleicher Art hat man den Castellan von Culm, Fabian Czema befriedigt, als derselbe im Namen des Königs, zur Eroberung der Hauptschanze eine neue Aufforderung gethan, aber auch eben so unkräftige Mittel in Vorschlag gebracht, und sich zuletzt mit Geschenken an Geschütz und Ammunition, von der Stadt hat abweisen lassen.

Der Thorner Reichstag so wol als die damit verknüpften Landtage in Preußen, beschäftigten sich mehrentheils mit Klagen über die Unvermögenheit des Landes, und mit Anordnung einiger besseren Kriegsanstalten. Danzigs wurde dabey in Ehren gedacht, und weil man dieser Stadt, für ihr Verhalten gegen den König und das Reich, öffentlich dankte, so nahmen ihre Abgeordneten dieser Gelegenheit wahr, in einer übergebenen Schrift, um die Zusicherung einiger bisher bestrittenen Vorrechte und Vortheile zu bitten. Ihr erstes Ansuchen ging auf einen Geldzuschub während des Krieges, der um so viel nöthiger war, weil außer den übrigen Defensionskosten, zur Besatzung allein, die man jetzt auf 5000 Mann rechnete, jährlich beynahe eine Million Gulden erforderlich war. Hienächst begehrten sie ein ausschließendes Recht zur Exportation der Polnischen und Litthauischen Producten, die Anerkennung einer ungekränkten Criminaljurisdiction über den Adel, und eine Moderation der Polnischen und Litthauischen Zölle. Man ließ sich auch die Berathschlagung über diese Anliegen gefallen, allein Danzig sowol als Thorn, (so gleiches Lob für sich hatte), wurden zur nähern Erklärung auf den folgenden Reichstag vertröstet. Uebrigens sind die Schweden, den Winter über, durch Streifereyen aus dem Polnischen Lager, nicht wenig in ihren Quartieren beunruhiget worden; sie verloren auch Wormdit im Ermlande, Dirschau aber wurde vergeblich angegriffen, und die Danziger Ländereyen waren eben so wol den Thätlichkeiten der Polnischen Truppen als den Devastationen der Schweden ausgesetzet, welche letztere auch im Werderschen Dorfe Großzünder ein Commando von vierzig Soldaten angriffen, und gute Beute nebst einigen Gefangenen wegführten. Gleichen Verlust hatten die Danziger bey Putzig, wohin ihr Capitain Appelmann detaschirt worden, das Städtchen zu überrumpeln, er wurde aber von den Schweden zurückgetrieben, und mußte einige Mannschaft dabey einbüßen.

Die Danziger Bürgerschaft empfand insonderheit der gesperrten Handlung wegen die Belästigungen des Krieges, und deshalb sollte der Winter genutzt werden, um sich durch fremde Intercession darin freyer zu machen. Man ging zuerst an die vornehmsten Städte des Hansebundes; diese thaten auch eine Vorstellung beym Könige von Schweden, die mit den Rechten ihrer eignen Commerzfreyheit unterstützt war; Gustav Adolph aber ließ ihnen antworten, daß sie die Polnischen Producten und die Waaren aus Preussen, von Königsberg und durchs frische Haf abholen könnten, oder wegen des Zolls im Danziger Hafen mit ihm einen Vergleich treffen müßten. Auf eine von Danzig verlangte Unterstützung mit Gelde, und eine nähere Friedensbeförderung hatten die Hansestädte keine Erklärung gegeben; man wandte sich zu dem Ende an die Staaten der Vereinigten Niederlande. Auf eigne Veranlassung des Königs von Polen, wurde der Danziger Secretair Greger Kammermann nach Holland geschicket, die Generalstaaten um eine Friedensvermittelung beym Könige von Schweden, oder in deren Entstehung, um eine engere Allianz mit der Krone Polen zu bitten. Die Antwort hierauf war so erwünscht, daß nicht nur zur Beförderung des Friedens, Gesandtschaften an beyde Könige versprochen wurden, sondern auch Danzig eine specielle Versicherung der Freundschaft erhielt. Inzwischen wurde die Handlungslage der Stadt noch mehr verschlimmert, weil eine hier vom Könige von Polen angesetzte Schiffscommission die Anordnung gemacht hatte, alle fremde Schiffe ohne Unterschied als gute Prisen aufbringen zu lassen. Danzig bekam dadurch ohne Verschulden, mit den Seemächten Verdruß, und obgleich dem Könige der daraus erwachsende Schaden aufs deutlichste vorgestellet wurde, so war doch alles Flehen vergebens, und die Commission schaltete nach Gutdünken.

1627.
Febr.

Mit Eintritt des Frühlings wurde Putzig von den Polen wieder erobert, wozu Danzig mit schwerem Geschütz, Ammunition und einiger Mannschaft Beystand gethan hat; aber ein jetzt versuchtes Unternehmen der Danziger auf die Schanze beym

24 März

May

Haupt schlug unglücklich aus, denn der Schwedische Feldmarschall Wrangel eilte von Marienburg mit sechs hundert Mann zum Entsatz, und nöthigte die Danziger den Rückweg zu nehmen, wobey sie funfzig Mann, drey Kanonen und einiges Kriegsgeräthe verloren. Mitlerweile hatte der Churfürst von Brandenburg, bey seiner Ankunft in Preussen, sich für Polen erkläret; kaum aber war Gustav Adolph vor Pillau zurück gekommen, so drung er dem Churfürsten durch einen neuen Vertrag die Neutralität auf. Er setzte auch frische Truppen in der Nehrung aus, machte Anstalten sein altes Lager zu beziehen, und gedachte die Danziger Schanzen bey Käsemark zu überrumpeln. Sechs hundert Mann Schweden fuhren dazu auf 18 Scheerböten vom Haupte die Weichsel herunter, und waren schon unter den Kanonen der Schanzen, aber das Geräusche der Ruder erweckte die Besatzung, und es kam zum scharfen Feuer, worin König Gustav selbst mit einer Musquetenkugel verwundet, ein junger Graf von Thurn durch den Arm geschossen, auch viele Officiere und Gemeine getödtet, und mit völlig zernichtetem Anschlage, einige Gefangene nach Danzig gebracht wurden.

Die auswärtigen Mächte hatten endlich den König von Schweden bewogen, die Schiffahrt auf Danzig wieder frey zu verstatten. Sein Admiral ließ solches der Stadt, doch mit Vorbehalt des Schwedischen Seezolls, durch einen Trompeter bekannt machen, und zu gleicher Zeit gab der König von Polen seiner Schiffscommission den Befehl, die in Beschlag genommenen Schiffe los zu laſſen, und ſich der freyen Fahrt wegen zu reverſiren. Kurz darauf kam auch der Zuſage nach, die Holländiſche Geſandſchaft nach Preußen. *p*) Sie wollte zwar bey Danzig einlaufen, aber der Schwediſche Admiral bewog ſie bey Pillau die Anker zu werfen, von wo ſie ſich nach Elbing verfügte, und von dort durchs Schwediſche und durchs Polniſche Lager, nach Danzig zurück kam. Nach einigen Conferenzen mit dem Rath der Stadt, reiſeten die Geſandten nach Warſchau, woſelbſt eine Friedensnegociation zwar eröfnet, aber durch die erſte Antwort des Königs von Polen wenig begünſtiget wurde, welches man der Ankunft eines Spaniſchen Geſandten, und der Hofnung zur Oeſterreichiſchen Hülfe beymeſſen wollte. Der Krieg behielt demnach ſeinen Fortgang: die Polen wurden aus Ermland zurück getrieben, wobey Guſtav Adolph Braunsberg und Mehlſack größtentheils einäſcherte: dagegen bemächtigte ſich der Polniſche Unterfeldherr der Stadt Meve, Guſtav aber rückte zum zweyten mal ins Danziger Werder vor die Schanzen bey Käſemark. Hier wurden nun die Polniſche und Danziger Truppen, weil der General Potocki mit dem Entſatz ausblieb, dergeſtalt in die Enge getrieben, daß ſie ſich

30 May

Jul.

---

p) In derſelben befanden ſich Rochus von den Honaert, Mitglied des hohen Raths von Holland, Seeland und Friesland, Andreas Bicker, Burgermeiſter von Amſterdam, und Simon von Beaumont, Rathspenſionair der Stadt Middelburg.

entweder ergeben oder durchschlagen mußten. Der Danziger Obriste Franz Liesemann, unter dessen Commando die Besatzung gestanden, wählte das letztere; er kam selbst dermaßen ins Gedränge, daß er mit dem Grafen von Thurn, anderthalb Stunden zur Oefnung eines verschloßnen Weges fechten mußte, er schlug sich aber mit seiner Danziger Mannschaft glücklich ins Freye; dagegen verweilten sich die Polen mit Plünderung und Aufpackung ihrer Bagage, worauf sie gänzlich abgeschnitten, und mit dem Obristlieutenant Dönhof, dem Schottischen Major Aston, und mehreren Oberofficiers zu Gefangenen gemacht wurden. Man hat Polnischerseits dem Danziger Obristen von dieser Schlappe zwar alle Schuld beymessen wollen, allein er hat seine Unschuld mit angeführten Thatsachen und mit zwanzig Zeugen erwiesen; gleichwol da vom Könige selbst seine Dienstentlassung begehrt worden, so hat man ihn um seine Dimission anhalten lassen, und mit dem Zeugnis eines rühmlichen Verhaltens verabschiedet.

Mehrere unbedeutende Actionen, wie auch des Königs von Polen Zurückkunft nach Preussen, gaben den Holländischen Friedensgeschäften kein besseres Aussehen. Der Vorschlag eines Waffenstillstandes scheiterte eben so fruchtlos, und nun

Sept. ward der Reichstag in Warschau zu nähern Bestimmungen erwartet. Außer der dringend empfolnen Sorgfalt, für die allgemeine Nothdurft in Preussen, wurden hieselbst aufs neue die Verdienste Danzigs erhoben; es hatte schon in der vorigen

Ver-

Versammlung des Senats ein ungenannter Patriot eine Schrift vorgeleget, nach welcher die Stadt Danzig nicht nur in ihren Forderungen befriedigt werden, sondern auch die Ländereyen der schwedisch gewordenen Städte nebst der Curischen Nehrung bekommen, und ihren Magistratspersonen das Vorrecht zu Reichsämtern verliehen werden sollte, woferne sie der Evangelischen Religion entsagen, und den politischen Entwürfen der damaligen Hofparthey beytreten würden. Dergleichen Vorschläge nun hatten zwar eine zu schwache Grundlage, aber auch eine billige Erkenntlichkeit gegen die Städte wurde noch auf eine andre Zeit ausgesetzet, und Thorn nebst Danzig erhielten nichts mehr als einen Reichsschluß, zur Criminal-Jurisdiction in Verbrechen der Edelleute berechtigt zu seyn. Uebrigens wurden Commissarien zur Friedenshandlung ernennet, und man schlug die Dienste nicht aus, wozu sich der Churfürst von Brandenburg und der Fürst von Siebenbürgen dabey erboten hatten. Am wenigsten schien Gustav Adolph sich nach dem Frieden zu sehnen; er war in Preussen sowol als gegen Liefland im Vortheil, und die Preussischen Zölle ersetzten ihm die Kosten des Krieges. Jetzt eroberte er Wormdit und Gutstadt zurück, vertrug sich wieder mit dem wankend gewordenen Herzoge in Preussen, ließ seine Truppen in die Winterquartiere gehen, und reisete nach Schweden zurück. Etliche Wochen später wollte noch der Schwedische Feldmarschall Graf von Thurn, nach einigen Streifereyen in den Dan-

Oct.

ziger Dorfschaften, sich des Schottlands bemächtigen; allein das Dönhoffsche Regiment so hieselbst lag, wurde mit einer Compagnie aus Danzig verstärket, und die Schweden mußten ihr Vorhaben aufgeben. Noch glücklicher gelung die Seeexpedition von neun Polnischen Schiffen, gegen das Schwedische Unteradmiralsschiff, so nebst noch einem Kriegsschiff auf der Danziger Rhede lag, und vier andre bey Hela gelassen hatte. Gedachte zwey Schiffe wurden vor dem Hafen, von den Polnischen Schiffen umringet, und das Admiralsschiff nach einem hartnäckigen Gefechte erobert, das andre aber sprengte sich selbst in die Luft. Der Unteradmiral Sternschild büßte das Leben dabey ein, und Polnischer seits waren der Admiral Arend Dickmann und der Capitain Storch geblieben. Außer den Verwundeten, hat man sechs und sechzig Schweden gezählet, die beym Leichenbegängnis der gebliebenen Seeofficiers in Danzig, als Kriegsgefangene sind aufgeführt worden. Hiemit bekam zugleich König Sigismund einigen Ersatz für die fehlgeschlagene Hofnung, seine Schiffe mit einer Spanischen Flotte vereinigen zu können; denn die Hansestädte hatten klüglich die Ausrüstung einer Spanischen oder Oesterreichschen Flotte in der Ostsee verhindert, und alle sonst darin angewandte Bemühungen des Spanischen Hofes hatten nichts weiter gefruchtet, als die Entschuldigung beym Könige von Polen damit zu rechtfertigen.

28 Nov.

Eine Friedensconferenz, die im folgenden Jahre von der Holländischen Gesandschaft, mit Beytritt des Churfürsten von Brandenburg versucht wurde, bekam unter Formalitätseinwendungen einen abermaligen Aufschub. Der bevorstehende Reichstag sollte alle Hindernisse heben: allein sämmtliche Reichsstände beschlossen auf demselben die Fortsetzung des Schwedischen Krieges, sie bewilligten die nöthigen Geldanlagen, und die Gratification an Danzig wurde wieder in die Rathschläge gebracht. Die Abgeordneten dieser Stadt, der Burgermeister Valentin von Bodeck, der Rathsherr Constantin Ferber und der Syndicus Johann Keckerbart, bekamen dieses mal eine ehrenvolle Aufnahme in der Polnischen Landbotenstube, wohin sie sich verfügt hatten, um durch ihren Syndicus, in einer Anrede, die Nothdurft der Stadt vorstellen zu lassen. Es wurde darauf mit Constitutionen bekräftiget, daß Danzig, so lange der Krieg währte, von den Landescontributionen frey bleiben, die Englische Tuchstempelung ausschließlich bekommen, und nächst dem mit Aufhebung der Englischen Handlungsgesellschaft ihr zugewandten Vortheil, einen Geldzuschub von 500000 Gulden erhalten sollte.

Vor dem Reichstage war der König von Schweden mit einer Truppenverstärkung wieder nach Preussen gekommen. Seine Absichten auf eine Polnische Schanze gelungen ihm nicht, aber er plünderte Schöneck, und ließ von einer zwischen Danzig und der Münde aufgeworfenen Batterie, zwey Polnische Kriegsschiffe in Grund schießen. Er rückte darauf durchs Danziger Werder ins Culmische Gebiet, setzte Thorn in Furcht, und nahm das Schloß Engelsburg ein. Sein Feldmarschall belagerte nachher Mewe vergeblich, er aber beschloß diesen Feldzug mit Eroberung der kleinen Städte Neuburg und Strasburg, und ging von Pillau wieder in seine Staaten zurück. Obgleich nun Gustav Adolph unter diesen Kriegsoperationen nicht aller Bereitwilligkeit zum Frieden abgesagt, sondern nach völliger Rückreise der Holländischen Gesandten, seine Bedingungen dem Churfürsten von Brandenburg mitgetheilt hatte, so wurde doch Polnischerseits durch Zeitversäumnis sowol, als durch einen abermaligen Streit wegen der Titulatur, die eigentliche Negociation vereitelt, und wieder nach dem nächsten Reichstage verschoben.

Nov.

1629.
9 Jan.

Das neue Jahr wurde mit dieser Reichsversammlung angefangen, und auch hier siegte der Vorsatz den Krieg zu continuiren. Eine bisher in Polen unbekannte Art der Anlagen unter dem Namen der Rauchfangscontribution, wurde dazu bewilliget, wofür Preussen sich zu seiner gewöhnlichen Geldsteuer erklärte, und die Stadt Thorn so glücklich war, nach dem Beyspiel Danzigs, während diesem Kriege von allen Contributionen befreyet zu werden; mit der an Danzig zu zahlenden Geldsumme aber blieb es nur bey einem wiederholtem Versprechen. Hier meldete sich auch der Bischof von Cujavien wegen einer auf dem Bischofsberge von Danzig aufgeworfenen Schanze,

Vierter Abschnitt. Fünftes Capitel. 437

und reservirte sein Recht, dieselbe nach geendigtem Kriege schleifen zu lassen. Eine unglückliche Nachricht traf währendem Reichstage ein, daß der Feld-Marschall Wrangel die Polen bey Gorzno unweit Strasburg geschlagen hatte, und noch größere Besorgung verursachte der Anmarsch auf Thorn, Febr. der selbst die zu Warschau versammelten Stände in Furcht setzte. Durch die tapfere Vertheydigung der Thorner wurden sie davon befreyet; die Schweden mußten sich zurück ziehen, und Thorn hatte nur den Schaden, seine Vorstädte und einige Stadtdörfer durch Brand und Plünderung verzehret zu sehen. Indessen hatte dieser Vorfall die Folge, daß die Polnischen Reichsstände ihrem Könige die Uebernehmung Kayserlicher Hülfsvölker unter einigen Bedingungen zustanden. Dergestalt wurde, als eben der Churfürst von Brandenburg einen Waffenstillstand auf einige Monate zuwege gebracht hatte, ein Oesterreichsches Hülfskorps von 10000 Mann in Sold genommen; und bald nach Verlauf des Stillstandes kam es zu einem Treffen im Stumer Walde, worin bekanntlich Gustav Adolph in die Gefangenschaft eines Croaten gerieth, und durch Klugheit eines treuen Schwedischen Dragoners, aus der Freyheits- und Lebensgefahr errettet wurde. Die Schlacht selbst blieb beynahe unentschieden, und beyde Armeen setzten sich nach derselben in ihren Lagern gegeneinander zurechte. Von der Zeit an sind auch nur einige Scharmützel vorgefallen, Mangel und ansteckende Krankheiten haben den Eifer beyder strei- 26 Jun.

tenden Partheyen unterdrücket, und dieser Krieg
hat um so vielmehr sein Ende erreichet, als Frankreich und England würklich einen festen Stillstand
ins Werk gebracht haben.

Unweit Stum, auf dem Felde bey Altmark
wurde ein Waffenstillstand auf sechs Jahre geschlossen. Der Französische Gesandte, Baron von
Charnace, und der Großbrittannische Thomas
Roe, waren dazu durch vorzüglich mitwürkende
Bemühung des Churfürsten von Brandenburg,
nach Preussen geschickt worden, und die Hauptbedingungen wurden mit den Polnischen und Schwe-
26 Sept. dischen Commissarien in folgender Art verglichen;
daß ganz Liefland und ein Theil von Preussen, als
die Städte, Elbing, Braunsberg und Tollemit,
das Fischhausische und ein Stück vom großen Werder, imgleichen Pillau nebst dem District bis Stegen in der Danziger Nehrung, in Schwedischem
Besitz blieben; Marienburg nebst dem übrigen
Theil des Großen Werders, Stum und das Danziger Haupt bekam der Churfürst von Brandenburg in Sequester; alles sollte im Besitzstande ohne Veränderung bleiben; die Handlung zu Wasser
und zu Lande behielt ungehindert ihren Fortgang;
im Fall eines Angriffs während dem Stillstande,
verpflichtete sich das Herzogthum Preussen und
Danzig in Betreff Schwedens, dem angegriffenen Theil Beystand zu leisten. Auf dem nächst-
27 Nov. folgenden Reichstage zu Warschau, wurden diese
und alle übrige Vergleichsartikel genehmiget, so
sehr auch König Sigismund sich anfangs dawi-

Vierter Abschnitt. Fünftes Capitel.

der setzte, und die Hofparthey den Polnischen Bevollmächtigten deswegen Vorwürfe machte. Zuletzt aber reservirte sich Sigismund nur seine Rechte, wegen des an Gustav Adolph gegebenen Titels eines Königs von Schweden.

Danzig bekam auf gedachtem Reichstage nichts mehr, als ein erneuertes Versprechen der ausgemachten Geldsumme, und gleichermaassen wurde Thorn blos mit Worten, der Dankbarkeit des Königs versichert. Ein wichtiges Geschäfte aber stund noch mit Danzig bevor, weil man unterlassen hatte, wegen des Schwedischen Zolles, der vor dem Danziger Hafen erlegt wurde, sich in den Stillstandstractaten gehörig zu einigen. Der Französische Gesandte hatte zwar bey seiner Ankunft, Vorschläge von der Stadt zu wissen verlangt, auch dieselben umständlich vernommen, und die verbindlichen Ausdrücke, deren sich der König von Frankreich in dem Gesandschaftscreditiv an den Rath von Danzig bedient hatte, mußten die schmeichelhafteste Hofnung von seinem Beystande erweckt haben; allein der Englische Gesandte hatte sich sogleich offenherziger erkläret, und dem Rath überhaupt zu verstehen gegeben, daß es nöthig seyn würde, wegen des Seezolls und wegen der Stadtländereyen mit Schweden einen separirten Vertrag abzuschliessen. Letzteres mußte demnach, dieweil sich der Polnische Hof nach dem Reichstage der Sache nicht weiter annahm, nunmehr würklich geschehen. Eine Deputation aus allen Ordnungen welche den Burgermeister Eggert von

Kampen an der Spitze hatte, wurde nebst dem Syndicus nach Tiegenhof geschicket, wo durch Beförderung des Großbrittannischen Gesandten, mit den Schwedischen Commissarien, der Vergleich in folgenden Artikeln zu Stande kam. Die Handlung ward beyderseits frey und ungehindert, wie vor dem Kriege wieder hergestellt. Aufbewahrte Güter oder Schulden wurden beyderseits Eigner zurückzufordern berechtigt, mit Ausnahme dessen so im Kriege confiscirt oder verschenkt worden; der Seezoll bey Danzig sollte dem bey Pillau gleich seyn, und fünf auch ein halbes von Hundert betragen, davon die Schwedischen Zöllner im Hafen viertehalb, und die Danziger zwey Procent zu nehmen hätten; Danzig sollte keine Kriegsschiffe bauen oder ausrüsten, noch fremde kaufen und veräußern, oder zum Nachtheil der Krone Schweden, deren Ausrüstung verstatten; zuletzt wurde ein wechselseitiger Beystand versichert, im Fall dieser Vergleich sowol als der Waffenstillstand mit Polen, von irgend jemanden verletzt werden sollte.

1630.
28 Febr.

Sechstes Capitel.

Danzigs nachtheilige Lage während dem Stillstande — Erneuerte Landesgeschäfte wegen der Weichselfahrt — Absterben des Königs von Polen — Innrer Zustand der bürgerlichen Verfassung Danzigs — und des Protestantischen Kirchenwesens — Neue Einrichtungen, öffentliche Gebäude und Stiftungen in Danzig.

Solchergestalt war nun die erste Scene des Schwedischen Krieges in Preussen geschlossen; die Vortheile aber waren geringe, so das Land selbst damit gewann, und Danzig hatte vielleicht am eigentlichsten, obwol vergebens gezeiget, wie sehr ein auf kurze Zeit geschlossener Stillstand mit den Erholungen des Landes und der Städte in Widerspruch treten würde. Hiezu kam noch, daß ein beträchtlicher Theil der Provinz in fremdem Besitz blieb, und Danzig nicht nur die Occupation in der Nehrung, sondern auch den Fortgang des Schwedischen Seezolls zugeben mußte. Danzig konnte den erlittenen Schaden, und die gehabten Ausgaben nach Millionen berechnen; mit den ersparten Landescontributionen oder den zurückbehaltenen Malzaccisen, ließen sich diese Summen nicht aufwiegen; seit dem J. 1627 war daneben der hundertste Pfennig schon viermal abgetragen, auch zu Zeiten ein monatliches Hauptgeld auferlegt worden, außer den vielfältig erneuerten und veränderten Accisen und der Handlungszulage, um deren Abnahme und Administration wegen, sich in diesen Jahren viele Streitigkeiten unter den Ordnungen der Stadt hervorgethan haben. Hienächst wurden mit den versprochenen Tonnen Goldes an Danzig, von einem Reichstage zum andern nur Ausflüchte gemacht; einige Vergeltung zwar gab einer der letzteren Reichstagesschlüsse, daß aller Weichseltransport des Polnischen Korns vorjetzt allein auf Danzig verstattet seyn sollte; aber dagegen sind andre Hinderungen hervorgekommen, welche dem Danziger Handlungsinteresse nicht wenig Abbruch gethan haben. Die Allianz des Königs von Polen mit dem Kayserlichen Hofe, und insbesondre die Unterstützung, so der Kayser dadurch in der Ostsee gewinnen sollte, hatte Danzig in die Repressalien des Königs von Dänemark Christians des Vierten verwickelt. Derselbe ließ im J. 1629 der Stadt Bürger, Schiffe und Güter anhalten, und unerachtet die Unternehmungen der Polnischen Schifscommissarien, von Danzig weder gebilliget noch begünstiget würden, so ließ sich König Christian doch durch keine schriftliche Vorstellung davon abbringen, die Danziger als Polnische Unterthanen und als Alliirte des Kaysers mit dem er im Kriege lag, feindlich zu behandeln. Man hofte hernach mit einer eigenen Gesandschaft, in welcher der Rathsherr Czireberg mit dem Secretair Mittendorf an den Dänischen Hof abgeschickt wurde, seinen Zweck besser zu erreichen; allein die Confiscation der beschlagenen Danziger Schiffe und Güter ist damit nicht abgewandt worden, und alle Schiffe dieser Stadt waren ferner genöthiget, mit Erlegung des doppelten Sund-

Vierter Abschnitt. Sechstes Capitel.

zolls sich eine freye Fahrt zu verschaffen. Diese Beläst̄gung hat noch zehn Jahre lang fortgedauert, ehe Danzig sich durch anderweitige Erbietungen davon hat los machen können. Um so viel weniger konnten auch die Anträge des Spanischen Hofes Platz gewinnen, welche schon im J. 1627 der Spanische Agent Gabriel du Roy, und noch näher im J. 1629 der Baron von d'Auschi, als Gesandter in Polen, wegen des Etablissements einer Handlung mit Danzig wiederholt hatten. Es ließ sich weder ohne Zuziehung der übrigen Hansestädte, noch wegen des erneuerten Einverständnisses mit der Republik der Vereinigten Niederlande, eine feste Entschliessung dazu nehmen, und nun kamen noch von aussen neue Erschwerungen der Schiffahrt hinzu, womit also die Bedenklichkeiten wegen eines Commerzverkehrs mit Spanien, bis zur gänzlichen Zurücktretung davon, zunahmen.

Noch immer hatte Danzig auch den schlechten Zustand der Weichsel am Weissen Berge zum Augenmerk behalten. Schon im J. 1609 waren von dieser Stadt, zur Hemmung des starken Stroms im Nogatfluß zwey Mittel vorgeschlagen worden, entweder den Muntauschen Wald durchzugraben, oder die Kampe bey Mewe durchzustechen; allein beyde Vorschläge waren der Kosten wegen nicht angenommen. Im J. 1611 wurde ein mit grossem Schaden erfolgter Ausbruch des Nogats, dem Weichselgraben am Weissen Berge schuld gegeben; solches beschleunigte eine vom Könige erbetene Besichtigung, die Commission dazu hatte auch ihren Fortgang gehabt; weil aber weder die Provinz, noch die gesammten Städte zur vorzunehmenden Arbeit einen Beytrag bewilligten, sondern Elbing und Danzig die Kosten allein tragen sollten, so ist man hiemit in der Sache selbst noch nicht weiter gekommen. Dennoch ward im folgenden Jahre dieser Gegenstand wieder in Betrachtung gezogen, und Danzig übernahm zuletzt den Bau, um einem unüberwindlichen Schaden Einhalt zu thun, ließ sich auch nebst Elbing den Vorschuß der Kosten dazu gefallen, den fernerhin die Einbehaltung der Malzaccisen hat vergüten müssen. Den Zufluß der Borau in den Nogat, hat man nunmehr durch Häupter am Küchenwerder zu hindern gesucht; am Weissen Berge ist in der Weichsel ein Haupt von sechs Ruthen in die Breite geschlagen worden, den Schaden an der Muntauschen Spitze hat man ausbessern, und die am Maydeloch eingerammten Pfäle wieder ausziehen lassen, zu welcher Arbeit die Einsassen des Marienburger Werders wenigstens Strauch und Erde zugeführt haben. Nachdem diese Arbeit zum Stande gebracht worden, ist der Effect davon für den Arm der Danziger Weichsel unfehlbar beträchtlich gewesen. Der Nogat aber, so den oftmaligen Landesschlüssen gemäs, nur ein Drittel des Weichselwassers empfangen sollte, hat dadurch so sehr gelitten, daß er beynahe zur Schiffahrt untauglich geworden. Hierüber sind neue Klagen insonderheit von seiten der Elbinger entstanden, und bey der Durchreise des Königs im

Vreter Abschnitt. Sechstes Capitel. 445

J. 1623 sind die Beschwerden über die Danziger Direction dieses Wasserbaues, und die dadurch geschmälerte Fahrt auf Elbing, so laut geworden, daß der König eine neue Besichtigung und Untersuchung des Weichselzustandes am Weissen Berge hat versprechen müssen. Indessen sind bald darauf die Schwedischen Kriegsunruhen in Preussen eingefallen, welche einen Aufschub in dieser Sache verursachet haben.

Diese und mehrere Landesangelegenheiten, welche der Krieg gehemmt hatte, sollten nun während dem Stillstande, so viel es die Umstände erlaubten, mit erneuerter Sorgfalt in die Staats-Consultationen gebracht werden; sie wurden aber eines Theils durch andre von den Preussischen Ständen aufgeworfene Materien verdrungen, und eine noch mehr veränderte Richtung der Landesgeschäfte brachte der Tod des Königs mit sich, der im dritten Jahre des getroffenen Waffenstillstandes erfolgte. Sigismund der Dritte starb an einem Schlagfluß, eben als er in Bereitschaft war, das Leichenbegängnis seiner zweyten Gemalin celebriren zu lassen. Kurz vorher hatte er noch einen Reichstag gehalten, auf welchem nächst einigen Versorgungen in der Königlichen Familie, wenig erhebliches beschlossen wurde, außer daß die Polnischen Reichsstände aufs neue Anregung machten, sich um einen festen Frieden mit dem Könige von Schweden zu bewerben. An Danzig war auf dem vorgängigen Landtage in Preussen, weil die Stadt Elbing in Schwedischem Besitze war, die Anfer-

1632. 30 April.

tigung eines neuen Landessiegels, und die Bewahrung desselben anvertrauet worden; auf dem Reichstage hingegen war weder für Thorn, noch für Danzig, eine Befriedigung nach den ehemaligen Verheissungen zum Schluß gekommen, so sehr auch beyde Städte ihr Ansuchen deshalb zu erneuern waren berechtigt gewesen.

Was Danzigs innern Zustand angehet, so waren vermöge der Kriegsunruhen verschiedene Differenzen entstanden, welche die Rathschläge der Ordnungen nicht selten zwistig und schwierig gemacht hatten. Wegen der Haussäßigkeit oder des eignen Rauchhaltens der Fremden, wegen Verleyhung des Bürgerrechts, wegen Einrichtung und Administration der Bürgerzulage im Handlungsgewerbe q), und wegen mehrerer das Finanz- und Policeywesen der Stadt betreffenden Gegenstände, hatten sich größtentheils ungleiche Gesinnungen geäußert, welche den Drang der allgemeinen Stadtsbeschwerungen vermehrten. Oefters hatte der König deshalb Ermahnungen zur Eintracht ergehen lassen, und insonderheit im J. 1626 den Starosten von Brzesc Johann Lowicki, als seinen Legaten hieher geschicket, um allen Störungen der innerlichen Ruhe abzuhelfen. Dieser hatte den

---

q) Die Zulage in Danzig, ist eine eingeführte Abgabe von allen durch den Hafen ein- und ausgehenden Waaren und Gütern, welche als ein Hülfgeld zu Abtragung gemeiner Schulden und zu andern außerordentlichen Ausgaben der Stadt, von ihren bürgerlichen und commercirenden Einsassen erlegt wird. Sie ist der Stadt durch ein Königliches Privilegium vom J. 1454 bestätiget worden.

Auftrag gehabt, in Geistlichen und Weltlichen Sachen, die Mishelligkeiten unter der Bürgerschaft beyzulegen; er hatte zwölf die Regimentsverfassung der Stadt betreffende Punkte schriftlich eingegeben, deren Beobachtung der König, auf ergangenes Ansuchen der unzufriedenen Bürger, dem Rath einschärfen ließ, er hatte auch die specielle Beendigung zu Stande gebracht, mit welcher der Rath, die Gerichte und die dritte Ordnung, sich auf dem Rathhause endlich verbanden, zur Zeit dieses Kriegs, in der Treue gegen den König, standhaft und ungetrennt bey einander zu bleiben, und wozu ferner die gemeine Bürgerschaft Rottenweise aufs Rathhaus ist gefordert worden, um diese Verpflichtung ebenfalls mit Gut und Blut zu beschwören. Ju der Kirchendifferenz, welche noch immer zwischen den Lutheranern und Reformirten fortwährte, hatte der Königliche Legat gleichermaßen Befehle erhalten, die Gemüther beyder Partheyen zu besänftigen, und sie insgesammt in Religionssachen, auf den klaren Inhalt der Stadtprivilegien zu verweisen. Seit den letzt angeführten Ursachen, welche den Wachsthum der Reformirten Gemeinde in Danzig vermindert hatten, war es freylich nicht zu heftigen Ausbrüchen des Unfriedens gekommen, doch loderte das Feuer noch unter der Asche, und mit der geringsten Veranlassung ließ sich stets eine wieder aufsteigende Flamme desselben befürchten. Im J. 1619 war dergleichen Erneuerung des Haders entstanden, als die Reformirten, wie man glaubte, ein Königliches

Mandat zu ihrem Vortheil ausgebracht hatten, worin ihnen eine unbedingte Gleichheit mit den Lutheranern, in Ehrenstellen und Aemtern der Stadt zuerkannt wurde. Hierüber war ein hartnäckiger Vorzugs- und Rechtsstreit entstanden, der eine zweymalige Absendung vom Königlichen Hofe nach sich gezogen hatte, und womit sich dennoch nicht, die bittersten Animositäten beyder Partheyen gegen einander, haben vermindern lassen. Es ist dadurch selbst bis zur nahen Gefahr eines bürgerlichen Aufruhrs gebracht worden, und man hat sich nicht eher zufrieden gegeben, bis kraft einer Königlichen Erklärung, das oben erwähnte Mandat abgeschaffet, und das im J. 1612 gegen die Calvinisten in Danzig gegebene Mandat reassumirt ist. Uebrigens haben die nach der Zeit geführten Prediger-Controversen, welche gemeiniglich unter dem Namen der Rathmannischen Streitigkeiten in Danzig bekannt sind r), zwar Einfluß genug auf die Unterhaltung des Partheyzwistes, und eines mit blindem Religionseifer genährten Hasses gehabt, allein sie sind mindestens nicht bis zur Beeinträchtigung der öffentlichen Ruhe ausgetreten, und nach Rathmanns Tode (1628) ist durch

Zuthun

---

r) M Herrmann Rathmann, Diaconus an der Oberpfarrkirche zu St. Marien, gerieth mit dem Pastor an derselben Kirche D. Johann Corvinus in einen theologischen Streit, der zu langwierigen Debatten über mehrere Kirchensätze und Irrthümer in der Religionslehre, Gelegenheit gegeben hat. Hartknochs Kirchengesch. B. III. Cap. 8.

Dritter Abschnitt. Sechstes Capitel.

Zuthun einiger chriſtlichgeſinnten Religionsfreunde, ein Vertrag zwiſchen den Predigern in Danzig bewürkt worden, kraft deſſen man ſich alle Aeuſſerungen dieſer bisher ventilirten Streitpunkte völlig aufzuheben, und ſich einſtimmig an deren ſchriftlich beſtätigter Entſcheidung zu halten, anheiſchig gemacht hat. In dieſer Situation hatte auch der Königliche Legat die Evangeliſchen Kirchengemeinden in Danzig ziemlich beſänftigt verlaſſen. Bald darauf (1629) war der D. Schmidt oder Fabricius mit Tode abgegangen, nachdem er ſchon drey Jahre vorher, Alters und Schwachheit halber, einen Subſtituten im Predigtamt bekommen hatte; und nunmehr iſt im J. 1631 zum Rectorat am Gymnaſium ſo wol, als zum Predigtamt an der Trinitatiskirche, ein eifriger Lutheraner der D. Johann Botſacc beſtellet worden, ſeit deſſen Einführung, zugleich die Verordnung gemacht iſt, daß in gedachter Kirche die Lutheriſchen Religionsverwandten, und die Reformirten, ihren Gottesdienſt wechſelsweiſe halten ſollten, welches Simultaneum aber zwanzig Jahre ſpäter für die Reformirten völlig aufgehört hat.

So unleugbar es nun alle bisher erzählte Vorfälle beſtätigen, daß unter der langen und unruhvollen Regierung Sigismunds des Dritten, Danzig nebſt dem ganzen Lande, mannigfaltigen Bedrückungen unterworfen geweſen; ſo vielmehr Aufmerkſamkeit und Bewunderung verdienet es, daß ſelbſt in dieſen ſchweren Zeiten, es unſerer Stadt weder an Thätigkeit noch an Kräften gefehlt habe, theils viele außerordentliche Abgaben, Ehrengeschenke und Gratificationen zu bestreiten, theils auch nächst dem kostspieligen Fortificationsbau und andern nothwendigen Vertheydigungsanstalten zum Kriege, noch zu manchen nützlichen Einrichtungen, öffentlichen Gebäuden, und neuen Stiftungen, die baaren Fonds und Geldmittel herbey zu schaffen, ohne sich damit eine überwiegende Schuldenlast aufgebürdet zu haben. Eben in diesem Zeitraum ist das schon seit dem J. 1574 künstlich errichtete Wasserwerk, mit allen in der Erde unter dem Hohen Thore durchgelegten Röhren völlig zu Stande gebracht worden, vermittelst dessen die öffentlichen Brunnen in der Stadt sowol, als auch diejenigen so in den Hofplätzen vieler Privathäuser angelegt sind, mit immer fliessendem Wasser aus der Radaune versorgt werden. Im J. 1593 sind aus den Tempelburgschen *s*) Was-

---

s) Tempelburg (über Schiblitz gelegen, wo ehedem die Mühle gestanden) hat ein Privilegium des Teutschen Ordens, vom J. 1445 datiret, ist späterhin ein Adeliches Gut gewesen, und unter Sigismund dem Ersten an den Rathsherrn Gerhard Brandes in Danzig gekommen. Im J. 1582 haben acht an dem Besitz desselben theilhabende Danziger Häuser einen Familien-Vergleich getroffen, daß nach Abgang sämmtlicher acht Stämme, in männlichen und weiblichen Nachkommen, das Gut Tempelburg zum Besten kranker und preßhafter Personen in Danzig, unter Administration gegeben, aber nicht verkauft werden sollte. Dergestalt ist Tempelburg als ein Stammgut, und zwar auf den ältesten aus jedem Stamme bis zum J. 1726 vererbet worden. Nach Absterben des Rathsherrn George Friedrich Schrader aber, der die letzte Verwaltung davon geführt hat, haben weder dessen noch der übrigen Familien

serteichen, Röhren durch die Schidlitz gelegt worden, von dannen das Wasser durch Neugarten geführt ist, und nahe bey der Stadt sich in die Radaune ergiesset: auch ist im J. 1614 die gemauerte Brücke mit zwey Schwibbögen, bey der Wasserkunst über die Radaune gebauet, und im J. 1633 der eben so zierlich als künstlich von blauen Steinen verfertigte Springbrunnen, mit der Neptunus=Seule nebst andern Verzierungen von Erz, vor dem Artushofe aufgesetzt worden. Unweit dem Hohen Thore, wo sich die Lange Gasse endiget, ist im J. 1612 ein regelmäßig schönes Thor von ausgehauenen weissen Steinen erbauet, und mit einem Fallgegitter versehen, auch im J. 1626 das Neue oder Lege=Thor, an der südlichen Seite der Stadt, welches um der Steinarten so wol als der Architectur wegen, bey aller seiner Simplicität von Kennern geschätzt wird, errichtet, und zwey Jahre später das Werdersche oder Neue Thor, an der Ostseite der Stadt erbauet worden. Die Arbeit an den Festungswerken, hat man um Langgarten so wol als am Jacobsthore seit dem J. 1624 mit grossem Fleiß fortgesetzet; letzteres ist auch verschüttet und ein Bollwerk davor gelegt worden, wogegen einige Jahre später ein steinernes gewölbtes Thor mit einer davor liegenden Brücke

Erben, sich der Administration und dem Besitz des Gutes unterziehen wollen, sondern sie haben es insgesammt als ein deserirtes Gut dem Rath in Danzig angeboten, worauf nach erfolgten Vernehmen mit sämmtlichen Ordnungen, die Occupation desselben beschlossen, und die Verwaltung davon der Function des Stadt=Bauamts ist übertragen worden.

fertig gemacht ist. Unter den öffentlichen Gebäuden verdienet nächst der im J. 1619 gemachten Verbesserung und Erweiterung des Stadthofes, vorzüglich das große oder alte Zeughaus angemerket zu werden; welches von seiner edlen und starken Bauart so wol, als wegen der innern Einrichtung berühmt ist, deren sich schon die ersten Stifter desselben, unter welchen im J. 1605 vor andern die Burgermeistere Barthel Schachmann und Johann Speymann, s) nebst dem Rathsherrn Johann Proite genannt werden, verdienstvoll sollen angenommen haben. Es würde zu weitläuftig fallen, mehrerer mit Aufwand verknüpfter Meliorationen und Baureparaturen zu gedenken, welche an den Rathhäusern der Stadt, an der Großen Mühle, an dem Stock- oder Gefängniß-Hause, und an mehreren Stadtgebäuden, in diesen Jahren sind gemacht worden; nur ist noch das Zucht- und Arbeitshaus anzuzeigen, welches man im J. 1630 neu hat aufbauen lassen. Die erste Stiftung dieser Werksanstalt schreibet sich eigentlich aus dem Lazareth oder Pockenhause her, dessen Vorsteher im J. 1629 unfehlbar zum Nutzen des Hauses sowol, als um dem Müssiggang und der Betteley vieles unnützen Gesindels auf den Straßen zu steuern, dem Rath einen Vorschlag gethan haben, im Lazareth eine Werkstube anzulegen, worin dergleichen zur Arbeit tüchtige Müs-

---

s) Dieser ist im J. 1593 vom Papste zum Ritter geschlagen, und die Familie mit dem Beynamen von der Spye geadelt worden.

figgånger, zum Wollspinnen und Tuchfabricirung angehalten werden könnten. Hiezu ist auch mit Obrigkeitlicher Einwilligung ein guter Anfang gemacht worden; weil aber nicht lange darauf, außer andern damit verknüpften Unbequemlichkeiten, die vermehrte Anzahl der Hülfbedürftigen im Lazareth es nothwendig gemacht hat, gedachte Werksstube zum Behuf der Kranken einzuräumen, so hat der Magistrat im J. 1630 einen Platz zwischen dem alten Schloß und der Schneidemühle anweisen lassen, woselbst ein eignes Gebäude zu Einschliessung strafwürdiger Züchtlinge so wol, als anderer der Correction bedürftigen Personen errichtet ist. Die Anstalten zur Arbeit und zur Unterhaltung derselben, haben nun eine verbesserte Lage bekommen, das Zuchthaus ist durch milde Gaben und Schenkungen unterstützet, und vom Rath sind demselben alle Gerechtsamen einer frommen Stiftung zugewandt worden. Hienächst hat dasselbe im J. 1636 ein Königliches Privilegium und mit demselben die Vorrechte, des freyen Erbanfalls, der Legitimation, des unbeschwerten Güterbesitzes und mehrerer Freyheiten erhalten. Solchergestalt hat dieses Haus, zur Besserung der Sitten und zur Beförderung der Arbeitsamkeit, unter guter Aufsicht und Ordnung, immer höhern Werth eines nutzbaren Instituts gewonnen; es ist auch seit dem J. 1691 auf Ansuchen des Schöppengerichts der Rechten Stadt, mit einen Angebäude zur Festung größerer Uebelthäter, denen schwerere Arbeiten zur Strafe auferlegt werden, unter dem Namen des Raspelhauses erweitert worden; man hat ferner unter mehreren lobenswürdigen Anordnungen, die Einrichtung zu einem öffentlichen Gottesdienste dabey gemacht, und seit dem J. 1747 ist die Aufsicht und Verwaltung dieses Hauses, einer Function aus allen Ordnungen der Stadt übertragen worden.

Siebentes Capitel.

Ruhrige Wahl des neuen Königs — Streit mit den Städten wegen des Besitzes adlicher Güter — Beförderungen eines festen Friedens mit Schweden — der Reichstag bestimmt neue Zurüstungen zum Kriege — Wiedereröfnung der Friedensgeschäfte und Ankunft der vermittlenden Gesandten — Es wird ein 26jähriger Stillstand zu Stumsdorf geschlossen — Vladislav der Vierte macht Ansprüche auf die Fortdauer der Preussischen Seezölle — er legt dieselben eigenmächtig an — wird aber durch Danzig mit Geld davon abgebracht — die Seezölle werden aufs neue errichtet — Danzig setzet sich eifrig dagegen, und findet bey Dänemark Beystand — Vier Dänische Kriegsschiffe befreyen den Danziger Hafen.

Sigismunds Abschied von der Welt hatte kein Geräusch der Waffen gestöret, und eben so ruhig ward das Wahlgeschäfte seines Prinzen Vladislav als des einzigen öffentlichen Kronwerbers dieser Zeit vollzogen. Die Provinz Preussen gab demselben durch den Bischof von Culm als damaligem Landespräsidenten die Stimme, er ward auch durch einstimmige Wahl der Polen und Litthauer, zum König ausgerufen, und im zweyten Monat des nächstfolgenden Jahres zu Krakau gekrönet. Wäh-

1632. Nov.

1633. Febr.

Vierter Abschnitt. Siebentes Capitel. 455

rend dem Zwischenreich war unter andern Hauptgeschäften des Staats, woran Preussen vorzüglich Theil nahm, die Religionsfreyheit nach der Warschauer Conföderation vom J. 1573 durch einen Reichsschluß bestätiget worden; man hatte sich auch der prätendirten Annehmung der Polnischen Rauchfangscontribution in Preussen erwehret; zwischen dem Adel und den Städten in der Provinz aber waren Streitigkeiten zum Ausbruch gekommen, die noch manche verdrüsliche Folgen gehabt haben. Indessen hatten die Danziger Abgeordneten, nemlich der Burgermeister Constantin Ferber und der Rathsherr Eilhart von Bobart nebst dem Subsyndicus Heinrich Freder, zur Zeit des Krönungstages, nicht nur in einer zweymaligen Audienz beym Könige, die Bestätigung der Stadtprivilegien, und eine gefällige Vertröstung wegen ihrer innern Staatsgebrechen erhalten, wobey Vladislav nur die Ermahnung hinzugefügt hatte, mit den Reformirten Glaubensgenossen in gutem Vernehmen zu leben, und sie der Religion wegen nicht von den öffentlichen Ehrenämtern auszuschliessen; sondern Danzig bekam nun auch auf Abschlag der versprochenen Geldsummen, theils in Anweisungen, theils in baarem Bestande, ein hundert und funfzig tausend Gulden, und es wurde eine Constitution gemacht, kraft welcher der Kronschatzmeister, zu baldiger Entrichtung des Rückstandes, verpflichtet seyn sollte.

Einen unangenehmen Zwist erweckte dafür die Widerstrebung, mit welcher die Preussische Rit-

terschaft den Bürgern der Städte das Besitzungsrecht adlicher Güter abstreiten wollte. Unter Sigismund dem Dritten war schon auf dem Reichstage vom J. 1631 einmal die Klage angebracht
worden, daß die Fremden, so bald sie in den Grossen Städten das Bürgerrecht gewonnen hätten,
Adliche und Königliche Güter in ihren Besitz
brächten; man wollte deshalb dieses Recht nur ganzen Städten, nicht aber einzelnen Bürgern ver-
gönnt wissen, oder wenigstens sollte nach einigen Meinungen, ein Unterschied zwischen vornehmen und
gemeinen, wie auch zwischen einheimisch und auswärts gebohrnen Bürgern beobachtet werden. Es
hatten aber dergleichen Vorschläge, gleich wie der
Klagepunkt selbst, damaliger Zeit bey den Reichsständen keinen Eindruck gemacht, man setzte diese
Materie demnach auf dem Krönungsreichstage von
neuem in Bewegung. Die Preussischen Landboten brachten es gegen ihre Vollmacht würklich dahin, daß die Polnische Landbotenstube dem Könige
deswegen Anträge machte; allein auch hier blieb
die Königliche Erklärung sehr weit entfernet, etwas zum Nachtheil dieser bürgerlichen Vorrechte
zu verfügen. Dessen ungeachtet unterließ die
Preussische Ritterschaft nicht, durch andere Neben-
wege hierin zu ihrem Zweck zu gelangen. Sie
benutzte dazu jede Differenz, worin sich ehedem die
Städte dem Adel entgegen gesetzt hatten, sie suchte
die kleinsten Abweichungen hervor, womit man den
Bürgern etwas zur Last legen konnte, sie wollte
alle älteren Misverständnisse des Landes mit dem

Vierter Abschnitt. Siebentes Capitel.

Könige, und alle sich noch äußernden Irrungen, blos dem tadelhaften Betragen der Städte aufbürden, und gleichwie die kleinen Städte schon lange in Verfall gerathen, und von den gemeinen Rathschlägen ausgeschlossen waren, so zeigte sich jetzt eine offenbare Gesinnung des Adels, auch die Großen Städte zu unterdrücken, und sie ihrer Consultationsrechte und Staatsprärogativen ganz zu berauben.

Unter solchen Verhältnissen enthielt man sich eben so wenig, die Exclusion der Bürger vom Adelichen Güterbesitze noch weiter zu treiben. Man ergrif eine kürzlich in Polen gemachte Constitution „vom Beweiß des Adelichen Standes" zur Schutzwehr, und gleich als ob Preußen kein eignes Staatsrecht mehr hätte, so ward aus dieser Polnischen Satzung gefolgert, daß Preussische Bürger unfähig wären, Landgüter an sich zu bringen, oder die an sich gebrachten im Besitz zu behalten. Eine der ersten Bestreitungen aus diesem Grunde, traf auf einen Danziger Bürger Gerhard von Prönen, einen Niederländischen Abkömmling, dessen Familie von Kayser Carl dem Fünften geadelt worden, dessen Vater aber in Danzig das Bürgerrecht gewonnen, und sich mit einer Tochter des Burgermeisters Gerhard Brandes verheyrathet hatte. Der gedachte Sohn aus dieser Ehe hatte die Tenute Sobowiz an sich gebracht, und selbige bisher unter einer vom Könige Sigismund dem Dritten erhaltenen Confirmation besessen; nun aber bot der Woywod von Pomerellen sich dieselbe vom Könige Vladislav aus, sie ward ihm auch aus obigem Scheingrunde geschenket, weil aber von Prönen die Einräumung versagte, so kam es zu einem Proceß, der nähere Erörterungen in dieser Sache veranlaßte. Der König selbst nahm das Recht derselben, wovon er sich unterrichtet hatte, so sehr zu Herzen, daß er alle Mishelligkeiten im Lande auszugleichen bemüht war. Der Bischof von Cujavien unterzog sich darin einer Vermittelung, allein der Widerspruch des Adels ließ es nur bey einem unsichern Versprechen, den Streit wegen der Adelichen Güter zur Zeit in Ruhe zu lassen. Nichts desto weniger wurde der Prönesche Rechtsstreit ans Tribunal zu Peterkau gezogen, und mehrere Edelleute fuhren fort, die Bürger in dem Besitz ihrer Landgüter zu stören. Fernerhin kam im J. 1635 eine Reichsconstitution zum Stande, mit welcher der Geistlichkeit Einhalt geschahe, adeliche Güter an sich zu bringen; es war besorglich, daß die Preussischen Städte darunter leiden dürften, und man legte desfalls im Grod zu Warschau eine Schrift ein, wodurch allen Misdeutungen des gedachten Reichsschlusses vorgebeugt wurde. Auch im J. 1638 hat der König sich öffentlich der Verlautbarung einer Constitution widersetzet, welche die Preussische Ritterschaft schon abgefaßt hatte, um den Bürgern den Besitz Königlicher und Adelicher Güter zu untersagen. Dennoch ist es im folgenden Jahre abermals dieser Sache wegen, in der Polnischen Landbotenstube zur Sprache gekommen; man hat drey von bürgerlichen Personen be-

Vierter Abschnitt. Siebentes Capitel.

seſſene Tenuten, worunter Bärenwald der Wittwe des Danziger Burgermeiſters von Kempen pfandsweiſe zuſtand, ſchlechterdings an Edelleute vergeben wollen; allein auch jetzt hat ſich der König dagegen erkläret, und durch einige Reichsräthe den Adel zur Ruhe, oder zur rechtlichen Beſprechung der Tenutarien verweiſen laſſen. Alle zwiſchen der Preuſſiſchen Ritterſchaft und mit den Städten verſuchte Vergleiche ſind unterdeſſen vereitelt worden, und der Prönesche Proceß hat einen formellen Rechtsgang behalten. Mit ſelbigem haben ſich im J. 1641 noch mehrere Controverſen vermiſchet, als von Prönen die bey Danzig gelegenen Adelichen Güter, Naſſenhuben, Hochzeit und Mutterſtrenz von der Werdenſchen Familie an ſich gekauft hatte; ein Edelmann Priczewski hat ihn deswegen ans Tribunal auslaͤden laſſen, wo ihm die Güter abgeſprochen und für caduc ſind erkannt worden. Doch hat ein Fürſchreiben der Danziger an den König, vielleicht auch das Gewicht mehrerer Bewegungsgründe, dieſer Störung wieder abgeholfen, und von Prönen iſt der benannten Güter wegen in Ruhe geblieben. Nur den Proceß wegen Sabowicz hat er im J. 1643 mit Bezahlung einer Summe von 13000 Gulden an den Woywoden Dzialinski aufheben müſſen, nachdem vorher der Danziger Syndicus Riccius eine Reichstags-Entſcheidung darin mit Beyſtand des Königs abgewandt hatte, nachdem zu noch kräftigerm Rechtsbeweiſe, zwey Königliche Decrete abgefaßt wurden, die den von Prönen als einen Preussischen Bürger Königliche und Adeliche Güter zu besitzen berechtigten, und ihm gegen alle Ansprüche Schutz gaben.

Indem nun die bisher erwähnte Controverse, und noch mehrere Streitigkeiten zwischen dem Adel und den Städten, sich aus Eifersucht und Misgunst entsponnen, so war man gegen den Ablauf des sechsjährigen Waffenstillstands mit Schweden, allgemein im Staat auf politische Maasregeln bedacht, sich eines dem Lande höchst beschwerlichen Krieges ganz zu entledigen. Die baldigen Friedensschlüsse mit Rußland und der Pforte hemmten zwar die neuen Kriegszurüstungen, wozu die Preussischen Stände schon mit aufgefordert waren, aber in einem fast schlechten Vertheydigungszustande hatte man die Provinz gegen Schweden gelassen, und obgleich von Polnischer Seite nicht alle Bearbeitungen zur festern Ruhe unterblieben, so war es doch noch ungewiß, ob die beyden feindlichen Mächte sich wegen der streitigen Hauptpunkte würden einigen können. Allerdings hatte sich der Zustand in Schweden nicht wenig verändert, der tapfere Gustav Adolph lebte nicht mehr, das Reich wurde im Namen einer unmündigen Königin, vom Reichsrath regieret, und der teutsche Krieg so wol, als innre Drangsale des Landes hatten die Kräfte desselben mitgenommen. Nichts desto weniger arbeiteten die Schweden an ihren Festungswerken in Preussen, sie verstärkten hieselbst ihre Kriegsvölker, und wenn sich gleich keine fürchterliche Wiedereröfnung des Krieges vermuthen ließ,

1634.

Vierter Abschnitt. Siebentes Capitel. 461

so schien doch die Krone Schweden eine solche Fortdauer des Stillstands zu wünschen, worin sie bey allen bisher in Preussen behaupteten Possessionen erhalten bliebe. Polen dagegen ernannte schon auf dem diesjährigen Reichstage zu Warschau, seine Commissarien zur Berichtigung des Friedensgeschäftes, und gegen Ausgang des Jahres bequemte man sich Schwedischerseits, ein gleiches zu thun.

In eben der Zeit that der König eine Reise nach Preussen, er kam auch auf einige Tage nach Danzig, woselbst er im Märzmonat, durch den Woywoden von Culm Melchior Weyher und den Starosten von Schwetz Johann Zawacki die Huldigung hatte abnehmen lassen, er ging ferner nach Thorn, befand sich aber nach wenigen Wochen wieder in Warschau. Das Hauptgeschäfte des Staats wurde nunmehr die Eröfnung der Friedenstractaten. Nächst der dabey unabläßigen Bemühung des Churfürsten von Brandenburg George Wilhelm, hatten die Könige von Frankreich und England, wie auch die Republik der Vereinigten Niederlande die Vermittelung darin übernommen. Indessen nahm die Unterhandlung vorerst mit alleiniger Zuziehung der Churfürstlichen Gesandtschaft u) ihren Anfang. Zum Ort der Zu-

1625.
18 Jan.

---

u) Die Person des Churfürsten selbst repräsentirte hiebey der Markgraf von Brandenburg, Sigismund. Diesem waren der Preussische Landhofmeister von Creutzen und der Kanzler von Sauken, imgleichen der Landrath von Königseck, der Hofgerichtsrath von Rausken, und der Hofrath Bergmann zugeordnet.

sammenkunft war nach einigen Wechselreden, die Preußische Stadt Holland beliebet worden, und an einem und demselben Tage hielten die Polnischen und die Schwedischen Commissarien *) hieselbst ihren Einzug. Gleich in der ersten Session aber äußerte sich eine Differenz wegen einiger Ausdrücke in den Polnischen Vollmachten, und obgleich mitlerweile der Englische Gesandte George Duglas in Holland eintraf, so konnte doch auch dessen eifriges Zuthun nicht verhindern, daß die Negociation abgebrochen, und den Erklärungen nach, auf eine bequemere Zeit verlegt wurde.

24 Jan.

Der Polnische Reichstag fiel dazwischen ein, der nun zwar nicht alle Hofnungen zum gütlichen Vergleich niederschlug, aber doch im gegenseitigen Falle, ernstliche Anordnungen zur Fortsetzung des Krieges feststellte. Die Zurüstungen wurden nach geendigtem Reichstage sehr ämsig betrieben, Polen suchte sich selbst im Brandenburgischen Preußen sicherer zu machen, der Weichselstrom wurde mit neuen Schanzen gedecket, und den Schweden

*) Die Polnischen Commissarien waren der Culmische Bischof und Kron-Großkanzler Jacob Zadzick, der Woywod von Wilna und Litthausche Großfeldherr Fürst Christian Radzivil, der Woywod von Belcz Raphael Leszczynski, der Kronreferendarius Remig. Zalaski, Magn. Ernst von Dönhof und Abraham Golochowski. Von Schweden waren dazu verordnet, der Graf Peter Brahe, der Statthalter in Preussen und Feldmarschall Wrangel, der Reichsrath Achaz Axelson, der geheime Rath Johann Oxenstierne, und der Königliche Secretair Johann Nicodemi.

Vierter Abschnitt. Siebentes Capitel.

ward alle Zufuhr an Lebensmitteln erschweret. Auch Danzig versäumte es nicht, sich gegen eine Erneuerung des Kriegstheaters in Bereitschaft zu setzen. Unter mancherley Irrungen und ungleichen Gesinnungen, die sich zwischen den Ordnungen der Stadt hervorgethan hatten, war die Besatzung des schweren Soldes wegen, von einem Jahre zum andern wieder bis auf tausend Mann abgedankt worden. Jetzt aber bewarb man sich nicht nur um einen Obersten Kriegsbefehlshaber, und nahm dazu den Generalmajor Christoph Huwald y) als Commendanten in Bestallung, sondern man trug demselben auch auf, einige hundert Soldaten in Teutschland anwerben zu lassen, und in gleicher Absicht wurde ein Danziger Capitain nach Lübeck und Hamburg geschickt, um ein paar hundert Fußknechte zusammen zu bringen. An den Fortificationswerken der Stadt ließ man mit erneuerter Aemsigkeit arbeiten, es wurde auch wieder eine Schanze bey Käsemark aufgeworfen, die zur Deckung des Werders, und zur Beobachtung des in Schwedischen Händen befindlichen Weichselhaupts dienen sollte. Hienächst wollte König Vladislav eine Polnische Flotte in See bringen, und erließ an die Stadt triftige Befehle, die Ausrüstung seiner Schiffe befördern zu helfen; allein

---

y) Er hatte sich in Schwedischen Diensten bis zum General-Major aufgedienet, war aber im Jahr 1634 disgustirt worden, und hatte sich nach verlangtem Abschied als Volontair zur Churfächsischen Armee begeben. Von dannen kam er nach Danzig und übernahm die Stelle eines Commendanten in der Stadt.

Danzig lehnte dieses Vorhaben mit Entschuldigungen ab, die theils in der Stillstandsverpflichtung, theils auch in dem behutsamen Betragen gegen fremde Mächte ihren Grund hatten. Dennoch wurden hieselbst Königliche Schifscommissarien verordnet, und auch zwey Personen Obrigkeitlichen Standes in Danzig dazu ernannt, welche aber die Stadt durch ein inständiges Fürschreiben wieder von diesem Amte befreyt hat.

Nicht lange darauf kam der König von Polen selbst nach Preussen, um die getroffenen Kriegsanstalten zu sehen. Von Königsberg, wo er die Festungswerke in Augenschein nahm, ging er nach Thorn zurück, und begab sich ins Polnische Lager, welches ohne den aus Polen erwarteten Succurs, aus 12000 Mann regulairer Truppen bestand. Der Schwedische Feldmarschall Wrangel machte nicht weniger Vorbereitungen zur Wiedereröfnung des Krieges, er ließ sich von Churbrandenburg die sequestrirten Oerter zurück geben, und stach ein Lager bey Marienburg ab, welches durch Zusammenziehung der Truppen so wol, als an Geschütze, Kriegsvorrath und Lebensmitteln, mit allen Nothwendigkeit versorgt wurde. Mitten unter so rüstigen Veranstaltungen aber hatten vorzüglich der Englische Gesandte und der Brandenburgische Hofrath Bergmann den König von Polen dahin disponiret, daß er noch einen Versuch zum Fortgang des Friedensgeschäftes bewilligte. Die fernere Vermittelung brachte demnach beyderseits Commissarien wieder näher zusammen, und nach unterschiedenen

Vor-

Vorschlägen, wurde endlich Stumsdorf zum Ort der neuen Zusammenkünfte beliebet. Um dieselbe Zeit trafen auch die übrigen Mediateurs, nemlich der Französische z) so wol als die Holländischen

z) Der ausserordentliche Gesandte von Frankreich war *Claude de Mesmes*, Graf von *Avaux*: in der Holländischen Gesandtschaft befanden sich der obengedachte hohe Rath Rochus von den Honaert, der Burgermeister Bieker von Amsterdam, und Joachim Andrä Mitglied des hohen Raths von Friesland. Im Gefolge des Grafen von Avaux war auch der Französische Gesandtschafts-Secretair Carl Ogier, der als Schriftsteller durch seine Ephemeriden bekannt ist, worinnen er nächst einer genauen Relation von der Stumsdorfer Unterhandlung, viele Anecdoten oder Privatnachrichten von Danzig, die ihm während seinem Aufenthalt hieselbst vorgekommen sind, aufgezeichnet hat. Er bezeigte insbesondre mit dem Umgange in dem Hause des Burgermeisters Czirenberg seine Zufriedenheit. Die Tochter desselben beschreibet er nicht nur als das schönste Frauenzimmer ihrer Zeit in Danzig, sondern er rühmet sie auch wegen ihrer vorzüglichen Tugenden, wegen ihrer ausgebildeten Talente, und ihres einnehmenden und sittsamen Betragens. Er erhebt ihren Fleiß und ihre Bekanntschaft mit den schönen Künsten, insonderheit aber ziehet er sie in der Musik als eine trefliche Clavierspielerin hervor, und bewundert ihre liebliche Stimme so wol, als ihre Kunst, nach Italienischem Geschmack zu singen, bestätigt auch sein Zeugniß mit dem Lobspruch der Mayländischen Virtuosen, von denen ihr deshalb mit einer schmeichelhaften Zuschrift, ein musikalisches Buch ist dediciret worden. Der Secretair selbst hat ein Gedicht auf dieses schöne Frauenzimmer gemacht, welches die Ueberschrift führet: „An die Baltische „Sirene, Constantia Czirenberg." Ueberhaupt scheint die Czirenbergsche Familie schon damaliger Zeit das Beyspiel einer feinern Education, und eines erpolirten Hauswesens in Danzig gegeben zu haben, welches nicht wenig mit den gemeinen Sitten und Erziehungsarten contrastiret, deren einiger eben dieser Ogier gedenket, z. B. wenn er

24 May Gesandten über See zu Danzig ein. Die Geschäfte nahmen demnach ohne Verzug ihren Anfang. Bey der ersten Zusammenkunft wurde die Differenz wegen der Vollmachten gehoben, und bey der zweyten schon das eigentliche Fundament zur Friedenshandlung geleget, wozu auch die Abgeordneten von Danzig, der Burgermeister Constantin Ferber, der Rathsherr Johann Ernst Schröer und der Subsyndicus Heinrich Freder, sich auf erhaltene Einladung des Bischofs von Krakau einfanden. Indessen gewann doch die Negociation keinen ununterbrochenen Fortgang. Man

auf eine Erzählung vom Danziger Kindermarkt, oder dem Weynachtsmarkte kommt, wobey er die albernen Gebräuche, und selbst ärgerlichen Religionsspöttereyen rüget, mit denen man den Kindern verkehrte Ideen beygebracht hat. Nach seiner Erzählung hat man die Kinder zur Nacht gegen den ersten Feyertag frühe zu Bette gejaget, mit der Ermahnung zeitig auszuschlafen, und beym Erwachen sich umzusehen, was der heil. Christ werde gebracht haben. Man hat alsdenn gegen den Morgen Spielwerk und Näschereyen in ihre Schlafkammern gesetzet, und wenn sie wach worden, sie überredet, daß solches der heil. Christ vom Himmel gebracht habe. Was für falsche Vorstellungsarten von Gott, der göttlichen Liebe und Mitwürkung, und was für fehlerhafte Begriffe überhaupt sich hiedurch bey Kindern haben einschleichen müssen, solches bedarf hier keines Beweises. Gewiß sind hieraus auch die noch zum Theil populairen Ausdrücke, „auf heil. Christ gehen, heil. Christ geben" u. s. w. entstanden, indem man zuletzt alle Weynachtsgeschenke, Puppen und Naschwerk, ja so gar den Markt selbst, heil. Christ genannt hat. Viele dergleichen thörichte und mit Vorurtheilen unterstützte Ueberbleibsel alter Gebräuche sind noch heutiges Tages unter unsern aufgeklärten Sitten im Umlauf: man spiegle sich an einem Exempel, um sie alle zu vermeiden!

gieng nachher der Schwierigkeiten wegen, von einer völligen Friedensberichtigung ab, und wollte sich nur auf einen vieljährigen Ruhestand einigen; allein die Dauer desselben gab zu neuen Spaltungen Anlaß, die Sitzungen wurden sogar darüber aufgehoben, doch brachten die Vermittler alles wieder in Ordnung. Der Waffenstillstand ward auf sechs und zwanzig Jahre bestimmet, und man wollte schon zur Abschliessung aller übrigen Punkte des Tractats schreiten; allein die Religionsfreyheit der Catholiken in Liefland verursachte einen abermaligen Verstoß, und ein von den Schwedischen Commissarien darüber unternommener Aufbruch zog zufälliger weise einen Tumult nach sich, der ohne mühsames Bestreben der vermittelnden Gesandten sich mit einem Blutbad hätte schliessen können. Schwer genug ward aber auch dieser Streit beygeleget, und man erreichte endlich das Ziel, den Tractat völlig zum Ende zu bringen. 9 Sept.

Dieser 26jährige Stillstandstractat sollte demnach Preussen auf ein Vierteljahrhundert wieder in Ruhe setzen. Die Hauptpunkte desselben, so weit sie dieses Land betrafen, waren zuvörderst die Zurückgebung aller bisher von Schweden inne gehabten Oerter in Preussen, in derselben Verfassung die sie vor dem Kriege gehabt hätten; ferner die Demolition der Schanzen am Weichselhaupt und bey Junkertreiel in der Nehrung; der Abzug der beyderseitigen Armeen aus dem Lande; die Wiederherstellung der Zölle nach ihrer vorigen Einrichtung und Gleichheit; die Restitution der ehemaligen Religionsübung Römischcatholischer so wol, als Evangelischer Glaubensgenossen; eine Amnestie für alle bisher partheyisch gewesene Einsassen; die Aufhebung der Confiscationen und Verschenkungen unbeweglicher Güter; und endlich die Versicherung, während dem Stillstande, zwischen den Unterthanen beyderseits pacificirender Mächte, weder Arreste und Repressalien, noch eigenmächtige Bestrafungen, ohne Zuziehung einer gemeinschaftlichen Commission aufzulegen, und überhaupt nichts feindliches gegen einander zu unternehmen. Bevor die Ratificationen dieses Tractats erfolgt sind, wurden die Herzoge von Preussen und Curland so wol, als die Großen Städte in der Provinz Preussen verpflichtet, ihre besonders verglichenen Angelobungen gegen die Krone Schweden beyzubringen und zugleich bestätigen zu lassen.

Danzig ertheilte darauf eine schriftliche Versicherung, die Schweden in der Einnahme des Seezolls vor ihrem Hafen bis zu Ausgang des Jahres nicht zu verhindern, imgleichen die bey Käsemark im Werder angelegten Schanzen einzuwerfen. In Betreff der Spiringschen Forderungen aber, welche die Schwedische Commissarien unterstützten, wollte Danzig sich weder zur Befriedigung der Ansprüche erklären, noch den Vorschlag einer Arbitrage darin annehmen: eben so wenig hat Danzig den Englischen Zumuthungen nachgegeben, hat auch dafür bey den Polnischen Commissarien Beystand gefunden, daß weder der aufzuhebenden Tuchsiegelung, noch einer in Elbing wieder anzu-

legenden Handlungsgesellschaft, in den Stillstandstractaten Erwähnung geschahe. Denn so ausführlich die Danziger sich zwar um diese Zeit mit
dem Englischen Compagnie-Deputirten, wegen Erneuerung der Vertragspunkte, in ein Geschäfte
eingelassen, auch ferner die Vorschläge und Bedingungen einer in Danzig wieder aufzurichtenden
Handlungssocietät, vom Englischen Gesandten
Duglas vernommen hatten; so waren doch der
Widerspruch gegen die Stempelung der Englischen
Tücher, und das directe Verlangen der Englischen
Kaufleute, freye und uneingeschränkte Handlung
mit Fremden zu treiben, nur gar zu erhebliche Bewegungsgründe, sich der übrigen Vortheile der
Englischen Residenz zu begeben, und das Geschäfte mit derselben völlig abzubrechen. Indessen
sind hieraus späterhin viele nachtheilige Unternehmungen gegen die Danziger Tuchsiegelung am Polnischen Hofe entsprossen, worin England und Holland nicht geringen Einfluß gehabt haben. Wegen der Spiringschen Ansprüche kam ebenfalls in
kurzem eine Polnische Commission nach Danzig, 1636.
welche eine neue Untersuchung in dieser Streitsache vornahm. Das Verfahren der Stadt ward
aber aus allen darüber vorgelegten Documenten
und Schriften für gerechtfertigt erkannt, und der
König nahm selbst die Befriedigung der Spiringe
auf sich, welche nun durch eine Anweisung an die
Stadt, für Rechnung des Königs bezahlt werden sollten.

Dagegen ward in kurzem eine andre Prätenſion hervorgebracht, welche die Preuſſiſchen Seeſtädte und vorzüglich Danzig mit unſäglich gröſſerm Schaden bedrohte, und weswegen die Danziger ſich auf neue Koſten und Weitläuftigkeiten, zu Tilgung derſelben einlaſſen mußten. Die Veranlaßung dazu hatte ein Hauptartikel des Stumsdorfer Vertrages gegeben. Die großen Vortheile welche Schweden aus den Preuſſiſchen Seezöllen gezogen hatte, ſchienen dem Könige Wladislav dem Vierten ein bequemes Mittel anzuweiſen, ſich wegen ſeiner unvergoltenen Anſprüche auf die Krone Schweden ſchablos zu halten, wenn er die eingeführten Zölle nun ferner für ſeine Rechnung fortdauern lieſſe. Er hatte dazu vorerſt nur auf zwey Jahre den Antrag gemacht; allein weder die Schwediſchen Commiſſarien, noch die vermittelnden Geſandten hatten einige Einrückung davon in den Tractat zugegeben; und eben ſo wenig hatten auf dem nächſtfolgenden Reichstage die Polniſchen Stände etwas darüber beſchloſſen. Deſſen ungeachtet waren die Spiringe als geweſene Zollaufſeher in Preuſſen, wie auch der dimittirte Danziger Secretair Philipp Lakke, *a*) dem Könige mit

---

a) Philipp Lakke war misvergnügt aus der Stadt Dienſten getreten, aber mit beybehaltenem Secretarientitel und der Stadt geleiſtetem Eyde erlaſſen worden. Dieſem entgegen ward er nachmals Königlicher Secretair, bekam eine Penſion aus den Königlichen Ratengeldern in Danzig, und ſchmiedete viele unreife Projecte zum Nachtheil der Stadt, deren Ausführungen man aber ſo viel möglich vorzubeugen geſucht hat.

schmeichelhaften Vorstellungen anräthig, aus eigner Macht die erwähnten Seezölle für sich erheben zu laſſen. Troß aller Bemühungen welche Danzig vor andern zur Unterdrückung dieſes Projects anwandte, kam würklich ein Königliches Placat heraus, daß für Preußen, in den Seehäfen bey Danzig, Pillau und Memel, und für Curland zu Windau und Liebau, ein Zoll von allen Waaren mit viertehalb von hundert, zum Nußen des Königs abgegeben werden ſollte. In Danzig wurden der Kaufmann George Höfel zum Einnehmer, und zwey Polniſche Magnaten zu Oberverweſern angeſtellet; der König kam auch in Perſon nach Danzig herüber, um bey der Einrichtung dieſes Januar. neuen Seezolls zugegen zu ſeyn. Der Rath in Danzig unterließ nicht, den König nochmals mit den dringendſten Remonſtrationen von ſeinem Vorhaben abzubringen, allein ſelbſt eine Ciceronianiſche Beredſamkeit würde dazu zu ſchwach geweſen ſeyn, wenn nicht in der Gewisheit daß der Hof Geld nöthig hätte, das hülfreichere Nebenmittel wäre gebraucht worden, eine beträchtliche Summe baaren Geldes zu bieten. Man kam nach einigem Wortwechſel mit dem Königlichen Bevollmächtigten, über die Summe von 800000 Gulden zum Schluſſe, und dergeſtalt befreyete Danzig ſich ſelbſt ſo wol als die übrigen Seeſtädte, dieſes mal von einer neuen Handlungsbürde, vermöge eines metallnen Sühnopfers, bey dem nur zu bedauern, daß daſſelbe zum widrigen Schickſal, in Polen eben so bald ist verschmolzen, als ganz und gar in Vergessenheit gestellt worden.

Febr. Auf einem der nächsten Preußischen Landtage zu Marienburg, sahen sich die Großen Städte verschiedenen Feindseligkeiten ausgesetzt, die sich aus dem noch obwaltenden Mißverständnis mit der Ritterschaft hauptsächlich hervorthaten. Die Verwahrung des Landessiegels, welche Danzig zwar freywillig wieder an die Stadt Elbing abtreten wollte, wurde vom Adel mit großem Widerspruch verweigert, bevor Elbing förmlich mit den Ständen wäre ausgesöhnt und der vorigen Würden fähig erklärt worden. Die Danziger aber waren seit dem J. 1634 in einen Privatstreit zweyer Edelleute eingeflochten, indem sie einem Vetter des Woywoden von Culm, gegen den Starosten von Putzig Dzialinski, mit ihrer Soldatesque Beystand geleistet hatten. Letzterer hatte ihnen dafür einen Proceß gemacht, der aus dem Schöneckschen Grod zwar, durch Appellation der Danziger, ans Königliche Hofgericht gezogen, und durch ein Contumazurtheil war supprimirt worden. Allein der Starost hatte dagegen ohne Ausladung, beym Peterkauschen Tribunal gegen Danzig ein Decret ausgebracht, wodurch die Stadt der Ehren verlustig erklärt wurde. Man hatte zwar so gleich ein Cassatorium desselben, und die Versicherung des Königlichen Schutzes dagegen erlanget; nichts desto weniger sollten Elbing so wol als Danzig aus obigen Ursachen von den Landtagssitzungen ausgeschlossen werden. Inzwischen erreichten die De-

Vierter Abschnitt. Siebentes Capitel.

hatten zuletzt für beyde Städte einen günstigern Ausgang, und den Elbingern wurde auch das Landesſiegel aufs neue zur Bewahrung eingehändigt.

Der nächſtjährige Reichstag zu Warſchau, wo eben das wichtige Landesgeſchäfte wegen der erledigten Herrſchaften Lauenburg und Butow bearbeitet wurde, bekam auch mit den erneuerten Vorſchlägen wegen der Preuſſiſchen Seezölle zu thun. Ein angeſehener Edelmann in der Landbotenſtube, der Sendomirſche Fähnrich Koricinski hatte wahrſcheinlicher weiſe eine Aufforderung zur Propoſition dieſer Materie, vom Königlichen Hofe erhalten; er that ſolches mit vieler Beredſamkeit, bezog ſich auf das ungeſtörte Recht, welches der Churfürſt von Brandenburg ausgeübet, und vor kurzer Zeit eine neue Licentkammer in Pillau errichtet, den gewöhnlichen Zoll erhöhet, auch neue Anlagen unter dem Namen der Schifs- und Feſtungsgelder eingeführt hätte, und ſuchte damit zu behaupten, daß es der Krone Polen mit noch gröſſerm Recht zuſtünde, dem Verfall des öffentlichen Schatzes mit neuen Zöllen und Anlagen zu Hülfe zu kommen. Ob nun gleich weder dieſer Vorſchlag, noch ein damit verknüpfter Entwurf zu einer auszurüſtenden Schiffsflotte, durchgängig Beyfall gewonnen, ſondern größtentheils nach vielen darüber geführten Wechſelreden, die Meinungen zur Ausſtellung dieſer Materien auf den nächſten Reichstag ausfielen; ſo wurde doch zuletzt eine Conſtitution abgefaſſet, „ daß zur Einrichtung der „ Seezölle die ſicherſten und beſtändigſten Mittel,

1637. Juny

„ohne Nachtheil der Freyheiten des Adels und der „Städte, ausgefunden werden sollten." Vollends aber schien die mit Danzig des Preußischen Seezolls wegen gemachte Transaction vergessen zu seyn, als der König kurz nach seinem mit der Kayserlichen Prinzessin Caecilia Renata vollzogenen Beylager, in einer Zeit da beständig bey Hofe über Geldmangel geklagt wurde, den Fortgang der Zollsache aufs äußerste zu betreiben bestrebt war.

Die oben gedachte Constitution mußte dazu den bequemsten Vorwand verleyhen. Weder die speciellen Vorstellungen Danzigs, noch auch die allgemeinen Widersprüche aus Preussen konnten dagegen empor kommen. Die Ueberredungen der beliebten Spiringe behielten den Vorzug, und es hatte das Ansehen, als ob der König weder von der Krone Schweden wegen des Stumsdorfer Vergleichs, noch von Dänemark wegen Abbruch der Sundischen Schiffahrt, sich etwas besorgliches darin vorstellen wollte; oder es wurden gar unfruchtbare Plane gemacht, den auswärtigen Mächten in vorkommendem Falle andre Vergütungen dafür zukehren zu lassen. Ein öffentliches Universal hatte schon die neue Zollcommission, und die Spiringe zu Generaleinnehmern der Seezölle in den Preussischen Häfen erkläret. Arend Spiring kam auf einem Königlichen Kriegsschiffe unter Holländischer Flagge und mit geschlossenen Schießlöchern vor Pillau an: kaum hatte er Anker geworfen, so ließ er die Polnische Flagge wehen, die

Oct.

Schießlöcher öfnen, und dem Commandanten andeuten, daß er zur Zolleinnahme hergeschickt sey. Der Commendant hatte keine Befehle solches zu verstatten, er drohte das Schiff in Grund zu schießen, und behauptete die Freyheit der Schiffahrt. Spiring lag noch etliche Tage vergebens, bis ihm der Commendant, auf sein Versprechen nach Elbing zu segeln, die Abfahrt erlaubte. Er aber richtete seinen Lauf nach Königsberg, und brachte es zum wenigsten dahin, daß die Fahrt zwischen Königsberg und Pillau gehemmt wurde. Der Polnische Hof hatte unterdessen beym Churfürsten in Berlin, um die Einwilligung zur Zolleinnahme förmlich Ansuchung thun lassen, es schien auch anfangs darin nachgegeben zu werden, allein die Vorstellungen der Churfürstlichen Gemahlin hielten die Zuständigkeit noch zurück, und erst im folgenden Jahre hat der Churfürst sich unter gewissen Bedingungen, auf die Bewilligung des Polnischen Seezolls einzulassen, für rathsam befunden.

Der zweyte Versuch wurde im Danziger Hafen gemacht. Der Woywod von Sendomir George Ossolinski und der Starost von Berend Graf von Dönhof als Königliche Zollcommissarien, hielten zuvörderst in dem Dorfe Reblau, mit dem Abt von der Olive, den Spiringen, und dem ernannten Einnehmer George Höfel eine Beredung, auf welche Art der Zoll am füglichsten eingeführt werden könnte. Hierauf fuhren sie in sechs Kutschen, unter Bedeckung einiger polnischen Reuter an den Seestrand, unweit der Westschanze, nahmen für den König und die Krone Polen die Herrschaft der See in Besitz, und liessen deshalb eine Stange mit einem weißen Laken aufrichten, welche von den Königlichen Schiffen auf der Rhede mit drey Kanonenschüssen begrüßt wurde. Die Spiringe wurden sodann förmlich als Oberzollaufseher eingewiesen, und zur Deckung der Zolleinnahme legten sich zwey Polnische Schiffe von aussen vor dem Hafen, eine Pinke aber warf im Eingange desselben die Anker. An demselben Tage schickten die Zollcommissarien, nebst einem Schreiben an die Stadt, ein gedrucktes Königliches Universal hinein, womit der angelegte Seezoll öffentlich bekannt gemacht wurde. Obgleich man nun in der Stadt das Zolluniversal sehr mangelhaft und unkräftig befand, so daß auch nach einigen Tagen ein anderes Universal eingeschickt wurde, so hatte die Zolleinnahme doch schon ihren Anfang genommen, und zuerst einen Schwedischen Schiffer von Gothenburg kommend betroffen. Die Ordnungen in Danzig aber machten unverzüglich einige Beschlüsse, theils an den König von Polen und die vornehmsten Reichssenatoren, theils auch an auswärtige Potentaten deswegen zu schreiben; ferner durch Schliessung der Pfalkammer den Seehandel zu sperren, das Schwedische Schiff so den Zoll gegeben, nicht einzulassen, und solches im Sunde zu notificiren; endlich auch allem fremden Schiffsvolk die Thore zu sperren, ihre Bürger und Bürgerskinder aber bey Strafe von den Schiffen abzurufen, und sich zur Vertheydigung gegen alle Hostilitäten gefaßt zu machen. Hienächst wurde der Herzog von Preussen um gleichmäßige Schliessung seiner Seehäfen ersuchet, und wider die Spiringe eine Protestation der Stadt Danzig im Grodgerichte zu Stargard eingeleget. So viele Zwangsmittel man nun auf der andern Seite versuchte, um der Stadt den Seezoll aufzubringen, und sich ihren Hinderungen entgegen zu setzen, ja so gewaltdrohend auch einige Anschläge waren, indem man den Weichselstrom vermittelst des Nogats unfahrbar machen, einige Obrigkeitliche Personen aus Danzig vor Gericht ziehen, die Bischöflichen Kirchenprocesse gegen die Stadt wieder anstrengen lassen, und den Abt von der Olive berechtigen wollte, die auf seinem Boden errichtete Westschanze zu demoliren; bb) so blieben doch die gegenseitigen Maasregeln der Danziger, und insbesondre die Bewerbung bey auswärtigen Mächten nicht ohne Würkung. Der Polnische Hof hatte ihren Zutritt in Dänemark und Holland nicht verhindern können, unerachtet bey den Generalstaaten der Zoll mit den Bedürfnissen zum Türkenkriege war entschuldiget worden. Am Dänischen Hofe aber richtete der Danziger Secretair Johann Chemnitz weit mehr aus, als der Polnische Gesandte und Obriste Arciczewski. Der König

bb) Wegen der Westschanze, welche Danzig im J. 1627 diesseits des Flusses, dem Hause Weichselmünde gegenüber, auf Olivischem Grunde angelegt hatte, war mit dem Abt von der Olive und dem Convent ein Vergleich von der Stadt gemacht worden, den man bey den jetzigen Zolldifferenzen, Polnischerseits umzustoßen gedroht hat.

von Dänemark, welcher durch die gesperrte Handlung auf Danzig, an seinen Einkünften im Sunde schon einen Abgang von achtzig tausend Thalern bemerkt hatte, entschloß sich, ungesäumt und mit Gewalt den Danziger Hafen frey zu machen. Er schickte vier Kriegsschiffe ab, welche sich in kurzem der beyden Polnischen Schiffe die vor dem Danziger Hafen lagen, bemächtigten, nachdem Isaac

Decemb. Spiring sich vorher mit der Casse und den Schriften ins Olivische Kloster retirirt hatte. Die Dänen fuhren auch nachher auf Pillau, fanden aber diesen Hafen schon offen, weil Arend Spiring ebenfalls die Flucht genommen, und unweit Braunsberg im Haf angelegt hatte. Sie kehrten demnach mit den aufgebrachten Polnischen Schiffen nach Copenhagen zurück, ließen aber zur Sicherheit der Fahrt, noch zwey ihrer Kriegsschiffe vor Danzig liegen.

Achtes Capitel.

Fortgang der Zollangelegenheiten — Danzig wird deshalb verantwortlich gemacht — und wegen der fremden Restenturen angefochten — Danziger Magistratspersonen werden des Hochverraths beschuldigt — Der Seezoll wird nochmals auf dem Reichstage beschlossen — Dänemark deckt die Danziger Rhede — Anstatt des Seezolls werden Ansprüche auf die Danziger Zulage gemacht — Danzig bietet dafür eine Summe Geldes an — Es kommt deshalb ein Vergleich mit zwey Königlichen Commissarien zum Stande — den weder der König noch der Reichstag rathabiret — Das Zollgeschäfte wird erneuert — verliert sich aber allmälig aus den Staatsversammlungen — Danzigs Privilegien werden gekränket — fortdauernde Streitigkeiten der Städte mit dem Preussischen Adel — Irrungen der Großen Städte unter sich selbst — Danzig sorget für sein Commerzwesen.

Das jetzterwähnte Zollgeschäfte blieb zwistig und erheblich genug, um die Eintracht im Lande so wol, als insonderheit die Ruhe Danzigs, noch auf geraume Zeit zu unterbrechen. Die Seeexpedition, womit der Dänische Hof die Anordnungen des Königs von Polen gestört hatte, veranlaßte einen heftigen Briefwechsel zwischen gedachten beyden Mächten, der, so offen er geführt wurde, auch öffentlich gedruckte Schriften nach sich zog, worinnen von einer so wol als von der andern Seite, die Seezollsgerechtigkeit des Königs von Polen untersucht und ins Licht gesetzt wurde. cc) Die Seehandlung in Preussen blieb währender Zeit zwar wieder hergestellet, allein dem angelegten

---

cc) Gedachte Schriften sind oben in dem Verzeichnis der genützten Hülfsquellen angezeiget worden.

Zolle wollte der König von Polen noch nicht entsagen, sondern er ließ vielmehr ein Universal bekannt machen, daß unerachtet der von Dänemark behaupteten Oefnung der Preußischen Seehäfen, allen Kaufleuten und Schiffern, bey Verlust ihrer Schiffe und Güter, die an die Spiringe abzutragenden Zollgebühren berechnet werden sollten.

Danzig hatte daneben die härteste Ahndung zu fürchten. Der König ließ dieser Stadt durch eine abgeordnete Legation mit Unwillen den Gehorsam abfordern: die Pfalkammer sollte ungeschlossen bleiben, die beym Zoll abgefundenen Schiffe sollten eingelassen, und die zurückgerufenen Danziger Einsassen, wieder auf die Königlichen Schiffe geschickt werden: das Weichselhaupt sollte nicht besetzt, die Westschanze demoliret, auch die Stücke von den Wällen abgeführt werden; und weil der Hof dem Rath oder einigen Mitgliedern desselben allein die Schuld beymaß, daß der König von Dänemark die Polnischen Schiffe von der Rhede hatte wegführen lassen, so wurden einige Magistratspersonen auf den nächsten Reichstag ausgeladen, um in Gegenwart des ganzen Senats sich zu verantworten, und zu erklären, ob sie zweyen Königen zugleich, einem zu Lande, und dem andern zur See unterwürfig zu seyn gedächten. Ein Königlicher Fiscal verlangte nachher auch die Briefe und Instructionen der Stadt, so an fremde Höfe, und insbesondre dem Secretair Chemnitz nach Dänemark und Holland, waren mitgegeben worden, zu untersuchen. Unerachtet nun auf alle diese

Vierter Abschnitt. Achtes Capitel.

Forderungen, die kräftigsten Entschuldigungen, Informationen und Vorstellungen der Stadt, an den König abgelassen wurden; so bekam man doch in der Zollsache und allen damit verknüpften Vorfallenheiten, mit einer Königlichen Commißion zu thun, welche anfangs zu Warschau angesetzet, fernerhin aber nach Dirschau ist verlegt worden, und deren Geschäfte nach dem Reichstage noch mehr Extension erlangt haben. Gegen diesen Reichstag bemüheten die Danziger sich zwar, mit den gültigsten Gründen die Stände wider den Seezoll einzunehmen, und die auswärtigen Mächte nebst den vornehmsten Hansestädten wurden ersuchet, durch Briefe und Gesandtschaften an die Reichsversammlung, sich in dieser Sache zu interessiren. Es ward auch im Haag so wol, trotz aller Hindernisse die der Polnische Resident de By, dem Danziger Secretair in den Weg legte, als in England und Frankreich darauf reflectiret, und der Baron d'Avaugour ward absichtlich als Französischer Gesandter auf den Reichstag geschickt, um für die gesammten Vermittler des Stumsdorfischen Vergleichs, der Einführung des neuen Seezolls zu widersprechen. Eben hiemit aber hatte Danzig einen neuen Anstoß beym Königlich Polnischen Hofe gegeben. Es entstand ein sprödes Misvergnügen über die auf Danzigs Verwendung, von auswärtigen Potentaten geschehene Intercession, und die Folgen davon wären so widerwärtig, daß man die Prärogative der Stadt in Betreff fremder Residenturen, dafür in Streit ziehen wollte. Es

1638.

ward behauptet, daß es den accreditirten Ministern nur zukäme, sich an einem regierenden Hofe aufzuhalten, und der König begehrte es, ließ auch späterhin schriftliche Mandate darüber ergehen, daß Danzig die fremden Residenten von Frankreich, Großbrittannien, und der Republik der Vereinigten Niederlande, von sich verabschieden sollte. Danzig aber hatte Gründe genug, sich deshalb zu rechtfertigen. Nicht nur ein ungekränktes Gewohnheitsrecht unter Vladislavs Vorgängern, sondern auch das Commerzverkehr der Stadt, die Beyspiele anderer Seestädte, und insonderheit der aus Hanseatischen Verbindungen erlangte Vorzug, gaben dieser Gerechtsame eine Bestätigung, und so lange die fremden Residenten nicht als Feinde der Krone Polen angesehen werden konnten, so war es eine Sache des Königs, den auswärtigen Höfen selbst seine Ursachen anzuzeigen, wenn und warum er ihrer Residenturen in Danzig entübrigt seyn wollte.

10 März. Der Warschauer Reichstag hatte unterdessen seinen Anfang genommen, und noch während demselben kamen die beyden Polnischen Schiffe von Kopenhagen frey wieder auf die Danziger Rhede zurück, nachdem der König von Dänemark zwar den Beschluß des Reichstages abwarten wollte, aber doch unter präsumirter Aufhebung des Zolles, Schiffe, Volk und Geräthschaft in Freyheit gesetzt hatte. Dagegen ging die vornehmste Absicht des Polnischen Hofes noch immer dahin, den Seezoll durch eine allgemeine Zustimmung zu be-

Vierter Abschnitt. Achtes Capitel. 483

festigen. So gar der berühmte Jesuit Sarbie-
wicz hatte in seiner Reichstagspredigt die Gemüther dazu vorbereiten müssen, und würklich fand
die Zollsache anfangs im Senat so großen Beyfall,
daß man gegen die Danziger, ihrer Widersetzung
wegen, eine Strafe beschließen, und zur Behauptung des neuen Zolles eine Flotte wollte ausrüsten lassen. Die Danziger Deputation, welche
aus allen Ordnungen auf den Reichstag abgeschickt
war, befand sich hieben in einer mißlichen Lage,
sie wurde erst spät und mit Mühe zum Gehör beym
Könige gelassen; ihre beyden Syndici Ferber und
Christoph Riccius arbeiteten unabläßig mit der
Feder und mündlich, um die Rechte der Stadt
und die Ehre des Magistrats zu vertheydigen; man
bewarb sich um eine Audienz bey der Königin, die
auch mit Wolwollen ihre Verwendung beym Könige versprach; aber zur ebenfalls gesuchten Fürsprache der Senatoren wurde nur geringe Hofnung
gegeben. Vielmehr übereilte dieselben der Reichs-
Instigator, mit einer Anklage der ausgeladenen
und nicht erschienenen Obrigkeitlichen Personen aus
Danzig. Diese wurden auf eine simple Contumaz,
als Verbrecher der Majestät, als Meineydige und
Verräther des gemeinen Guts, des Kopfs, der
Ehren und Güter verlustig erkannt, und die Vollziehung dieses Urtheils an die competenten Gerichte
verwiesen. Sogleich aber arrestirte ein Danziger
Secretair gedachtes Urtheil, und als dasselbe drey
Tage darauf als Arrestsache vorkam, so wurden,
den Verurtheilten drey Anwalde bestellet, worauf

zwar ein Ausspruch zur Fortsetzung des Rechtsprocesses erfolgte, den aber der König vorerst durch Termine verzögern, und endlich ganz und gar hat aufheben lassen.

Inzwischen hatten die dringenden Vorstellungen der Danziger, bey vielen Senatoren andre Meinungen vom Seezoll erwecket, und man schien davon abgehen zu wollen, wenn Danzig den König würde versöhnet, und selbst zu andern Geldmitteln Anweisung gethan haben. Hingegen vernichteten die Preussischen Stände diese Sinnesänderung, durch ihre bezeigte Bereitwilligkeit, sich dem Willen des Königs in der Zollsache zu unterwerfen; und obgleich die Danziger, selbst mit den Landesprivilegien dieselbe bestritten, so kam doch eine neue Constitution zum Stande, kraft deren der König den Seezoll zu erheben, und eine Nationalcommission dazu zu bestellen berechtiget wurde. Die vom Könige zugesagte Bedingung, daß die Districte Lauenburg und Bütow mit Pommerellen wieder vereinigt werden sollten, hatte vorzüglich die schnelle Einwilligung der Preussen bewürket; als solches aber auf diesem Reichstage nicht geschahe, so wollte der Pommerellische Adel seine Zustimmung zurückziehen, es ward ihm aber versaget, und den Preussischen Ständen überhaupt so wol als den Großen Städten blieb nichts weiter übrig, als die Rechte der Provinz gegen die nachtheiligen Constitutionen mit einer Protestation zu bewahren.

Der Ausgang der Zollangelegenheit auf dem Reichstage hatte übrigens nicht nur im Lande, sondern auch auswärts bey den Europäischen Mächten ein Mißfallen erwecket. Unmittelbar darauf ließ König Christian IV. weider sieben Dänische Kriegsschiffe auslaufen, wovon sich vier vor dem Danziger Hafen legten, und drey ihren Lauf nach Pillau fortsetzten. Danzig verhielt sich dabey vorsichtig, um keinen Anlaß zum Verdacht eines heimlichen Verständnisses zu geben: die nähere Gemeinschaft mit den Dänischen Schiffen wurde sorgfältig vermieden, so gar daß man der hohen Admiralität nicht einmal die gewöhnlichen Ehrenbezeigungen erwies, und die Bedürfnisse auf die Kriegsschiffe wurden nur für Geld in der Stadt einzukaufen verstattet. Es geschahe auf Königlichen Befehl, daß der Danziger Syndicus an den Admiral geschickt wurde, um sich nach der Ursache seiner Ankunft zu erkundigen. Die Antwort schien zwar anfangs sein Befremden anzudeuten, daß er über die Ordre seines Königs in ofner See, Rechenschaft geben sollte, doch gab er nachgehends die Erklärung, daß er keine Feindseligkeiten vorzunehmen, sondern nur die freye Handlung auf der See zu beschützen Befehl hätte. Eine gleiche Antwort wurde bald darauf einigen Bevollmächtigten der Stände vom Preußischen Nachlandtage gegeben, doch setzte der Admiral noch hinzu, daß er die Spiringe, so bald er derselben habhaft würde, gefänglich nach Dänemark bringen sollte. Auf dem Marienburger Landtage konnten die Großen

Städte nicht erhalten, daß die Ritterschaft sich mit ihnen zur gemeinschaftlichen Sache wider den Seezoll verstände. Dagegen brachte der Französische Gesandte bey seiner Rückkunft aus Warschau den Danzigern die Nachricht, daß der König von Polen sich desselben begeben möchte, wenn Danzig ihm jährlich eine bestimmte Geldsumme dafür zustehen würde. Mit eben solchem Antrage kam ein vertrauter Königlicher Kammerherr Andr. Rey hieher, er schlug dazu auch einen Theil der Zulage vor, oder die Abzahlung der Privatschulden des Königs an einige Bürger in Danzig. Indessen wollte sich die Stadt darüber noch nicht erklären, sie hatte außer jenen schon früher an den König gezahlten acht Tonnen Goldes, beynahe zwey Tonnen Goldes auf Unkosten verwendet; es mußte jetzt auch ein wichtigeres Geschäfte voraus gehen, nemlich die verordnete Zollcommission von sich abzulehnen, und vielmehr mit dem Könige selbst, wegen eines Zuschubs zur Königlichen Casse Verabredungen zu nehmen. Dieserwegen konnte die Unterhandlung mit den Commissarien in Warschau nicht statt finden, dennoch aber mußten sich die Städte nachher zu einer Beredung in Dirschau mit den Königlichen Bevollmächtigten bequemen. Zur Befriedigung des Königs ward nun eine gerade Summe Geldes in Vorschlag gebracht, und Danzig erbot sich drey Tonnen Goldes zu zahlen, aber die Commissarien verlangten die Danziger Zulage mindestens auf zehn Jahre, und hiemit zerschlug sich wieder das ganze Geschäfte. Der Danziger

Vierter Abschnitt. Achtes Capitel.

Syndicus Ricciusward abermals nach Jose geschickt, er war bevollmächtigt, schon einen Antrag von vier Tonnen Goldes zu thun, allein die Antwort darauf klung so decisiv, daß man im Namen des Königs kein Geld zu nehmen erklärte, wenn gleich so viel geboten würde, als die ganze Ostsee in sich fassen könnte. Es war demnach am Ziele, daß die ganze Prätension des Seezolls, in eine Forderung der Danziger Zulage verwandelt, und ferner darüber negociirt werden sollte. Allerdings hatte man in der Provinz selbst eine Veranlassung dazu gegeben; denn schon auf dem Graudenzer Vorlandtage waren die Stände mit einer Unzufriedenheit über die Zulage in Danzig, als einer Art widerrechtlichen Zolles hervorgetreten, und unerachtet die Danziger selbige als ein bürgerliches Hülfgeld, nach dem Sinn ihrer Privilegien vertheydiget hatten; so war doch von den Landboten fast mehr gegen die Danziger Zulage, als zur Abstellung des neuen Seezolls geeifert worden.

Die Krone Dänemark ließ unterdessen nicht nach, für die freye Schiffahrt auf der Ostsee zu sorgen. Die jüngst zurückgekehrten Schiffe wurden wieder durch andre unter dem Admiral Jasmund, auf der Danziger Rhede ersetzet, und weil eben damals der Churfürst von Brandenburg, unter gewissen Bedingungen und versprochener Erlassung seiner Schulden an den Polnischen Kronschatz, in die Anlegung der Spiringschen Zollkammern zu Pillau und Memel eingewilligt hätte, so

1639.

kam eine Dänische Verordnung heraus, daß alle auf diese Seehäfen gehende Schiffer, bey Verlust ihrer Schiffe und Ladungen, den doppelten Zoll im Sunde erlegen sollten. Einige Zeit nachher aber ist die Fahrt dahin gänzlich verboten worden, und weil sich auch ein Polnisches Schiff unter Aufsicht der Spiringe zur Abforderung des Zolles auf dem Haff gelegt hatte, so wurde den Schiffen welche sich dem Zoll unterwarfen, alle Einfahrt von dannen in Danzig gesperret. Hienächst schickten die Danziger aufs neue eine Deputation aus allen Ordnungen nach Wilna, um den König von Polen zur Annehmung der letzt angetragenen Geldsumme zu bewegen. Die Antwort aber welche die Abgeordneten vorerst in Ortelsburg, wo der König den Churfürsten besucht hatte, erhielten, war zweifelhaft, und nachher wurde vom Großkanzler es näher erkläret, daß der König darauf bestünde, in Stelle des Seezolls, an der Bürgerzulage in Danzig Theil zu nehmen. Hiemit mußten die Abgeordneten sich unbefriedigt in Geduld geben; doch wurde eine vom Churfürsten angebotene Vermittelung in den Zulagetractaten abgelehnet, und das Königliche Edict wegen Berechtigung der Spiringe ließ man eben so wenig zur Publication gelangen. Einen harten Streit verursachte ferner das Zollwesen auf dem nächsten Graudenzer Vorlandtage, indem die Ritterschaft, nach der letzt bestandenen Constitution darin verfahren wollte; die Großen Städte aber setzten sich der Einschränkung dieses Entschlusses in die Landesinstruction

Vierter Abschnitt. Achtes Capitel.

heftig entgegen, und es kam so weit, daß sie des Widerspruchs halber, den Landtag ganz und gar rissen. Auf dem folgenden Reichstage wurde dafür gegen Danzig mit großem Unwillen gesprochen, und diese Stadt sollte mit Gewalt ihre Pflicht zu leisten genöthiget werden; doch war man der fremden Potenzen wegen nicht ganz ausser Besorgung, und einige Stimmen riethen theils zur Schonung, theils wollten sie Dirschau, Putzig und andre Oerter besser befestigt, und durch Commissarien untersucht wissen, wie weit man sich auf die Sicherheit derselben zu verlassen hätte.

Inzwischen hörte Danzig nicht auf, dem Könige mit Darbietung einer Summe Geldes gegen die begehrte Zulage, anzuliegen. Die Abgeordneten bekamen nach vielen Sollicitationen, eine geheime Audienz, woselbst sie ihr bisheriges Verfahren mit Demuth beym Könige entschuldigten, und zum Theil aus Gründen zu rechtfertigen suchten. Das Resultat dieser Unterredung brachte auch mit sich, daß der König noch zwey oder drey Monate abwarten wollte, um eine categorische Erklärung wegen der Zulage von Danzig zu vernehmen; mitlerweile aber sollte die Fahrt auf dem Haff von der Stadt ungesperrt bleiben. Ein Neben-Object so damals in der Provinz nicht geringe Störungen machte, suchte der König hiebey zu seinem Vortheil zu brauchen. Die Mißhelligkeiten zwischen dem Preussischen Adel und den Städten, welche unter verschiedenen Ereignungen, nicht nur viele Jahre lang fortgewähret, sondern auch in

Nov.

mer mehr Nahrung bekommen hatten, waren auf dem letzt zerrissenen Landtage in eine offenbare Trennung ausgebrochen, und es stand zu besorgen, daß in fortdauernd beeinträchtigter Ruhe des Landes, die Staatsversammlungen desselben gar fruchtlos gemacht werden dürften; weil nun dem Könige sehr daran gelegen war, mit Hülfe und Zustimmung der Ritterschaft, der Danziger Zulage theilhaftig zu werden, oder auch andre Geldmittel aufbringen zu können, und weil er zugleich bey den Städten ein großes Verdienst zu gewinnen glaubte, wenn er sich für ihre Aussöhnung mit dem Adel, als ein Friedensmittler interessirte; so wählte er diesen Weg, sich beyden Partheyen gleichsam gefällig und dienstfertig zu erweisen. Er schickte zu dem Ende den Grafen Dönhof Woywoden von Siradien und den Krön-Unterkanzler George Ossolinski auf den Landtag zu Thorn, und gab ihnen den Auftrag, nicht so wol die Ursachen der bisherigen Zwietracht oder des zerrissenen Landtages zu untersuchen, als vielmehr beyde Theile zu vereinigen, und zur friedlichen Beywohnung der Landesrathschläge zu bewegen. Diese Königliche Vermittler brachten es auch nach einigen aus dem Wege geräumten Schwierigkeiten dahin, daß die Ritterschaft und die Abgeordneten der Großen Städte, zum Zeichen des guten Vernehmens, einander die Hände reichten, und zur Eröfnung des Landtags zusammen aufs Rathhaus gingen. Daß aber hiemit der Stoff des Mißvergnügens und des Zwiespalts wäre gehoben gewesen, läßt sich um so

1640.

weniger behaupten, da in kurzer Zeit mehrere Fälle und Landesgeschäfte vorgekommen sind, wobey sich die gegenseitigen Animositäten so wol, als einander widersprechende Meinungen beyder Partheyen geäußert haben.

Auf dem Thorner Landtage wurde der Danziger Zulage halber noch nichts entschieden, so sehr auch mit Ausnahme der Städte, die übrigen Stände den Privilegien, welche Danzig zu seiner Vertheydigung anführte, eine andre Auslegung zu geben bemüht waren. Weil aber die Königlichen Vermittler in dieser Sache ebenfalls befehliget waren, so machten es die Preussischen Stände vor aufgehobenem Landtage unter sich ab, gedachten beyden Senatoren, durch eine feyerliche Deputation, aus ihren Mitteln, eine Einladung nach Danzig zur Fortsetzung des Zollgeschäftes zu insinuiren. Solches geschahe unter dem Vortritt des Castellans von Danzig, und nebst zweyen Herren aus Thorn und Elbing und dem Marienburgschen Oeconomus, waren die Abgeordneten aus Danzig mit dazu deputiret; diese aber hatten aus Mängel der Vollmacht nicht nur gleich anfangs diesem Unternehmen widersprochen, sondern sie gingen auch auf dem Wege in das Gesandtschaftslogis von der Deputation ins geheim ab. Indessen nahmen die Herren Vermittler bis zur Abwartung des Königlichen Befehls, gedachte Einladung an, und sie erhielten sehr bald von Hofe die Erlaubnis, sich als Commissarien nach Danzig zu begeben. Sie schickten den Dörptschen Unterkämmerer Christoph

Lode voraus, theils um ihre Ankunft zu melden, theils auch auf einen Ausschuß sämmtlicher Ordnungen der Stadt, zur Eröfnung der Negociation anzutragen, und hierauf hielten sie unter Trompetenschall mit einem ansehnlichen Gefolge ihren Einzug. Der verlangte Ausschuß war nach den Ge-

28 Jan. wohnheitsrechten der Stadt, mit vorbehaltener Ratification der Ordnungen beliebt worden, und man vernahm nunmehr von den Commissarien den Antrag, daß wenn die Stadt sich zum Seezoll bequemen wollte, der König ihr nicht nur einige Einkünfte davon, sondern auch den völligen Genuß ihrer Zulage lassen würde. Nächst der freyen Wahl in dieser Alternative aber, sollte die Stadt ihrer bisherigen Widersetzlichkeit halber, zur Besänftigung des Königs fünf Tonnen Goldes erlegen; beym Könige von Dänemark ansuchen, daß keine Kriegsschiffe mehr auf die Danziger Rhede geschickt würden; den Secretair Chemnitz seines Dienstes entsetzen, niemanden künftig ohne Erlaubnis des Königs an auswärtige Höfe versenden; und keine fremde Residentenden bey sich aufnehmen. Nun hatte man sich eben keine angenehme Bedingungen von der Commission vorstellen können, allein diese harte Punkte überschritten alle Erwartung; und dennoch blieb man bey dem festen Vorsatze, weder des Zolles noch der Zulage wegen nachzugeben, auch kein Geld als eine Strafe zu zahlen, wozu man sich keines Verbrechens halber schuldig befand. Eine Summe Geldes wurde zwar als das einzige Mittel angesehen, sich der gemachten Ansprüche

Vierter Abschnitt. Achtes Capitel. 493

zu entledigen, allein man wollte dieselbe nur zum Zeichen der Ergebenheit, und als einen freywilligen Zuschub zu den Bedürfnissen des Königlichen Schatzes entrichten. Es wurden nach einigen Unterhandlungen sechs mal hundert tausend Gulden geboten, welche in sieben Jahren auf Termine bezahlt werden sollten, und wobey sich die Stadt die Versicherungen ausbung, im Genuß der Zulage zu ewigen Zeiten ungestört zu bleiben, in der Tuchsiegelung geschützet zu werden, und eine Reichs-Constitution zur Befreyung von allen ferneren Zöllen, zu Lande und auf der See oder in andern Gewässern, zu erhalten. Diesen Vergleich gingen die Königlichen Bevollmächtigten ein, sie unterschrieben und besiegelten denselben, bekamen auch jeder ein Geschenk von tausend Ducaten, wofür sie die Königliche Genehmigung so wol, als eine Reichsconstitution zur Bestätigung auszuwürken versprachen. *dd)* Es schien demnach dieses schwere Geschäfte nun abgethan und berichtigt zu seyn, allein wider alles Vermuthen, kam nach wenigen Monaten der Dörptsche Unterkämmerer aufs neue nach Danzig, begehrte im Namen des Kron-Unterkanzlers, daß auf den schon angefangenen Reichstag zu Warschau, Abgeordnete der Stadt geschickt werden sollten, und zeigte dabey an, daß man ihres Beyraths bedürfte, wie der Seezoll auf zwey Jahre am bequemsten eingeführt werden könnte.

1 Märt

May

---

dd) Man hatte dabey in Danzig das Versehen gemacht, den Commissarien völlig Glauben beygemessen, und keine Credentialschreiben von ihnen gefordert zu haben.

Danzig hatte seine Deputirten zum Reichstage schon abgehen lassen, und hielt es für überflüßig, denselben eine neue Instruction nachzuschicken, da die Königlichen Commissarien sich mit ihrer Zusage verpflichtet hatten, die Vollziehung des getroffenen Vergleichs zu befördern. Indessen erfuhr man mit großem Mißvergnügen, daß der König, und noch mehr die Polnischen Reichsstände, die Ratification des mit Danzig ohne ihr Vorwissen geschlossenen Vergleichs nicht zustehen wollten. Die Abgeordneten dieser Stadt wurden demnach von neuem zur nähern Erklärung wegen der Annahme des Seezölls aufgefordert; weil selbige aber hiezu keine Vollmachten empfangen hatten, so entschuldigten sie sich, die Sache an ihre Obern zurück nehmen zu müssen, und da die Reichsstände ausserdem einige der gemachten Vertragsartikel in reifere Berathschlagung ziehen wollten, so wurde das ganze Zollgeschäfte auf den nächsten Reichstag verschoben. Es ist aber fernerhin diese Angelegenheit immer mehr in Stockung gerathen; der getroffene Vergleich ist zwar nie zur Vollziehung gekommen, Danzig hat vielmehr im folgenden Jahre, auf Befehl des Königs, neue Conferenzen mit andern Bevollmächtigten desselben, zu Marienburg eingehen müssen, es ist auch die Zollsache gewissermassen von den Forderungen der Zulage separirt worden, und man hat mit dem Danziger Rath allein, ohne Zuziehung der übrigen Ordnungen darüber Unterhandlung pflegen wollen, aber im J. 1643 ist man schon so unbekannt mit der Sache

Vierter Abschnitt. Achtes Capitel. 495

des Seezolls gewesen, daß die Litthauer auf dem Reichstage heftig für die Abstellung desselben geeifert, und so gar geglaubt haben, daß die Stadt Danzig denselben für ihre eignen Einkünfte hätte einführen lassen. Dagegen ist es ausgemacht und gewiß, daß gedachter Seezoll bey Danzig niemals angelegt sey, noch gesetzmässigen Fortgang gehabt habe; und was die Forderungen des Königs, oder die Ansprüche wegen der Zulage betrift, so sind dieselben in den Augen des Staats allmälig erloschen, nachdem man in der Folge Mittel gefunden hat, mit minderer Publicität, den Königlichen Hof deswegen zur Ruhe zu bringen.

Dessen ungeachtet hat Danzig durch andre aus den Zollstreitigkeiten entstandene Erschwerungen, nicht geringe Eingriffe in seine Gerechtsamen und Vortheile erlitten. Die oft gedachte Siegelung der Englischen Tücher, welche an Danzig durch eine Constitution ausschließlich war zuerkannt worden, ist nicht nur von Zeit zu Zeit angefochten, durch nachtheilige Edicte geschwächet, auf angesetzte Termine sistiret, oder unter dem Vorwand des Mißbrauchs durch Untersuchungscommissionen aufgehalten; sondern man hat auch im J. 1647 das Privilegium der Stadt gänzlich entziehen, und den Elbingern zukehren wollen, und wenn gleich solches durch einige wohlgesinnte Vertheydiger der Danziger Freyheitsrechte ist abgewandt worden, so ist doch eben damals eine Reichssatzung zum Stande gekommen, daß die Tuchsiegelung allen Preussischen Städten, die einen Hafen hätten, verstattet seyn sollte. Nicht wenige Verdrüßlichkeiten hat Danzig in dieser Zeit wegen der aus den Stadtländereyen abgeforderten Poborten ausstehen müssen; denn obgleich nach den Landesstatuten, die Großen Städte zu dieser Art Abgaben Adelicher Güter, in Betreff ihrer Patrimonialgründe, nicht ohne eigne Einwilligung verpflichtet seyn sollten, so hatte man doch aus Gefälligkeit für die Ritterschaft, im Königlichen Relationsgerichte ein Urtheil gegen Danzig gefället, die Poborren aus dem Werder zu bezahlen, wogegen die abgenöthigten Vertheydigungen allererst mit großen Difficultäten sind angenommen und vom Könige unterstützt worden. Gleichermassen wurden die Großen Städte mit vieler Feindseligkeit, wegen eines vorgegebenen Rückstandes der Malzaccisen vom J. 1637 in Anspruch genommen, und obgleich die Unbilligkeit dieser Zunöthigung von einem Theil der Polnischen Reichsstände selbst erkannt worden, so mußte doch ein förmliches Verboth an den Gerichtsmarschall und den Instigator im Namen des Königs ergehen, um nichts gegen die Städte zu unternehmen, sondern die Erkenntnis in ihren Contributionsgebühren, dem Könige als ihrem einzigen Richter zu überlassen.

Nächstdem ereigneten sich noch immerfort unfriedliche Auftritte mit dem Preussischen Adel. Vorzugs- und Rangsstreitigkeiten mit den Städten in den öffentlichen Staatsversammlungen, Bestreitungen

tungen des Actorats, ee) Rechtsproceſſe gegen die Bürger wegen Adelicher Besitzungen, ſchnöde Verfolgungen uncatholiſcher Einſaſſen, und auf Religionshaß gegründete Kirchenanſprüche, hie und da auch perſoneller Neid gegen wohlhabende oder durch Ruhm ausgezeichnete Bürgerfamilien, waren die vornehmſten Quellen einer fortdauernden Unverträglichkeit. Der König hatte auf dem Reichstage im J. 1641 wiederum einen Verſuch machen laſſen, durch einige Senatoren den Zwieſpalt im Lande Preuſſen zu heben; aber weder mit dieſer noch mit mehreren hinfort dazu angewandten Bemühungen, iſt ſolches unter Vladislavs Regierung von ſtatten gegangen. Dieſes Uebel wurde zu Zeiten unglücklicherweiſe dadurch vermehret, daß ſelbſt unter den Großen Städten Mißverſtändniſſe entſtunden, und eine ſich über die andre, wegen verletzter Freyheitsrechte oder Prärogativen zu beklagen, Urſachen fand. Thorn und Elbing beriefen ſich zu einer völlig freyen Handlung in Danzig, auf alte Gewohnheiten und Rechte, die doch weder durch ehemalige Geſetze und Willkühren, noch durch vorgezeigte Verträge beglaubigt wurden. Dagegen beklagte man ſich in Danzig über beträchtliche Abnahme der eigenen Handlung. Der Mehlhandel, hieß es, der Eiſenhandel, der Handel mit überſeeiſchem Salz, mit Wein, Laken, Salpeter, Holz und Mineralien wäre geſchwächet, die Schiffahrt würde geſtöret, und faſt bliebe nur der

---

ee) Actorat wird die Criminaljurisdiction der Städte in Verbrechen der Edelleute, genannt.

Kornhandel noch übrig. Solches verursachten die angelegten Eisenhammer in Schweden, der verbesserte Hafen bey Pillau, und die Salzberge in Polen; auch die Wälder wurden daselbst verhauen, die Mineralien ausgegraben, und der Salpeter mit Auflagen beschweret, imgleichen stünde man des Litthauschen und Preussischen Handels

1643. wegen mit Königsberg im Processe. Gegen obige beyde Städte wurden Schlüsse gemacht, nachdem sie keine Verträge oder Documente beygebracht hätten, ihre Lieger abzuschaffen, und sie kein Getreyde so auf dem Strom gekauft, hier an Frembde verkaufen zu lassen. Es kam aber noch fernerhin zu speciellen Beschwerden, so die Städte gegeneinander vorgebracht haben. Thorn beschwerte sich, daß ihrer Kaufleute Söhnen und Haudlungsdienern, nicht mit Fremden in Danzig zu handeln erlaubet, daß ihre übers Haff gehende Waaren beschweret, und körperliche Eyde zu Certificirung der Waaren verlangt würden; daß Engländer und Kaufleute aus den Hansestädten, wegen Aufschickung ihrer Waaren auf den Thorner Jahrmarkt, gestraft würden; daß die Danziger ihrer berechtigten Niederlage des Härings und anderer Waaren, so nach Polen verschickt würden, Abbruch thäten, daß sie ihre in Danzig eingekauften Weine kellern müsten; und daß die Danziger Gewerke ihnen ohne Aufzeigung der Geburtsbriefe, Lehrbursche wegnähmen. Nicht weniger kam es mit Elbing wegen unterschiedener Klagen zur Sprache; aber Danzig hatte gegen beyde Städte

Vierter Abschnitt. Achtes Capitel.

nicht nur seine Vertheydigung, sondern auch viele gerechten Vorwürfe in Bereitschaft. Thorn wurde einer Sorglosigkeit in Verleyhung des Bürgerrechts beschuldigt; einer Aufhaltung und Beschwerung der von Danzig auf Polen abgehenden Waaren; einer Matschopey mit Mennoniten und andern unbefugten Liegern in Danzig; ferner beklagte man sich über das Betragen gegen Danziger Bürger auf den Thorner Jahrmärkten, und über die großen Unkosten beym Transport der Waaren, nebst dem Abbruch den die Schlesische Niederlage der Danziger Handlung verursachte. Mit den Elbingern war man unzufrieden, daß sie vermöge eines Edicts vom Frauenburgschen Domcapitel, das Monopolium des Flachs- und Hopfenhandels an sich zu ziehen suchten; und daß in dessen Entstehung, die Ermländischen Fuhrleute angehalten, drey Tage zu Markt zu stehen genöthiget, und zuletzt mit Abgaben gedruckt würden; es ward auch über die Anlockung der Englischen Kaufleute geklaget, imgleichen daß aus Elbing die Waaren ohne Brake zu Danzig auf die Speicher gebracht, und so fort an Fremde verkauft würden, nächst mehreren Beschwerden über unbefugte Bürger, und eine willkührlich in Elbing unter dem Namen des Tiefgeldes eingeführte Auflage. Einige Jahre hindurch ist dieser Streitpunkte wegen, zwischen den Städten eine nicht durchaus freundschaftliche Correspondenz geführt worden, doch sind nicht alle darin eingetretene Vorschläge zur Aufhebung der Differenzen fehlgeschlagen, und Danzig ist insbesondre während dieser Zeit bemühet gewesen, zur Verbesserung seines Commerzienzustandes die dienlichsten Maasregeln zu ergreifen.

Mit einem in dieser Zeit aufgeworfenen Project zur Errichtung eines Kaufmannsraths hat es zwar keinen Fortgang gehabt, weil eines theils der erste Entwurf desselben, den man dem verhaßt gewordenen Exsecretair Lakken zuschrieb, eine ungünstige Präsumtion dagegen erweckte, noch mehr aber weil der Danziger Magistrat wichtigere Gründe damider zu haben glaubte, welche sich aus der Constitution der Stadt, und aus ihren Verhältnissen gegen die Krone Polen, mit nothwendiger Circumspection in allen Neuerungen, vertheydigen liessen. Inzwischen wurden in Markt- und Handlungssachen, in Ansehung des Bürgerrechts und wegen Beendigung eigenen Rauch haltender Fremden, geschärfte Stadtgesetze gegeben, und durch revidirte Verordnungen suchte man viele bisher im Kaufhandel eingerissene Mißbräuche zu hemmen. Die im J. 1628 wegen der Königlich Polnischen Schiffe, zwischen dem Könige von Dänemark und der Stadt entstandene Irrungen waren schon im J. 1638 abgethan, und schriftlich versichert worden, daß die Danziger Seefahrer bey Abschaffung des doppelten Oresundschen Zolles, der Vortheile mit genießen sollten. Hierauf ist im J. 1641 mit den Holländern zu Glückstadt der Vergleich geschlossen, kraft dessen der Zoll wieder in den vorigen Stand ist gesetzt worden, und in dieser Gleichheit hat sich bald darauf auch Danzig nebst den andern Seestädten am Baltischen Meere, gedachter Zollerschwerung entlediget gesehen. Die ofterwähnte Sache des getheilten Weichselwassers ward jetziger Zeit auch wieder in Betrachtung gezogen. Sie hatte seit dem J. 1623 geruhet; im J. 1638 aber hatten sich die Marienburger mit den Elbingern vereiniget, um über Danzigs ehemaligen Wasserbau Beschwerde zu führen, weil dem Nogatfluß sein Drittheil Wassers damit wäre geschmälert worden. Es ward darauf eine Commission ausgesetzt, die eine abermalige Bauverbesserung beliebet, aber nur den sechsten Theil der Unkosten den Elbingern zuerkannt, und alles übrige den Danzigern aufgebürdet hatte, wogegen von diesen, wider die ganze Commission, im Schönekschen Grod war protestirt worden. Dennoch ward im J. 1642 zu Marienburg eine friedlichere Conferenz zwischen den Abgeordneten beyder Städte, mit dem Marienburgschen Oeconomus gehalten, woselbst ein neuer Bau an der Muntauschen Spitze unter billigern Bedingungen beschlossen, und ohne Verzug ins Werk gerichtet wurde, und wobey zugleich Danzig die Hofnung gegeben hat, im Fall der Erfolg davon nicht entsprechen sollte, über dem Maydeloch ein neues Haupt schlagen zu lassen.

Neuntes Capitel.

Die Bischöfliche Kirchenansprüche werden erneuert — Danzigs Vergleich mit den Brigittinernonnen — schwerer Proceß mit den Jesuiten — Achtsdecret gegen den Rath in Danzig — welches der König aufhebet — angestelltes Religionsgespräch in Thorn — fruchtloser Ausgang desselben — und vermehrte Drangsale der Evangelischen Kirche — Jaulkowskischer Privilegienhandel — Hauptumstände des dabey entdeckten Betruges.

Die Drangsale, denen Danzig bisher durch unterschiedene Staatsmaximen unterworfen gewesen, hatten noch nicht ein Ende genommen, als auch die Kirchenstreitigkeiten in der Provinz Preussen, von der Römischcatholischen Geistlichkeit wieder hervorgesucht wurden, wobey der Bischof von Cujavien seine Ansprüche auf die Marienkirche erneuert hat. In den kleinen Städten ist der Evangelische Gottesdienst fast durchgehends mit Abforderungen der Kirchen, und durch unzählige Hindernisse gestört worden. Thorn hatte schon seit dem J. 1636 mit einer verjährten Kirchenprätension der Franciscaner zu schaffen gehabt, und der Bischof von Culm hatte wegen der daselbst im J. 1639 verhinderten Procession, einen noch schwereren Proceß angestrenget; ein Jahr später war die Reihe auch an Danzig gekommen. Der Cujavische Bischof Matth. Lubienski hatte die Stadt vors Königliche Hofgericht auslaßen lassen, wo sie zur Einräumung der Oberpfarrkirche, bey einer neuen Geldbuße von 200000 Gulden angehalten werden sollte. Die Stadt suchte die Ladungen in

Hofnung eines Vergleichs zu verzögern, noch besser aber hat sich getroffen, daß der Bischof zum Gnesnischen Erzbisthum gelangt ist, und die Ladungen nicht fortgesetzt hat. Dagegen haben die Brigittinernonnen diesen günstig scheinenden Zeitpunkt zu nutzen, und sich in das völlige Eigenthum des Dorfs Schidlitz zu setzen gesucht. Sie haben auch Unterstützung bey Hofe gefunden, und nach einem fruchtlosen Versuch zur Vereinigung mit dem Rath, ist eine Commission ausgesetzt worden, welche eine Untersuchung in der Sache angestellet, doch aber den Hauptpunkt derselben der Königlichen Entscheidung vorzubehalten Befehl gehabt hat. Nach einigen Verzögerungen kam es im J. 1643 darin zur Endschaft, als zu eben der Zeit die Thorner ihren Vergleich mit dem Culmischen Bischofe wegen der Procession am Frohnleichnamsfest abmachten. Durch Beförderung des Bischofs von Cujavien Nicl. Albr. Gniewosz, wurden der Abt von Peiplin Rembowski und der Bischöfliche Official Florian Falk als Bevollmächtigte ernannt, um mit der Stadt Danzig von Seiten der Klosterjungfern in Unterhandlung zu treten, worauf denn der Syndicus Heinrich Freder den Vertrag mit ihnen im Namen des Raths völlig hat abschliessen können. Vermöge desselben sind die bisherigen Provisoren oder Vorsteher, nach abgelegter Rechnung, mit Aufhebung ihres Amtes erlassen, an deren Stelle aber zur Oberdirection in Verwaltung der Dorfschaft Schidlitz, und der dortigen Jurisdictionsrechte, zwey Herren des Raths

1643.

23 Jun.

verordnet, zu deren Ernennung den Nonnen ins künftige das Präsentationsrecht auf vier Personen aus dem Rath zukommen sollte. Uebrigens verpflichtete sich das Kloster, weder in der Schidlitz noch in der Stadt, auf seinem Grunde, irg einigen Personen geistlichen oder weltlichen Standes, einen Platz einzuräumen, noch zum Nachtheil der Stadt, desfalls Vergleiche zu treffen. Dieser Vertrag ist nachgehends vom Cujavischen Bischofe genehmiget, und die Königliche Bestätigung desselben unter dem großen Reichssiegel ausgefertiget worden.

Mit vorsichtiger Ueberlegung hatte man die letztere Clausel dem Vergleich hinzugefüget, damit der ferneren Einschleichung der Jesuiten vorgebeugt werden sollte. Diese Väter hatten von Zeit zu Zeit schon mehrere Eingriffe gemacht, sie hatten auf dem Pfarrhofe in einem dazu angefertigten großen Gemach öffentlich Messe gehalten, gepredigt und die Sacra administriret, und als der Official im J. 1642 ernstlich deshalb besprochen gewesen, so hatten sie doch ein kleineres Zimmer zu ihrem Kirchendienste gewählet, weshalb die Stadt für nöthig erkannt hatte, sich deswegen an den Bischof von Cujavien zu wenden. Inzwischen hielt die damalige Veränderung mit der Bischöflichen Würde den Ausgang der Sache zurück; die Jesuiten aber haben sich an den Päpstlichen Stul gewendet, um vornemlich ihren vermeintlichen Rechtsanspruch auf den Besitz des Danziger Nonnenklosters, in Rom anhängig zu machen. Im J. 1643 erfolgte ein Päpstliches Breve, welches den Jesuiten alle geistliche Handlungen in der Nonnenkirche zu verrichten befahl, und dem Erzbischof von Gnesen, sie wieder in das Kloster einzusetzen die Macht gab. Das Jahr darauf kam ein Königlicher Legat, Marcian Wituski nach Danzig, berichtete die Beendigung des Processes am Päpstlichen Hofe, gab alle Gründe an, die sich zur Aufrechthaltung des Jesuiterordens, aus den Polnischen Staatsgesetzen auffinden ließen, und versicherte, daß die Krone Polen denselben in Danzig zu beschützen sich anheischig gemacht hätte. Einige Monate später kam auch eine ausdrücklich ernannte Kirchencommission her, bey welcher nebst dem Ermländischen Probst und dem Official von Marienburg, der Ermländische Suffragan Michael Dzialinski im Namen des Erzbischofs den Vorsitz hatte, und durch deren Autorität der Jesuiterorden ins Nonnenkloster eingeführt werden sollte. Die Stadt ließ dagegen durch ihren Syndicus Fabricius die gemessenste Vorstellung machen, daß sie die Einführung der Jesuiten nimmermehr zugeben würde, es wurden auch solche Verfügungen gemacht, daß wider den Willen des Raths nichts darin geschehen konnte, und die Klosterjungfern selbst betrugen sich so vorsichtig, daß niemand von der Commission unter einigem Vorwand ins Kloster gelassen wurde. Die Geistlichen Herren mußten sich zuletzt mit einer Protestation begnügen, der die Danziger sogleich eine Reprotestation entgegensetzten. Inzwischen nahmen die

Jesuiten daraus Gelegenheit, die Stadt auf dem nächsten Landtage hart zu verklagen, und in der auf den Reichstag gerichteten Instruction wurde die Sache nicht nur dem Könige sehr dringlich empfolen, sondern Danzig auch ferner deswegen ans Königliche Assessorialgericht ausgeladen. Im folgenden Jahre 1646 ist gegen die Stadt ein Contumazial-Decret ergangen, und kraft desselben, der ganze Rath in die Acht erklärt, seiner Güter und Aemter verlustig erkannt, den Jesuiten aber das Brigittiner Nonnenkloster unbedingt zugesprochen worden; ja es ist so weit gediehen, daß dieses Urtheil im Schöneckschen Grod eingetragen, und sogar auf öffentlichem Markte zu Warschau, unter Trompetenschall ist verlautbaret worden. Alsdenn aber hat der König, der die ganze Procedur ungnädig aufnahm, und es für unrecht erkannte, eine angesehene Stadt öffentlich als vogelfrey ausblasen zu lassen, dem Danziger Syndicus in einer geheimen Audienz die kräftigste Versicherung gegeben, daß die Jesuiten, der Stadt nicht aufgedrungen werden sollten. Die Danziger sind auch durch ein Königliches Geleit geschützet, ihr Gegenpart ist ab reponendum geladen, und das Jahr darauf im Relationsgericht ein Urtheil abgesprochen worden, kraft dessen das erstere als ungültig aufgehoben, und die ganze Streitsache zur Königlichen Erkenntniß ausgestellt ist, ohne einen eigentlichen Zeittermin dazu bestimmt zu haben.

Vladislav der Vierte hat sich bey gedachtem Danziger Kirchenzwiste so wol, als bey allen Religionsverfolgungen im Lande, von einer solchen Seite gezeiget, die ihn seiner toleranten Denkungsart wegen ruhmwürdig machet. Es liessen sich noch mehrere Beyspiele anführen, die ihn als einen friedfertigen Regenten und als einen Feind des Religionszwanges darstellen würden; aber am nächsten können wir hier auf das Thorner Religionsgespräch (Colloquium charitativum genannt) einen Seitenblick werfen, da selbiges unfehlbar mit einer friedliebenden Absicht des Königs zum Versuch gebracht wurde, um vermöge einer Vereinigung der christlichen Religionssysteme, der überhandgenommenen Unversöhnlichkeit der Partheyen in seinen Staaten Einhalt zu thun. Die erste Idee dazu schreibt sich freylich von einem Manne her, für den keine gute Präsumtion stritte. Gemeiniglich wird der ehemalige Prediger an der Peterskirche in Danzig Barthol. Nigrinus als Urheber davon angegeben. Er war glaublich von Socinianischen Eltern geboren und erzogen, kannte alle Secten unter den Christen, war den drey Hauptsystemen in der lateinischen Kirche nach einander beygetreten, aber fast in allen auch Apostat geworden, und hatte sich, als er dem Könige näher bekannt gemacht wurde, in Warschau zum Römischkatholischen Glauben erkläret. Das Zutrauen des Königs zu ihm, läßt sich aus der Empfehlung schliessen, womit er ihn der hohen Geistlichkeit in Warschau als eine Person vorgestellt hat, von der die Kirche Gottes in den Polnischen Staaten viel Gutes zu gewarten hätte. In der That gewann er durch seinen Beytritt zur Päpstlichen Kirche sehr vielen Beyfall, sein Project wurde angenommen, und nach seinem Rath hatte man absichtlich das Ausschreiben dazu dergestalt eingerichtet, daß die Evangelischen Glaubensverwandten, als aus ihrer Mutter Hause weichhaft gewordene Kinder, zur Wiederkehr angemahnt wurden.

Schon hiemit ließ sich der wahre Endzweck der Römischcatholischen Parthey durchschauen, allein es sind noch erheblichere Scenen erfolget, die mit der guten Intention des Königs nicht übereinstimmten. Indessen bekam nach völliger Abweisung der Arianer oder der Socinianischen Secte, jede der drey Hauptkirchen ihren Vorsteher oder Director zur angesetzten Religionsunterredung, vom Könige ernennet. Den Catholiken wurde der Castellan von Gnesen Johann Leszczynski, den Lutheranern der Starost von Stum Sigismund Güldenstern, und den Reformirten der Castellan von Chelm, Sbigneus Goraiski vorgesetzet; das Generalpräsidium aber dem Kron-Großkanzler Ossolinski, als Königlichem Abgesandten dazu aufgetragen. Hienächst kamen aus den Königlichen Landen viele Geistliche zusammen, unter denen der Bischof von Samogitien das Haupt der Catholischen Clerisey vorstellte. Die Evangelischen hatten sich auch fremden Beystand erbeten: den Lutheranern in Großpolen schickte der Churfürst von Sachsen den Wittenbergschen Professor D. Hülsemann zu, für die Reformirte ließ der Churfürst von Brandenburg den D. Johann Bergius und den D. Reichel abgehen, erlaubte solches auch dem D. George Calixtus zu Helmstädt, der aus eignem Hange zur Religionsvereinigung, das Colloquium zu besuchen gewünscht hatte. Aus der Provinz Preussen sendete der Pommerellische Woywod seinen Catholischen Prediger Johann Episcopius hin. Die Großen Städte schickten außer einigen Predigern, auch Abgeordnete des Raths nach Thorn; von Danzig waren der Burgermeister Abr. von der Linde mit dem Rathsherrn Fried. Ehler und vier Prediger D. Joh. Bottsack, D. Abr. Calov, Joh. Mochinger und Joh. Fabricius dazu ernannt worden, und aus vielen kleinen Städten waren ihre eigene Prediger zugegen.

Es befand sich also, außer den Zuhörern und vielen aus Neugierde hinzugekommenen Fremden, eine starke Versammlung in Thorn, als das Religionsgespräch, laut den eignen Vorschriften des Königs, in Ruhe und Eintracht eröfnet werden sollte. Aber schon vorläufig hatten sich Differenzen zwischen den Lutheranern und Reformirten geäussert, wodurch mindestens keine Gemeinschaft unter ihnen, wie sie der D. Calixtus vorschlug, gegen die Römischcatholische Parthey zum Stande gebracht wurde. Das Colloquium nahm darauf mit einer Rede des Großkanzlers seinen Anfang, und nächst den übrigen Bewillkommungsreden hatte man in der ersten Session mit dem Ceremoniel und der Einrichtung zu thun, nach welcher die Geschäfte selbst und die Verzeichnungen derselben vor sich

1645.
28 Aug.

gehen sollten. Ein Beschluß, jede Sitzung mit einstimmigem Gebet anzufangen, veranlaßte wieder eine Separation; der Bischof von Szamahten wollte nach einem allen drey Religionspartheyen unanstößigen Formular vorbeten, allein die Lutheraner wollten weder mit den Reformirten, noch mit den Catholiken in Gesellschaft beten, und erklärten es für einen Punkt der Gewissensfreyheit, ihr Gebet allein zu verrichten, welche Delicatesse der Gewissensruhe ihnen denn auch in einem eignen Zimmer verstattet wurde. Nicht weniger wurden die Reformirten und Lutheraner durch einen Präcedenzstreit bey den Sessionen, mit einander entzweyet. Als es endlich zur Ablesung der Glaubensbekenntnisse kam, so wurde zwar nach der Römischcatholischen Specialconfession, das Bekenntnis der Reformirten gelesen, allein der Bischof von Szamahten protestirte dagegen, erklärte es dem Willen des Königs zuwider, und der Catholischen Kirche zum Schimpf. Der Kanzler nannte es sogar ein Pasquill und ließ es nicht ins Protocoll eintragen. Die Lutheraner konnten die öffentliche Lesung ihrer Confession gar nicht erhalten, denn der Großkanzler hatte ihre Schrift vorher durchsehen lassen; und verlangte daß man verschiedene Sätze darin wegstreichen sollte. Er selbst brach von der Versammlung völlig nach Warschau auf, und ließ den Cästellan von Gnesen an seine Stelle zurück. Die übrige Zeit verstrich in den noch gehaltenen Sessionen, größtentheils mit unnützen Wortstreiten und lieblosen Vorwürfen, und zuletzt wurde diese zur friedlichen und liebreichen Unterredung bestimmt gewesene Zusammenkunft mit feindseligen Protestationen und Reprotestationen beschlossen. Der Jesuit Schönhof nebst dem Carmeliter-Mönchen Cyrus, D. Hülsemann von Seiten der Lutheraner, und unter den Reformirten Predigern D. Bergius, haben sich hiebey durch Verfechtung und Widerlegung der unterschiedenen Religionsartikel so wol, als durch ausführlich gehaltene Streitreden ausgezeichnet, und wenigstens wird doch das Andenken dieses an sich unfruchtbaren Colloquiums, in der Religionsgeschichte bemerkenswerth bleiben.

Die Verbesserung des Kirchenzustandes hatte unter solchen Ereignissen, weder in Polen noch in Preussen, durch das Thorner Religionsgespräch nicht das geringste gewonnen. Vielmehr hat es eine traurige Erfahrung bestätigt, daß der Haß gegen die Protestanten vergrößert, und die Religionsfreyheit in der Provinz desto mehr ist beunruhiget worden. In den kleinen Städten wurden die Evangelischen Glaubensgenossen bald unter den Rathhäusern, bald in verfallenen Gebäuden, ihren Gottesdienst zu halten genöthiget; die Franciscaner setzten ihre Ansprüche auf die Thorner Marienkirche fort; die Jesuiten verfolgten ihren Proceß gegen die Danziger, sie behaupteten ihr neu angelegtes Collegium zu Graudenz, und liessen nicht ab, die auf dem Stadtthore zu Marienburg erbauete Kirche zu begehren. Den überall ausgebreiteten Kirchen-Processen kam noch ein sonderbarer Privilegienhandel zu statten, den der berüchtigte Janikowski eine Zeitlang mit unverschämtem Betruge getrieben hat. Dieser Christoph Stenzel Janikowski, ein Edelmann aus dem Dirschauschen Gebiete, hatte sich von Jugend auf mit Verfälschung fremder Schriften beschäftigt, und verfiel zuletzt aus Gewinnsucht und strafbarem Ehrgeitz, auf die Anfertigung falscher Privilegien und Urkunden, die theils in Adelichen Grundbriefen, theils in Geistlichen Stiftungen, Grenzberichtigungen und andern Documenten bestanden, welche von den alten Pommerschen Fürsten, von den Kreutzherren, und zum Theil von den Königen von Polen herkommen sollten. Danzig hat in der Folge verschiedene derselben aufgebracht, die über den Hafen, den Seezoll, die Stadtdörfer, eine angebliche Starostey über die Stadt, auch über Stadtkirchen und dazu gehörige Straßen und Häuser, trugvolle Verfügungen enthielten. Indessen hatte dieser Falsarius zur Beförderung seiner Absichten eine Erzählung erdichtet, als ob er in der Mauer des verfallenen Schlosses zu Mitterschein einem Pommerschen Dorfe, einen Kasten mit alten Urkunden gefunden hätte, der im J. 1569 von Polnischen Edelleuten aus dem Stettinschen Schlosse nach Mitterschein gebracht, und zur Sicherheit daselbst wäre vermauert worden. Sein Hauptvorhaben gründete sich hiemit auf eine Bereicherung der Klöster, denen er in den ersten Zeiten der Reformation, eine heimliche Entziehung vieler Güter und Privilegien vorspiegeln wollte, und

und von denen er dafür reichlich bezahlt, und in Ansehen gebracht zu werden gedachte. Der Pfarrer zu Bütow machte ihn mit dem Woywoden von Marienburg Jacob von Weyher bekannt, der auch zuerst einige Papiere von ihm erkaufte; bald darauf aber wurde er an den Königlichen Hof nach Polen gerufen. Unerachtet er nun schon damals wegen unterschiedener Verfälschungen, in Polen gerichtliche Bannitionen gegen sich hatte, so bekam er doch ein Geleite, und setzte sich durch die mitgebrachten Urkunden beym Großkanzler in Gunst. Er gerieth zwar in kurzem, wegen einiger von einem aufmerksamen Magnaten bemerkten Unrichtigkeiten, wieder in starken Verdacht der Betrügerey, und ward deshalb so gar in Eisen geschmiedet, allein er wußte den Argwohn abzulehnen, ward frey, und machte sich immer mehr am Hofe beliebt. Man beschenkte ihn, man gab ihm einen neuen Schutzbrief, und einige seiner Urkunden wurden zu größerer Kraft so gar in die Reichsmetric eingetragen. In der Provinz Preussen ging sein Handel noch besser von statten, man bestellte Privilegien bey ihm wie eine Fabrikwaare, und in kurzer Zeit hatten die Klöster so viele Anspruchsrechte, daß niemand seiner Besitzungen gewiß blieb, und in den Städten so wol als unter den adelichen Familien, unzählige Verwirrungen daraus entstunden.

Die Sorgfalt für sein Eigenthum erweckte endlich eine genauere Aufmerksamkeit auf die hervorgekommenen Urkunden, man entdeckte sichtbare

Merkmale einer ganz neuen Arbeit; die Züge der Buchstaben kamen nicht mit dem Zeitalter überein, das Pergament war zu frisch, die Schnüre der Siegel waren neu, und das Papier führte die Zeichen moderner Papiermacher, unzähliger Fehler hier nicht zu gedenken, die sich im innern Inhalt der Urkunden verriethen. Hierauf wurde ein Anfang gemacht, der Janikowskischen Betrügerey

1646. umständlicher nachzuforschen. Der Woywod von Marienburg machte die erste Entdeckung, er ließ zu Bütow einen Christoph Unger einziehen, der in seiner Aussage die Verfälschung gestand, diese wurde durch einen andern Namens Kapnik in Schlochau bestätigt, und noch mehrere Zeugen, die als ehemalige Gehülfen oder Bekannte des Janikowski gegen ihn auftraten, setzten die Art des Betruges in unleugbare Gewisheit. Den Hauptumständen nach hatte Janikowski selbst die falschen Privilegien verfertiget, Unger hatte ihm im Abschreiben geholfen, ein Schwerdfeger in Danzig Cornelius Wright hatte die Siegel gegraben, ein Schulmeister eben daselbst auf dem Dominikanerhofe hatte einige Polnische Urkunden teutsch und lateinisch übersetzet, und in diesen Sprachen abgeschrieben. Den Schein des Alterthums hatte man dem Pergament und Papier, mit eingeriebenen Ziegeln und mit Asche vermischtem Töpferthon gegeben, auch einiges im Rauch hängen lassen; und nach mehreren hinzugekommenen Beweisen blieb kein Zweifel übrig, daß das Polnische Reich so wol als Land und Städte in Preußen, durch offenbar falsche und nichtige Urkunden waren hintergangen worden.

Man dürfte vermuthen, daß die Wolfahrt und Sicherheit des Staats es erfordert hätte, allen dergleichen Pseudodocumenten sorgfältig nachspüren und sie auftreiben zu lassen, oder mindestens kraftvolle gesetzliche Mittel zu wählen, damit jeder Gebrauch derselben für ungültig und straffällig erklärt wäre; die Wichtigkeit der Sache hätte auch eben so sehr die Gerechtigkeit des Staats auffordern müssen, den Urheber der höchst schädlichen Verfälschungen nebst seinen Mithelfern öffentlich und exemplarisch zu bestrafen; allein von dem allen läßt sich in der Geschichte nichts finden. Rechtschaffene Männer im Lande warfen zwar mit Beschämung und Unwillen die gekauften Trugschriften von sich, andre aber legten sie bey Seite, um vielleicht in vorkommenden Fällen die Leichtgläubigkeit der Nachwelt zu nutzen. Zur Unterdrückung der falschen Urkunden, machte der Danziger Burgermeister Freder auf dem Landtage zu Graudenz einen lebhaften Vortrag, und fand bey den Ständen der Provinz Beyfall, daß man es auf dem Reichstage zu bewürken beschloß, damit diese untergeschobene Documente aus der Metric gehoben, und ferner für kraftlos erkannt würden. In Polen hingegen bezeigte man keinen Eifer, den Janikowskischen Urkunden ihren Werth zu benehmen. Ihm selbst, obgleich die Preussen heftig gegen sein freyes Geleit eiferten, wurde persönlich eine Vertheidigung auf dem Reichstage verstattet, und er nahm Tyrä-

1647.

nen zu Hülfe, um sich die Miene des Unschuldigen zu geben. Dergestalt hat man unter dieser Regierung kein gerichtliches Verfahren wegen des Janikowskischen Falsums erhalten können, und nur der Preußische Adel bekam vom Könige das Versprechen, daß keine denselben angehende Privilegien ohne Untersuchung sollten angenommen werden. Unter dem Nachfolger Wladislavs hat man zwar in Preussen, die Ungültigkeit der Janikowskischen Urkunden durch einen Landesschluß öffentlich bekannt gemacht; es ist auch ferner im J. 1652 eine Königliche Commission zur förmlichen Untersuchung der unächten Privilegien, in Polen ausgesetzt worden; allein die davon abzustattende Berichte sind von einem Reichstage zum andern verschoben worden, bis allmälig die ganze Sache liegen geblieben, und unter andern Staatsgeschäften in Vergessenheit gebracht ist. Was übrigens die Person des Janikowski betrift, so hat sich unter so vielen Feinden die er mit Grunde gehabt hat, zulezt ein Privaträcher gefunden, *ſ*) durch dessen Hand er eines gewaltsamen Todes gestorben seyn soll.

ſ) Die Danziger haben den Janikowski, (von einigen auch Janikowicz genannt) im J. 1648 mit gewafneter Hand wollen aufheben lassen; bey diesem executiven Verfahren aber, soll er von einem der Jacob Pusch genannt wird, auf einem Adelichen Gute seyn erschossen worden. In einer Königlichen Sicherheitscaution vom J. 1649 wird Danzig unter andern aufgehobenen Ansprüchen, auch wegen des verletzten Geleits an gedachtem Janikowski frey gesprochen.

Zehntes Capitel.

Interregnum und neue Königswahl — angetragene Friedensgeschäfte — General Huwald Commendant in Danzig macht verrätherische Anschläge — Polnische Friedensconferenz mit Schweden — Nachmals ausgebrochener Unfriede zwischen den Lutheranern und Reformirten in Danzig — in der Grauen Mönchen-Kirche wird der Reformirte Gottesdienst aufgehoben — die streitige Kirchensache gelangt an den König — darüber angefangener Proceß — Complanation am Königlichen Hofe, wegen des Kirchenstreits, und anderer darin verwebter Irrungen mit Danzig — Polcey-Verbesserungen in Danzig — aufgehobene Hofhaltung im Artushofe.

Im letzten Regierungsjahr Vladislavs des Vierten wurde Polen mit einem neuen Kriege, durch die Empörung der Kosaken bedrohet. Der König erlebte nur den ersten Ausbruch davon, denn der Gram über den frühzeitigen Tod seines einzigen Prinzen Sigismund Casimir, hatte die Gefahren seiner schmerzhaften Gicht und Steinkrankheit dergestalt vermehret, daß er neun Monate nach ihm im 53sten Jahr seines Alters mit Tod abging. 1648. 20 May Die eiligen Zurüstungen und der widrige Anfang des Kosakenkrieges, verursachten in Polen eine unruhige Zwischenregierung. Auch die Provinz Preussen mußte ihren Theil davon tragen. Man rathschlagte auf den Landtagen, um sich gegen einen gewaltsamen Angrif in gute Verfassung zu setzen, überschritt auch dieses mal den sonst nur gewöhnlichen Geldbeystand an die Krone, indem man schlüßig wurde, zwölf hundert Mann im Lande angeworbener Soldaten über die Grenze zur Hülf zu schicken, mit dem Vorbehalt, daß solches den Preussischen Rechten zu keiner nachtheiligen Folge gereichen sollte. Nach dem Convocationsreichstage erfolgte dieser bewilligte Auszug der Landestruppen: ausserdem hatten der Woywod von Marienburg und der Castellan von Elbing, jeder auf eigne Kosten, hundert Pferde gestellet, und von der Stadt Danzig wurde eine wolgerüstete Compagnie Fußvolk unter einem Capitain, nach Warschau geschicket, und dem Königlichen Prinzen Carl Ferdinand überlassen.

Die Königswahl hatte daneben einen ruhigen Fortgang; denn obgleich es sich anließ, als ob die beyden Prinzen und Brüder des verstorbenen Königs, einander als öffentliche Kronwerber entgegen seyn würden, so ward es doch ohne Spaltung dahin gebracht, daß der jüngere Prinz Carl Ferdinand Bischof zu Breslau und Ploczko, unter einigen Bedingungen von seiner Anwerbung abging, und sich selbst bey den Reichsständen für die Erwählung seines ältern Bruders interessirte. Jo=

17 Nov. hann Casimir ward demnach einmüthig zum Könige ernannt: der Bischof von Ermland gab ihm als Landespräsident, im Namen der Provinz Preussen die Stimme, und die Preussischen Stände waren ferner bedacht, wegen Abstellung ihrer Landesgebrechen dem Wahlvertrage einen eignen Artikel

1649. einschalten zu lassen. Auf dem Krönungsreichstage
Junnar bekamen die Preussen, außer der allgemeinen Bestätigung ihrer Privilegien, noch insbesondre eine kräftige Versicherung wegen ihres Einzöglings=

Vierter Abschnitt. Zehntes Capitel.

rechtes, worin auch die Städte sich einbegriffen befanden. Den Religionsfrieden hatte man während dem Interregnum, in der Provinz so wol als in Polen, als einen Hauptgegenstand in Betrachtung gezogen. Wegen vielfältiger Klagen über die geschmälerten Rechte der Dissidenten ss), sollte nach einigen Stimmen, die Warschauer Conföderation vom J. 1573 nicht nur für ein beständiges Gesetz erkläret, sondern auch die Uebertretung desselben, oder die gestörte Sicherheit der Dissidenten, als ein Verbrechen, mit harten Strafen belegt werden. Nach einigen Debatten aber ward die Religionsfreyheit, nur wie es in der vorigen Zwischenregierung geschehen, bestätiget, und in gleicher Art ist dieselbe vom neuen Könige beendiget worden, doch mit der dabey von den Ständen beschlossenen Einschränkung, daß sie nur diejenigen Glaubensverwandten angehen sollte, die einen Dreyeinigen Gott in ihrem Bekenntnisse annähmen. Hiemit wurden die sogenannten Arianer davon ausgeschlossen; man machte auch auf dem Krönungsreichstage eine Constitution, daß ihnen

---

ss) Das Wort Dissidenten, ist anfänglich in Polen, wie solches noch die Conföderation vom J. 1573 bezeuget, von allen Christlichen Glaubensgenossen, in Ansehung des Unterschieds ihrer Confessionen oder Kirchensysteme, gebraucht worden: seit Sigismunds des Dritten Zeiten aber ist es im Polnischen Staatsrecht aufgekommen, die Römisch-catholische Kirche ganz von dieser Benennung auszuschließen, und nur die Lutheraner, die Reformirten und die Mitglieder der Griechischen Kirche darunter zu verstehen. Lengnich. Jus. publ. R. P. Lib. IV. Cap. XIV.

Kirchen zu bauen und Güter anzukaufen untersaget seyn sollte, und Danzig wurde als ein lobenswürdiges Beyspiel angezogen, daß die Arianer daselbst aus der Stadt wären vertrieben worden. Drey Jahre später hat man gedachten Reichsschluß noch härter zu bestimmen gesucht, aber im J. 1658 haben die Arianer durch eine Constitution, die sie aller Güter und Ehren, ja selbst des Lebens verlustig erklärt hat, alle Theilnahme an der Staats- und Religionsfreyheit verloren.

In den drey Großen Städten der Provinz Preussen, wurde jetzt die Huldigung an den König, durch den Bischof von Culm und Kron-Unterkanzler Andreas Leszczynski abgenommen, nachdem sie insgesammt vorher dafür gesorgt hatten, daß ihnen ihre eignen Privilegien, insonderheit auch die freye Religionsübung nach dem Augspurgschen Glaubensbekenntnis waren bestätiget worden. Hienächst hatte man sich in der Provinz, der wiederholten Aufforderungen zum allgemeinen Aufgebot, so wol als der ungesetzlichen Geldanlagen zu erwehren, die Münzberedungen und andre die Wolfart des Landes betreffende Geschäfte waren mit unzähligen Difficultäten verknüpft, imgleichen vermehrten die militairischen Durchzüge und Einquartierungen den gedruckten Zustand der Preussischen Einsassen in dieser unruhvollen Periode. Dabey war eins der wichtigsten Staatsgeschäfte zeither, die Befestigung eines guten Vernehmens mit der Krone Schweden gewesen. Seit dem Ausbruch des Dänischen Krieges gegen Schwe-

Vierter Abschnitt. Zehntes Capitel.

den im J. 1643, hatten die Stumsdorfschen Vermittler verschiedentlich eine genauere Friedenshandlung mit Polen in Vorschlag gebracht. Als im J. 1646 König Vladislav der Vierte sich in ein Bündnis mit den Venetianern gegen die Türken eingelassen hatte, so war unter andern deshalb in und außerhalb Polen geäußerten Besorglichkeiten, bey der Königin Christina von Schweden der Argwohn entstanden, daß die Zurüstungen des Königs gegen ihre Staaten gerichtet seyn möchten, und sie hatte die Anfrage wegen eines Friedensschlusses erneuern lassen. Das Jahr darauf hatte man auch Polnischerseits reelle Entschliessung hiezu genommen, die geheimnisvolle Art aber, womit der König seine Friedenscommissarien zu instruiren gedachte, hatte aus Mißvergnügen der Ritterschaft, das ganze Geschäfte wieder vereitelt. Nunmehr hingegen war nicht nur während dem Interregnum, des nähern Vergleichs mit Schweden vielfältig Erwähnung geschehen, sondern der König Johann Casimir suchte auch ohne Aufschub den Wunsch der Nation darin zu befriedigen, er ernannte die Friedenscommissarien, ließ die Instruction für sie ausfertigen, und zog Bevollmächtigte aus der Provinz Preussen hinzu, die der Friedenshandlung beywohnen, und für die Wolfahrt ihres Landes daran arbeiten sollten.

1650.

Eben nun als dieses Geschäfte betrieben wurde, bekam Danzig einen auffallenden und verdrüßlichen Auftritt mit dem Generalmajor Huwald, der einige Zeit als Obrister und Commendant in der

Stadt Diensten gewesen war. Er hatte zeit seines Hierseyns, wovon auch der oben gedachte Gesandschaftssecretair Ogier gewisse Umstände angeführt hat, verschiedene Händel und streitige Vorfälle gehabt: im J. 1638 hatte der Woywod von Pommerellen so gar seine Güter arrestiren lassen, und dem Rath in Danzig die Execution empfolen, dieser aber hatte den formellen Rechtsweg dazu angewiesen, und sich des Obristen angenommen; er war darauf criminell an den Königlichen Hof ausgeladen worden, weil er sich versehrlicher Worte gegen die Majestät, bey Insinuation der Rechtsladungen schuldig gemacht haben sollte. Indessen war er von der Stadt bestermassen vertheydiget, ja er hat so gar Mittel gefunden, sich nachher beym Könige Wladislav auf eine vorzügliche Art zu insinuiren. Allein hierauf beging er den schnödesten Undank an Danzig, und trat nicht nur gegen seine Capitulation, in Königlich Polnische Dienste, wofür er zum Kammerherrn, Kriegsrath und Commandeur der teutschen Truppen gemacht wurde, (1648) sondern verlangte auch daneben im Dienst und Bestallung der Stadt zu verbleiben. Ihm wurde zwar die Erlassung seiner Dienste erkläret, und der Rath nahm das Commando der Stadt wiederum an sich; allein er glaubte ohne Vorwissen des Königs nicht resigniren zu dürfen, und wollte das Commando so wol als seine Bestallung auf 1800 Reichthaler behalten. Dagegen blieb der Magistrat bey dem gefaßten Entschlusse, ließ sich aber doch nach einigen Unterhandlungen bewe-

Vierter Abschnitt. Zehntes Capitel.

gen, dem General eine vortheilhaftere Dimission zuzugestehen. Dieser selbst trug dazu auf folgende Bedingungen an: er wollte in der Stadt Eyde verbleiben, sich auf Erfordern derselben wieder einstellen, dafür aber ein Gehalt von 2000 Thalern geniessen, und übrigens seine vorige Capitulation mit vorbehaltener Freundschaft cassiren. Diese Bedingungen wurden auch in so weit eingegangen, daß er mit abgetretener Commendantenstelle, in der Stadt Eyde zeitlebens eine Pension von 1800 Thalern zu ziehen haben sollte.

Gerade um die Zeit aber, da er diesen neuen Vergleich mit der Stadt abschloß, soll er den Plan zu einer Verrätherey an Danzig gelegt haben, der zwar zeitig genug entdeckt worden, der Stadt aber manche Ungelegenheit zugezogen hat. Er eröfnete mündlich dem Schwedischen Obristen und Schloß-Hauptmann zu Alten Stettin, Anton Schlief, als derselbe sich in Danzig befand, die Maasregeln zur Ausführung seines Vorhabens. Es sollten nemlich zu Anfang des J. 1649, wenn der Frost am härtesten wäre, sechs tausend Mann zu Fuß und ein tausend Reuter an der Pommerellischen Grenze in Bereitschaft stehen, auf gegebenen Wink durch Vorspanne herbey geführet, und die Stadt an einem schlecht versicherten Ort, den Huwald anzeigen würde, überwältiget werden: er selbst wollte die Truppen dazu anführen, sich der Hauptwache bemächtigen, die Danziger Bürgerschaft aber durch das grobe Geschütz und durch Anzündung etlicher Häuser, von der Gegenwehr abhalten. Dieses war eigentlich das Project der Verrätherey, wie solches in einem nachher vom Obristen Schlief an den Rath zu Danzig abgelassenen Schreiben verzeichnet gewesen. Gleich damals aber hat dem Obristen der mündlich vom Huwald gemachte Antrag so wichtig geschienen, daß er dazu eine schriftliche Bestättigung von einigen Großen am Schwedischen Hofe verlangt hat. Solches nun ist nicht erfolget, sondern Huwald hat im Märzmonat den Obristen Schlief nach Clements-Fähre ohnweit Elbing beschieden, um sich wegen eines Passes zu besprechen, mit dem er unter dem Vorwand rückständige Gelder einzutreiben, selbst nach Schweden gehen, auch zur Versicherung der Treue seine Söhne daselbst als Geiseln zurücklassen wollte. Dagegen säumte der Obriste Schlief nunmehr nicht, alle Umstände dieses Vorfalls an den Schwedischen Reichskanzler zu berichten, und schickte zugleich ein Schreiben mit, welches Huwald für sich an den Kanzler zu befördern verlangt hatte. Noch vor Ablauf desselben Jahres bekam Danzig hievon auf Befehl der Königin von Schweden, durch den Französischen Gesandten Vicomte de Bregy, die erste Eröfnung; und fast zu gleicher Zeit lief ein Schreiben aus Stettin ein, worin der Obriste Schlief sich von der Stadt eine Person ausbat, der er eine Sache von der äußersten Wichtigkeit anvertrauen könnte. An den Schwedischen Hof wurde unverzüglich Christian Schröder, [hh] ein

---

[hh] Diese Verschickung ist ohne Zuziehung des Raths, von den Burgermeistern allein, in der Art veranstaltet worden, damit sie desto geheimer vor sich gehen sollte.

junger Mann aus einer angesehenen Familie, der aber noch nicht in der Stadt Diensten war, mit geheimen Aufträgen zur Erforschung und Beglaubigung der Sache abgesendet; nach Stettin aber ließ man den Secretair Michael Böhme hingehen, der nachgehends das vom Obristen Schlief eigenhändig unterzeichnete und besiegelte Schreiben, mit dem Bericht der oben erwähnten Umstände mitgebracht hat. Aus Schweden hingegen konnte man der intentirten Verrätherey halber, keine nähere Beweise erhalten. Huwald hatte sich so wol in Acht genommen, daß aus seinen dorthin gekommenen Briefen und Schriften, nicht die geringsten Merkmale davon hervorschienen, und alles beruhete nur auf des Obristen Schlief mündlich geschehene Aussage. Inzwischen konnte Danzig nicht umhin, die Sache, da sie einen Königlichen Kammerherrn und Militairbewürdeten betraf, beym Könige von Polen anzubringen, und sie dessen Erkenntnis zu überlassen. Huwald aber hatte solches kaum erfahren, so setzte er alles in Bewegung, um nicht nur mit den äußersten Betheurungen seine angebliche Unschuld zu rechtfertigen, sondern sich auch der Sache selbst, als der schwärzesten Verläumbung wegen zu rächen. Es kam ihm hiebey nicht wenig zu statten, daß die Schliefschen Berichte und Aussagen, sich mit der Huwaldschen Correspondenz nach Schweden nicht völlig vereinbaren ließen, und da seine an den Obristen Schlief gegebene Instruction nicht hervorgebracht wurde, dieser auch während der ersten Untersuchung mit

Tode abging, so wurde die Sache dermaassen verwickelt, daß Danzig sich aller Zeugnisse und ferneren Erläuterungen zur Wahrheit des Factums betaubt sahe. Noch mehr wurde diese Stadt in Verlegenheit gesetzet, als der General Huwald dieselbe wegen einer vorsetzlichen Verläumbung und Diffamation anklagte, und sie förmlich an die Königlichen Gerichte ausladen ließ. Der König selbst aber hat den Lauf dieses Processes gehemmet, und ein Rescript ausfertigen lassen, kraft dessen Huwald zwar für unschuldig erkannt, der Stadt Danzig aber auch kein strafbares Verfahren darin ist beygemessen worden, in so ferne sie nach ihrer Pflicht und Treue, dem Könige von diesem ihr berichteten Vorfall habe Anzeige thun müssen. ii)

1651.
14 May

Mit der Krone Schweden wurden mittlerweile die öfters in Vorschlag gebrachten Friedensconferenzen nun würklich zum Stande gebracht. Als eben damals der Kron-Großfeldherr dem Kosaken-Hetmann Chmielnicki einen abermaligen Friedensvergleich zugestanden hatte, so versammelten sich die Polnischen und die Schwedischen Commissarien zu Lübeck, um auch von dieser Seite die Ruhe des Polnischen Reichs zu befestigen. Von den vermittlenden Mächten war nur ein Französischer Abgesandter zugegen, der Herzog von Curland hatte

---

ii) Der General Huwald ist ferner in Polnischen Diensten geblieben, der Pension von Danzig aber verlustig gegangen; er hat sich auch durch seine im Kosakenkriege erfochtene Meriten, auf dem nächsten Reichstage das Indigenat erworben.

zwey Bevollmächtigte, zur Mitunterhandlung abgeschickt, und die Danziger liessen einen Secretair zur Empfelung ihrer Stadt hingehen, der Abgeordnete der Provinz Preussen aber mußte zurück bleiben, damit die Polnische Gesandtschaft nicht stärker als die Anzahl der Schwedischen Commissarien würde. Die ersten Besuche liessen sich sehr freundschaftlich an, und selbst bey einem Gastmahle wurden einige Differenzen gehoben: als es aber zu den Geschäften selbst kam, so machte die geforderte Entschädigung des Königs von Polen, wegen seiner aufzugebenden Ansprüche an Schweden, einen so schwierigen Artikel, daß in kurzem die Zusammenkunft völlig abgebrochen und auf eine andre Zeit verlegt wurde, womit es also noch ungewiß blieb, ob Polen unter dieser Regierung, mit Schweden würde in Ruhe gesetzt werden.

7 Oct.

Eine andere Art des Unfriedens kam zu eben der Zeit über Danzig, indem eine mißhellige Kirchenveränderung hieselbst, aufs neue die beyden Religionspartheyen der Lutheraner und Reformirten, gegen einander aufbrachte. Bisher waren mit einer äußeren Zurückhaltung der Uneinigkeiten, die friedliebenden Ermahnungen Wladislavs des Vierten, ziemlichermaassen befolgt worden. Der D. Botsack hatte sich zwar zeit seines Lebens in Disputationen und Schriften als ein heftiger Gegner der Reformirten bewiesen, zur Abwechselung auch den Streithammer wider die Socinisten oder die Arianische Secte aufgehoben. Das Geistliche Ministerium in Danzig war fernerhin so gar in

Verdacht gerathen, sich am Schwedischen Hofe bemühet zu haben, damit die Reformirten, von der Religionsberechtigung im Westphälischen Frieden ausgeschlossen würden. Die Reformirten Gemeinden in Polen, hatten sich deshalb durch Sendschaften und mit Briefen sehr beweglich beym Rath zu Danzig beklaget, und dringend angehalten, die Rechte ihrer Glaubensgenossen in der Stadt nicht zu kränken, noch die Machinationen am Schwedischen Hofe ungeahndet zu lassen; und die hieraus entstandene Beschuldigungs- und Verantwortungs-Correspondenzen hatten nicht eher aufgehöret, bis ein eigenhändiges Schreiben des Schwedischen Reichskanzlers, die beargwöhnten Danziger Prediger darin gerechtfertigt hatte. Hierauf aber war vom Magistrat ein Manifest publiciret, worin nicht nur wegen der in Verdacht gezogenen Unterhandlung mit Schweden, ein Stillschweigen auferleget, sondern auch alle bey dieser Gelegenheit hervorgekommene Schmähschriften, waren verboten und confiscirt worden.

Indessen ist unter Vladislavs Regierung keine Aeußerung vorgefallen, die sich zu einer öffentlichen Störung des Kirchenfriedens qualificirt hätte. Dieser Herr hatte bey seiner Anwesenheit in Danzig (1634 den 30 December) würklich ein Diplom aufsetzen lassen, nach welchem, so sehr dasselbe auch bestritten worden, die Reformirten als unbezweifelte Theilnehmer an allen auf die Augspurgsche Confession in Danzig gegründeten Religionsrechten, auch aller bürgerlichen Würden und Aemter

Aemter hieselbst theilhaftig seyn sollten: allein die Ausfertigung dieses Privilegiums ist wegen verzögerter Unterschrift des Großkanzlers in der Folge unterblieben; und obgleich der König zwey Jahre später sich abermals der Reformirten in Danzig angenommen, und es den Burgermeistern mündlich zum Vorwurf gemacht hat, daß diese Religionsverwandten von den öffentlichen Ehrenstellen ausgeschlossen seyn würden; so hat man doch von Seiten des Magistrats vorgängige Rescripte und Decrete dagegen anführen können, vermöge deren wenigstens einer ausdrücklichen Abänderung ist vorgebeugt worden. Unter solchen Verhältnissen ist die Aemterbesetzung aus der Reformirten Gemeinde noch ferner unentschieden geblieben; selbst die Vocation eines außerordentlich angestellten Predigers an der St. Peterskirche, Namens Johann Cäsar, hat im J. 1646 einen heftigen Widerspruch des Ministeriums nach sich gezogen, den die personelle Disharmonie dieses Reformirten Geistlichen mit einigen Lutherischen Predigern, noch zwistvoller gemacht hat. Aber alle dergleichen Streitfälle waren mindestens nicht bedeutend genug gewesen, um durch eine nähere Theilnehmung des Publicums, die allgemeine Volksruhe zu beeinträchtigen. Nur der Todesfall des D. George Paul, welcher als Reformirter Prediger an der H. Dreyeinigkeits-oder der sogenannten Grauen Mönchen-Kirche gestanden, und bisher wechselsweise mit den lutherischen Pastoren an dieser Kirche, vermöge des im J. 1631 beliebten Simultaneums geprediget hatte, gab zu einer auffallenden Veränderung Anlaß, die nicht, ohne das Interesse der Kirchengemeinden darin zu verflechten, vollbracht werden konnte.

Ein großer Theil der Vorstädtschen Bürger und Einsaßen lutherischer Confeßion, hatte schon seit einigen Jahren, insonderheit aber in einer ausführlichen Bittschrift vom J. 1647, bey dem Rath Ansuchung gethan, daß ein ungetheilter lutherischer Gottesdienst in der H. Dreyfaltigkeitskirche möchte wieder hergestellt werden. Dieses Ansuchen wurde nach dem Ableben des D. Pauli, so sehr auch die Reformirten Glaubensverwandten, die Besetzung der vacanten Stelle mit einem Lehrer ihres Bekenntnißes begehrten, flehentlich wiederholet, und aus Gründen, welche der Rath für gültig erkannte, darin gewillfaret: denn die Lutheraner konnten nicht nur das ursprüngliche Besitzungs und Gebrauchsrecht dieser Kirche für sich anführen; sondern auch jene Ursachen hatten sich größtentheils verloren, aus welchen ehemals die Verstattung des Reformirten Gottesdienstes hieselbst war erforderlich worden, indem die Anzahl der Reformirten Gemeinde sich merklich vermindert, und hienächst die zweyte Vorstädtsche Kirche zu St. Peter und Paul, schon längst eine Einrichtung zum ausschließlichen Gebrauch ihrer Confeßionsglieder bekommen hatte. Dennoch glaubten diese sich in ihren Rechten verletzet zu finden, und sechs und zwanzig Mitglieder der Reformirten Gemeinde ließen im Namen derselben gegen die gemachte Verfügung, daß künftig allein der lutherische Gottesdienst mit Aufhebung der Reformirten Predigerstells, in der Trinitatiskirche statt haben sollte, dem Rath eine förmliche Protestation insinuiren. Dieselbe wurde zwar unverzüglich mit einer Manifestation erwidert, es wurden auch die Urheber der Protestation zur Rede gesetzt, und mit Ermahnungen zur Ruhe gegen den weitern Ausbruch der Streitigkeiten einige vermittelnde Vorschläge versuchet; allein die Sache bekam ein so ernstliches Aussehen, daß sie in kurzem in die Rathschläge sämmtlicher Ordnungen gezogen, und alles gütliche Vernehmen mit den Reformirten begrenzt wurde. Gleich in der ersten Bewegung war ein hartes Schreiben von den General-Staaten der Vereinigten Niederlande, zur Vertheydigung der Rechte ihrer Religionsverwandten, an den Rath eingelaufen, und 19 Jan. bald darauf war das erste Königliche Mandat in Warschau ausgebracht worden, dem einige Wochen später ein scharfes Pönalmandat nachfolgte, daß die Dreyfaltigkeitskirche den Reformirten von der Augspurgschen Confession restituiret, ein neuer Prediger ihres Bekenntnisses angestellet, und ihre mit der übrigen Bürgerschaft gleichmäßigen Vorrechte, in keiner Art verletzt noch vernachläßiget werden sollten. Weil nun unterdessen auch andre Beschuldigungen gegen Danzig am Königlichen Hofe rege gemacht waren, und jeder Aufschub der Zeit mit einer Verschlimmerung der Sachen drohte, so wurde eine Deputation aus allen Ordnungen nach

Warschau geschicket, kk) in deren Instruction ausser diesem Kirchengeschäfte, in allen noch schwebenden Streitsachen, als der Zulage, des Brigittiner Klosters und einer des Cabucrechts wegen entstandene Differenz, eine Vorschrift zur Negociation am Königlichen Hofe gegeben, und eine vorsichtige Ausführung derselben empfolen war. Die Kriegstrublen aber und des Königs bevorstehende Reise nach der Ukraine, liessen die gewünschte Unterhandlung nicht statt finden, man bekam nur einige Hofnungen zur künftigen Ausgleichung; doch sollte nach dem Willen des Königs, die streitige Kirche unterdessen sequestrirt, und aller Gottesdienst darin suspendirt bleiben. Uneractet nun diese Clausel mit wichtigen Entschuldigungen abge-

Juny lehnt ward, auch nach Zurückkunft der Danziger Gesandtschaft, mehrere Maasregeln befolgt wurden, die Forderungen der Reformirten unkräftig zu machen; so gewonnen doch diese dagegen vielen Eindruck mit einer neuen Supplik an den König, ein abermaliges Fürschreiben aus dem Haag sollte ihnen in Danzig zu statten kommen, einige Polnische Magnaten ihrer Confession arbeiteten eifrig zu ihrem Vortheil, und bey diesen gerieth Danzig durch eine falsche Nachricht aus Holland, so gar in den beleidigenden Verdacht, sich wider Pflicht

kk) Hiezu waren der Burgermeister Andr. von der Linde, Rathsherr Nicol. von Bodeck und der Syndicus; aus der zweyten Ordnung der Eltermann des Gerichts, und aus der dritten Ordnung der Quartiermeister Jac. Harder ernannt worden.

und Treue um Schwedischen Schutz in der zwistigen Kirchensache beworben zu haben. Dadurch wurde nun das persönelle Mißtrauen am Königlichen Hofe so wol, als in der Stadt täglich vergrößert; die beyden untern Ordnungen stellten es dem Rath dringend vor, daß die Reformirten Mitglieder zu den öffentlichen Berathschlagungen, in Kirchenangelegenheiten nicht weiter zugelassen werden möchten, und als solches nur unter gewissen Einschränkungen bewilliget worden, so hat doch die dritte Ordnung ihren Reformirten Mitgenossen, die Aufforderung zu den gemeinen Rathschlägen allgemach gänzlich versaget.

In einer so unangenehmen und des Ausgangs unsichern Lage befand sich Danzig, als der König Johann Casimir, auf seinem Besuch mehrerer Preussischen Städte, persönlich hieher kam, um die Kirchenhändel so wol, als die übrigen Differenzen mit Danzig auseinander zu setzen. Seine Ankunft war anfänglich mit furchtbaren Gerüchten begleitet, als ob er die Stadt mit Aufhebung ihrer Privilegien überwältigen, im Fall des Widerstandes aber sie durch in den Klöstern versteckte Soldaten in Brand setzen, und zugleich an drey Orten würde bestürmen lassen; allein diese zum Theil aus Schweden verbreitete Berichte, die sich Polnischerseits noch auf den obigen Argwohn gegen die Stadt mögen bezogen haben, wurden insgesammt als ungegründet befunden, nachdem man von dem friedfertigen Betragen des Königs sich zureichend überzeugt halten konnte. Zu Beylegung der Hauptsachen, wurden zwar weder in den Audienzen beym

19 Sept.

Könige, noch in den Zusammenkünften mit seinen Bevollmächtigten große Fortschritte gemacht; allein es geschahe auch den Rechten kein absoluter Eintrag, und es ließ sich völlig dazu an, daß die Sache der Reformirten durch einen Proceß würde ausgemacht werden.

6 Oct.

Bald nach der Abreise des Königs wurde dem Rath ein neues Pönalmandat überreicht, daß den Reformirten die prätendirte Kirche eingeräumet, und sie den Augspurgschen Confessionsverwandten gleich geachtet werden sollten. Nun schickte man zwar eilends dem Könige den Syndicus nach, und ließ eine Bittschrift von allen Ordnungen insinuiren; allein wenige Wochen darauf erging schon eine schriftliche Ladung an den Magistrat, welche im Namen des Kroninstigators von einem Königlichen Fiscal, mit Notar und Zeugen in die Rathstube eingelegt wurde.

Nov.

Der Beschluß der Rathschläge brachte es mit sich, daß man sich durch eine Gesandtschaft zum Proceß einstellen wollte, und als zu Ende des Jahres eine wiederholte Ladung, nebst einer Protestation des Reichsinstigators gegen die Bestellung des neuen Rectors am Gymnasium, imgleichen ein Königliches Mandat zur Communication der nöthigen Documente an die Reformirten, eingelaufen waren, so wurde wiederum eine Absendung aus allen Ordnungen beliebet, *u*) welche mit einer den Umständen nach erforderlichen Instruction an den Königlichen Hof abging.

u) In dieser Gesandschaft befanden sich der Burgermeister Abr. von der Linde, Rathsherr Geo. von Bömeln, und der Syndicus Vinc. Fabritius, der Schöppe Arnold Reyger, und die vier Quartiermeister Val. von Bodeck, Jacob Harder, Jost Mügge und Friedr. Feddersen.

Der Proceß nahm hierauf förmlich seinen Anfang, und es stand zu besorgen, daß alle Strenge, so man dem Syndicus bey seinem letztern Hierseyn gedrohet hatte, darin würde beobachtet werden. Dessen ungeachtet boten sich bei Hofe selbst einige Gönner der Reformirten Parthey sehr bald zu einer friedlichen Vermittelung an, und als es auch wegen der übrigen Differenzen mit der Stadt näher zur Sprache gebracht wurde, so erfuhr man durch einen der angesehensten Magnaten, daß, wenn die Stadt sich gegen den König dankbar bezeigen wollte, sie wegen aller angefochtenen Privilegien sicher gestellt werden dürfte. Konnte man nun gleich die Absicht nicht haben, sich auf ein neues Erwerbungsgeschäfte wegen solcher Freyheitsrechte einzulassen, welche längst erworben und für gültig erkannt, auch von allen Thronfolgern im Reiche bestätigt waren; so wollte man sich doch auch einer abzulegenden Erkenntlichkeit mit etlichen Tonnen Goldes nicht entziehen, wenn vom Könige alle Hindernisse und Ansprüche aus dem Wege geräumt würden, womit fernerhin die Privilegien der Stadt verletzt, oder bestritten werden könnten. Mit solcher Beurtheilung der Sachen, kam es demnach vermittelst einiger Unterhandlungen, die in Danzig ratificirt wurden, zu einer Complanation am Königlichen Hofe, womit eines Theils dem Lauf des Kirchenprocesses ein Ziel gesetzt ward, und auch die übrigen Angelegenheiten größtentheils zur Zufriedenheit der Städe eine Endschaft erreichten. Die ehemaligen Prätensionen wegen des Seezolls, an die darauf fundirten Zulagegelder, wurden auf alle Folge der Zeiten laut der Zusage des Königs entkräftet; die Reformirten Gemeinden in Danzig wurden vom Hofe und durch ihre eignen Glaubensverwandten daselbst zur Ruhe beleitet, sie erhielten die Versicherung eines freyen und ungestörten Gottesdienstes, in den Kirchen zu St. Peter und zu St. Elisabeth, nebst der St. Petersschule zum Religionsunterricht nach ihrer Confession; sie sollten ferner in der Stadt bey allen bürgerlichen Freyheiten und Gerechtigkeiten erhalten und geschützet werden, und sie erlangten hienächst einen Königlichen *April* Freyheits- oder Geleitsbrief, worin die Gleichheit ihrer bürgerlichen Gerechtsamen noch näher bestimmt wurde. Es sind auch in der Folge zur bürgerlichen und kirchlichen Eintracht mit ihnen, insonderheit aus Gefälligkeit des Raths, unterschiedene Wege gebahnt worden, und sie selbst haben im J. 1655 durch einige Mitglieder ihrer Gemeinde, wie solches auch fernerhin geschehen, zu einer vergnüglichen Vereinigung mit der gesammten Bürgerschaft die Hände geboten. Ein anderes Hauptgeschäft ging die Brigittinernonnen, und deren Forderung an. Diese hatten, seit der Ankunft einiger Brüder ihres Ordens (1640), welche den Kirchendienst bei ihnen versahen, mit dem Rath in Danzig zwar gemeinschaftliche Sache gemacht, den Jesuiten keine Rechte in ihrem Kloster anzuerkennen und zu verstatten; der König Johann Casimir hatte Danzig auch, wider das schon unter Vladislav aufgehobene Decret, noch durch eine specielle Caution vom J. 1649 gesichert, aber nichts desto weniger hatten die Klosterjungfern sich den Querulanten zugesellet, und gegen den im J. 1643 mit dem Rath abgeschlossenen und vom Könige confirmirten Vergleich, neue Einwendungen hauptsächlich wegen des Dorfs Schidliz rege gemacht. Damit nun die daraus am Hofe entstandene Bewegungen völlig abgethan würden, so hat man sich von neuem dem Geschäfte mit einer Commission unterzogen, so zwar außer den Ehrengeschenken an die Commissarien, mit nicht geringen Geldaufwand zur Befriedigung des Klosterconvents verknüpfet gewesen, dafür aber zur dauerhaftesten Befestigung der älteren Verträge ist abgemacht worden. Was endlich die wegen des Caducrechts eingetretenen Mißverständnisse betraf, so wurde nicht nur die vom J. 1647 wegen eines von der Stadt gemachten Vorschusses gegebene Königliche Verschreibung Vladislavs des Vierten auf die caducirten Gelder, nach geschehener Untersuchung bekräftiget, sondern Johann Casimir hat auch späterhin im J. 1660 den 30 April an Danzig ein Privilegium gegeben, kraft dessen schifbrüchige so wol als durch ledigen Erbanfall caducirte Güter und Gelder, nicht wie bisher, zum Gewahrsam für den König, sondern der Stadt zu ihrer eigenthümlichen Disposition und Nuzung, auf ewige Zeiten sind zuerkannt worden.

Indem nun die lautgewordenen Mißhelligkeiten Danzigs mehrentheils beygeleget wurden, so war man zum Besten der innern Ruhe und Ordnung, hier zugleich solchen bürgerlichen Beschwerden abzuhelfen bedacht, deren öffentliche Ausbrüche zwar vorsichtig waren vermieden worden, die aber noch manche Besorgung zurückliessen, daß das gute Vernehmen im Civilregiment dadurch gestört werden könnte. Ein Beschluß vom J. 1644, kraft dessen man das Geldquantum zur Erwerbung und sogenannten Verbesserung des Bürgerrechts, beträchtlich erhöht hatte, wurde wegen wiederholentlich darüber bezeigter Unzufriedenheit der Gewerke, durch neue Verordnungen gemildert. Nächstdem machte man Verfügungen für das Gewerbe der Fremden oder eigenen Rauchhalter, damit den Handlungsgeschäften und den Nahrungszweigen der Bürger dadurch nicht Abbruch gethan würde. Die Revision der Stadtwillkühr und eine verbesserte Einrichtung des Wettgerichts, wurden in diesen Jahren mit vorzüglichem Fleiße bearbeitet. Mit nicht minderer Aufmerksamkeit sorgte man für die Verpflegung der Armen, unterstützte die Schulen, und ließ unterschiedene Anordnungen machen, die sich auf Ausbreitung und Bequemlichkeit des bürgerlichen Erwerbes bezogen; ja es schien sich mit der glücklich besiegten Revolution, eine allgemeine Thätigkeit in Danzig erzeuget zu haben, um allen Bestandtheilen der innern Verfassung neue Kräfte zu geben. In eben diesen Zeitraum aber fällt auch diejenige Veränderung ein, welche nach einer länger als brittehalb hundert Jahre hindurch beybehaltenen Observanz, mit der Hofhaltung im Königlichen Artushofe ist bewerkstelliget worden. Nicht ohne gegründete Vermuthung, haben die geschwächten Verhältnisse der Hanseatischen Bundesverwandschaft hierin den nächsten Einfluß gehabt: denn bekanntlich war schon im J. 1630 die Abnahme dieses Bundes so merklich geworden, daß die drey Städte Lübeck, Bremen und Hamburg, zur Aufrechthaltung der deutschen Hanse, eine specielle Verbindung mit einander errichtet hatten; und obgleich Danzig vor allen übrigen mitverknüpft gewesenen Städten, sich immer noch am nächsten zu den Hanseatischen Verpflichtungen und Einrichtungen angeschlossen hat, auch in solcher Verhältniß, bis in die neuesten Zeiten, von hohen Mächten Europens ist hervorgezogen worden; so hatten doch jene älteren Bande der genauesten Commerzverbindung, des wechselseitigen Beystandes, und der gemeinschaftlichen Staatsvortheile, schon damals ihre Stärke verloren; der Lauf der Commerzien hatte sich vielfältig verändert; das einseitige Interesse der Kaufleute nahm abgesonderte Wege; die Handlungsmaximen der Städte hatten eine andre Richtung bekommen, und die politische Verfassung der Europäischen Staaten wollte im ganzen Umfang, den Hanseatischen Bundesgeschäften das vormalige Uebergewicht nicht mehr verstatten. Unter so veränderten Umständen konnte es nicht fehlen, daß auch in Danzig, die durch Hansische Freundschaft, Hansische Handlungsconnexionen und Hansische Schiffahrt, bestandene Besuche des Artushofes, mehr und mehr eingestellt wurden, daß den Vögten und Elterleuten der Bänke, die Hofhaltungen von

Zeit zu Zeit lästiger und für ihre Corporationen gewinnloser wurden, und daß die Vertraulichkeit und der heitere Muth, womit die Frequenz hieselbst ehedem belebt worden, um des entzogenen Hauptendzwecks willen, sich allmälig habe verlieren müssen. Solchergestalt hörte die Conversation nach und nach auf, deren noch Ogier zu seiner Zeit mit einigem Wolgefallen gedenket; die Concerte der Hofmusikanten, die Bälle, die Zechen und die Aufnahme durchreisender Fremden, alles wurde seltener, und obgleich man im J. 1631 noch eine erneuerte Vorschrift des Raths zur Hofhaltung findet, so ist doch schon im J. 1656 beschlossen worden, daß die Hofhaltungen gänzlich aufhören und abgeschaft werden sollten. Weil aber auch in vorgängigen Zeiten die Einrichtung getroffen gewesen, daß jeder junge Bürger als Kaufmann, vierzehn Tage lang die Hofhaltung mit Danziger Bier zur freyen Auszapfung hat versorgen müssen, so ist dagegen eine Verordnung gemacht worden, daß die auf Kaufmannsrecht neu angenommenen Bürger, über alle andre Unkosten, hundert Gulden wegen Nichthaltung des Hofes, an die Wette zu erlegen verpflichtet seyn sollen.

Vierter Abschnitt. Eilftes Capitel. 541

Eilftes Capitel.

Pest in Preussen — Aussichten zur Erneuerung des Schwedischen Krieges — Zurüstungen in Danzig — Erstere Schwedische Kriegsprogressen, Carl Gustav bemächtigt sich der Provinz Preussen, außer Danzig, Marienburg und Putzig — feindliche Versuche gegen Danzig — der Danziger Entsatz von Marienburg wird verspätet — Danzig brennt seine Vorstädte ab, und verliert das Weichselhaupt — Danzig wird in den Besitz von Putzig restituiret — verbesserte Situation des Königs von Polen — Carl Gustav überwältigt die Danziger Schanze bey Stüblau — schließt ein Offensiv-Bündnis mit dem Churfürsten von Brandenburg — Danziger Negociation wegen Holländischer Kriegshülfe — Danzig wird wider Willen in den Elbingschen Tractat eingeschlossen — Holländische und Dänische Flotten halten die Fahrt in der Ostsee offen, und beschützen die Danziger Seehandlung — Danzig nimmt den Schwedischen Feldmarschall Grafen von Königsmark gefangen — Der König von Polen hält einen Einzug in Danzig — Danziger Streifereyen gegen den Feind — Aufbruch des Königs von Polen, und seiner so wol als der Schwedischen Armee aus Preussen — feindlicher Weichselschaden für Danzig — vortheilhafte Veränderungen für den König von Polen — dessen Verträge mit dem Churfürsten von Brandenburg — abermalige Ankunft einer Dänischen Flotte bey Danzig — Danziger Scharmützel im Lande — Dirschau und Lauenburg werden von Danzig besetzet.

Mit den noch drohenden Gefahren des Krieges, vereinigte sich jetzo eine in ganz Preussen herumziehende Pestkrankheit. Danzig hat dadurch im J. 1653 einen Menschenverlust von 11616 Todten, gegen 1677 Gebohrne gehabt, und die innern Stadtangelegenheiten so wol als die Staatsgeschäfte des Landes, wurden zuweilen in ihrem Lauf un-

1653.

terbrochen. Dennoch machten die erneuerten Feindseligkeiten mit den Kosaken es nöthig, nicht nur der Krone Geldhülfen zu leisten, sondern auch zur Sicherheit der Provinz, ein bewafnetes Corps Soldaten unter dem Obercommando der Woywoden in Bereitschaft zu halten. Dessen unerachtet aber blieb Preussen nicht von den Drangsalen, ja selbst nicht von Gewaltthätigkeiten befreyet, womit man sich in diesen Jahren durch die Polnischen Krontruppen, wegen Mangels der Kriegsdisciplin, hat beschweret gefunden.

1654. Neue und noch erheblichere Besorgnisse brachte ferner die in Schweden erfolgte Thronveränderung mit sich. Die Königin Christina legte die Regierung nieder, und ließ ihres Vaters Schwestersohne dem Pfalzgrafen Carl Gustav die Krone feyerlich aufsetzen. Weil nun eben damals der Polnische Gesandte Heinrich Canasiles, der zwar zur Erneuerung der Friedensgeschäfte abgeschickt war, jetzt aber gegen die unvermuthete Thronfolge einen Widerspruch erklären mußte, von der Königin bekanntlich eine sehr spröde Antwort darauf empfing, so ließ sich mit aller Wahrscheinlichkeit abnehmen, daß der neue Thronfolger sein Kronrecht mit offenbaren Thätlichkeiten gegen den König von Polen zu behaupten gedächte. Jedoch machte Carl Gustav vorerst seine Thronbesteigung dem Polnischen Hofe durch ein Schreiben bekannt, welches der Schwedische Commissarius in Danzig Johann Koch zu Warschau einhändigen mußte, und Johann Casimir erwiederte solches mit noch größerer

Höflichkeit, indem er seinen Kammerherrn Andr. Morstein zur Glückwünschung nach Stockholm absandte, selbigem auch neue Verhaltungsbefehle zur Einleitung einer Friedensconferenz mitgab. Nunmehr aber ließ der König von Schweden seine Absichten näher erkennen; Morstein gelangte nicht zur Audienz, weil man sein Creditiv der Kronwürde und den Rechten Carl Gustavs entgegen erklärte, obgleich alle Fehler so demselben beygelegt wurden, sich nur aus dem Polnischen Siegel worin das Schwedische Wapen mit ausgedruckt war, und aus einigen Nebenzeichen der Titulaturen darlegen ließen. Inzwischen schien der Entschluß schon genommen zu seyn, den Waffenstillstand mit einer Kriegsankündigung aufzuheben, und gleichwie sich im J. 1652 der zweyte Congreß zu Lübeck, wegen der Siegel und Titel in den Vollmachten zerschlagen hatte, so wurden auch jetzt diese Streitpunkte erneuert, nur um die Entschuldigungen des wieder zu eröfnenden Krieges desto scheinbarer zu machen.

Polen sahe demnach unter allen Umständen ein neues Kriegstheater von Schwedischer Seite vor sich; weil man sich aber von einer nochmaligen Friedensgesandtschaft, die auf dem nächstfolgenden Reichstage ernannt wurde, noch vortheilhafte Ausrichtungen versprach, so hatten allerdings die Vertheydigungsanstalten und Zurüstungen in Polen nicht den eifrigen Fortgang, den eine so dringende Gefahr nothwendig hätte befördern müssen. Nur in der Provinz Preussen war man thätiger auf einen

1655

besseren Sicherheitszustand bedacht: die gesammte Ritterschaft wurde ermahnet, sich zu einem allgemeinen Aufgebot fertig zu halten, welches auch der nächstfolgende Nachlandtag bestätiget hat: der Woywod von Marienburg wurde zum Obersten Kriegesbefehlshaber erkläret, und die Städte Putzig, Schlochau und Thorn wurden als die vornehmsten Pässe des Landes seiner vorzüglichen Aufsicht empfolen. Den Großen Städten wurde die eigne Sorgfalt für ihre Kriegsverfassung überlassen, Thorn aber sollte Diebau befestigen, und an Danzig ließ der König die schon zwey Jahre vorher gemachte Erinnerung ergehen, das Weichselhaupt durch neue Festungswerke zu sichern, imgleichen den Seestrand gegen feindliche Landungen zu decken. Hienächst wurde Marienburg mit einer Polnischen Besatzung versehen, und der König versprach auf den Fall einer überhandnehmenden Gefahr, den Preussen mit einem starken Kriegsheer zu Hülfe zu eilen. Was Danzig insbesondre betrift, so war man hier schon seit einigen Jahren beschäftigt, auf alle Fälle, zur Sicherheit der Stadt die nöthigen Maasregeln zu nehmen. Schon im J. 1649 war der General-Quartiermeister von Perceval aus Holland hieher gerufen worden, um sein Urtheil und dienliche Instructionen zur Verbesserung der Fortificationswerke zu geben, und man hatte ihm nebst freyer Reise, nach einem viermonatlichen Aufenthalt, ein reichliches Ehrengeschenk dafür ertheilet. Jetzt wurde mit einer regulirten Einrichtung und Berechtigung des Kriegsraths,

raths, die Stadtgarnison auf 3000 Mann verstärket, auch zwey Compagnien Reuterey angenommen, in der, Person des Obristen Valentin von Winter ein erfahrner Kriegsofficier, der Besatzung als Oberbefehlshaber vorgesetzet, und mit Einwilligung des Königs die Veranstaltung gemacht, beym Könige von Dänemark, bey den General-Staaten, und in den Hansestädten, sich vorläufig um Kriegshülfe zu bewerben. Hienächst wurden die älteren Verordnungen wegen der Bürgerwachen revidiret und in Ausübung gesetzet, den fremden Handwerksgesellen Wartgeld gegeben, und übrigens in der Stadt so wol als in den Aussenwerken, auch bey der Weichselmünde und in den Schanzen, die nöthigen Reparationen oder Bauten an den Festungswerken, mit ununterbrochener Arbeitsamkeit zum Stande gebracht. Auf dem diesjährigen Reichstage erliessen die Reichsstände den Danzigern in Betracht ihrer schweren Kriegskosten, wiederum die Abtragung der Malzaccisen, und laut einer mündlichen Erklärung des Königs, wozu er den Danziger Secretair an seinen Thron rief, verlieh er dieselben der Stadt zu ihrer eignen Beschützung, auch sollten, im Fall der Friede mit Schweden zu Stande käme, die von Danzig angeworbenen Soldaten in Königlichen Sold überlassen werden. Einige Monate früher aber hatte der König seine Einkünfte von den Danziger Pfalgeldern, der Stadt für eine nahmhafte Summe Geldes verpfändet, dessen er zu Abzahlung der Latarn, in den jetzigen ihn überall drängenden Kriegsnöthen, bedurfte.

Gleich nach geendigtem Reichstage nahmen die Schwedischen Feindseligkeiten schreckenvoll ihren Anfang. Die Polnische Gesandtschaft wurde unterdessen in Stockholm mit leeren Worten abgefertiget, und nur zu einer neuen Conferenz in Stettin ward eine unsichre Hofnung gegeben. Dage-

July gen brach eine Schwedische Armee von 34000 Mann in zwey Divisionen, deren eine der König, die andre der Feldmarschall Wittenberg anführte, aus Pommern in Großpolen ein. Hiemit bemächtigte sich Carl Gustav der Woywodschaften Posen und Kalisch, eroberte Warschau, schlug die Polnischen Truppen bey Czarnowa, zwang den König Johann Casimir, nach klein Glogau in Schlesien zu flüchten, und nahm nach zweymonatlicher Belagerung, Krakau mit Capitulation in Besitz. Dieses unaufhaltbare Kriegsglück verbreitete eine so große Furcht und Verwirrung im Reiche, daß der größte Theil der Polnischen und Litthauischen Stände, gleichwie die Kriegsvölker, sich dem Könige von Schweden als ihrem Oberherrn unterwarfen, und er so gar einen Reichstag nach Warschau ausschrieb, um durch die Huldigung des Landes seine Herrschaft befestigen zu lassen. Die Provinz Preussen sahe unterdessen einem feindlichen Anfall mit Zittern entgegen; alle ihre Kriegsanstalten waren zu schwach, sich gegen diese überall siegende Armee zu vertheydigen, und was ihr noch eine Rettung versprechen konnte, war, mit dem

Churfürsten von Brandenburg eine nähere Vereinigung zu treffen. Mehrentheils waren die Landesstände hiezu geneigt, man hatte auch bereits sichre Nachricht, daß der Churfürst sein Land gegen einen feindlichen Angriff zu decken gedächte; nur den Großen Städten schien diese Vereinigung bedenklich, insonderheit weil der Churfürst bis zur Krakauer Belagerung, noch mit dem Könige von Schweden wegen der Neutralität negociirt hatte. Die Danziger sprachen auf der Marienburger Zusammenkunft so sehr dagegen, daß man ihnen so gar eine heimliche Verabredung mit Schweden zur Last legte. Indessen hatte der Churfürst, in Danzig bey seiner Durchreise nach Preussen, persönlich Versicherung gegeben, daß er der ganzen Provinz so wol als der Stadt Hülfe zu leisten geneigt wäre, und nach einer von den Landesgesandten mit dem Churfürsten, bey Rinsk unweit Thorn gehaltenen Unterredung, kamen die Unterhandlungen mit der Brandenburgischen Gesandtschaft völlig zum Stande, daß also laut dem Marienburger Vergleich, ein genaues Defensivbündnis mit dem Churfürsten Friedrich Wilhelm geschlossen wurde.

4 Oct.

Inmittelst ließ es Carl Gustav nicht anstehen, die Preussen noch während ihrer Tractaten zu überrumpeln. Schon im September hatten die Schwedische Besatzungen aus Bromberg und Jordan, einen Ausfall auf das benachbarte Lager der Culmschen Ritterschaft gethan, und dasselbe gänzlich zerstreuet. Im October rückte der General Horn in Pommerellen ein, eroberte Schwetz nach einer

tapfern Gegenwehr der Besatzung, und brachte darauf Tuchel, Könitz, Friedland und mehrere kleine Städte unter sich. Im November kam der König von Schweden selbst mit einer starken Macht nach Preussen, er ließ durch den abtrünnig gewordenen Polnischen Unterkanzler Radziejowski die Stadt Thorn auffordern, die mit einer schwachen Besatzung und schlechter Munition versehen war; sie fand noch andere Bewegungsgründe, von aller Gegenwehr abzustehen, und ging unter billigen
4 Dec. Bedingungen die der König ihr zusagte, über. Vor Elbing zogen sich bey Gustavs Annäherung die Brandenburgischen Truppen zurück, und diese unbewehrte Stadt unterwarf sich noch leichter der Schwedischen Bothmäßigkeit. Zu gleicher Zeit ergaben sich mehrere Städte, in Pommerellen so wol als in den übrigen Woywodschaften der Provinz, an die vertheilten feindlichen Corps, und zu Ende des Jahres waren außer Danzig, nur Marienburg und Putzig noch übrig, die als haltbare Oerter in ihrer Treue an den König von Polen verblieben. Unmittelbar nach der Einnahme von Elbing hatte Carl Gustav seinen Zug auf Königsberg die Residenz des Churfürsten gerichtet; die Ungewißheit der Unterhandlungen wozu es mit demselben gekommen war, machte den König von Schweden nicht sicher; dieser nöthigte demnach den Churfürsten, die schwankenden Erklärungen mit einem bestimmten Vergleich zu verwechseln, der auch in kurzem zur gänzlichen Herausziehung der Brandenburgschen Truppen aus der Provinz Preussen er-

Vierter Abschnitt. Eilftes Capitel.

folgte, und worin der Churfürst die Lehnshoheit der Schwedischen Krone über sein Herzogthum Preussen, gegen gleichmäßige Belehnung mit dem Bisthum Ermland erkannte.

Danzig war mitlerweile nicht unangefochten geblieben. Zu Anfang des Septembers war der Unteradmiral Wrangel mit einer Flotte von 36 Seegeln auf die Danziger Rhede gekommen, und hatte durch den Schwedischen Commissair Koch die Neutralitätsanträge erneuern lassen, welche dieser bereits vor ausgebrochenem Kriege, zweymal an den Rath der Stadt, mit Versicherung der gnädigen Gesinnungen seines Königs, und mit der Einladung zu einem nähern Vertragsgeschäfte, gemacht hatte. Die Stadt hingegen hatte alle Tractaten, in so ferne die Hofnung zum Frieden vereitelt würde, mit ihrer an den König von Polen schuldigen Treue abgelehnet, und als nunmehr der nach dem Beyspiel Gustavs Adolphs wieder angelegte, und mit Kriegsmacht unterstützte Seezoll ein neues Mittel werden sollte, die Stadt entweder zu einem Vergleich zu nöthigen, oder wenigstens ein beträchtliches Geld damit zu gewinnen; so war Danzig beyden Absichten mit freywilligem Verlust in den Weg getreten, und hatte mit Schliessung der Pfalkammer alle Seehandlung gehemmet, die Schiffe so den Zoll entrichtet, abgewiesen, und den auswärts befindlichen davon Notiz gegeben, um ihre Fahrt auf andre Seehäfen zu richten. Nächstdem hatte der Schwedische Admiral Truppen ans Land setzen, und durch dieselben Putzig unter harter Bedrohung zweymal auffordern laſſen. Der Woywod von Marienburg aber hatte ſich darin mit der Beſatzung ſo brav vertheydiget, daß die Schweden zum Abzuge genöthiget worden; und ein gefangener Capitain hatte ihm verſichert, daß ſo gut auch die Schwediſchen Kriegsſchiffe bemannet und mit Proviant und Munition verſehen geweſen, ſie doch größtentheils leck geworden, und kaum vier Wochen lang die See hätten halten können; wie ſie denn auch würklich gegen den Winter nach Schweden zurück gekehrt waren. Nach der Zeit hatte zwar der General Steenbock in Pommerellen den Meiſter geſpielet; Mewe war erobert, Dirſchau durch angedrohten Sturm zur Uebergabe gebracht, und Stargard war aus Furcht von ſeiner Beſatzung verlaſſen worden; vor Danzig aber ward nichts weiter unternommen, als daß der General eine nochmalige Anmahnung einſchickte, mit ſeinem Könige einen Vergleich einzugehen. Er hatte würklich den Befehl bekommen, gegen dieſe Stadt allen Glimpf zu bezeigen, ſelbſt im Fall ſie zu Thätlichkeiten ſchritte, ihr mit Schonung zu begegnen, ihr auch den Kaufhandel mit Stettin frey zu laſſen, und alles mögliche zu verſuchen, damit ſie eine Deputation an ſeinen König zu einem Vergleichsgeſchäfte abſchicken möchte. Dagegen wurde das benachbarte Kloſter Olive von Dragonern beſetzt, und ein abermaliger Verſuch auf Putzig gemacht, der aber durch Zuthun der Danziger fehlſchlug, und dann überhaupt mit zunehmenden Froſt,

1656.
Januar der Schwediſche Feldzug geendiget wurde.

Vierter Abschnitt. Eilftes Capitel.

Die nächste Folge des Churbrandenburgschen Neutralitätsvertrags mit Schweden, war die Evacuation von Marienburg gewesen. Durch den Abzug der Herzoglichen Truppen war die Besatzung hier dermassen geschwächt, daß der Woywod von Marienburg als Commendant, ein Schreiben nach Danzig einschickte, um Beystand an Volk so wol als an Gelde zu bitten. Man konnte sich aber hieselbst wegen eigener Bedürfnisse, nicht gleich dazu entschliessen, und unterdessen förderte sich der General Steenbock, Marienburg zu belagern. Ein aus Zaghaftigkeit der Bürger geöfnetes Thor, erleichterte den Schweden das baldige Eindringen, die Besatzung konnte sich kaum eilig genug ins Schloß retiriren, und auch diesem wurde nun mit Einwerfung der Bomben so scharf zugesetzet, daß es aus Mangel an Proviant und Munition, mit Accord überging, ehe noch die 2000 Mann frisches Volk ankamen, welche Danzig zum Entsatz über die Weichsel hatte abgehen lassen. Diese zogen sich demnach mit einigem Verlust zurück, weil der Feind sie ausgekundschaftet, und ihnen ein starkes Corps Reuterey entgegen geschickt hatte. Ueberhaupt sahe es schon rings um Danzig sehr kriegerisch aus. Gleich mit Anfang des Jahres hatte man den Entschluß gefasset, alle umliegende der Stadt schädliche Gebäude niederzureissen oder in Brand zu stecken. Solches geschahe unter Taxation, und mit vorgängiger Verwarnung der Einwohner, welche selbst zur Abbrechung ihrer Häuser Hand anlegten, dieselben verliessen, und sich in der Stadt, mit nicht geringem Anbau derselben, ein Unterkommen verschafften. Petershagen mit der Kirche zu St. Salvator, Hoppenbruch, die Mottlaugasse, Schlathal, Jacobsacker, Schidlitz und ein groß Theil von Neugarten verloren dergestalt ihre Gebäude: die Einsassen im Schottland waren ebenfalls deswegen besprochen worden, weil sie aber troß aller Warschauung, sich der Danziger Obrigkeit darin wiedersetzten, so wurden einige Feuerherren verordnet, welche in Begleitung etlicher Compagnien Soldaten, nebst der Trägerzunft, die Fakeln und Pechkränze mitführte, aus der Stadt zogen, und im Bischöflichen Gebiete das Schottland nebst der dasigen Jesuiterkirche und dem Hospitalkloster der Barmherzigen Brüder mm) abbrannten, und gleichermaassen den ganzen Stolzenberg nebst einem Theil des Bischofsberges von Häusern entledigten, um den Feinden allen Aufenthalt daselbst untauglich zu machen. Nicht lange darauf bekam Danzig einen Angrif auf die Schanze am Weichselhaupt in der Nehrung, welche während des Stillstandes, ziemlich war ausgebessert, und mit zwey hundert Soldaten unter Commando eines Hauptmanns besetzt worden. Die Schweden thaten darauf einen unvermutheten Anfall, und als der commandirende Hauptmann Adrian Dilger gleich anfangs durch eine Falkonetkugel getödtet wurde, so säumte

14 Febr.

---

mm) Das Hospitalkloster der Barmherzigen Brüder (Fratrum B. Joannis Dei, vulgo boni Fratelli genannt), ist im J. 1646 auf Schottländischem Grunde bey Danzig errichtet und dotirt worden. Nach dem Kriege haben die Brüder ihr Hospital und Kirche ebendaselbst wieder erbauet.

die Besatzung nicht lange, mit dem Feinde zu capituliren. Die bequeme Lage dieser Schanze, um die Weichselfahrt auf Danzig zu sperren, und die umliegende Gegend in Contribution zu setzen, kam den Schweden vortreflich zu statten, und deshalb trafen sie von Stunde an die Veranstaltungen, dieselbe zu einer ansehnlichen Forteresse zu machen. Für diesen Verlust hatten die Danziger mindestens den Ersatz, bey Nachtzeit das Olivische Kloster zu ersteigen, außer einigen daselbst niedergemachten Schweden, vierzig Gefangene in die Stadt zu bringen, und das Kloster selbst in Besitz zu behalten. Um dieselbe Zeit wurde auch ein verrätherischer Anschlag in Putzig zernichtet, womit der treulose Commendant Czarpski nebst einigen Officiers, diesen Ort den Schweden hatte in die Hände spielen wollen. Die Besatzung aber so größtentheils aus dem Weyherschen Regimente bestand, entdeckte die Verrätherey, nahm den Commendanten nebst seinen Gehülfen gefangen, schickte sie nach Danzig, und ließ von hier aus um eine Verstärkung ansuchen. Danzig schickte darauf einen Lieutenant mit hundert Mann den Putzigern zu Hülfe, ließ auch Munition und andre Nothwendigkeiten der Festung zuführen, und nun zogen sich die in der Nähe liegende 400 Schwedische Dragoner unverrichteter Sachen zurück. Nach diesem Vorfall *März* hat der König von Polen, die Festung Putzig den Danzigern gleich der ehemaligen Verhältnis völlig wieder anvertrauet, und diese ließen so fort eine eigne Besatzung unter ihrem Major Schur dahin abgehen.

Währender Zeit hatten sich auch in Polen für den geflüchteten König Johann Casimir, bessere Veränderungen ereignet. Die zu Tyskiewicz für den rechtmässigen Landesherrn, für die Religion und die Freyheit des Vaterlandes, errichtete Conföderation, hatte des Königs Rückkehr nach Lemberg befördert, und Carl Gustav so wol als sein Anhang in Polen, waren für Reichsfeinde erklärt worden. Dieser hatte zwar seinen Aufbruch aus Preussen beschleuniget, und darauf den tapfern General und Woywoden von Kiow Stephan Czarnecki bey Golub geschlagen, er kam aber nach einem beschwerlichen Marsch, zwischen der Save und der Weichsel, bey Sendomir dergestalt ins Gedränge, daß er sich mit äusserster Mühe und Gefahr den *April* Rückweg nach Warschau öfnen mußte, da unterdessen Czarnecki über einen andern Theil der Schwedischen Armee eine Feldschlacht bey Warka gewann. Nichts desto weniger traf Carl Gustav, der auf dem Jaroslawer Zuge zwanzig Tage lang nicht aus den Kleidern gekommen seyn soll, unvermuthet wieder in Preussen ein, wo man ihn kurz vorher todt gesagt hatte. Die Ankunft seiner Gemahlin, nebst den Absichten, sich näher mit dem Churfürsten von Brandenburg zu verbinden, und Danzig nach seinem Willen zu zwingen, hatten ihn hiezu bewogen. Danzig aber blieb bey dem gefaßten Entschluße. Nächst der Garnison, welche jetzt in allem auf 8000 Mann gebracht worden,

Vierter Abschnitt. Eilftes Capitel.

hatten sich sämmtliche Ordnungen und alle Bürger und Einwohner der Stadt, in dieser Kriegeszeit, durch einen speciellen Eyd der Treue für ihren König miteinander verbunden, sie feyerten mit großen Solennitäten ein öffentliches Dankfest, als ihnen die Zurückkunft Casimirs und dessen verbesserte Situation, auf seinen Befehl durch Abgeordnete war gemeldet worden, und Carl Gustav konnte nicht die mindeste Hofnung zur Erreichung seines Endzwecks hieselbst erlangen. Er beschloß demnach mit feindlicher Gewalt gegen Danzig zu verfahren. Vier Schwedische Kriegsschiffe legten sich aufs neue vor dem Hafen, worauf aber sogleich die Pfalkammer geschlossen wurde, und alles Seeverkehr bis zu Ankunft der Holländischen Flotte aufgehört hat. Die Danziger machten so gar selbst mit Thätlichkeiten einen Versuch, und schickten ein Corps von etlichen hundert Mann aus, um die Schweden in Dirschau zu überfallen; allein diese Expedition hatte keinen glücklichen Ausgang, indem außer dem Verlust vieler guten Soldaten, bald darauf größere Feindseligkeiten von den Schweden, dafür im Werder ausgeübt wurden. Der König von Schweden kam in Person vor die Stadt, nahm unter Bedeckung eines Trupps Reuterey ihre Festungswerke in Augenschein, wandte sich aber nachher ins Werder, und forderte das Schloß Grebin auf, worin die aus sechzig Mann bestandene Besatzung doch erst nach angedrohetem Sturm capitulirte. Ein härteres Schicksal hatte die Danziger Schanze bey Stüblau, deren Befestigung kaum

May

vollendet war, und worin 500 Mann unter dem Hauptmann Daniel Gabriel lagen. Unerachtet der König sie nebst dem General Steenbock beynahe mit 4000 Mann forcirte, so wehrte sich die Mannschaft doch so tapfer, daß ihr bey endlicher Uebergabe ein ehrenvoller Accord zum Abzuge zugestanden wurde. Eben beym Ausmarsch aber geschahe, (vielleicht zufällig), aus den Gliedern der Danziger, ein Musquetenschuß der einen Pauker dicht vor dem Könige erlegte, und worüber der König mit so festem Argwohn, daß es auf ihn selbst gezielet gewesen, ergrimmt wurde, daß er die Capitulation brach, und unverzüglich Befehl gab, die ausziehende Danziger Besatzung feindlich zu überfallen. Hierauf erfolgte eine blutige Massacre, worin ohnerachtet einer tapfern Gegenwehr, der Hauptmann und der größte Theil seines Corps ihr Leben einbüssen mußten. Noch voll Galle schrieb Carl Gustav hienächst an den Rath zu Danzig einen Brief, der mit Drohungen und Vorwürfen, wegen ehrenrühriger auf ihn und seinen Staat, in Danzig gemachter Schmähschriften angefüllt war, der Herzog von Croy und der General Steenbock mußten denselben mit ihren Schreiben begleiten, welche zuletzt dennoch eine wiederholte Einladung enthielten, mit dem Könige in ein gütliches Vernehmen zu treten. Die Antworten der Stadt, welche übrigens bey ihren Entschlüssen standhaft beharrte, trafen den König nicht mehr im Werder, nach dem er über Bromberg nach Großpolen gegangen war, und kurz darauf den

General Czarnecki bey Ekcin verjagte. Er kam aber bald wieder nach Preussen zurück, und brachte mit dem Churfürsten von Brandenburg, unter gewissen Bedingungen, zu Marienburg ein Offensiv-Bündniß zum Stande. Hievon war die nächste und wichtigste Folge, daß diese neue Bundesgenossen, nach einer dreytägigen Schlacht die Residenz Warschau wieder eroberten, worauf der König Johann Casimir nach Lublin fortzurücken genöthiget wurde. Dennoch äußerte sich in kurzem der Anschein, als ob der Churfürst von der Allianz wieder abgehen würde, und Carl Gustav hat es einige Monate später für nöthig befunden, demselben zu besserer Freundschaftsversicherung, durch den Labiauischen Tractat, die Souveränetät des Herzogthums Preussen und des Stifts Ermland zuzugestehen.

July

Aus Danzig waren mitlerweile zwar ein paar Kriegsexpeditionen auf Lauenburg und Stargard versucht worden, allein sie hatten den gewünschten Erfolg nicht gehabt, und nur aus der letzteren war die abgeschickte Mannschaft, mit einiger Beute zurück gekommen. Die Danziger bemächtigten sich zu derselben Zeit auch einer Schwedischen Schute, die von Elbing nach Stralsund bestimmt war, und mit welcher außer der Bagage des Schwedischen Reichskanzlers und Preussischen Statthalters Oxenstierne, viele vornehme Personen, worunter auch ein Schwedischer Obristlieutnant, der auf Werbung gehen sollte, bey der Weichselmünde aufgebracht wurden. Ein wichtigeres Geschäfte aber, woran

20 July

Danzig mit vieler Thätigkeit Theil nahm, wurde jetzt an einigen Europäischen Höfen betrieben, welche das Schwedische Kriegsglück in Polen, mit nicht geringer Eifersucht ansahen. Johann Casimir suchte von diesem politischen Mißfallen Vortheil zu ziehen, und hatte am Wiener Hofe so wol als in Dänemark und beym Fürsten von Siebenbürgen seine Gesandten, welche mit Vorstellungen unterschiedener Bewegungsgründe, eine Kriegshülfe für ihn auswürken sollten. Mit des Königs Genehmigung hatte auch Danzig schon am Ausgang des vorigen Jahres, den Subsyndicus Christian Schröder nach Dänemark, und ferner im folgenden Februarmonat nach Holland geschicket, wo er gerade zu der Zeit ankam, als die General-Staaten im Begrif waren, eine Gesandtschaft an den König von Schweden nach Preussen abgehen lassen. Seinem Hauptauftrage nach sollte der Subsyndicus hieselbst um eine kräftige Beschützung der freyen Schiffahrt auf der Ostsee, zur Sicherheit des Seehandels Ansuchung thun. Nachdem er nun hiezu die General-Staaten so bereitwillig antraf, daß den Holländischen Gesandten in ihrer Instruction ausdrücklich mitgegeben wurde, nächst dem Versuch einer völligen Friedensvermittelung, vorzüglich alles abzuwenden, was dem Seecommerz und dem freyen Gebrauch der Ostsee nachtheilig seyn könnte; so wurde nach Abreise der Gesandtschaft nn),

nn) Diese Gesandtschaft bestand aus den vier Herren Govert von Singerland, Fred. von Dorp, Pieter de Hübens und Johann Yselbrandts.

eine nähere Negociation im Haag eingeleitet, welche mit den mündlichen Unterhandlungen der Gesandten in Danzig combinirt werden sollte. Der Subsyndicus legte die übrigen Anliegen vor, nach welchen Danzig mit Volk so wol als mit Gelde, von Holland unterstützt zu werden verlangte. Die Berichte welche von den Holländischen Gesandten, nach ihrer in Danzig mit einer Deputation des Raths oo) gehaltenen Conferenz, eingeschickt waren, bekräftigten auch die Nothwendigkeit dieser Kriegshülfe, um der Stadt genugsame Sicherheit zu verschaffen, und es beruhete nur auf der gefälligen Aufnahme einer nähern Bestimmung derselben. Danzig ließ demnach nebst einer zureichenden Anzahl Schiffe zur Beschützung des Hafens, um ein Corps Holländischer Truppen mit erfahrnen und in der Ingenieurkunst geübten Officiers, um einen monatlichen Zuschub von zwölf tausend Thalern, und um ein Darlehn von einer halben Million Gulden, gegen schriftliche Versicherung ansuchen. So geneigt nun die General=Staaten sich zu dieser Hülfsleistung bezeigten, so glaubten sie doch für die verlangten Prästationen berechtigt zu seyn, denen sich in Danzig aufhaltenden Eingebohrnen ihrer Nation, einige Vortheile dagegen auszubedingen, und dieses Argument wurde dem Danziger Subsyndicus mit so dringenden und einleuchtenden Gründen vorgeleget, auch dabey unverzüglich Be-

oo) Zu dieser Conferenz waren der Burgermeister Adr. von Linde, der Rathsherr Albr. Rosenberg und der Syndicus Vinc. Fabricius ausgesetzt worden.

fehl ertheilet, eine Holländische Flotte in die Ostsee auslaufen zu lassen, daß derselbe sich, ohne dazu
10 Jul. instruirt zu seyn, zur Abschliessung eines Vergleichs erklärte, der nachgehends nicht nur viele Verzögerungen, sondern zuletzt auch eine nur unvollkommene Beendigung des ganzen Geschäftes zuwege gebracht hat.

Die wesentlichsten Punkte des gedachten Vergleichs betrafen eines Theils, die Zollabgaben der Niederländer in Danzig, bey ihrer Ankunft und Abfahrt, „daß nemlich, die Eingesessenen und Un„terthanen der Vereinigten Provinzen, welche „mit ihren Schiffen, Waaren und Kaufmann„schaften, auf die Stadt Danzig und den Weich„selstrom schiffen und handeln, im Einkommen „und Ausfahren, mit keinen Zöllen, Licenten, „Pfundgeldern, Zulagen oder andern Imposten „und Ungeldern, anjetzo, oder inskünftige, här„ter und mehr sollen beleget und beschweret wer„den, als die eigene Eingesessene, oder auch eini„ge andere am wenigsten belegte Fremdlinge, (im „Fall zu einigen Zeiten jemand selbiger Fremdlin„ge, mehr als der besagte eigne Eingesessene, ver„schonet werden möchte), anjetzo beleget seyn, oder „hernachmals werden beleget werden." Ferner auch die Belastung der Niederländischen Nationalen in Danzig, außerhalb den Commerzien; daß, „die Eingesessene und Unterthanen der Vereinigten „Provinzen, über ihre Personen, Schiffe, Waa„ren und Kaufmannschaften hinführo nicht weiter „oder höher sollen beschweret werden, als dieselben
anjetzo

„anjeßo beschweret seyn." Und endlich die freye Handlungsfahrt der Niederländer auf den benachbarten Strömen und Gewässern; wie nemlich, „Danzig nicht zu gestatten habe, daß weder allda, „weder auf einigen Strömen und Binnenwässern, „durch welche die Waaren und Kaufmannschaften, „wenn sie zu oder von gemeldter Stadt geführt „werden, passiren müssen, es sey in- oder ausser-„halb ihrem Territorio, durch jemand anders, ei-„nige neue Beschwerden, wider den alten Ge-„brauch eingeführet und aufgesetzet werden." Der Danziger Subsyndicus hatte, unerachtet der vorbehaltenen Ratification seiner Obern, alle Hofnung gegeben, die Genehmigung dieses Vergleichs zu befördern, und ein gleiches hatte der im Haag befindliche Polnische Resident, bey seinem Könige und der Krone auszuwürken, sich anheischig gemacht. Nun konnte zwar diese Instructionsüberschreitung beym Rath zu Danzig nicht allerdings Beyfall gewinnen, doch suchte derselbe, damit dieses hülfreiche Geschäfte nicht gänzlich vereitelt würde, die verzeichneten Vergleichsartikel den übrigen Ordnungen mit einigen Moderationen zu empfelen, fügte auch eine Generalclausel hinzu, womit die Rechte der Stadt und die Prärogativen ihrer Bürger am sichersten bewahrt werden sollten, um für die gemeinschaftliche Ratification desto weniger Schwierigkeiten zu finden. Es war nemlich die Clausel angehängt worden, daß „obiges alles dennoch denen Freyheiten und Prärogativen, welche „vermöge der Stadt Willkühr und Fundamental-

„Rechten, den Bürgern vor allen andern Fremden, „im Handel und Wandel, Gebrauch der Straßen „und Ströme, und sonsten gebühren und zuste„hen, im geringsten nicht präjudiciren sollte." Allein der Einwendungen gegen die obgedachten Stipulationsartikel, wurden in den übrigen Danziger Regierungscollegien so viele in Bewegung gebracht, daß man sich eine geraume Zeitlang über die Abänderung derselben nicht einigen konnte, und als endlich im Monat November, nach Abrufung des Subsyndicus Schröder, den General-Staaten durch den neu abgeschickten Secretair George Wüstenhof, ein geändertes Formular des Vergleichs ist vorgelegt worden, so hat das damit erweckte Mißfallen den Abschluß der Sache noch weiter zurück gesetzet; ja wenn gleich das Jahr darauf mit den Holländischen Gesandten in Preussen, nochmalige Unterhandlungen deshalb einen Anfang genommen haben, so ist man doch wieder ohne Beendigung in den Tractaten stehen geblieben, nur ist in der Folge noch während diesem Kriege, ein neues Geldgeschäfte zur Anleyhe von Holland gewissermaassen darauf fundirt worden.

Eine erhebliche Ursache, daß der gedachte Vergleich rückgängig gemacht wurde, lag auch in dem wichtigen Grunde, den Danzig hatte, das Versprechen der General-Staaten wegen der Geld-Subsidien, unter derjenigen Bedingung nicht anzunehmen, welche dabey war vorausgesetzt worden.

18 Aug. Es hieß nemlich in der Versicherungsschrift der General-Staaten, „daß, falls der König von Schwe-

Dritter Abschnitt. Eilftes Capitel.

„ben die Stadt Danzig, in den zwischen Ihm und
„der Republik der Vereinigten Niederlande zu tref-
„fenden Vergleich, nicht möchte einschliessen
„wollen, ihr, so lange sie belagert, oder sonst in
„der Handlung gehindert würde, monatlich zwölf
„tausend Thaler gereichet und bey vorfallender
„Noth, alle kräftige Hülfe und Beystand geleistet
„werden sollten." Dieser Artikel bezog sich eigentlich auf einen Separatvertrag, den man Hollän-
discherseits, der freyen Schiffahrt und Seehandlung wegen, mit dem Könige Carl Gustav zu
schliessen, im Plan hatte, und womit die General-
Staaten die wolgemeinte Intention gegen Danzig
verknüpften, die Stadt in den Tractat einzuschliessen, und ihr damit eine uneingeschränkte Neutralität nebst der freyen Schiffahrt zu versichern. Es
wurde auch unerachtet aller Gegenvorstellungen von
Danzig, bald darauf der Tractat zu Elbing geschlossen, und Danzig in der Art mit darin begrif- 11 Sept.
fen, „daß ohne Kränkung, ihrer dem Könige
„von Polen schuldigen Treue, und unter Bewah-
„rung ihres Vereins mit den Preussischen Landen,
„alle Schwedische Feindseligkeiten gegen die Stadt
„Danzig aufhören, und sie in ihrer Schiffahrt
„und freyen Handlung auf keine Art gestört wer-
„den sollte." Allein Danzig hielt sich nunmehr
verpflichtet, in einem Schreiben an den König von
Polen öffentlich zu erkennen zu geben, daß sämmtliche Ordnungen der Stadt sich der gedachten Ein=
schliessung einstimmig entzogen hätten, daß dieselbe, ohne ihr Verlangen und Vorwissen geschehen

wäre, und daß die Stadt noch jetzt entschlossen bliebe, ohne ihres Königs ausdrückliche Erlaubnis, weder von der ausgemachten Neutralität Gebrauch zu machen, noch die im Elbingschen Vergleich enthaltene Einschliessung auf einige Art anzunehmen. An die General-Staaten wurden ebenfalls in einem weitläuftigen Briefe, die Bewegungsgründe sich des verglichenen Artikels im Elbingschen Tractat zu enthalten, auseinander gesetzet; und obgleich Ihro Hochmögenden für das geneigte Wolwollen aufs höflichste gedanket, auch aufs heiligste versichert wurde, weder aus Troß, noch aus Geringschätzung, in der Gefahr eine Ehre suchen zu wollen, so bezeugte man doch dagegen, wie bey den eifrigsten Sehnungen nach dem Frieden, die dem Könige geschworne Treue es der Stadt nicht zuliesse, sich von ihm und der Krone Polen, in diesen Kriegesnöthen, einseitig zu trennen.

Eben so wenig konnte es zu Danzigs Zufriedenheit gereichen, daß der in Holland negociirte monatliche Geldzuschub unter einer Bedingung war versprochen worden, die für die Stadt keine Würkung und Gültigkeit hatte, und wodurch sie um so vielmehr in ihren Erwartungen zurückgesetzt wurde, da sie sich auf ein unbedingtes Versprechen dieser monatlichen Subsidien verlassen gehabt hatte. Dessen ungeachtet hat Danzig von der zuvorkommenden Gefälligkeit der General-Staaten, dennoch unleugbare Vortheile gezogen, die insbesondre den ganzen Sommer hindurch vermittelst einer freyen und ungestörten Handlungsschiffahrt zuwege gebracht waren, und wodurch die Danziger, laut einstimmigen Nachrichten, nicht nur ein blühendes Commerz, sondern auch einen Ueberfluß an Lebensmitteln und eine wolfeile Zeit gehabt haben. Schon im Frühjahr war die zur Sicherheit der Ostsee ausgerüstete Holländische Observationsflotte, unter dem Lieutenant=Admiral Jacob Freyherrn von Opdam, und dem Schout by Nacht Cornelius Tromp, mit vierzig Schiffen nach dem Sund ausgelaufen, und hatten sich einige Wochen später auf die Rhede vor Danzig geleget, um gegen alle Schwedischen Anfälle Hülfe zu leisten, und die Fahrt im Baltischen Meere offen zu halten: ferner kamen vermöge Holländischer Auswürkung, nach einiger Zeit noch zehn Dänische Kriegsschiffe unter dem Admiral Lindemann näher, und legten sich ohngefehr eine Meile weit von der Holländischen Flotte. Als aber die herannahende rauhe Witterung die See nicht lange zu halten erlaubte, so kehrten diese Flotten nacheinander wieder zurück. Die Dänischen Linienschiffe, nachdem sie ungefehr funfzehn Tage hier verweilet hatten, hoben zuerst die Anker, und kreuzten nachher noch eine Zeitlang in der Ostsee. Hierauf folgte mit dreyßig der schwersten Schiffe der Lieutenant=Admiral Opdam, nachdem derselbe, mit der ganzen Admiralität, einige Tage vorher vom Rath mit einem Gastmahl, in der Schießbude war aufgenommen worden. Der Schout by Nacht blieb einige Wochen länger mit zehn Schiffen zurück, bis ihn der ankommende Winter ebenfalls der Gefahr wegen abzusegeln nöthigte, und Dan-

Sept.

zig nun auch von der Seeseite keine Feindseligkeiten mehr zu befürchten hatte. Von der Niederländischen Flotte war gleich anfangs ein Succurs von 1300 Mann Holländischer Truppen, unter dem General-Quartiermeister und General-Ingenieur, Peter von Perceval ausgesetzt worden, die auch nebst ihrem Chef pp), um der versprochnen Ueberlassung nicht ganz zu entstehen, in der Stadt Dienste traten, und bis in den November des folgenden Jahres, unter dem Eyde derselben geblieben sind.

Nachdem Danzig, wie oben gedacht ist, der Partheylosigkeit zu entsagen, sich gemüßigt gesehen hatte, so konnte solches nunmehr auch thätlich bestätiget werden. Hiezu ereignete sich die erste Gelegenheit, daß der Schwedische Feldmarschall und Statthalter von Bremen und Verden, Hans Christoph Graf von Königsmark, da er von seinem Könige nach Preussen berufen worden, auf der Ueberfahrt von Wismar nach Pillau mit seinem Schiffe und einer Schute auf die Danziger Rhede verschlagen wurde. Auf der Schute waren etliche achtzig neugeworbene Schottische Soldaten, bey dem ungestümen Wetter und leckgewordenen Schiffe, gegen ihre Officiers aufsätzig geworden, und hatten den Schiffer gezwungen, in den Danziger Hafen zu laufen. Als solches geschehen, boten sie hier der Stadt ihre Kriegsdienste an, es wurde

---

pp) Der General von Perceval ist das Jahr darauf im Februar zu Danzig gestorben, und dessen Leiche in der Oberpfarrkirche zur Erden bestattet worden.

ihnen bewilliget, und Danzig brachte mit der Schute, zwey metallne Stücke, über hundert Centner Pulver, und eine ziemliche Quantität Munition an sich. Mit Gewisheit erfuhr man zugleich, daß das Schiff des Grafen von Königsmark unter Hela vor Anker läge, und wegen contrairen Windes, nicht fort kommen könnte. Es wurde darauf im Kriegsrath beschlossen, die Schwedische Schute nebst zwey Danziger Gallioten, mit genugsamer Mannschaft und Geschütze, zum Angrif der Schwedischen Fregatte schleunig auslaufen zu lassen. Die Schute eröfnete den Zug, sie hatte Befehl, sich mit Wismarschen Flaggen und unter Schwedischem Trummelschlage zu nähern, der Uberfall geschahe auch so unvermuthet, daß das Schifsvolk, da eben der Graf den Gottesdienst mit einer Predigt halten ließ, unbereitet war, und nicht wußte, ob die Ihrigen ankämen, oder ob es mit Feinden zu thun gäbe. Da man aber die Danziger Gallioten gewahr wurde, so bekam alles Befehl zu den Waffen zu greifen, und weil es unmöglich war die Anker zu lichten und zu Seegel zu gehen, so wurde sofort Anstalt gemacht, das Feuer aus dem groben Geschütze spielen zu lassen. Demselben aber wurde von der andern Seite so muthig begegnet, daß durch eine Salve von allen Musquetieren auf der Schute, das Schif an Tauen und Takellage ausnehmend beschädiget wurde, und den Schottischen Soldaten auf dem Schiffe unter ihrem Obrist-Lieutenant Dramod beynahe aller Muth zu fechten entfiel. Nachdem nun die Danziger Gallioten und noch eine von Putzig ausgelaufene Schute hinzukamen, so wurde die Uebermannung des Schiffes vollendet, beyde Capitaine der Gallioten waren schon am Bord des Schwedischen Schiffes, als der Graf sich in die Cajüte retirirte, und einem Derselben, der ihm nachging, sich gefangen ergab. Hierauf wurde das eroberte Schif worauf sechs metallne Kanonen, und einiges Kriegsgeräthe waren, mit dem Gefolge des Feldmarschalls, und aller Mannschaft, wobey sich sechs Oberofficiere

19 Oct. befanden, vor der Weichselmünde aufgebracht. Der Graf wurde an demselben Abend nebst den übrigen Officieren, vom Commendanten der Festung, Major von Bobart, mit einer Mahlzeit aufgenommen, des folgenden Tages aber von demselben nach der Stadt begleitet, wo man ihn in der Langen Gasse, in dem Hause vom Großen Christoph genannt einlogirte. Aus verschiedenen Ursachen aber, die der häufige und verdrüsliche Auflauf des Pöbels vermehrte, wurde es mit dem Grafen selbst verabredet, ihn wieder nach der Weichselmünde zurückführen zu lassen. Solches geschahe in Begleitung des Obristen von Winter, der ihn dem Hauptmann des Hauses, Caspar Reyher überlieferte, von dem er auch ferner seinem Stande gemäs gehalten worden, die Freyheit aber nicht eher, als nach geschlossenem Frieden erlangt hat.

Bald nach diesem Vorfall kam der König von Polen, von Lublin über Casimierz durch Großpolen mit einer Armee von 20000 Mann nach Preufsen, und schlug sein Lager unweit Danzig bey dem Dorfe Langenau auf. Aus Danzig schickte man ihm noch sechs Compagnien oder 700 Mann Fußvolk nebst einiger Munition zu, und er wurde durch den Burggrafen und Präsidenten Fried. Ehler nebst dem Kriegscommissarius Albr. Rosenberg, in die Stadt zu kommen eingeladen. Dieser Ein= 15 Nov. zug geschahe mit Absfeurung der Kanonen, und allen gewöhnlichen Ehrenbezeugungen, wobey der ganze Magistrat dem Könige bis ans Feldthor entgegen ging, und die Schlüssel der Stadt durch den Vicepräsidenten Nathanael Schmieden überreicht wurden. Der Syndicus Fabricius hielt eine auf den damaligen Zustand eingerichtete Bewillkommungsrede, welche durch den Kron-Großkanzler in sehr verbindlichen Ausdrücken beantwortet wurde, und worin er zum Ruhm der Danziger Standhaftigkeit und Treue sich der Worte bediente: „daß in dieser einzigen Stadt, das ganze „Polnische Reich wider die Gewalt und Tyranney „eines furchtbaren Feindes, wäre erhalten wor„den." Der Aufenthalt des Königs verzog sich hieselbst bis in den dritten Monat, da unterdessen seine Armee starken Zuwachs bekam, den die Polnische Einnahme der Stadt Konitz, und die Besitznehmung der umliegenden Gegend vornemlich befördert hatten. Gegen Ende des Jahres aber konnte der König von Schweden, vermittelst einer Schifsbrücke, deren Anlegung das Grundeis bisher verhindert hatte, bey Mewe über die Weichsel 27 Dec. kommen, er wandte sich nunmehr gegen das Danziger Werder, nöthigte ferner die Polnische Armee ihr Lager zu verlassen, richtete zwey Regimenter fast gänzlich zu Grunde, und zerstreuete die übrigen dermassen, daß auch Czarnecki, der ein Hülfskorps von 10000 Mann zusammen gebracht hatte, gegen den Schwedischen Obristen Aschenberg den kürzern zog, und nur die Königin von Polen aus Konitz unverletzt nach Czenstachow begleiten konnte, worauf Carl Gustav Konitz nach einer dreytägigen Belagerung wieder unter sich brachte.

Durch Schwedischen Widerstand waren auch ein paar Anschläge auf das Weichselhaupt und auf Dirschau, die von Danzig aus mit Polnischer Hülfe gemacht worden, vereitelt. Die Danziger Besatzung in Putzig hatte dagegen einen Vortheil, über ein reichbeladenes Schwedisches Schif erhalten, welches mit vielen in Polen gemachten Beute von Pillau nach Schweden gehen wollte, nun aber bey Putzig aufgebracht und den Danzigern zu Theil wurde. Diese erwehrten sich ferner mit ziemlichem Erfolg der Streifereyen, welche von fliegenden Corps der Schweden, in ihren umliegenden Gegenden und Ländereyen, ja zuweilen bis unter die Stadt gemacht wurden; drey Compagnien Danziger Dragoner unternahmen selbst einen Streifzug über das gefrorne Haf, überfielen in Frauenburg einen Trupp Cavallerie des Generals Packmohr, plünderten das Städtchen Tolkemit, und erbeuteten unterweges achtzehn nach Elbing mit Schwedischen Gütern beladene Schlitten, die sie ungehindert nach Danzig brachten. Hierauf wurden

1657. Januar

Vierter Abschnitt. Eilftes Capitel. 571.

mehrere dergleichen Excursionen verstattet; ein aber mit Polnischer Verstärkung, nochmals auf das Danziger Haupt gemachter Versuch mißlung, und die ausgeschickten zwey tausend Mann kamen unverrichteter Sachen zurück. Besser hingegen gelung ein eben so starker Ausfall über die Weichsel ins Große Werder, wo Neuteich, nach Verjagung eines Schwedischen Rittmeisters mit vierzig unberittenen Rekruten, geplündert und große Beute an Pferden, Ochsen und kleinerm Vieh, auch mancherley Victualien gemacht wurde; und mit gleichem Glück zog eine Division Danziger Infanterie, vor das Schloß Grebin, welches der König von Schweden einige Wochen vorher zum zweyten mal weggenommen hatte. Das Schloß wurde jetzo mit stürmender Hand erobert, und von den sechzig Mann Finnen die darin lagen, bekamen nur die drey Oberofficiers und vier Gemeine Quartier, die übrigen mußten bey unabläßiger Gegenwehr insgesammt über die Klinge springen.

Die Abreise des Königs von Polen zernichtete jetzt eine wieder geschöpfte Hofnung zum Frieden, woran die Französischen und Holländischen Gesandten bisher gearbeitet hatten. Den Aufbruch beyder Armeen aus Preussen aber beförderten vorzüglich die Invasionen des Fürsten Ragocy von Siebenbürgen, der sich nun völlig mit Schweden vereinigen wollte, und welchem Carl Gustav sich deshalb eben so eilig zu nähern bemüht war. Dieser wollte nur noch vorher an Danzig, so viele Rache als möglich ausüben, und weil er auf festem

Februar

Lande seinen Zweck nicht erreichen konnte, so sollte der Stadt aller Schaden von der Wasserseite zugefügt werden. Er rückte in Person von Marienburg mit drey tausend Mann ins Danziger Werder, gab Befehl die Dämme durchzustechen, und ließ insonderheit den Weichselbamm vor dem Dorfe Käsemark, zehn bis zwölf Ruthen lang dergestalt durchstoßen, daß das Wasser stromweise das Land überschwemmte, alle Wintersaat ersäufte, großen Schaden durch den Ruin des Viehes und an Gebäuden verursachte, und selbst einige Menschen in die Fluthen mitriß. Der König ließ auch, damit die Danziger von aller Ergänzung dieses Durchbruchs abgehalten würden, auf der andern Seite ein Corps seiner Truppen mit Geschütze unter dem Pfalzgrafen von Sultzbach stehen, und er soll auf Angeben einiger Uebelgesinnten sicher geglaubt haben, daß die halbe Stadt Danzig auf der niedrigen Seite, mit Mattenbuden und den Speichern, würde unter Wasser gesetzt werden. Ohne allen Schaden ist es hieselbst auch nicht obgegangen; aber die sorgfältigen Veranstaltungen, das Anschwellen des Wassers zu hemmen, vornemlich die Dienste, welche man von der großen Steinernen Schleuse auf der Niederstadt die zur Abschließung des Wassers erbauet worden, gehabt hat, nebst den Dammöfnungen oberhalb dem Ganßkruge, wodurch der Ablauf des Wassers in die Weichsel befördert worden, haben mindestens ein größeres Unglück von der Stadt abwendig gemacht, da man würklich den gemachten Dammbruch erst nach geendigtem

Kriege hat fangen und zustopfen können, weil bey aller angewandten Mühe, die jetzo mit Zuziehung der Bauern geschahe, der Schwedische Commendant im Weichselhaupt seine Kanonen so feindlich gebraucht hat, daß die Arbeiter von allen ihren Unternehmungen haben abstehen müssen. Ein anderes Andenken auf der Weichsel wollte Carl Gustav mit Verderbung der Fahrt auf Danzig zurück laßen. Er ließ in dieser Absicht, bey der Muntauer-Spitze zehn mit Sand und Steinen angefüllte große Kähne versenken, Pfäle zu deren Festhaltung einstoßen, und alle Kunst brauchen, vermittelst einer Versandung, der Stadt ihren Weichselhandel zu zernichten, und den Strom nach dem Haf abzuleiten: allein die Natur vereitelte diese Projecte, denn durch den Eisgang und die Stärke des Stroms, wurden die versenkten Kähne und die eingerammten Pfäle aus dem Grunde gehoben und weggespület, und der Lauf der Weichsel ist ohne sonderlichen Schaden der Danziger Handlungsfahrt, unverändert geblieben.

Gegen die Conjunction des Königs von Schweden mit dem Fürsten Ragocy, welche bey Opatow in der Sendomirschen Woywodschaft würklich erfolgte, hatte der König von Polen nun die aufeinander treffenden Vortheile, daß das Haus Oesterreich ihm öffentlich beytrat, daß Schweden einen Krieg mit Dänemark bekam, daß ferner der Churfürst von Brandenburg von der Schwedischen Allianz abging, und daß auch Ragocy nach einem kurzen Auftritt in Polen, mit großem Verlust ist

März

zurück gejagt worden. Der Dänische Krieg nöthigte den König Carl Gustav, die Polnischen Staaten ohne Wiederkehr zu verlassen; er zog durch Preussen und Pommern nach Hollstein, nachdem er seinen Bruder den Pfalzgrafen Adolph Johann, zum Statthalter in Preussen bestellet, und demselben dieses Land mit allen Kriegsnothwendigkeiten versorgt, nebst einem Corps wolversuchter Truppen, die in den Festungen und Städten vertheilt waren, anvertrauet hatte. Um dieselbe Zeit rückten 16000 Mann Oesterreichsche Hülfstruppen unter dem Feldmarschall Grafen von Hatzfeld, aus Schlesien in die Krakausche Woywodschaft ein, und bald darauf wurde der General-Major Wirtz als Schwedischer Commendant zur Uebergabe der Stadt Krakau gezwungen. Die darauf fortgesetzte Kriegsoperationen der Oesterreicher in Preussen, waren zwar von geringer Bedeutung, sie mußten insonderheit einen auf die Stadt Thorn gemachten Versuch aufgeben, aber einen desto glücklichern Erfolg hatte die Mitwürkung des Kayserlichen Gesandten Baron von Lisola, einen Friedensvergleich mit dem Churfürsten von Brandenburg zum Stande zu bringen. Denselben schloß der König von Polen mit dem Churfürsten zu Welau, und trat ihm dafür auf sich und seine männlichen Nachkommen, das Herzogthum Preussen mit allen Rechten der Souverainetät ab. Nebst dem Frieden, wurde ein genaues Bündnis wider den König von Schweden und alle Anhänger desselben geschlossen; weil aber der Churfürst wegen dieser Allianz und einer dazu versprochenen Kriegshülfe, noch einige Vergeltungsartikel verlangte, so wurde hiezu eine persönliche Zusammenkunft des Königs mit dem Churfürsten verabredet, um das nähere Vereinigungsgeschäfte ohne Zeitverlust zu erleichtern. Diese mündliche Verabredung erfolgte in Bromberg, *6 Nov.* und eben daselbst wurde ein neuer Vertrag geschlossen, kraft dessen der Churfürst für seinen im Schwedischen Kriege zu leistenden Beystand, den Besitz der Herrschaften Lauenburg und Bütow auf eben die Bedingungen erhielt, als die Herzoge von Pommern dieselben gehabt hatten; ihm wurde ferner die Stadt Elbing mit ihrem Gebiete, für eine Summe von 400000 Thalern, nach Schwedischer Räumung, pfandsweise in Besitz zu lassen versprochen, und in gleicher Art sollte er die Starostey Draheim an der Grenze von Großpolen, in Pfandsbesitz zu nehmen berechtigt seyn, wenn ihm innerhalb dreyjähriger Frist, 120000 Thaler an Kriegeskosten nicht würden bezahlt werden.

Bey diesem letzteren Geschäfte wurde die Stadt Danzig, durch Abgeordnete ausdrücklich zu Rathe gezogen, weil einige Polnische Senatoren nicht wenig besorgten, daß aus der Abtretung Elbings, der Krone so wol als der Provinz Preussen, einiger Nachtheil entstehen könnte. Die Danziger Abgeordneten, der Burgermeister Abr. von der Linde und der Rathsherr Albr. Rosenberg nebst dem Subsyndicus Schröder, führten auch Gründe an, daß in Betreff des Pfalgeldes und der Danziger Handlung, imgleichen durch Ansetzung unfähiger Bürger oder Fremden in Elbing, mancher Abbruch und Verletzung der Rechte daraus erwachsen dürften, sie bemüheten sich in Gemeinschaft einiger Senatoren, theils durch Hülfe der Königin, theils unter Französischer Vermittelung, den Artikel wegen Elbing gänzlich zu hintertreiben; allein derselbe war dem Churfürsten schon zu sicher versprochen, und er wollte weder eine Abänderung noch eine Verwechselung darin statt finden lassen. Uebrigens hatte Danzig in diesem Jahre zwar keine gewaltsamen Kriegsanfälle gehabt, war aber doch nicht müssig geblieben, durch selbsteigne Operationen, die feindliche Possession der Schweden in der Provinz zu beunruhigen. Beynahe wäre der Schwedische General Steenbock, gleich dem Grafen von Königsmark aufgebracht worden, als er im Frühjahr wegen widrigen Windes auf einer unbewehrten Schute zwischen Danzig und Putzig hatte laviren müssen, allein eben als man einige Gallioten gegen ihn ausgeschickt hatte, war er bey gewandtem Winde unbeschädigt entkommen. Dafür hatten die Danziger mehrere Seeexcursionen betrieben, worauf sie unter andern auch einen Königlich Schwedischen Secretair gefangen genommen, und die Bagage des Grafen von Schlippenbach zur Beute gemacht hatten. Eine Störung hierin legte ihnen zu Ende des Aprils die abermalige Ankunft vier Schwedischer Kriegsschiffe und einer Galliote auf ihrer Rhede, denen auch zwey Schuten und etliche kleine Fahrzeuge der Stadt in die Hände fielen, und die zwar die fremden Schiffe auslaufen liessen,

aber

Vierter Abschnitt. Eilftes Capitel.

aber alles darauf befindliche Danziger Gut wegnahmen. Allein zwey Monate darauf fanden sie sich wieder durch eine Dänische Flotte mit dreißig Seegeln von dieser Sperrung befreyet. Die Dänen hatten sich der Danziger Rhede genähert, weil sie die Abreise des Königs von Schweden zu Schiffe waren vermuthet gewesen. Ihr König Friedrich der Dritte befand sich in eigner Person auf der Flotte, und ihm wurde von einigen Abgeordneten des Raths auf seinem Schiffe die Aufwartung gemacht. Nachdem aber Carl Gustav seinen Weg schon durch Pommern zu Lande genommen gehabt, so hat auch die Dänische Flotte ihre Rückkehr beschleunigt.

Zu Lande hatten sich die Danziger ebenfalls noch immer Geschäfte gemacht. Insonderheit rüsteten sie sich im Maymonat zu einem großen Anschlage, das Weichselhaupt zu überwältigen. Sie conjungirten sich mit dem Woywoden Grodzicki, und ihre Anzahl betrug mit dessen Polnischen Völkern zusammen 3000 Mann Infanterie und tausend Mann Cavallerie, bey denen sich der Obriste von Winter und einige Personen aus dem Kriegs-Rath befanden; sie führten schwere Stücke, Feuermörser, Munitionswagen und alle Nothwendigkeiten zu einer förmlichen Belagerug mit sich. Dem Entwurfe nach sollte die Weichselbrücke der Schweden beym Haupt in Brand gesetzet, hernach die Käsemarker Schanze erobert, sodann auf der Werderschen so wol als auf der Nehringschen Seite, von aufgeworfenen Batterien, die Hauptschanze heftig beschossen, und daneben aller Entsatz von Elbing oder Marienburg abgewehrt werden. Allein das erste Vorhaben zur Einäscherung der Brücke gerieth schon in Stecken, nachdem durch ein Versehen, die feuerfangende Materialien vorher in Brand aufgingen; der Angrif der kleinen Schanze bey Käsemark wurde ebenfalls abgeschlagen; und als man erfuhr, daß der Prinz Adolph mit 5000 Mann im Anzuge wäre, so wurde der Abmarsch beordert, und mit einem Verlust der etwas über hundert Mann ausmachte, der Rückweg nach der Stadt in guter Ordnung genommen. Nach der Zeit wollten die Danziger zwar dem Pfalzgrafen von Sultzbach auf seinem Marsch nach Pommern aufpassen, allein sie fanden sich zu schwach, und liessen es bey einiger Plünderung in den Bütauer Dorfschaften bewenden. Noch weniger glückte ein Unternehmen wider Dirschau, wo sie auf dem Anzuge, mit den annoch vereinigten Brandenburger und Schwedischen Truppen zu schaffen bekamen. Die ersteren mit denen das Scharmützel sich anfing, wurden in der That von den Danzigern, mit Hinterlassung dreyer Standarten und einiger Gefangenen in die Flucht geschlagen, allein die Schweden haben den Verlust gerächet, und nach einem harten Gefechte die Danziger in den Morast gejaget. Deren Verlust wurde auf drey hundert Mann an Todten und Gefangenen gerechnet; sie hatten vier zwölfpfündige Kanonen und drey Feldstücke eingebüßet, ohne was an Munition und Waffengeräthe den Feinden zu Theil ward. Dirschau blieb also ungestöret, bis die Schweden es bald darauf, nach abgeworfener Brücke, freywillig verließen. Hierauf besetzten es die Danziger, haben aber im October ihre Besatzung wieder heraus gezogen, und die Stadt den Polnischen Truppen geräumet. Ein ähnlicher Anschlag auf Lauenburg wurde gleichermassen vereitelt: die starke Garnison hieselbst hätte die Danziger Mannschaft beynahe vor dem Stadtthor umzingelt; allein diese zog sich doch in Zeiten zurück, und begnügte sich mit einiger Beute an Vieh, so von der Weyde mitgeführt wurde. Indessen veränderte die ruchtbar gewordene Allianz mit dem Churfürsten so wol, als der Oesterreichische Einmarsch den Zustand der Sachen in Preussen. Die Schweden zogen nach und nach aus den kleinen unhaltbaren Städten, eigner Besorgnis halber hinaus, und gingen entweder nach Pommern hinauf, oder sie sie suchten sich in den Preussischen Festungen und Schanzen sicher zu setzen. In dieser Art wurde auch Lauenburg von ihnen verlassen, und die Danziger konnten nun ungehindert eine Besatzung hieselbst herein legen.

Zwölftes Capitel.

Landtage zu Danzig, und Reichstag in Polen — Ueber Danzigs Privatgesuche wird mit wenigem Erfolg auf dem Reichstage gerathschlaget — der König würkt für einige Danziger Familien den Polnischen Indigenat aus — Fortsetzung der Schwedischen Kriegsoperationen — Thorn geht an den König von Polen über — Schwedische Brandschatzung in den Danziger Ländereyen — fernere Forderungen der Schweden an Danzig — Abermaliger Reichstag, auf welchem Danzigs Vortheile zurück gesetzt werden — Vorfall der Schwedischen Kriegsprogressen — Danzig unternimmt die Belagerung der Schwedischen Schanze am Weichselhaupt — glücklicher Fortgang derselben — die Besatzung der Hauptschanze ergiebt sich mit Capitulation an Danzig — der Königliche Hof kommt nach Danzig — hofnungsvolle Erneuerung der Friedensgeschäfte — der Friedenscongreß wird im Kloster zu Olive eröfnet — Hauptartikel des Olivischen Friedensschlusses — Erläuterung einiger Artikel, nebst Danzigs dabey wahrgenommenem Interesse — Friedenssolennitäten — Abreise des Königs nach Warschau.

Die Provinz Preussen war jetzo von offenen Streifzügen der Schwedischen Truppen ziemlich befreyet, und nur noch innerhalb den Stadtmauern und hinter den Schanzen, hielt der Ueberrest der feindlichen Macht sich gedecket. Uneractet nun damit die Ruhe nicht wieder hergestellt war, so hatte doch der König von Polen in einem zu Warschau gehaltenen Senatusconfilium, einen Reichstag auszuschreiben beschlossen, und es für nöthig erkannt, vorher einen Landtag in Preussen halten zu lassen. Wegen der außerordentlichen Kriegsumstände, setzte er denselben zu Danzig an, als der einzigen

1658 Febr.

Großen Stadt, die daran Theil nehmen, und wo man sich in Ruhe dazu versammeln konnte. Diese Entschuldigung galt auch für die diesmalige Abweichung von dem Gesetze, und die Stände kamen ohne Widerspruch auf dem Altstädtschen Rathhause zusammen, nachdem die Pommerellische Ritterschaft ihren kleinen Landtag vorher in der Dominikaner-Kirche gehalten hatte. Des Königs erheblichste Forderung bezog sich auf neue Landescontributionen, die auch in unterschiedenen Anlagen bewilliget wurden; nur Danzig blieb davon der eigenen Kriegskosten wegen entlediget, und eben diese Ausnahme kam der Starostey und dem Städtchen Puzig, der auszubessernden Festungswerke halber zu statten. Den Danzigern wurde auch die Bewahrung des neuen Landessiegels, weil das alte in Elbing geblieben war, anvertrauet, die Berathschlagung der übrigen Geschäfte zum Reichstage aber verschob man auf einen Vorlandtag, wozu sich die Stände ebenfalls in Danzig wieder einfanden. Hier wurde nun nächst den übrigen Angelegenheiten des Landes, die Erkenntlichkeit gegen Danzig, in der Instruction zum Reichstage vorzüglich empfolen, wozu der König selbst durch seinen Gesandten eine wolwollende Aufforderung gethan hatte. Der Reichstag überging auch nicht gänzlich die deshalb gemachten Anträge. Nach einer Privataudienz, worin die Preußischen Stände dem Könige ihre Landesdesiderien durch den Bischof von Culm vortragen liessen, wurden in den Versammlungen der Reichsstände, die speciellen

Anliegen der Stadt Danzig mit Aufmerksamkeit in Betrachtung gezogen. Der Danziger Magistrat hatte deshalb im abgewichenen Jahre, während des Königs Anwesenheit, mit dem Kron-Großkanzler einige Unterhandlungen gepflogen; jetzt war eine Deputation aus allen Ordnungen zur Betreibung dieses Geschäftes auf dem Reichstag gekommen qq), und die Willfärigkeit, womit die Preußischen Stände auf den Landtagen, der Stadt zur Entschädigung für ihre auf den Krieg verwandte Unkosten, förderlich zu seyn, sich erklärt hatten, war ein starker Antrieb gewesen, einen sich so günstig anlassenden Zeitpunkt zu nutzen.

Danzig konnte außer den würklich aus eigenen Fonds bezahlten Kriegskosten, eine Summe von dreyßig Tonnen Goldes an gemachten Schulden documentiren, und weil sich allerdings keine Wahrscheinlichkeit zeigte, daß eine baare Erstattung dieser Geldsummen aus den Staats- und Landescassen würde geschehen können; so waren einige Vergeltungsartikel aufgesetzet worden, durch deren Bewilligung und gesetzliche Bekräftigung, Danzig mit der Zeit schadlos gehalten zu werden die Hofnung hatte. Die Abgeordneten der Stadt trugen zu dem Ende an, auf eine Erneuerung der im J. 1628 erhaltenen Constitution, wegen der ausschließlichen Tuchsieglung; auf eine dreyßigjährige Erlassung der

---

qq) In dieser Gesandtschaft waren der Rathsherr Joach. Schrader, der Syndicus Vinc. Fabricius, der Schöppenherr Benj. Engelke, und der Quartiermeister Johann Schewecki.

Landesaccisen zu der Stadt eigenem Nutzen; auf eine ihr zu versichernde Abtretung der Starostey Putzig so wol als der Geistlichen Gründe Schottland und Hoppenbruch, imgleichen aller von den Festungswerken der Stadt eingeschlossenen Bezirke des Bischofsberges und des Stolzenberges, nebst dem herumliegenden Lande in der Weite eines Kanonenschusses; endlich auch auf erneuerte Constitutionen wegen des Actorats, wegen des alten Rechts der Danziger Bürger, Adeliche und Königliche Güter zu besitzen, und daß die Danziger Kaufleute bloß zur Abgabe der alten Polnischen Grenzzölle verpflichtet seyn sollten. Außer diesen Forderungspunkten, welche insgesammt eines allgemeinen Beschlusses der Reichsstände bedurften, waren noch andre Bitten an die Person des Königs gerichtet, worauf derselbe aus eigner Macht zu verfügen das Recht hatte. Selbige betrafen die Ueberlassung der cabucirten Güter und Gelder an die Stadtkämmerey; die Wiederherstellung der schadhaften Wassergebäude auf der Weichsel, und des angewiesenen Stromlaufs zum Besten der Danziger Handlungsfahrt; die Erlaubnis bey Fürstenwerder ein neues Haupt zu setzen; die Abschaffung der Schlesischen Waarenniederlage in Thorn, der Litthauischen in Königsberg, und der angemaaßten Ermländischen in Elbing; die Befugnis, den Thornern und Elbingern nur das Recht Hanseischer Fremden in Danzig zuzugestehen; die Freyheit der Danziger Fischereyen im Hafe; die Ausbesserung der Weichseldämme durch Mithülfe der

Nachbaren des Marienburgschen Werders; die Abstellung der Rechtsappellationen nach Hofe, in Wechsel- und Verschreibungssachen, imgleichen in Schuldsummen die nicht unter fünf hundert Thaler betrügen; ferner die Freyheit vom Assessorial-Gerichte ans Relationsgericht zu appelliren; und endlich die Aufhebung gewisser von den Jesuiten und andern Klösterorden, auch von Privatpersonen, wider die Stadt bey Hofe anhängig gemachter Processe. Der mündliche und schriftliche Vortrag dieser Gesuche, machten beym Könige und vielen Senatoren so wol, als bey dem Landbotenmarschall einigen Eindruck, und sämmtliche Stände setzten eine Commission aus, welche mit den Danziger Abgeschickten in dem Augustinerkloster eine nähere Unterredung darüber anstellen sollte. Man sonderte die Dienste an die Krone, von den eignen Bedürfnissen der Stadt ab, und es entstand die erste Hauptfrage, wie hoch sich der Vorschuß beliefe, den die Stadt an die Krontruppen gethan hätte. Derselbe wurde auf siebenzig tausend Gulden berechnet, und der Syndicus zeigte an, daß das Tiegenhöffsche und Dirschausche Gebiet, der Stadt am bequemsten die Sicherheit für ihre Forderungen gewähren möchten. Alle übrige Kriegsausgaben seit dem J. 1655 wurden auf vier Millionen angeschlagen, deren eine, Danzig nächst den Privatausgaben für Fortifications- und Landbaue, Scharwerke, Gratificationen und Gesandschaften, allein auf sich nehmen wollte, den Ersatz der übrigen hingegen durch Vergütungen von

Vierter Abschnitt. Zwölftes Capitel.

den Reichsständen zu erhalten wünschte. Die Commission aber bezeigte der angegebenen Kosten wegen eine große Befremdung, und der Bischof von Cujavien, der in derselben Sitz hatte, fing nun vor andern nachdrücklich an, gegen das Gesuch der Stadt, wegen Abtretung der Geistlichen Güter zu eifern, er erwähnte auch, daß schon auf den Preussischen Landtagen dawider wäre manifestirt worden. Die Commission brachte überhaupt nichts wesentliches zu Werke, nur der König empfal es ferner den Senatoren mündlich, wegen der Danziger Anliegen, Beschlüsse zu machen. Es kamen demnach einige Constitutionen zum Stande: die Befreyung von den Malzaccisen wurde der Stadt noch länger bewilliget; sie erhielt von neuem die exclusive Tuchsiegelung in Preussen; es wurde die Ausbesserung der Weichseldämme, ohne die Stadt auf Unkosten zu bringen, versprochen: und noch ein Reichsschluß, wodurch die Danziger Kaufleute von allen neuen Zöllen befreyet seyn sollten, ward ausdrücklich abgefasset, allein man hat sich, die Ausfertigung desselben zurückzuhalten erlaubet, und nachher probable Entschuldigungen dafür anzuführen verstanden.

Es läßt sich leicht einsehen, daß Danzig gegen seine vielfachen Anliegen nur wenige Versicherungen erhielt; allein die Vertröstungen wurden desto minder gesparet, und der König selbst gab ein huldreiches Versprechen, daß Danzigs Sache auf dem künftigen Reichstage weit besser sollte beherziget werden. Er gab auch jetzt zu verstehen, daß er die Vortheile, so von ihm abhingen, der Stadt gerne zuwenden würde, und weil noch auf diesem Reichstage, außer verschiedenen Ausländern, die um das Polnische Indigenatrecht ansuchten, einige Danziger Familien dazu empfolen waren, so wollte er damit einen Beweiß seiner Wolgewogenheit geben, daß er insonderheit unterschiedenen Obrigkeitlichen Personen in Danzig, dazu beförderlich war. Die Familien Wahl, Ehler, Schmieden, Cölmer und Schwarzwald erhielten also den Indigenat in Polen, und die Diplo-

51 Aug. men dazu sind an einem Tage ausgefertiget worden. Es waren auch noch mehrere Personen aus Danzig, als der Obriste von Winter, die Familien von Prönen, Jacobsen, nachher von Gehema genannt, und der Secretair Barkmann, imgleichen einige Herzoglich Preussische Einzöglinge, welche theils das Polnische Indigenatrecht bekamen, theils in den Adelstand erhoben wurden, und überhaupt schien dieser Reichstag sich durch wolthätige Verfügungen auszeichnen zu wollen; nur gegen die Arianer verfuhr derselbe mit einer so vertilgenden Schärfe, daß selbst den Dissidenten, ihrer eigenen Sicherheit wegen bange wurde, und daß man ihnen nicht nur zu besserer Beruhigung eine präcise Erklärung des Ketzernahmens geben mußte, sondern auch der Churfürst von Brandenburg schriftlich für ihre Rechte und Freyheiten zu intercediren ersucht wurde.

Die Bewerkstelligung des Friedens mit Schweden, wäre noch ein wichtiges Object der gegenwär-

Vierter Abschnitt. Zwölftes Capitel.

tigen Reichsdeliberationen geworden, wenn nicht bey allen Vorbereitungen dazu, die kriegenden Hauptpartheyen in den vorgeschlagenen Vergleichsartikeln, zu weit von einander wären entfernet geblieben. Die Feindseligkeiten wurden demnach, vornemlich in Preussen noch fortgesetzet. Sie bestunden zwar anfangs nur aus Streifereyen auf dem Lande und leichten Scharmützeln, worin die wenigen Polen und noch mehr die Kayserlichen Hülfstruppen den Kürzern zogen. Auch Danzig hatte den ersten März, einen nächtlichen Ueberfall auf der Langgardschen Seite, durch eine streifende Parthey von 600 Schwedischen Dragonern bekommen, die aber einen starken Hinterhalt bestellt hatten, in Hofnung, die Danziger Besatzung würde sich zu einem Gefechte heraus locken lassen. Allein man war von dem Vorhaben der Schweden schon unterrichtet, die Danziger blieben auf ihren Wällen, und thaten genug, indem sie von hier den Feind mit ihrem groben Geschütze abwiesen. Noch mehrere dergleichen flüchtige Attaquen, mußte die Danziger Mannschaft, theils im Werder, theils in der Nehrung, auch zuweilen näher an der Stadt, immerfort abzuwehren bereit seyn; mit ankommendem Sommer aber, und als die Schwedischen Progressen gegen Dänemark anfänglich einen überaus glücklichen Lauf gehabt hatten, so war aus Schweden ein Transport frischer Truppen abgeschickt worden, zu deren Empfang der Schwedische General-Statthalter große Anstalten an der Seeseite beordert hatte. Es zogen sich zwey tausend Mann in der Nehrung zusammen, welche sich mit Batterien und Laufgräben verschanzten, den Danzigern die Wege versperrten, ihr Hauptquartier in Nickelswalde aufschlugen, und von allen Seiten die Danziger in die Nothwendigkeit setzten, ihre Werke und Schanzen mit mehrerem Kriegsvolk und Munition zu versichern, und längs dem Strande, gegen einen Ueberfall von der Seeseite ein wachsames Auge zu haben. Zwölf Schwedische Fregatten kamen sodann auf die Danziger Rhede, und setzten 2500 Mann neugeworbene Truppen in der Nehrung ans Land, mit welchen nun das ganze Corps wieder aufbrach, und nachdem der Statthalter die gemachten Werke und Batterien hatte einreissen lassen, nach Elbing und Marienburg fortrückte, wo die frischen Kriegsvölker hier so wol als in mehreren Schanzen und Festungsstädten vertheilt wurden.

Unterdessen aber war der Woywod Czarnecki mit 8000 Mann nach Preussen herüber gekommen, der nun sein Lager bey Lübeschau unweit Danzig aufschlug, von hier noch 500 Musquetiers nebst einer guten Quantität Munition an sich zog, und mit einigen Abgeordneten des Kriegsraths, wegen der ferneren Operationen gegen den Feind Verabredung nahm. Er rückte darauf ins grosse Werder, vereinigte sich noch mit einem Detaschement Churfürstlicher Dragoner unter dem Obristen Polentz, und hat bis zu Ende dieser Campagne, die Schwedischen Besatzungen in Elbing und Marienburg dergestalt in Respect gehalten, daß sie weder einen auf Dirschau gewagten Ausfall haben vollbringen, noch mit ihren in beyden Werdern zur Verschanzung gemachten Versuchen, irgendwo Posto fassen können. Jedoch ist die Wiedereroberung der Stadt Thorn für den beträchtlichsten Erfolg dieses Feldzuges zu halten. Schon im Winter war dieselbe von Czarneckischen Truppen unter den Kronfeldschreiber Sapieha bloquiret gewesen; die eigentliche Belagerung aber nahm unter dem Kayserlichen General-Feldzeugmeister Grafen de Souches im Julius ihren Anfang. Im August wurden die Oestereicher mit 3000 Mann Polen unter dem Feldzeugmeister Grodzicki verstärket, und im September kam der Kron-Marschall Lubomirski mit einem neuen Hülfskorps hinzu, dem auch der König von Polen selbst nachfolgte, und nebst der Königin, bis nach geendigter Belagerung in einem für ihn aufgeschlagenen Gezelte verblieb. Der Stadt war immerfort mit Canonaden und Werfung der Bomben heftig zugesetzt worden, und man war derselben, unerachtet der tapfern Gegenwehr, auch einiger glücklichen Ausfälle der Besatung, merklich näher gekommen; nach Ankunft des Königs aber erfolgte eine scharfe Aufforderung die Thore zu öfnen, der auch die Bürgerschaft gerne nachgegeben hätte, wenn nicht von der Schwedischen Besatzung die Uebergabe durchaus wäre verschmäht worden. Es kam also bis zu einem Hauptsturm, den zwar die Kayserlichen Völker beym Jacobsthore nicht durchsetzten, die Polen aber nach einem neunmaligen Versuch über- *15 Nov.*

standen, und drey Batterien vor dem Altstädtschen Thore behaupteten. Der König ermahnte nun in einem eigenhändigen Schreiben, den Commendanten General-Major von Bülow, sich zu ergeben, und nachdem auch der Großkanzler sich mit dem Grafen Oxenstierne, der in der Stadt war, deshalb in einen Briefwechsel einließ, so wurde diese sechsmonatliche Belagerung vermittelst einer Capi-

22 Dec. tulation beendigt, die den Thornern ihre Privilegien und Gerechtsamen erhielt, wovon sie auch so wie von der Gnade des Königs, nach erfolgter Uebergabe persönlich versichert wurden, doch aber für diese Zeit eine Polnische Besatzung haben einnehmen müssen.

Den Winter über blieb Preussen dieses mal nicht von den Schwedischen Hostilitäten befreyet.

1659. Febr. Der Generallieutenant Wirtz kam mit 3000 Mann Reuterey aus Pommern herüber, und conjungirte sich bey Friedland mit dem General-Statthalter, der unterweges Konitz mit Sturm erobert hatte. Beyde überwältigten nun mit vereinigter Macht, Schlochau, Schwetz, Culm und mehrere kleine Städte, versorgten Graudenz mit Proviant, rückten aber bald ins Herzogliche Preussen, wo sie Marienwerder, Saalfeld, Lippstadt und Morungen occupirten, aber den vorzüglich intendirten Angrif eines Brandenburgischen Corps bey Braunsberg, wegen Unsicherheit der Gewässer nicht bewerkstelligen konnten. Sie zogen also auf Dirschau zurück, das sie in wenigen Stunden wegnahmen, und darauf längs den Danziger Ländereyen brandschatzten und umher streiften. Im Werder wurde das Hauptquartier zu Gütland aufgeschlagen, und unerachtet die Danziger zu unterschiedenen malen starke Detaschementer ausschickten, die auch zuweilen einige Vortheile erfochten, so konnten sie doch weder den unabläßigen Plünderungen bis vor der Stadt Einhalt thun, noch des beunruhigenden Aufenthalts der Feinde vor dem Maymonat los werden. Alsdenn aber störete die Annäherung des Unterfeldherrn Lubomirski mit 12000 Mann die Schwedischen Truppen in ihrer Sicherheit. Ihr General-Major von Bülow war schon zu einer Expedition auf Stargard abgegangen, und als Danzig den Polnischen Truppen mit Proviant und Munition allen Vorschub that, um der Stadt näher zu kommen, so zogen sich die Schweden vorerst in ihre Schanzen zurück, und gingen hernach insgesammt zu besserer Sicherheit, ins große Werder hinüber.

Dessen ungeachtet thaten die Schweden mit allen Operationen ihrem Könige kein Genüge, und durch diese Unzufriedenheit Carl Gustavs wurde der Preußische General-Statthalter Prinz Adolph Johann dermaßen disgustiret, daß er ohne seine Beurlaubung abzuwarten, bald darauf das Commando niedergelegt hat, und mit Unwillen durch Pommern nach Teutschland zurückgekehrt ist. Obgleich nun die ungünstigen Königlichen Ordres einige Störung bey den Schwedischen Truppen verursachten, so schien der Krieg in Preußen, unter dem Oberbefehl des Commendanten in Elbing,

Jul.

Lorenz von der Linde doch seine Fortdauer zu behalten. Der General Wirtz kam noch einmal, vor seinem nach Pommern beordert gewesenen Abzuge, in die Nähe von Danzig, gerade zu der Zeit, als wieder von vierzehn auf der Nehringschen Küste angekommenen Schwedischen Schiffen, zwey Regimenter Infanterie ans Land gesetzt wurden. Die Schweden machten nun ohngefehr fünf tausend Mann aus, die sich auf die Berge um Danzig postirten, wegen einiger unglücklichen Scharmützel mit den Danzigern aber, sich in der Folge nach dem Dorfe Praust zurückzogen. Von hieraus that Wirtz drohende und wiederholte Aufforderungen an die Stadt, sich mit ihm, um von gänzlicher Verheerung ihrer Ländereyen verschonet zu bleiben, über eine Summe Geldes zu einigen; in einem zweyten Briefe aber wurde auf höhern Befehl, diese Anforderung gemildert, und nur der Antrag zur Befreyung des Grafen von Königsmark erneuert, um dessen Entlassung schon etliche male theils mit Drohungen, theils auch wie jetzt geschahe, mit vortheilhaften Versprechungen, die Weichselfahrt nebst dem Dammbruch auszubessern, und den Handel auf Thorn zu erlauben, war angesucht worden. Man war in Danzig nicht ganz abgeneigt, auch ohne Bedingungen dem Grafen die Freyheit zu geben; nur sollte er sich verpflichten, gegen den König von Polen und dessen Bundesgenossen, keine Kriegsgeschäfte zu übernehmen. Dazu wollte sich der Graf ohne Erlaubnis seines Königs nicht obligiren, hatte aber doch deshalb an den Generalstatthalter

Vierter Abschnitt. Zwölftes Capitel.

halter geschrieben: weil nun dieser sich eben damals nach Pommern eingeschifft hatte, so gerieth die Unterhandlung ins stecken, und es ist vor erfolgtem Frieden nicht zur Erneuerung derselben gekommen.

In Polen hatte man mitlerweile einen Reichstag gehalten, der außer den übrigen Staatsgeschäften, die bringend verlangte Bezahlung der schwierig gewordenen Krontruppen, zum Gegenstand gehabt hatte. Auch wider die Socinianer oder Arianer hatte der Jesuit Karwat, mit seiner Predigt, gleich wie schon auf dem vorigen Reichstage geschehen war, die Stände dergestalt eingenommen, daß sie alle Freyheiten verloren, und sogar die jüngst bestimmte dreyjährige Frist ihres Aufenthalts jetzt nur auf zwey Jahre eingeschränkt bekamen. Die Danziger Anliegen sollten dem letzteren Versprechen nach, eine vorzügliche Empfelung bey den Reichsständen gewinnen. Der König ließ es auch daran nicht ermangeln, und unter den Senatoren hatten sich ebenfalls einige günstige Gesinnungen geäußert. Nach einer zuneigungsvollen Audienz beym Könige, die der Danziger Rathsherr Gabriel Krumhausen und der Syndicus Fabricius erhielten, waren aufs neue Commissarien bestellet worden, um mit den Danziger Abgeordneten in Unterhandlung zu treten; von diesen war abermals eine Berechnung aller Kriegsausgaben ihrer Stadt vorgelegt worden rr),

---

rr) Die zur Beschützung der Stadt verwandten Summen, betrugen vom 1ten May 1655 bis zu Ende des Aprils 1659, und sie hatten nur um die baare Entrichtung der vorgeschossenen Gelder, für den übrigen Aufwand aber, um eine sichre Güterverschreibung vermittelst eines Reichsschlusses gebeten; allein auf dem Reichstage schützte man zuletzt die Unmöglichkeit vor, die Stadt in einer so schlechten Verhältnis des Staats zufrieden zu stellen. Selbst die letztere Constitution wegen der Tuchsiegelung, wurde wegen der Protestation des Churfürstlichen Gesandten, mit einem Vorbehalt der Gerechtsamen des Herzogthums Preussen beschränket: gegen die Cession der Geistlichen Gründe, wurden mit der Päpstlichen Einwilligung, und den Kirchenimmunitäten unendliche Schwierigkeiten aufgeworfen; die Befreyung von den Polnischen Zöllen fand eben so viel politische Bedenken nächst der Bewahrung der Kronrechte gegen sich; überall zeigten sich also grosse Difficultäten, und das Resultat brachte nur die kümmerlichen Beschlüsse mit sich, daß Danzig wegen der baar vorgeschossenen Gelder durch eine Constitution auf die Bezahlung aus den nächsten Preussischen Anlagen verwiesen wurde; daß die exclusive Tuchsiegelung in der Provinz bis auf den nächsten Reichstag fortwähren, und daß alle übrige Gesuche der Stadt, bis dahin verlegt bleiben sollten.

für die Soldateske, Artillerie, Zurüstungen zu Wasser und Kriegsunternehmungen, vier Millionen, 66501 Gulden; zu den Festungswerken 817425 Gulden, für überseeische Verschickungen und andere Vorfälle 64764 Gulden; dagegen hatte die Stadt 265967 Gulden an zurückbehaltenen Malzaccisen lucriret, und noch 44424 Gulden an zur See vom Feinde gemachter Beute gewonnen, so von obigen Ausgaben abgerechnet werden sollten.

Vierter Abschnitt. Zwölftes Capitel. 595

Mit dem Ende dieses Jahres verlor sich übrigens alles bisherige Kriegsglück der Schwedischen Truppen. Sie waren nicht nur äußerst geschwächt, und außer den Besatzungen der Preussischen Städte, nur noch drittehalb tausend Mann stark geblieben, sondern auch nach Ankunft des Lubomirskischen Heeres, enger zusammen getrieben, und alles vortheilhaften Aufkommens im Lande entsetzt worden. Graudenz eroberte nun der Unterfeldherr mit stürmender Hand, und die Stadt mußte fast gänzlich 29 Aug. im Feuer aufgehen. Dirschau räumten die Schweden freywillig, nachdem sie das Geschütz abgeführet und die Festungswerke geschleift hatten. Strasburg hat der Uebergabe wegen bis in den December tractiret, und außer Elbing und Stum, blieben nur das Weichselhaupt und Marienburg als haltbare Oerter noch übrig, deren letzterer aber schon von Lubomirski belagert wurde, und auf das erstere Danzig nun alle Anstalten richtete, um es mit Gewalt zu erobern. Hier lag unter dem Oberbefehl des General-Majors Nicol. Dankwart von Lilienström eine Besatzung von 1500 Mann, die mit Geschütze, Munition und einem reichlichen Mundvorrath versehen war. Es war viel daran gelegen, sich dieses Forts zu bemächtigen, weil dasselbe die Danziger Nehring commandirte, und den Schweden zur Aussetzung frischer Völker so wol, als zur Proviantanfuhr zuträglich war. Im Danziger Kriegsrath wurde demnach die Resolution gefasset, dasselbe von drey Seiten einzuschliessen, und eine förmliche Belagerung davor zu unternehmen. Der Obriste von Winter bekam dazu das Obercommando; er hatte drey tausend Mann Danziger Truppen unter sich, welche von tausend Mann Hülfsvölker an Kayserlicher und Polnischer Cavallerie, die unter dem General-Major Buttler größtentheils im großen Werber verlegt wurden, auf dieser Seite unterstützet werden sollten. Der Obriste schlug sein Lager in der Nehring auf, von wannen die vornehmste Attaque geschehen sollte, und der dritte Angrif war aus dem Danziger Werder bestimmt worden. Die Belagerer hatten dem Hauptfort gegenüber, noch zwey kleine Nebenschanzen jenseits beyder Arme der Weichsel vor sich. Die erstere zwar gegen Osten, im großen Werder gelegen, die Marienburger Schanze genannt, ward wenige Wochen nach angefangener Belagerung vom Feinde verlassen, weil die Danziger sich schon bis unter die Kanonen genähert, und die Schweden eine Unterminirung befürchtet hatten, weshalb sie sich bey Nachtzeit in die Hauptschanze zurück zogen. Die zweyte hingegen, welche westlich jenseits der Alten Weichsel lag, und die Schmeerblocker Schanze genannt wurde, hat sich bis in den dritten Monat gehalten, da endlich der gemeine Soldat, die äußerste Gewalt, wozu die Danziger Anstalten machten, nicht abwarten wollte, sondern sich am Walle herunter ließ, und wider den Willen der Ober-Officiere, die Schanze auf Discretion übergab. Es befanden sich darin unter einem Capitain und zweyen Lieutenants funfzig Mann, denen ihr Untergewehr gelassen wurde, man bekam auch einigen Vorrath an Waffen und

13 Oct.

26 Nov.

Vierter Abschnitt. Zwölftes Capitel.

Munition, und der Danziger Major Thomson, an welchen die Uebergabe geschehen war, ließ den Hauptmann Koch unter klingendem Spiele, mit einiger Besatzung von der Schanze Besitz nehmen, worauf von allen Seiten die Stücke gelöset, und im Danziger Hauptquartier, aus drey halben Karthaunen Freudenschüsse gemacht wurden.

Nun war noch die Prinzipalschanze übrig, welcher bisher mit Schiessen, Stein- und Granatenwerfen, heftig genug war zugesetzt worden, wobey auch die Arbeiter mit den Approchen bis an die Pallisaden dergestalt fortrückten, daß man sich zuletzt eines Aussenwerks derselben völlig bemächtigen konnte. Indessen ward im Fort unter dem Commando des tapfern Generals Dankwart alles in guter Ordnung gehalten; die ruinirten Hauptgebäude, insonderheit die Mühle und das Brauhaus wurden unabläßig wieder hergestellet, es war kein Mangel an Kriegs- und Mundvorrath, und nur der Abgang der Besatzung that zum Theil durch Desertion, noch mehr aber durch Unzufriedenheit und Krankheiten, den beträchtlichsten Schaden. Nach dem Verlust der Schmerblocker Schanze schien auch der feindliche General in seiner Correspondenz mit dem Obristen von Winter allmälig nachgebender zu werden. Zwar wurde ihm sein Verlangen, einen Expressen nach Elbing an die Schwedische Gesandtschaft zu schicken, und mit derselben seines ferneren Verhaltens wegen Abrede zu nehmen, nebst einem dazu erbetenen Waffenstillstande nicht zugestanden; aber desto willfäriger erlaubte der Danziger Kriegsrath dem General Dankwart, die Leiche seines in der Belagerung erschossenen Sohnes, mit Aufhaltung aller Feindseligkeiten und unter Danziger Bedeckung, nach der Schönbaumer Kirche bringen zu lassen, und da mitlerweile die von dem Obristen von Winter abgelassenen Briefe, ihn noch ferner zur Uebergabe aufgefordert hatten, so wurden kurz nach gedachter Trauerceremonie, Schwedischerseits die ersten Anträge zu Vergleichstractaten gemacht, und zuvörderst von beyden Theilen ein dreytägiger Waffenstillstand dazu bewilliget. Während demselben verglich man sich wegen der auszuwechselnden Geiseln, und nachdem der gesammte Kriegsrath aus Danzig sich im Hauptquartier eingefunden hatte, so sollten durch einige Abgeordneten desselben, die Tractaten mit den Schwedischen Geiseln, so weit diese dazu instruirt waren, verabredet werden. Weil man aber hiemit einem weitläuftigen Geschäfte entgegen sahe, und doch den Accord so viel möglich beschleunigen wollte, so wurde auf das Ehrenwort und nach erhaltenem Paß vom General Dankwart, der Rathsherr Albr. Rosenberg als Kriegs-Commissarius zu Danzig und Putzig, mit unbeschränkter Vollmacht in die Hauptschanze geschicket, um den Capitulationsvergleich mit dem Schwedischen Commendanten und seiner Garnison zum Stande zu bringen. Dieses Geschäfte wurde auch innerhalb vier und zwanzig Stunden glücklich vollendet, und nach der Zurückkunft des Rathsherrn Rosenberg, ward wegen der Genehmhaltung der mitbekommenen Capitulationspunkte aufs neue ein Kriegsrath ge-

11 Dec.

halten. Weil aber um dieselbe Zeit der König von Polen zu Danzig angelangt war, und sich eben auf dem Wege befand, ins Lager bey der Hauptschanze zu kommen, so wurde ihm der Artillerie-Commissarius Rathsherr Krumhausen schon mit einer guten Nachricht von der erfolgten Uebergabe, nach Schievenhorst entgegen geschicket, und zugleich um die Königliche Genehmigung der geschlossenen Vergleichsartikel gebeten. Der König bezeugte darüber sein Wolgefallen, und als gleichermaassen die Ratification des Raths zu Danzig ins Hauptquartier eingeschickt war, so wurde nun laut dem Inhalt der Capitulationspunkte, die Hauptschanze von der Schwedischen Besatzung geräumet. Der General-Major an der Spitze seiner Garnison, die noch etwas über sechs hundert Mann stark war, führte dieselbe mit allen militairischen Ehrenzeichen aus der Festung; die Familie des Generals in einer Trauerkutsche, die Wagen mit der Bagage und mit den Kranken, zwey halbe Carthaunen, zwey grosse Canonen, zwölf metallne Regimentsstücke und ein 36 pfündiger metallner Feuermörser, ferner die Rüst- und Proviantwagen, mit beyher getriebenem Vieh an hundert Schafen, und 25 Stück Rindvieh, dieses alles wurde in gehöriger Ordnung abgeführet, und unter der Direction des Rathsherrn Nicol. von Bodeck als Kriegs-Commissarius zur Weichselmünde, die fernere Marschroute dafür angewiesen. Das Geschütze zwar ward nur bis Bohnsack gebracht, und von dort durch Danziger Dragoner nach der Weichselmünde convoyret, wo es späterhin nach Schweden ist eingeschifft worden; der übrige Zug aber ging bey der Neustädtschen Kalkscheune über die befrorne Weichsel, zum Neustädtschen Thore ein durch die Stadt Danzig, über die Aschhofsbrücke beym neuen Zeughause vorbey, zum Vorstädtschen oder Legenthore wieder hinaus, bis nach Ohra und Guteherberge, wo die Schwedischen Kriegsvölker einquartieret und verpfleget wurden, bis sie um die Mitte des Januar im J. 1660 bey Schellmühle auf der Weichsel zu weiterm Transport sind eingeschiffet worden.

Die eroberte Hauptschanze ward mitlerweile von acht Compagnien Danziger Fußvölker bezogen, denen drey Compagnien Schützen und drey Compagnien Reuterey zugeordnet wurden, daß sich also die ganze Besatzung zu Fuß und zu Pferde auf 1500 Mann erstreckte. Der Rathsherr Gabr. Krumhausen erhielt das Kriegscommissariat über die hiesige Soldateske und der bisherige Major Siebers wurde zum Obristlieutenant und Commendanten in der Hauptschanze ernennet. Uebrigens brach man alle bisher davor gestandene Läger ab, und ließ die übrigen Kriegsvölker wieder in ihre Garnisonsplätze zurückgehen. Der Burgermeister von Bömeln als Kriegspräsident, und die mehresten Beysitzer des Kriegsraths, verfügten sich vor ihrer Abreise persönlich zu einigen Anordnungen in die Hauptschanze hinein, der Kriegscommissarius Krumhausen aber und der Obriste von Winter hielten sich noch etliche Tage länger daselbst auf, um ein wachsames Auge auf alle beorderte Veranstaltungen zu werfen. In der Stadt wurde wegen dieser glück-

Vierter Abschnitt. Zwölftes Capitel.

lichen Uebergabe der Hauptschanze, ein eignes Dankfest gefeyert, und der Rath ließ zum künftigen Gedächtnis derselben eine Schaumünze schlagen, welche den Ruhm der alten Danziger Tapferkeit, in einer einfachen, aber der Wahrheit getreuen Inschrift verkündigt.

Die oben gedachte Ankunft des Königs Johann Casimir mit seiner Gemahlin und einer zahlreichen Hofstatt, hatte eine noch wichtigere Absicht, als daß sie sich blos auf die Ermunterung des Muths und der Treue der Danziger, bey ihrem vorhandenen Belagerungsgeschäfte bezogen gehabt hätte. Seitdem neue Friedensbevollmächtigte aus Schweden ss), auf der Danziger Rhede im September angelangt, und von dannen nach Elbing gegangen waren, so hatte die Hofnung zur völligen Beendigung des Krieges unter den wahrscheinlichsten Aussichten zugenommen, und der König war in Person nach Preussen gekommen, um durch seine Gegenwart die Schliessung des Friedens zu befördern. Wegen des Orts der Zusammenkünfte hatte man sich unter Vermittelung des Französischen Gesandten Anton de Lombres, schon zu Anfang des Decembers, über das Kloster Olive geeiniget, und es war dabey verglichen worden, daß auf drey Meilen im Umfange selbigen Klosters, keine Feindseligkeit ausgeübet werden, auch den Schwedischen Bevollmächtigten alle Sicherheit und Freyheit, in Be-

---

ss) In dieser Gesandtschaft waren die Grafen Magnus Gabriel de la Gardie, Bened Oxenstierne, Christ. Carl Schlippenbach und Andreas Güldenklau abgeschickt worden.

treff des Aufenthalts, der Correspondenz und der Rückkehr, selbst im Fall einer fruchtlos auseinander gegangenen Unterhandlung, vorbehalten seyn sollte. Von Seiten des Königs so wol als der Königin von Polen kamen verschiedene Privatabsichten hinzu, welche den Wunsch des Friedens bestärkten, und wenn gleich der Kayser und der Churfürst von Brandenburg, den obhandenen Vergleich der Krone Schweden mit Dänemark, gerne in die Pacification mit Polen verwebt hätten, so waren sie doch keinesweges das Friedenswerk deshalb aufzuhalten, oder zu verhindern gesonnen. Es vereinigten sich demnach viele Umstände zu einer hofnungsvollen Negociation, und nur der Vermittelung halber traten noch einige Differenzen hervor. Den Französischen Gesandten, der von den pacifcirenden Hauptmächten zum Vermittler war angenommen worden, wollte der Kayserliche Hof nicht dafür erkennen, und daher haben bey der ganzen Friedenshandlung, die Kayserlichen Gesandten ihre Meinungen gegen die Polnischen und Brandenburgischen Bothschafter erkläret, welche von diesen alsdenn in Abwesenheit der Kayserlichen, dem Französischen Gesandten sind vorgelegt worden. Der Holländische Gesandte der hohe Rath von den Honaert, welcher die ganze Zeit über in Danzig geblieben ist, übergab gleich nach angefangenen Tractaten, dem Könige von Polen ein Memorial, worin er sich über seine Ausschliessung von der Negociation zu Olive beklagte, und alle Hofnung absprach, daß ohne Holländische Vermittelung, die Garantie des Friedens von den Hochmögenden Staaten würde geleistet werden. Allein der König von Schweden hatte die Holländische Mediation gänzlich denegiret, weil die Generalstaaten sich in den Dänischen Krieg eingemischt hatten, und die Krone Polen war theils noch wegen des Elbingschen Tractats unwillig, worin man das Interesse derselben zurückgesetzt hatte, theils war man mit der Holländischen Forderung, das Friedensgeschäfte mit Dänemark abzuwarten, nicht wol zufrieden: der König von Polen mußte demnach die Holländische Vermittelung, so sehr er für seine Person dazu geneigt war, mit einer Entschuldigung ablehnen.

Unter solchen Ereignungen hat es sich, seit der Herkunft des Königlich Polnischen Hofes, noch drey Monate verzogen, ehe die Zusammenkünfte in der Olive zur würklichen Eröfnung der Friedensnegociation ihren Anfang nahmen. Die Polnischen Commissarien tt) hatten dazu ihr Standquartier in dem Dorfe Stries genommen, die Brandenburgischen Gesandten uu) waren in den herumgelegenen Olivischen Lusthöfen einlogiret, der Französische Abgesandte bezog die Abtey in der Olive, und die Kayserlichen Bothschafter blieben wegen der Unpäslichkeit des Grafen von Kolovrat in Danzig, von wannen der zwente, nemlich der Freyherr Franz von Lisola, zu den bestimmten Zeiten die Versammlun-

1660.
23 März

tt) Nemlich der Woywod von Posen Johann Leßczynski, der Kronmarschall und Unterfeldherr Geo. Lubomierski, der Kron-Großkanzler Nicol. Prezmowski, der Litthauische Großkanzler Christ. Pac, der Kronreferendar Joh. Andr. Morstyn, der Hoffschatzmeister Wladislav Rey, und der Pommerellische Unterkämmerer Joh. Gninski

uu) Der geheime Rath Joh. von Howerbeck, der Pommersche Kanzler Lorenz Christ. von Somnitz und der Oberappellations-Gerichtsrath Albr. von Ostau.

gen in der Olive besuchte. Hier war der Schwedischen Legation das Priorat, den übrigen Gesandten aber die Gaststube zu ihren Beredungen eingeräumt worden, und der Französische Gesandte ging von einer Parthey zu der andern ab und zu, um wie man sich verglichen hatte, die wechselseitigen Erklärungen mündlich zu überbringen. Gleich am ersten Versammlungstage aber wurde man in Besorgnis gesetzet, daß durch die erschollene Nachricht vom Tode des Königs von Schweden, die Friedensunterhandlung wo nicht rückgängig gemacht, doch sehr erschweret werden möchte. Allein dem Polnischen Hofe war zu sehr daran gelegen, die Ruhe des Staats zu befördern; die Königin bediente sich deutlich dahin zielender Ausdrücke, und der König fuhr nach der Olive, um persönlich seine Vollmächtiger so wol als die Gesandten seiner Bundesgenossen, zur unverzögerten Abschliessung des Friedens zu ermahnen.

Man ließ sich demnach an der Fortsetzung der eingeleiteten Geschäfte, durch diesen Todesfall nicht weiter stören. Nur die Auseinandersetzung wegen der Liefländischen Staaten, und noch mehr wegen der Rechte der Dissidenten, schienen dem Fortgang der Negociation wesentlichere Hindernisse zu legen. Als aber in dem ersten Punkte, Polnischerseits nachzugeben beschlossen wurde, in dem zweyten hingegen die Schwedischen Gesandten, selbst mit Brandenburgischer Assistenz, nicht durchdringen konnten, daß für die Erhaltung der Dissidenten in allen ihren Rechten, namentlich ein Artikel abgefasset, wie auch die Aufhebung der Constitution gegen die Arianer genehmiget würde, sondern nur so viel erhielten, daß man sich wegen einer allgemeinen Amnestie, und wegen der Sicherheit gegen alle künftige Neuerungen in Polen verglich, namentlich aber die Königlich Preussischen Städte, bey allen ihren Rechten, Freyheiten und Privilegien in geistlichen und weltlichen Sachen, insonderheit bey ihrer damaligen Ausübung der Catholischen und der Evangelischen Religion zu lassen angelobte; so wurden auch für diesen Artikel die entgegen gestandene Schwierigkeiten gehoben, und der Olivische Friedensschluß ward nach Verlauf von sechs Wochen bey Mitternächtlicher Zeit völlig zum Stande gebracht. Nach den Hauptartikeln desselben 3. May renunciirte der König Johann Casimir für sich und seine Erben, auf das ganze Königreich Schweden, doch mit dem Vorbehalt, Titel und Wapen auf seine Lebenszeit, ausgenommen gegen Schweden zu gebrauchen *Art. III.* Der König und die Republik Polen traten an die Krone Schweden auf ewig, und mit aller Hoheit ab, das ganze Liefland so Schweden zur Zeit des Stillstandes inne gehabt, nebst allem Recht auf Estland und Oesel; dagegen der mittägliche Theil von Liefland bey Polen verblieb, worauf Schweden so wenig als auf Curland, Semgallen und den Piltenschen District Ansprüche behielt. *Art. IV. V.* Der Herzog von Curland sollte frey an seine Grenze gebracht werden, auf seine Versicherung, nichts wider Schweden zu unternehmen; und in gleicher Art erhielt der Feldmarschall Graf von Königsmark seine Freyheit, gegen Reversalien, sich weder an der Krone Polen, noch besonders an Danzig zu rächen. *Art. VI. XVI.* Der freye Handel zwischen beyderseits Reichen wurde wieder hergestellet, und an Danzig und andre Städte in Preussen, die Handlungs- und Zollfreyheit, wie vor dem Kriege, in den Schwedischen Staaten, zugestanden. *Art. XV.* Die während dem Kriege zwischen Schweden und Brandenburg geschlossenen Tractaten wurden vernichtet. *Art. XXV.* Eine allgemeine Amnestie wurde decrlariret, und alles abgenommene von beyden Seiten einander zurück gegeben. *Art. II. VII. XXII. XXVI.* Den

Polnisch Preussischen Städten welche Schweden während Krieges in Besitz gehabt, wurden alle Rechte und Freyheiten in geistlichen und weltlichen Sachen, und insonderheit das Catholische und Evangelische Religions-Exercitium, wie sie dieses alles vor dem Kriege gehabt hatten, gesichert. *Art. II.* Die in Preussen annoch von Schweden besetzten Oerter sollten gänzlich geräumet werden, und zwar Marienburg und Stum, acht Tage nach Unterzeichnung des Friedens, Elbing aber vier Tage nach erfolgter Königlich Polnischen Ratification. *Art. VII.* Uebrigens wurden in diesen auf 37 Artikel gebrachten Friedensschluß, von einer Seite Schweden, und anderer seits der König und die Republik Polen, nebst ihren Bundesgenossen, dem Kayser und dem Churfürsten von Brandenburg einbegriffen. *Art. I.* Die pacisirenden Theile verbanden sich allerseits gegeneinander zur generalen Garantie desselben *Art. XXXV.* und Frankreich übernahm auf Ersuchen, die specielle Garantie in Ansehung der Kronen Schweden und Polen, imgleichen des Churhauses Brandenburg.

Zur nähern Erläuterung einiger Friedensartikel, gab zuvörderst Schweden auf die Bewegungen, welche Churfürstlicher Seits wegen Elbing gemacht wurden, die schriftliche Declaration, daß der zweyte Artikel von Wiederherstellung der Gerechtsamen den Churfürsten nicht hindern sollte, Elbing mit Bewahrung aller dieser Stadt zukommenden Rechte und Privilegien sich einräumen zu lassen, womit auch die beygefügte Versicherung der Polnischen Commissarien übereinstimmte. Ferner erklärte sich die Schwedische Gesandtschaft über den Artikel von der Generalamnestie, daß der jetzt geendigte Krieg, keine Neuerung machen, sondern daß alles in denselben Zustand wie es vor dem Kriege gewesen, gesetzt werden, auch durch Reichsschlüsse, Niemandes Rechten, die er vor dem

Kriege gehabt, Eintrag geschehen sollte. Doch blieb diese Erläuterung für Polen so lange geheim, bis nach dem Kopenhagner Frieden, die feindlich besetzten Städte in Pommern, Meklenburg und Holstein waren zurück gegeben worden. Auch Danzig hatte schon vor der Friedensberedung, sich beym Könige von Polen so wol, als beym vermittelnden Gesandten von Frankreich, mit einseitigen Gesuchen gemeldet, die zur Aufrechthaltung der Prärogativen der Stadt abzweckten, und um so viel nothwendiger waren, da ausser dem unbeendigten Pommerellischen Unterkämmerer, weder Bevollmächtigte der Provinz Preussen, noch Abgeordnete der Großen Städte zum Friedensgeschäfte persönlich hinzugezogen wurden. Inzwischen sind doch die mehresten Anliegen Danzigs in Betrachtung gezogen, und befriedigend genug zu ihrem Besten abgemacht worden. Des Vorsitzes der Stadt Elbing im Landesrath und der Verwahrung des Preussischen Landessiegels, worauf Danzig jetzt Ansprüche hatte, geschahe in dem Artikel von der Restitution der Gerechtsamen, keine specielle Erwähnung; das Danziger Gebiet blieb mit Durchführung der Schwedischen Kriegsvölker verschonet, indem sie größtentheils bey Pillau eingeschifft wurden; der Graf von Königsmark ward erst nach unterzeichnetem Frieden in Freyheit gesetzet: die währens dem Kriege abgenommenen Danziger Kanonen wurden der Stadt zurück gegeben; und wie dieselbe solches inständigst verlangt hatte, so wurde ihr auch die Schwedische Handlungs = und Zollfreyheit durch den Olivischen Frieden versichert.

Uebrigens wurde die Abschliessung dieses denkwürdigen Friedens, noch in derselben Nacht in der Olivischen Kirche, unter Anstimmung des Abts, mit dem Ambrosianischen Lobgesang und mit Abfeuerung der Kanonen, bey einer vollständigen Musik gefeyert;

und den Tag darauf, als die Nachricht davon an den König überbracht gewesen, ist in Danzig unter dem Glockengeläute in allen Kirchen, und mit mehreren Freudensceremonien, ein solennes Dankfest deswegen

10 May begangen worden. Sieben Tage später sollte in der Olivischen Kirche, die öffentliche Unterzeichnung der Friedensartikel geschehen, weil man aber von den Kayserlichen Bevollmächtigten nicht erhalten konnte, sich die öffentliche Vermittelung des Französischen Gesandten gefallen zu lassen, so erfolgte die Unterschrift und Siegelung so wol, als die gegenseitige Auswechselung der Abschriften, in den Zimmern, welche bisher den Gesandschaften zu ihren Zusammenkünften waren angewiesen gewesen, und außer dem Exemplar, welches die Kayserlichen Gesandten erhielten, hatte der Französische Bothschafter unter alle übrigen seinen Namen und Siegel gesetzet. Nach der Beendigung aller dieser zum Friedensschluß gehörigen Geschäfte, brach der Königliche Hof von Danzig wieder nach Warschau auf, und hieselbst ist zu Ende des nächstfolgenden Monats, die Ratification von Seiten des Königs so wol als der gesammten Reichsstände erfolget, auch von den Pacisirenden Theilen eine nähere Declaration, wegen der anzunehmenden Gewährleistung mehrerer Europäischen Mächte gegeben worden. Fernerhin aber hat die Vollziehung unterschiedener von obgedachten Friedensartikeln, neue politische Scenen veranlasset, welche sich in der Polnischen und Preussischen Geschichte, unter mancherley Conjuncturen wichtig und merkwürdig ausgezeichnet haben.

Ende des zweyten Theils.

Druckfehler und Zusätze.

Seite 15. Z. 6. Ungrische lies Ungrische. Anm. c. Z. 3. Doc. 12. 13. zur l. Doc. 12 & 13. — Zur S. 25. (letzte Zeile) Decins l. Decius. S. 36. Z. 13. vor l. für. S. 40. Z. 7. Sanderburg l. Sonderburg. S. 49. Z. 6. (von unten) bekommen l. bekamen. S. 58. Z. 19. Gnaphens l. Gnapheus. S. 63. Z. 2. (v. u.) König l. Krieg. S. 76. Z. 4 ersten l. letzten. S. 82. Z. 9 Veränderung l. Vereinigung. S. 84. Z. 5. vor l. von. S. 86. Z. 23. geringer Bürgermeister l. geringer Bürger. S. 90. Z. 4. (v. u.) Vorfall l. Verfall. S. 101. Z. 4. Kosnim l. Kosmin. Z. 5. und auf dem Reichstage rc. l. und bereits auf dem Reichstage zu Peterkau im J. 1552 hatten die Landboten auf eine Nationalkirchenversammlung gedrungen S. 114. Z 16. zugestellt l. zugesellt. S. 117. Z. 8. (v. u.) eine l. einer. S. 123. Z. 8. Cassions l. Cessionsvergleich. S. 124. Z. 17. Geldmanges l. Geldmangels. S. 138. Z. 19. Belagerung l. Lagerung. S. 146. Z. 9. von Alters l. von alters her. S. 164. Z. 15 und 16. Lauen l. Cauen. S. 173. Z. 13. auf dem l. auf den. S. 180. Z. 3. (v. u.) Mislicz l. Wislicz. S. 203. Z. 9. Knispin l. Knißyn S. 238. Anm. dd. Z. 1 *Stanislaus* l. *Stanislai*. S. 243. Z. 2. Session l. Scission. S 260. Z. 25. Rahmen l. Rahnen. S. 274. Z. 5. (v. u.) Schönwarnick l. Schönwarling S. 278. Z 21. geschlossen l. beschlossen. S. 281. Z. 11 zu der l. mit der. S. 317 Z. 3. (v. u.) 20000 l. 200000. S. 334. Z. 21. käuflich l. künftig S. 340. Z. 13. Pat. Kosgatan l. Pet. Vogeten. S. 341. Z. 14. Chronologie l. fortgesetzte Chronologie. S. 403. Z 4. Ausforderung l. Aussonderung S. 411. Z. 18 nicht blos l. nicht bis S. 418. Z. 6. an l. von. S. 453. Z. 2. (v. u.) Festung l. Festhaltung S. 457. letzte Z. bot l. bat S. 483. Z. 12. Ferber l. Freder S. 488. Z. 2. (v. u.) Einschränkung l. Einschaltung. S. 527 Z. 3. (v. u.) den Streithammer l. die Streitart. S. 529. Z. 9. ausgeschlossen seyn würden l. ausgeschlossen würden. Z. 27. Paul l. Pauli. S. 535. bei Z. 1. setze 1652. S. 539. Z. 15. Lande l. Bande. S. 547. Z. 15. Versicherung l. die Versicherung. S. 565. Z. 10. hatten l. hatte.

www.ingramcontent.com/pod-product-compliance
Lightning Source LLC
Chambersburg PA
CBHW021226300426
44111CB00007B/436